张清源◎著

ZHANGQINGYUAN
YUYAN XUE LUNWEN JI

张清源语言学论文集

巴蜀书社

图书在版编目（CIP）数据

张清源语言学论文集 / 张清源著. —成都：巴蜀
书社，2022.11
ISBN 978-7-5531-1810-9

Ⅰ. ①张… Ⅱ. ①张… Ⅲ. ①语言学—文集
Ⅳ. ①H0—53

中国版本图书馆 CIP 数据核字（2022）第 191416 号

张清源语言学论文集
ZHANGQINGYUANYUYANXUELUNWENJI

张清源　著

责任编辑	李　蓓	
出　版	巴蜀书社	
	成都市锦江区三色路 266 号新华之星 A 座 36 层	
	邮编：610023	
	总编室电话：(028)86361843	
网　址	www.bsbook.com	
发　行	巴蜀书社	
	发行科电话：(028)86361852	
经　销	新华书店	
照　排	四川胜翔数码印务设计有限公司	
印　刷	四川五洲彩印有限责任公司 (028) 85011398	
版　次	2023 年 2 月第 1 版	
印　次	2023 年 2 月第 1 次印刷	
成品尺寸	170mm×240mm	
印　张	27.25	
字　数	450 千	
书　号	ISBN 978-7-5531-1810-9	
定　价	128.00 元	

作 者 介 绍

　　张清源（1931—2020），祖籍四川阆中，四川大学中文系、四川大学海外教育学院教授。1950年夏由成都华美女子中学毕业，同年考入四川大学中文系。1954年去北京大学中文系汉语专业四年制研究生班学习，毕业后回四川大学中文系任教。1975年5月至1983年6月参加国家重点项目《汉语大字典》编写工作，任编委。20世纪70年代末，除《汉语大字典》编写工作外，主要从事现代汉语专业硕士研究生教学工作。1993年调至四川大学海外教育学院，1995年退休。其学术成果，除书中所列著作外，尚有主编的《现代汉语知识辞典》、《现代汉语常用词词典》、《同义词词典》等。

目　录

序

　　张清源教授不幸于2020年2月驾鹤西游。龚翰熊先生以伉俪情深，悲痛之余，在四川大学文学与新闻学院的支持下，汇集、整理了清源生前撰写的论著，准备出版这部《张清源语言学论文集》。我和清源是北大的老同学，后来我们又都在川大工作，同事数十年，有幸在文集付梓前得读原稿并为它作序，感慨系之。

　　清源的父亲是出身寒门的著名数学家张鼎铭先生，她从小就受到良好的家庭教育。1954年秋，她由四川大学保送至北大中文系研究生班深造，攻读现代汉语专业。当时北大中文系汉语专业大师云集，清源的导师是魏建功先生，除魏先生的指导外，她还聆听了王力、高名凯、袁家骅、周祖谟、岑麒祥等先生的课程。她天资聪慧，学习刻苦，坚强而又谦和，与同学亲密无间。在大师们的教育、熏陶下，她奠定了扎实的专业基础，坚定了往后的学术道路。1959年回到四川大学中文系后，她勤勤恳恳教书育人，先后为本科生、研究生、外国留学生开设了现代汉语语法、现代汉语词汇、语言理论以及应用语言学等方面的近20门课程。她对学生既严格要求又热情关怀。在许多学生眼中，她既是好老师，又是可以信任、可以倾心交谈的好朋友。她当年的学生如今有的已成长为语言学领域的著名学者。1993年，她调入四川大学海外教育学院，专教外籍学生。她执教、授业长达半个多世纪，深受中外学生的敬重、爱戴。与此同时，她于学术研究孜孜不倦，笔耕不辍，成就喜人。这部文集就是见证。

　　早在北大求学期间，清源即开始了对汉语外来词的研究。本文集的第一篇论文《从现代汉语外来语初步分析中得到的几点认识》发表于 1957 年，即反映了她作为一个青年学者的广阔的学术视野、专业水平和她对一些重要学术问题的深入思考。在川大，她参加了《汉语大字典》的编写工作，担任编委，长达 9 年，贡献颇多。本书收录的《谈义项的建立与分合》、《〈汉语大字典〉应该收列词素义》写作于编写工作的早期，都是针对当时编写工作中发现的问题而写。之后，她主编了《现代汉语知识辞典》、《同义词词典》及《现代汉语常用词词典》，皆释义精准，要而不繁，体现了学术性与知识性的很好的结合。特别是其中的《现代汉语知识辞典》，广泛收集了有关现代汉语学科的重要术语，对每个术语的阐释都体现了作者广博、深厚的学术教养，颇受好评。此后，她学术研究的重点逐渐转向了汉语方言语法和汉语方言词汇研究，在《中国语言学报》、《中国语文》、《方言》等刊物上发表了多篇论文。在《成都话中的语气助词"得（在、嘞）"》、《成都话的动态助词"倒"和"起"》、《成都话动态助词"过"的一个用法——"VO 过"》等论文中，她借鉴了"描写语法"、"比较语法"等现代语言学的精神和研究方法，对成都方言中一些助词的意义、音变、体貌、所在句式的特点，做了深入、细致的探析，并清理了这些语言现象和近代汉语的关联，可谓大处着眼、小处着手。清源治学严谨，她的研究都立足于丰富的语料（包括近现代一些文学作品提供的语言材料，甚至当年来华传教的传教士记录的方言材料）和国内外的重要学术文献，决不草率立论，从文末的注释和参考文献即可见一斑。她谦逊、诚恳，凡给她提供方言材料的年轻同事和学生，都有记录和注释说明，体现了她一贯扶持、奖掖青年学者的风范。从 20 世纪 80 年代前期开始，清源还应北京大学中文系语言学教研室之邀，参加了《汉语方音字汇》及《汉语方言词汇》有关成都方言部分的修订工作。

　　清源在调入四川大学海外教育学院后，在教学的同时，还结合教学实际探讨了教学中一些重要问题，以期有助于提高我国汉语国际教学的水平。她的《偏误分析与中介语研究的关系》从中介语研究入手，对外国留学生学习汉语中常见的偏误做了详细的分析，并提出了解决问题的思路；《汉语复合词语素分解释义法和整合释义法的得与失》对十多年来的有关讨论做了详尽的梳理，结合教学中的所见、所闻和自己的长期思考阐述了自己的观点，很具启发性。它们都是她的教学经验的升华和总结。

　　总的说来，研究方向明确、学风严谨、理论性强而又紧密联系实际，是这部文集的重要特点。清源一生淡泊名利，为人低调，而为国家培育人才鞠躬尽瘁，科学研究成绩斐然。如今她走了，国家失去了一位优秀教师、学者，我失去了一位亲密的同事、战友，这是无可奈何之事。我期望她的这部文集早日出版，除了文集自身的学术价值，它对我们也是一种最有意义的纪念和安慰吧！

向　熹

2021 年 12 月

从现代汉语外来语初步分析中
得到的几点认识[①]

一、现代汉语外来语现况简述

汉语是世界上最发达的语言之一，它的词汇在历史发展的过程中不断地丰富起来。汉语除了运用自己的构词要素、依据自己的构词法则不断创造新的词语外，还吸收了许多外族语言的词和语。汉语向外族语言借词大略有译义、借形、借音三种方式：所谓译义的词包括直接翻译原词语的意义和自创新词去标示外来概念两类，前一类如马力（horse power）、五年计划（пятилетка）、超人（übermensch），后一类如轮船、煤油、导体、电影；所谓借形的词是向日语借来的，如取缔、赤字、作物、下水道等，这些词本是日本人用方块汉字写下来的，汉语就把它们的书面形式借来，但读音已和日音不同了；所谓借音的词，是把原词的语音形式经过汉化而保留下来，也就是所谓音译词。（这里要说明的是，借形词和借音词并不是就不借义，而是把原词的意义随着书面形式或语音形式一并吸收进汉语。）借音词比起前两种借词来是较为特殊的，带有鲜明的外来色彩。本文主要谈谈这种借音的词，也包括含有义译成分的借音词。这里所说的"外来语"，也就暂时不包

---

① 本文原载《语言学论丛》第一辑（北京大学中国语言文学系编，新知识出版社，1957 年）；后又刊于《词汇学论文汇编》（北京大学中文系《语言学论丛》编辑委员会编，商务印书馆，1989 年）。

括前两类①。在谈到译义的词的时候，我们就另外叫做"义译词"。

19 世纪中叶以来，中国和世界各国的接触比历史上任何时期都更全面、更密切、更广泛。这一方面是由于帝国主义的侵略以及沿海各地对外贸易的发达，一方面是由于旧民主主义者曾向西方学习。这一时期不但有许多社会和科学方面的术语由外族语言进入汉语，而且在学习和模仿西洋的心理支配下，使用音译词还曾形成一种风气。例如："五四"以前，梁启超、谭嗣同、黄遵宪、夏曾佑等人在诗文中使用音译词；"五四"时代，不少作家也常在作品中夹用音译词，甚至原文②；中华人民共和国成立以后，新的词语也随着我国与世界各国的交往，随着我们学习外国的先进技术和经验，通过义译或音译方式由外族语言进入汉语；此外，随着我国各民族友谊的增长，也有一些兄弟民族的词在汉语中通行③。因此，现代汉语向外族语言所借的词是空前丰富的，而其中的音译词也比以往占了更大的比例。这种情况也可以从这样的事实看出来：汉语在古代曾经吸收过不少音译词，如我们熟悉的狮子、刹那、琵琶等，但是古代也往往给外来的事物或概念一个比较笼统的称呼，如胡椒、胡琴、胡桃，近代也流行着洋船、洋车、西服、西餐一类形式。可是后来，由于中外交流的器物和概念比过去多得多，为了保持它们细致的差别和特性，为了更具体、更精确地标示它们，这种笼统的译名就不适用了。如果找不到适当的义译词，就不得不用音译词了。例如，我们不能把各种外国乐器都叫胡琴或洋琴，而分别叫做曼陀琳、梵哑铃、东不拉、吉

---

① 义译词算不算外来语（借词），这是值得讨论的问题。有的人把外来语分为音译词、义译词、半音译半义译等类别；有的人在提到"外来语"时并不把义译词包括在内。我们认为，轮船、煤油这类词只是被用来翻译外语词的汉语自创的词。我们只说义译是汉语借词的方式之一，但不是说译过来的词就是外来语。至于马力（horse power）、烛光（candle power）这些直译的词，比轮船、煤油等容易认出是由外族语言来的，但是严格说来，这种词和原词的近似也是概念上的，不是词形上的（语音上的），所以本文说的外来语不包括义译的词；但又考虑到这问题在语言学界还没有明确的结论，同时也牵涉理论和术语方面，而笔者又限于学力及篇幅，不能在这里充分阐述这个问题，便只好说"暂时"不包括义译之词。

② 例如梁启超的"纲伦惨以喀士德（caste，品级），法令盛于巴力门（parliament，议会）"。又如郭沫若是"五四"时代最喜用音译词的作家，像《创造十年》中的哀的美顿书、曼袒（mantle）、骨络特斯克（grotesque）、曼大林、摩登、鸡纳霜、柳麻迭斯、布尔佐亚治、普罗列搭利亚等。

③ 如噶厦、哈达、堪布会议等。

他、披霞娜（现在叫钢琴）等。又如西服这个词，在现代汉语中往往只指男子穿的一种服装，而其他的外国衣服则被叫做布拉吉、夹克、萨拉方等。再如，产自外国的饮料就有啤酒、威士忌、白兰地、克瓦司、伏特加、香槟、可口可乐等，外国舞曲就有华尔兹、探戈、波尔卡（波希米亚的一种舞曲）、马左卡（波兰舞曲之一种）等，这些都不能笼统地译为"洋酒"或"西曲"，它们都以自己的名称互相区别，汉语就借用了这些词的语音形式。

现代汉语外来语多半借自英语，其次是俄语、法语等。至于从兄弟民族语言借来的词，这里略而不谈。

和有些欧洲语言的外来语比较起来，现代汉语的外来语在整个词汇中的数目是不大的，因为汉语借词往往采取义译法。可是，外来语在现代汉语中所起的丰富词汇的作用并不小。

现代汉语外来语的通用范围很广泛，它们进入汉语的门径是多方面的。为了便于说明这样的事实，我们不妨分别从文学语言、方言、行业语、以至口语和书面语的角度来观察一下外来语的情况。当然，我们不可能把这些界限划分得清清楚楚，因为，在下面的例子中就可以看到，除了方言和科学术语中的某些外来语之外，有好些外来语都是全民语中通用的。

文学语言中有许多外来语实际上正是从方言吸收来的，例如啤酒、卡片、可可、沙发、马达、卡通、克罗米、雪茄、冰激淋等。但是，有些外来语只在本方言中通行。试看下面的一些例子：

粤语：

恤衫	shirt	（衬衫）
燕梳	insurance	（保险）
士担	stamp	（邮票）
的士	taxi	（出租汽车）
波	ball	（球）
吠	tyre	（车胎）
嘜	mark	（商标）

吴语：

戤士林	gasoline	（汽油）
那摩温	number one	（工头）
太妃糖	toffee	（奶油糖）
开麦拉	camera	（照相机）
白塔油	butter	（奶油）
扑落	plug	（电灯插销）
水汀	steam	（暖气）
帮浦	pump	（唧筒）

闽语（多借自马来语）：

雪文	sabon	（肥皂）
洞葛	tongkat	（手杖）
黎珑	lelong	（拍卖）
滥斧	lampu	（大盏洋灯）
巴刹	pasar	（市场）

此外，东北还有少数借自俄语的词：

沙油子	союз	（工会）
壁里砌	печь	（壁炉）
列巴	хлеб	（面包）
马神	машина	（机器）

以上只是一小部分例子，但也可以说明外来语怎样影响某些方言的词汇。值得注意的是，这些外来语大部分是日常用语，在口语中广泛通用，有的甚至排挤了原有的汉语词，或者和汉语词并存。粤语的恤衫、吴语的扑落、水汀都比与它们相应的汉语词占优势。粤语的"波"用在"打波"、"皮波"、"波板"、"乒乓波"等词语中，但在"足球"、"篮球"、"排球"中仍说"球"。这些外来语形成了方言词汇的一个特色。标示新的概念的外来语，如外来事物的名称

等，往往由方言进入文学语言，前文中的啤酒、卡片、沙发等就是这样的词。另一方面，在文学语言积极影响方言的过程中，不为文学语言所需要的外来语就可能逐渐被淘汰，例如沙油子、燕梳等，现在就不大运用了。

行业语中的外来语也很丰富，在科学术语方面尤其如此。除了度量衡和化学元素名称外，还有定律、定理、器械等名称，也大都是音译的词或词组。

例如，在自然科学中有：

雷达	radar
以太	ether
伊洪	Ion
淋巴	lymph
休克	shock
卡计	calorimeter
伏特计	voltmeter
可卡因	cocaine
尼古丁	nicotine
虎克定律	Hook's law
欧斯达氏管	Eustachian tube

在社会科学及社会生活领域中有：

逻辑	logic
逻各斯	logos
乌托邦	utopia
纳粹	Nazi
杜马	дума（俄）
法西斯	fascist
康采恩	konzern
托拉斯	trust

辛狄加	syndicate
马克思主义	Marxism
安那其主义	Anarchism
沙文主义	Chauvinism

在文艺领域中有：

朔拿大	sonata
生凤尼	symphony
商籁体	sonnet
爵士乐	jazz
罗漫司	romance
蒙太奇	montage
浪漫主义	romanticism
前拉菲尔派	pre-Raphaelites
拜占庭式建筑	Byzantine architecture

在宗教用语中有：

弥撒	missy
阿拉	Allah
基督	Christ
撒旦	Satan
毛拉	mollah
穆斯林	Mussulman
安琪儿	angel
弥赛亚	messiah
可兰经	Koran
基督教	Christianity
加特立教	Catholicism
伊斯兰教	Islam

所谓文学语言中的外来语、全民语中的外来语，大多是从方言和行业语来的。以上所举的例子中，大部分已广泛地为人们所熟悉。一般人不一定了解以太、撒旦是什么，但是像淋巴、法西斯、穆斯林等，不是生物学家、政治家、宗教信仰者也能懂得，也就是说，这一类外来语已经突破了行业语的范围。

在日常生活中，我们还可以碰到不少的外来语。例如：

法兰绒	flannel
加厘	curry
凡士林	vaseline
巧克力	chocolate
拖拉机	трактор（俄）
坦克	tank
幽默	humour
马达	motor
吉普车	jeep
苏打	soda

下面我们还将陆续说到这类外来语，这里就不多举例了。

如果我们注意一下个别的著作或译作的语言以及口语的情况，那么，我们会发现：虽然一般的外来语是既通行于口语又见于书面语的，但是还有一些外来语却只存在于口语中，没有音译的书面形式。例如学校里理化教师常常按原文的语音读外来的术语和度量衡，数学教师常不把三角函数读为正弦、正切而读为 sine、tangent，又如人们打扑克时往往把牌花直接读为 heart、spade、club、diamond，类似的情形在有些学过外文的人中间是很常见的。与此相反，有些存在于书面语中的外来语却不出现于口语，它们往往是"临时的"音译词，只有依靠注释才能被人了解。这类词多半标记着外族特有的器物、风俗，或是为刻画人物及异国情调而特别运用的。例如郭沫若诗集中的蜜桑索罗普（misanthrope）、菲尼克司（Phœnix），又如俄国小说译本里的沙莫瓦尔（самовар）、伏特加（водка），都不见于我们的口语。梅里美的小说《卡尔曼》中，有许多吉普赛语的词，如罗姆、罗密，在傅雷等的中译本中都一律采用音译，而不译为丈夫、妻子，这也是为了保持原著风格的缘故。这些词，存在于汉语中，我们不能说它们不是外来语，不过它们只出现在个别作品中罢了。

以上简略的叙述告诉我们外来语是如何丰富了现代汉语的词汇，如何作为汉语词汇有机的、重要的一部分而存在着。

二、从稳定及变化的角度看现代汉语外来语

词汇是处在不断变化中的，新词不断地产生，有些旧词逐渐消失，旧词的消失要比新词产生的速度慢得多，量要少得多。现代汉语的外来语是否也是这样呢？现代汉语外来语是不是和汉语自身的词汇具有同样的生命力呢？

现代汉语中有好些从古代传下来的外来语，这就证明了外来语不是不能深入汉语，不是不能获得长久的生命。同时，一般说来，活在口语中的外来语，特别是那些在方言区通用的外来语，也是不易消失的。再拿 20 世纪 20 至 30 年代的一些新文学作品或词典来看，也可以看到有不少外来语现在都还稳固地存在着；但是，也有不少外来语很少见了，或者消失了，或者被义译词代替了。外来语这种变化和一般的汉语词的演变不一样，因为汉语本身的词一经产生并被使用，就很少被另一个完全同义的异音词代替，可有些外来语的生命却很短，或者常常有被义译词代替的"威胁"。

有些音译词比较稳定，是因为这些外来语词的概念在汉语中没有相当的语词能够既简洁又明确地把它们标示出来，例如图腾、雷达、浪漫主义、歇斯特里、布尔什维克等。歇斯特里 hysteria 是一种复杂的病症，曾有人在词典上注为"脏燥症"，但不能表明原词的复杂概念，而且，如果把"战争歇斯特里"改为"战争脏燥症"，显然也会失去那种深长的讽喻意味。布尔什维克 Большевик 的原义应该译为多数派，但它又和一般议会中的多数派不同。浪漫主义 romanticism 这个词的本义是什么还未完全确定，文学家、艺术家们还有争论，它的含义是复杂的。因此，以上这些词一直没有被义译词

代替。还有一些原来就是简称的词，如塔斯社（苏联电讯社的简称）、纳粹（德意志国家社会党）、切卡（全俄非常委员会）、拉普（俄罗斯无产阶级作家同盟）等，这些词的义译也不如音译简便，所以音译比较稳定。还有一些标示了一定的民族风格或特性的外来语，往往也不曾被义译词代替。例如：

> 纱丽：印度妇女的一种衣物。
>
> 沙龙：文艺客厅，与一般的"客厅"不同。
>
> 扑克：与一般的"纸牌"不同。
>
> 布丁：西洋食物的一种。
>
> 芭蕾舞：西洋舞蹈的一种。（有人译为"脚尖舞"，不妥。）

此外，我们要谈谈有些一般说来不能义译的外来语，这就是以专有名词（人名、地名等）命名的词或词组。人名、地名本身不能义译，也决定了这类词的稳定。这类词语在科学术语中特别多。为了科学术语的精确意义不致被不妥当的义译损坏，这类词的变化不大，如前面提到的马克思主义、虎克定律等。再看一些例子：

> 马德堡半球
>
> 来顿瓶
>
> 斯达哈诺夫工作者
>
> 托洛茨基分子
>
> 马歇尔计划
>
> 日内瓦精神
>
> 布热德运动
>
> 巴甫洛夫学说
>
> 摩洛哥皮
>
> 毛瑟枪
>
> 勃朗宁枪
>
> 印度绸
>
> 道林纸

蒙古包

达母弹

吕宋烟

香槟酒

列宁服

这类外来语中还有一些本来就是人名，由于某种原因获得了一般名词的资格，但是又不能用义译词代替。例如：

缪斯："诗神"或"艺术之神"的意思。

斯芬克司："神秘"或"谜语"的代名词。

丘比得："爱神"的代名词。

罗亭："言语的巨人、行动的矮子"一类人物的代名词。

中外贸易及其他交往带来了不少外来事物的专有名称，特别是商标名称，常常也作为普通名词来运用，这也是不能义译的。例如：

派克：自来水笔的一种。

菲立浦：自行车的一种。

欧米茄：表的一种。

卡秋莎：一种火箭炮。

赖卡：一种照相机或胶卷。

派力司：纺织品的一种。

雪佛兰：汽车的一种。

伊尔式：飞机的一种。

这些比较稳定的外来语在汉语里的地位如何呢？这不单要看有没有义译词和它们抗衡，还要看它们的运用频率。我们看见了一些有趣的事情：虽然香槟酒、道林纸都是产自外国的东西，因其产地而得名，但是我们自己制造的东西也叫香槟酒、道林纸……日常用语中的外来语，有的还产生了一些固定词组。例如：

咖啡：～～色、～～馆、～～精、～～糖、～～茶

柠檬：～～酸、～～油、～～汁、～～精

瓦斯：～～光、～～灯

苏打：～～片、～～水

坦克：～～手、～～排

有些外来语或经过了词义上的"淘汰"，或增加了意义色彩，这也反映出它们受汉语的影响。例如：

幽默：原词 humour 除了"诙谐"之意，还有"兴致"、"心绪"之意，汉语只取"诙谐"一义。

摩托：原词 motor 为"发动机"之意，又译为马达。摩托车 motorcar 的原义则泛指一切以发动机开动的车，包括汽车。现代汉语里的"摩托车"仅指"摩托脚踏车"，即"机器脚踏车"，相当于 motor bicycle。最近，"摩托车"有简称为"摩托"的趋势，而 motor 的原义——"发动机"就只用"马达"来标示了。

引得：原词 index，有"索引"、"指针"、"指数"、"食指"之意，汉语只取"索引"一义。

拷贝：copy，指"电影胶片"；原义还作"字帖"、"原稿"、"抄本"解。

夹克：jacket，原有"短外衣"、"包书纸"、"马铃薯皮"、"汽锅之圈套"等意思，汉语只作"短外衣"一种讲。

水汀：steam，除"蒸汽"、"暖气"之义外，还有"精力"的意思，吴语中只作"暖气"讲。

浪漫：romantic，原为"传奇的"、"怪诞的"、"幻想的"之意，现代汉语中这个外来语却变为"生活不检点、随随便便"的意思。

以上这些词在意义上已经不完全和原词相同，有的还获得了新的意义，这更说明它们已经成为汉语词汇的有机组成部分了①。

至于不稳定的外来语，它们消失的原因也各有不同。例如方言中的外来语受普通话的影响而渐渐不通行了；又如西崽（servant）、仆欧（boy）、那摩温（number one）这些在半殖民地时期通行的词现在不通行了；还有某些人因为仿效外国而用的一些音译词现在也不用了，如尖头鳗（gentleman）、司的克（stick）、多看透（doctor）等。这些词并没有真正为汉语吸收，只在某些集团中通用，当社会原因使运用这些词的环境和心理起了变化时，这些词也就很容易消失。我们要特别注意的，是在以上这些原因之外而消失的外来语。这些外来语标示着新的概念，是汉语所需要吸收的，它们最初也以音译形式进入汉语，后来被义译词代替了，有些即便还在通用，但也和汉语的词处在交锋对垒的情况中。例如，下面这些外来语已经为汉语词代替了：

杯葛——抵制

阿巽——臭氧

么匦——单位

巴力门——议（国）会

康白度——买办

赛因斯——科学

代那模——发电机

依提亚——观念

加答儿——（鼻）黏膜炎

苦推打——政变

百斯笃——鼠疫

德律风——电话

奥伏赫变——扬弃

---

① 有些外来语在汉语中有两个以上的意义，如：
瓦斯：煤气；毒气；气体。
沙龙：文艺客厅；巴黎每年之画展。
罗曼斯：传奇；一种自由体乐曲；汉语又将传奇的意思引申为"风流韵事"。

狄克推多——独裁

德谟克拉西——民主

烟士披里纯——灵感

此外，在下文中还可以看到一些例子。音译词与义译词并存的情况，如：

安那其主义——无政府主义

沙文主义——大民族主义

朔拿大——奏鸣曲

生风尼——交响乐

商籁体——十四行诗体

穆斯林——回教徒

加特立教——天主教

麦克风——扩音器

伊斯兰教——回教

卡计——热量计

伏特计——电压计

基督——救世主

康拜因——联合收割机

维他命——维生素

以太——能媒

不过，所谓"并存"不一定是"势均力敌"，有些义译词有占优势的倾向，如扩音器、联合收割机、维生素、交响乐；有些音译词反而又比义译词常见，报纸上就常常出现伊斯兰教、穆斯林、沙文主义等音译词。还有一种情况也是值得注意的，即有些外来语从根本上排挤了义译词。例如：

逻辑——名学

马达——发动机

雅片——洋烟

泵——唧筒

这里要提出这样的问题：为什么有些外来语会被义译词代替？为什么有些外来语会排挤了义译词？正因为语言是交际工具，它处在极活泼、具体的场景中，所以这些情况发生的原因是复杂的。我们所谓稳定与否也不过是从大体上看来如此。但是，可以看到这样的事实：排挤了音译词的义译词比排挤了义译词的音译词要多得多。这就使我们有可能从这主要的一面看出外来语不能完全适应汉语词汇的特点。正因为这样，和汉语本身的词比较起来，外来语的变动就比较大。不过，这并不是说，外来语既然一般变动较大，就不能起到丰富汉语词汇的作用。应该这样说：正是在这种不断产生和消失的情况下，我们才提炼出那些为汉语所需要的外来语。

三、现代汉语吸收音译词的手段及其局限性

我们已经看到现代汉语外来语有它自己的特点，就是比汉语中一般的词不稳定。可是，在另一方面，这些词虽然不很稳定，却又已经存在于汉语词汇中了。可以这样说：汉语吸收外来语并不是把原词的语音和形态都搬过来，而是使外来语服从自己的构词规律和习惯，所以它们才能存在于汉语中；但是，又因为汉语和它向之借词的那些语言——最多的是印欧语系的语言——差别很大，所以这些外来语未必能完全适合汉语的规律，所以它们就有可能被汉语的词代替。

一般的外来语显然不能接受汉语构词法的约束。汉语构词法的主要特点是词根组合，并且词根绝大多数是单音节性的，而外来语（指借音的词）却不能按汉语习惯拆散为几个有意义的词根，每个外来语在汉语中不过是语音的统一的整体。例如"马达"不能拆散为"马"、"达"。又如 microphone 虽然也是由两个词根组合的词（micro 在希腊语中是"小"的意思，phone 是"声音"的意思），但用汉字写成的音译词"麦克风"，却不能拆散为"麦克"、"风"或"麦"、"克"、"风"。很显然，拆散了的"麦克"在汉语中没有意义，"风"在汉语里也并不指"声音"。因而，这些音节之间不可能表现出汉语构词法的作用，使用汉语的人也不容易了解这种形式的词。古代的外来语有靠增加汉字偏旁来帮助人们了解的，如葡萄、苹果、枇杷有"艹"头

或"木"旁，就表示它们是植物的名称；玻璃、琉璃从"玉"，使人们了解它们是玉石矿物一类物体的名称。现代也有这种书面形式，如咖啡、吗啡从"口"，化学元素名称从"气"、"钅"、"石"等偏旁。但是，这并不能补偿汉语吸收外来语的局限性，反而增加了汉字的累赘。

汉语中有许多外来语是半音译半义译的。这种形式比较接近汉语构词习惯，近似"牡丹花"、"昆仑山"的结构。这类词的义译成分或译自原词的构词成分，或译自词组中的一个单词。例如：

Neo-Kantists	新康德派
topology	拓扑学
Gothic	哥特式
ice-cream	冰淇淋
motorcar	摩托车
Neonlamp	霓虹灯
Calmette-Guerinvaccine	卡介苗
dumdumbullet	达母弹

义译成分有时并非原词具有，而是附加的：

car	卡车
bar	酒吧
beer	啤酒
Koran	可兰经
Missa	弥撒祭
комбайн	康拜因机
cigar	雪茄烟

像后面三个一类的义译成分不一定常常附在后面。由于这种外来语能够标示出一个物体或概念的种类，所以比较容易为我们所了解，其运用也就比较普遍。相反，像康敏尼斯特（communist，共产党人）、苏斐斯特（sophist，诡辩学派）、意德沃罗基（ideology，意识形态、观念学）这些不曾把构词成分

义译出来的词，就不容易为人了解，没有通行开来。

还有一种"假"的义译成分，即方块汉字使它们似乎是具有意义的词素，但实际上是译音。例如：

爱美的	amateur	（业余的）
爱斯不难读	Esperanto	（世界语）
维他命	vitamine	（维生素）
罗曼史	romance	（传奇）
赛璐珞	celluloid	
乌托邦	utopia	
逻辑	logic	
爵士乐	jazz	

这种译法表示出我们想使外来语服从汉语构词习惯的努力，但是译得不当就会使人误会原义。过去，"学衡派"中有人把"乌托邦"写成"乌托之邦"，被鲁迅先生嘲笑了一顿，就是上了这种音译词的当。因为"邦"只是一个音节的译音，并非词素，怎么能够拆开呢？

半音译半义译的方式虽然比较接近汉语构词特点，可是，并不是多数外来语都可以附加一个义译成分，并不是多数外来语都有可以义译的前后缀；更主要的是，这种外来语还是不如完全义译的词符合汉语的习惯。所以，它的作用是有限的。

音节的特点也是外来语和汉语词之间的一个差别。汉语音节比较简单，四音节以上的往往就成为词组，而印欧语的词的音节一般要比汉语词多。从材料中可以看到：通行的、较稳定的外来语大部分都是双音节和三音节的（行业语的一些专有名词和词组不算，它们的运用范围较狭窄，如科学中的定理等），例如逻辑、幽默、引擎、浪漫、夹克、马达、沙发、雪茄、奎宁、坦克、卡片、苏打、加厘、可可、图腾、香槟、咖啡、尼龙、布拉吉、凡士林、苏维埃、托拉斯、模特儿、巧克力、摩托车、克罗米、维他命、吉普车、来复枪、坷罗版、拖拉机、阿米巴、法兰绒、来沙儿、木乃伊等；四音

节以上的就比较少，如孟什维克、布尔什维克、福尔马林、爱克司光、盘尼
西林、伊斯兰教、奥林匹克运动会等。另一方面，在不稳定的外来语中，虽
然也有不少双音节和三音节的词，如杯葛、苦推打、德律风、康白度、代那
模、加答儿等，但四音节以上的词的比例却比稳定的外来语中的要大，例
如，除了前面引过的德谟克拉西、狄克推多、烟士披里纯、奥伏赫变之外，
还有这样一些多音节的外来语也是不通行的：

生的闷特（感伤的）

萨威稜贴（主权）

爱纳而基（能力）

阿加的米（学院）

托拉火姆（沙眼）

倭麻迭斯（关节炎）

肠窒扶斯（伤寒）

伯里玺天德（总统，主席）

伊康老米（经济）

普罗列塔利亚（无产阶级）

什匿克主义（犬儒主义）

意德沃罗基（意识形态）

隐德来希（活力）

印贴利根追亚（知识分子）

哀的美顿书（最后通牒）

这些例子表明：汉语习惯选择音节少的外国语词来音译，音节较多的词就常
被义译词代替；半音译半义译的外来语也大都是双音节和三音节的，如果音
节过多，即使有义译成分，也不容易稳定，譬如哀的美顿书。我们的音译借
词有时也省掉原词的音节来迁就汉语的语音习惯。古代的"尼"就是
bhiksuni 省略来的，"塔"是 stupa 的省略，"菩萨"是 bodhi－sattva 的省
略，可见这种办法很早就有了。现代汉语的"浪漫"和"法西斯"原来译作

"罗曼蒂克"（romantic）、"法西斯蒂"（fascist），后来省略了一两个音节。"香槟"（champagne）、"吗啡"（morphia）、"巧克力"（chocolate）都和原音节不完全一致。有时，原词中独立的辅音被省掉了，如"逻辑"（logic）不译为"逻辑克"，苏维埃（Совет）不译为"苏维埃特"。所以，音节的多少也是外来语汉化的一个标志。但是，并不是多数外国语词都能适应汉语的语音习惯，不是多数原词都恰恰是音节简单的，而随便省略音节又会造成音译词的混乱情况，因而外来语就不可能在这方面都达到"汉化"，这也就影响到一些外来语的稳定。音节的问题和构词法的问题是有关系的。由于在外来语中看不出词素与词素间的关系，所以，音节愈多，使用汉语的人愈不习惯；相反，示踪原子、联合收割机、五年计划这些义译词音节虽多，还是容易为人们所接受。当然，关于音节的说法不能绝对化，假如一个音节较少的义译词还不如音节多的音译词能够完善地表示某种概念，那么，这个音译词还是会稳定下去，前面举到的歇斯特里、布尔什维克就是如此。

以上是就构词法和音节问题来说明：外来语一方面可以适应汉语的规律和习惯，所以能够存在于汉语中，并丰富了汉语的词汇；但是另一方面，这种适应是有限度的，适应的程度也各不相同，有的已经让人不大感觉得到是外来的了，有的还有明显的外来特色。这就使外来语的范围不如汉语本身的词汇稳定。语言习惯并不是保守的，在人们交际的实际情况中，会容许自己的语言习惯获得一些例外的因素，只要这种例外无损于原则。这就是为什么有些音译词还是能战胜义译词而稳定下去的缘故。

总之，以上一切材料又说明，在总的原则下，首先应该使借词尽可能汉化，不能损害汉族的语言习惯的纯洁。语言习惯不仅是指一种语言内部规律的完整性，而且包含了人们对自己语言传统的爱护心理，所以我们在借词时，不能滥用音译，要尽量发挥我们的语言所蕴藏的作用，创造标示新的概念的词来丰富词汇。但是，我们也不能一概排斥音译词，因为有些外来语是不能不音译的，如科学术语中的一些国际词语就需要音译。

四、现代汉语外来语中反映的汉语规范化问题

外来语在丰富汉语词汇的同时，也引起了一些分歧、混乱的现象，包括一词数译、同一音质数译、同一汉字标示不同音质、外来语和义译词并存等问题。

由于音译的人和地不同，对原词语音和汉字读法有差异，一个词就可能有不同的译法和写法。例如：

cartel：加迭尔、卡德尔

syndicate：辛狄克、新狄加、新迪加

konzern：康载尔、康来恩、康撒恩

cement：水门汀、士敏土、塞门脱

motor：马达、摩托

soda：苏打、苏达、曹达（转借自日本）

chocolate：巧克力、诸古力、巧格力、朱古律

меньшевик：孟什维克、门塞维克

flannel：法兰绒、佛兰绒

chloroform：哥罗方、哥罗仿母

ice-cream：冰激凌、冰淇淋、冰结连、冰麒麟等

这些不同的音译有的分别存在于方言中，有的同时存在于文学语言中。

再就音质来说，也有许多不同的对译。例如同一个"co"（虽然实际读音不完全一致）就可能用不同的汉字写出来：

boycott   cocoa

葛（杯葛）   可可

Nicotine   coffee

古（尼古丁）   咖（咖啡）

Cossack

哥（哥萨克）

同一个"ca"：

cartoon	captain	Cartel
卡（卡通）	甲（甲必丹）	加（加迭尔）

同一个"mo"：

motor	morphia
马（马达）	吗（吗啡）
modern	model
摩（摩登）	模（模特儿）

同一个"sa"：

Satan	salon
撒（撒旦）	沙（沙龙）

反过来，又有用同一个汉字去标示不同音质的：

flannel	Fascist
法（法兰绒）	法（法西斯）
nicotine	pudding
丁（尼古丁）	丁（布丁）

又如上海人译的"披霞娜"和"霓虹"，按普通话的语音来读就不像 piano 和 Neon；广东人译的外来语往往保存原词的 −m、−k、−t、−p（如：泵 pump；士担 stamp；嚜 mark），但普通话没有入声，读不出这些辅音来。

　　这些现象说明了我国方音的复杂性和方块汉字的局限是如何反映到外来语中的。译者除了正确掌握原词的语音外，还应该以普通话语音为标准去选择书写的方块汉字来进行标记。可是，同音异字的音译词只有使用拼音文字时才能完全消灭。

　　关于与义译词并存的外来语问题，是处理等义词的一个重要问题。有些词是完全等义的，如维他命——维生素、安那其主义——无政府主义、盘尼西林——青霉素；有些词是学名和俗名的对立，如克利奥林——臭药水、海洛因——白面儿、休克——昏迷、尼古丁——烟碱；有的词在方言和共同语中分别存在。不同的情况要分别处理，这里不专门谈这个问题了。

不论是古代汉语还是现代汉语，都有许多外来的音译词，它们分别是外国器物的名称、宗教用语、官职爵位名称、舞艺名称、民族及种族名称、货币及度量衡名称以及近代的科学术语等等。可以说，音译词是不可避免的。毛主席教导我们"要从外国语言中吸收我们所需要的成分。我们不是硬搬或滥用外国语言，是要吸收外国语言中的好东西，于我们适用的东西"[1]。这就是我们对待外来语的原则。

---

① 《毛泽东选集》第三卷，人民出版社，1951年，第858—859页。

谈义项的建立与分合[①]

一、问题的提出

义项的处理是字、词典编写工作中最复杂也最重要的问题之一。然而，这个问题在理论上的探讨还很少。编写工作常常不得不依靠编写者个人的语感和从过去的字、词典那里由直观获得的一些片断的经验。这样一来，一部大型字、词典，由于编写人的理解和认识不同，义项的处理很可能是五花八门的，也就很难谈到有较高的科学性。所以，研讨义项的建立与分合，在当前是十分迫切的。

当然，我们不可能要求所有的字、词典对同一个词的义项处理得完全一致。因为字、词典的不同规模（如大、中、小型）、不同范围（如古代的或现代的；专科的、百科性的或语文性的）、不同读者对象（如普及的或提高的；供本族人或外族人看的）等等，都会影响义项建立的宽严与分合的详略，甚至编写格式也会使义项处理的面貌不同（例如，有的词典把引申义单独分项处理，有的则与基本义列在一项之内而另作说明）。尽管如此，我们应当承认，编写原则和观点，在很大程度上必将影响对义项的处理。

---

① 本文发表于《词典研究丛刊》1（四川人民出版社，1980 年），主要是就《汉语大字典》编写工作中处理义项的问题进行讨论。为叙述方便起见，文中提到的"词"、"词义"、"词典"常常也指"字"、"字义"、"字典"，虽然字和词是两个不同的概念。文中例子主要引自《汉语大字典》编写稿和一些已发行的字、词典，文中不再——注明出处。

有的同志说，最好能找到现成的理论依据，或者提出几条处理义项的普遍规律或共同标准。这显然是不可能、不现实的。的确，从理论上探讨非常重要，但对于变化万端的词汇来说，上述要求并非轻而易举的事。而且，字、词典编写工作正在抓紧进行，也不能停下来等待语言学的新的科研成果。

我们是否可以从旧有的字、词典中总结一些经验或公式呢？毫无疑问，古今各种字、词典对我们有很大的借鉴价值，不论在资料的积累方面，在字、词义的源流方面，在义项的处理方面，都是如此。但是，过去的字、词典，包括古代的字书、韵书，在义项方面，并不能成为我们编写《汉语大字典》的准绳。由于它们受各自条件的限制，在义项处理上，不是失之过简，就是失之过繁。例如，着重解释词的基本义的《尔雅》和着重说明造字本义的《说文》就属于前一类①；辑录诸家对经典的注释的《经典释文》、《经籍纂诂》等，着重于资料的详备，而不注重概括字义，就属于后一类。《康熙字典》把字义的客观记录和典籍的注释混杂在一起，义项处理陷于烦琐混乱。《中华大字典》虽然把字义分条列证，想做到"不相混函"，但是受《康熙字典》的影响，仍然是琐细芜杂有余。近年来出版的词典，在处理义项方面，科学性虽大为增强，但又多偏重现代词义，对编写《汉语大字典》的借鉴作用仍显不够。

比较切实可行的办法，恐怕仍然是把已有的词汇学理论与自己的编写实践结合起来，再吸取别的词典的经验与教训，并及时开展研讨，以取得在义项处理上大体一致的原则和观点。这里谈谈个人粗略的意见，和同志们商榷。

二、词典中应当收录什么样的词义

词义的概括性，是词义的本质特征。这是处理义项的理论根据和出发

---

① 《尔雅》类字书，是把一个词的不同意义分散在各个同义词群里解释，如"元"训"始"，在《释诂上》；训"首"（头），又在《释诂下》。故其仍反映了词的多义性，但毕竟以基本义为主。《说文解字》用"一曰"表示一字多义，但注重造字本义，不重派生义。段玉裁在《说文解字注》里作了许多补充，如《说文》："翘，尾长毛也。"段注："尾长毛必高举，故凡高举曰翘。"

点。词义，即词的内容，是客观对象在人们意识中概括的、抽象的反映，即把许多千差万别的客观对象，分别按照同类事物的共同特征加以概括，并用一定的声音（词）巩固下来（对客观事物的概括反映，还可以用别的语言形式——如词组来表示，但这就不是词义，而是词组的意义）。正因为词有了这种概括性的意义（概念）和巩固这概念的声音，词义才能为社会成员共同掌握，交际活动才能进行。在字、词典中，义项处理不合理的根本原因，往往是忽视了词义的概括性，或者仅从概念出发而忽视了概念与词（声音）的结合。

词义可以分为两部分。基本的、中心的部分，即表示逻辑上的概念的部分，叫做词的"理性意义"；表示说话人的主观因素的部分，叫做词的"附加意义"，它包括词的感情色彩、风格色彩等等。一般说来，词义的这两个部分都是固定的，不随个人运用而任意变更，是客观存在于语言中的，因而能为社会所共同掌握。但是，在言语活动中，在具体说话的场合，在上下文中，随着对话双方的思想意识、心理情绪、说话环境等主客观因素的变化，在固定的词义的基础上，也可以产生临时的理性意义或临时的附加意义。例如"秋"的固定的理性意义是"四季中的第三季"。这是大家共同了解、共同使用的意义。但在"胡未灭，鬓先秋，泪空流"（陆游《诉衷情》）里，"秋"由原来的理性意义引申出衰老、再引申出鬓发变白的意义（一说"秋"指"白如秋霜"），这就是临时的理性意义。又如"秋"本身并没有特殊的风格色彩，它的感情色彩也是中立性的；但在一些悲秋的诗文里，这个词却因与肃杀、衰老等有关而产生了悲凉、消极的感情色彩。再如有的词本来具有褒扬的感情色彩，但在反语里却获得贬抑、讽刺的感情色彩，这就是临时的附加意义。这种临时的理性意义或临时的附加意义，都是由于不同的上下文、不同的联想而临时地、个别地产生的。离开了特定的上下文，它们便消失了。

固定的词义（包括固定的理性意义和附加意义；通常指固定的理性意义）与临时的词义（包括临时的理性意义和附加意义；通常指临时的理性意义）是对立而又统一的一对矛盾。临时的意义也能够为听话人所理解，因为它没有脱离原有理性意义的基础。然而词义又因言语活动条件的变化而改变其这一部分或那一部分内容。这种情况，叫做"词义的游移不定"，或叫做"词义的流动"①。词义的这种变化，如果成了习惯，为社会成员所共同理解并共同使用，那么，临时意义就成了固定意义，于是也就演变出了新的词义。问题的复杂性在于，固定的和临时的词义之间并没有严格的界限。由于词汇的发展变化极其复杂，由临时的词义发展为固定的词义，有一个无间断的过渡阶段。词义往往会在这个阶段中产生一些摇摆的、两可的现象。于是从历史发展的角度，或从平面的、并行的角度来看，词义的界限不易划分清楚。这是我们讨论义项问题时的困难所在。虽然如此，我们也不能否认词义有固定的和临时的区别。

那么，字、词典在处理义项时应当收录哪一部分词义呢？

尽管各种字、词典的编写观点不同，但从理论上说，基本的原则应当是：词典的义项应当收录固定的词义，而不应收录临时的词义。建立义项，首先是以词的固定的理性意义为基础。至于固定的附加意义，也要作为词的修辞特征或修辞体系反映到词典中去（如用"爱称"、"蔑称"、"口语"、"书面语"等术语来注明），但不一定建立义项。而临时的意义则完全不应当作为义项来收列。

这是因为：第一，固定的词义，是为社会所公认、概括了的意义，它为社会全体成员所理解，也为全民所使用，并具有供一切场合使用的潜力。临时的词义，虽然以固定的词义为基础，但还有个人的、临时的成分，只是某种个别场合的产物。它虽然也能为社会所理解，但一定得结合具体的语言环境或上下文。第二，固定的词义，虽然数量很大，但比起临时的词义，却总是有限的。词典如果收录无休止产生的临时的词义，将会收不胜收。第三，词典是关于"语言的"著作，而非关于"言语的"著作。我们同意有的语言学家所持的观点：他们把词典和语法书相提并论，认为词典里的词只是语言

---

① 参看高名凯：《普通语言学》下册，东方书店，1955 年（下同），第 99 页。

里待用的建筑材料，而非言语作品本身；他们称词典里的词是"孤立的词"①、"隔离的词"②，"词典上的语义就是还没有成为语言时的语言建筑材料（词汇）的意义，实际语言中的语义指的是词接受了语法支配而存在于实际语言里的时候所有的意义"③。

当然，这并不是说，词典只能机械地记录最大限度的概括的意义，而不管词在言语活动中的具体运用。在肯定词典中词义的特性时，我们要防止另一偏向，即把固定的词义与临时的词义绝对地割裂开来。固定的词义不是先验地存在的，它正是言语活动中许多个别的意义的概括的结果。我们不赞同有的语言学家的论点，如俄国语言学家波铁布尼亚认为词典里的词不是"真正的词"，而只是"词的标本"④；德国语言学家洪堡特虽然看到了词典和语法书里的词和规则不等于"活的言语"（即日常运用的语言），却一味贬低词典里的词，认为在"活的言语"里才能认识语言里"最高级的和精确的东西"，而词典里的词（他所谓的"词的零散存在"）仅仅"是科学分析的机械工作的僵死的产物"⑤。很显然，如果词典真是这个样子，那它岂不是没有血肉，也失去了它具有的工具书和语言规范的价值吗？而一部理论与实践结合得较好的词典，显然不应当是这种"机械的词汇登记表册"，而应该既是对词义系统进行科学整理的成果，又能反映语言运用的实际情况。总的说来，这个问题与词典的义项应反映词的固定意义是不容混淆的，我们必须对此有个正确的认识。

三、义项的建立

义项，就是词典中词义的分项。一个词有多少固定的理性意义，就应列

---

① 参看 H. H. 阿摩索娃：《论词的词汇意义》，载《语言学译丛》创刊号，商务印书馆，1958年，第35页。所谓"孤立的词"，即"被指出的、提到的、引用的，但不是在一定的语言环境中用作表达思想的工具的词"，它具有"概念对应性"，而不具有"事物对应性"。

② 见高名凯《普通语言学》下册，第35页。

③ 见高名凯《普通语言学》下册，第35页。

④ A. A. 波铁布尼亚：《俄语语法札记》（俄文版），第一卷，第96页。见高名凯《语言论》，第237页所引。

⑤ 《语言风格与风格学论文选译》，科学出版社，1960年，第163—164页所引。

多少义项①。

在词典编写工作中，义项的处理大致分义项的建立与义项的分合两个方面。义项的建立，是指词义的内容哪些应当进入或不应当进入词典的义项序列，也就是分辨语言中的词义和言语中词义的问题②。义项的分合，则涉及义项归纳的粗细，也就是词义的概括性是否足够或是否准确的问题。但义项的建立与分合都要对词义进行抽象和概括，所以，二者有时很难区别，甚至也可以说是一码事。

关于义项建立的原则，前面已经谈了我们的基本观点，即字、词典应当以从若干具体的言语环境中抽象、概括而来的词的固定的理性意义为义项；而词义在言语活动中的个别的、临时的因素，不应作为义项收列，除非这种因素已逐步变成了新的固定的意义。下面举一些在编写实践中较常见的现象为例，来阐述我们的看法。

（一）词义的临时变体不应当建立义项

词义具有丰富的潜在信息，供人们自由地充分使用。但在言语活动中，词义所概括的许多特征，常常只有一部分起作用，这就产生了词义的临时变体。例如以表示全称概念的词去表示特称概念，以表示属概念的词去表示种概念，就是如此。这是人们言语活动中极为普遍的现象。如"书"概括了不同形状、不同内容的成本的著作的共同特征；但在"书印好了"、"书写好了"、"干干净净的新书"等言语片断里，"书"在说话人心目中分别偏重于"文字"、"内容"、"外表"等方面。又如"车"是陆地上有轮子的交通工具的总称，但"车来了"的"车"，在不同的情况下，可以指"汽车"、"电车"或"马车"……而这些所偏重的方面，都不能脱离"书"和"车"的基本意义。在这里，"书"和"车"首先仍是"成本的著作"、"陆地上的交通工

---

① 有的词典把同音、同形词分别列为不同的词头，而《汉语大字典》将其只作为一个字头。所以，在《汉语大字典》里，义项不仅是一字多义的分项，而且还包括同音、同形字的意义。

② 义项建立还涉及义项的取材范围。例如，对《汉语大字典》来说，口语和方言中的字义、专业用语的字义、冷僻的字义、复合词中的词素义等，是否都要作为义项建立？这也是义项的建立问题，但不属于本文讨论范围。

具"，而不是任何别的东西。这种词义的变体仅仅依赖特定的语言环境而存在，没有这种语言环境，它就消失了。因此，这种变体只是固定的词义的具体运用，并不产生新的意义，词典中就不应当为它们建立单独的义项。然而，有的词典编写工作者，容易被语言资料的上下文所迷惑，把同一个词义在不同言语环境中表现出的差异分为几个义项。例如：

人

（1）由类人猿进化而成的、能制造工具和使用工具进行劳动，并能运用语言交流思想的高等动物。在阶级社会中，每一个人都属于一定的阶级。

（2）指某种人，某个人或某些人。工人；军人；介绍人；有的人。

天

（1）指空气比较密集，有风、云、雨、雪现象和有飞禽活动的近地高空。杜甫《哀江头》："翻身向天仰射云，一箭正坠双飞翼。"

（2）穹苍，指围绕地球形如穹庐的大气层。北齐《敕勒歌》："天似穹庐，笼盖四野。"

（3）大气层外诸星罗列的太空。《楚辞·天问》："天何所沓，十二焉分。"

"人"的义项（1），概括了人最本质的特征，是人与别的动物相区别的根本特征。同时，它也概括了人的一般属性，因为不同年龄、性别、阶级、职业、性格、外形的人，对于这些特征说来都不能例外。义项（2）则只是义项（1）所指的人在具体情况下的体现，不应当作为单独的义项建立。"天"是"地面上的高空"，它的范围广袤无限，以上三个义项都只是这无限太空在上下文中临时的特称①，不应分列。

在《汉语大字典》试编稿中，这类情况不少。例如，把作"一种思想体系或世界观"解的"道"字，按古代各个政治或学术派别的解释，分别建立

---

① 现代新词"航天"（与"航空"相对）中的"天"倒是特指外层空间，但"天"单用时无此特指义。

不同的义项；把作"有品德、有学问"解的"贤"字，也按各阶级的不同标准，建立不同义项。这些都是不必要的。

只有当词义的临时变体转化为固定的词义时，才能够单独建立义项。例如，"人"的理性意义概括了人的身体、性格、品质等方面。在"我今天人不大舒服"和"这位同志人不错"里，"人"已经由临时偏重"身体"、"性格、品质"的意义而发展为专指"身体"、"性格、品质"的意义，它们与原来的理性意义虽有一定的联系，但已向新的固定的意义发展了，不像"人参的样子像人"这句话里的"人"的意义（偏重指人的外形）那样不稳定。《新华字典》和《现代汉语词典》就这两种意义建立了义项，是注意到了它的发展趋势，是正确的。

与以上情况相类似，还有一种值得注意的现象：根据语言环境的不同，由一个词义发展出另一个引申用法（即一个理性意义意味着、暗示着另外一种意思，是词义在具体情况下灵活的引申），但一离开具体语言环境，就没有这个引申的意思了。所以，它也不是与词（声音）固定结合在一起的，而是一种临时变体。例如《国语·越语》："今吴王淫于乐而忘其百姓。""乐"是"享乐"，但在这里指"声色"。又如"觩"是"兽角弯曲貌"，《诗·鲁颂·泮水》："角弓其觩。"郑玄笺："角弓觩然，言持弦急也。"在这里，"觩"意指射箭时"弓紧张"。再如"修"有"修饰、修整"的意义，《礼记·祭义》："宫室既修。"注："谓扫除及黝垩。"这里的"修"指涂饰、粉刷，也就意味着"一番扫除"。这些"谓……"、"指……"、"意味着……"，都是临时的引申义。但是，有的词典编写者，也容易将其当作新义项而与基本义并立，如以上"乐"立一"声色"义，"觩"立一"弓紧张"义，"修"立一"扫除、清除"义。这种通常为文章疏释字句的方法，常常被词典编写者误解为词典的编写方法。近人张相谈到疏释诗词要"义理与神情并重"时说："试以着字为例。着有落义、近义、到义：黄庭坚落星寺诗云：'星宫游空何时落，着地亦化为宝坊。'此云落星，着地当解为落地。谢翱北府酒诗云：'柳枝着地春垂垂，只管人间新别离。'此云垂柳，着地当解为近地，且亦未尝不可云到地，特到地为特别而近地其普通也。此自义理而言也。着有生义、添义：陈亮怀辛幼安贺新郎词云：'……却忆去年风雪，新着了几茎华发。'华发曰新生，未尝不合，然不如曰新添之得趣。着有被义、遇义：杨万里北风诗云：'如何急滩水，更着打头风。'打头风曰更被，未尝不合，然不如曰更遇之得劲。此自神情而言也。"① 这就是典型的"随文释义"，即把词的临时意义和感情色彩带进注释中去，使释义带有很大的灵活性。如果用这种方法建立义项，会使义项之间没有明确的界限，琐碎而杂乱。所以，张相又说："然而此义彼义，相通相近，推敲愈细，迷惘愈甚。"② 编写词典，不应照搬这种注释文章的办法，而应根据充分的语言资料，而不是个别的上下文来概括词的固定的理性意义。在这一方面，段玉裁《说文解字注》里有一段话，对建立义项不无启发。《说文》："艵，缥色也。"段注说："缥者，帛青白色也。李善注《神女赋》'艵薄怒以自持'，引《方言》：'艵，怒色青貌。'今《方言》无此语。《玉篇》引《楚辞》'玉色艵以㿠颜'，今《远游》作'颒'；'颒'与'艵'同也。按许（指许慎）不云怒色缥，但云缥色者，人或色青，不必怒也；《远游》'玉色艵以㿠颜'，谓光泽鲜好，不谓怒色；《大招》说美人亦云青色直眉。"③ 许慎不把"艵"字释为"怒色缥"，因为脸色青白（或淡青）不一定是发怒，还可用来形容美人，所以只释为"缥色"（缥是青白色或淡青色的丝织品）。这说明许慎摆脱个别上下文的影响，对词义进行了概括。段玉裁指出并论证了这个过程。这是他们见识正确之所在，是值得我们借鉴的。

固定的词义常由临时的词义变来，二者之间很难划出绝对清晰的界限。一般说来，区别这二者的参考条件是使用的经常性和普遍性。使用的经常性，即一个表示甲概念的词（声音）经常地、反复地而不是临时地、偶然地用来指称乙概念。但只有这一点仍不足以确定词义稳固与否，还要有另外一个条件，即使用的普遍性。因为个别人或个别社会团体、部门可能会经常地、习惯地使用某个词，但它并未取得固定的词义。例如石油部门经常用

① 张相：《诗词曲语词汇释》叙言，中华书局，1953年，第8页。
② 张相：《诗词曲语词汇释》叙言，中华书局，1953年，第8页。
③ 段玉裁：《说文解字注》第九篇上，色部。

"油"特称"石油"，那是否要在字、词典中给"油"建立"石油"的义项呢？不行，因为缺乏普遍性。使用的普遍性不仅意味着一个词的某种意义在某些地区、部门通行，而且需要在全民语里取得合法的地位。全社会不一定都使用它，但一定要理解它和承认它。如，全社会、包括石油部门在内，都公认"油"是"动植物体内所含的脂肪或矿产的碳氢化合物的混合液体"。石油部门也并非在任何情况下都把石油称作"油"，在正式场合，"石油"的称谓倒是更为普遍。其次，石油部门也并不排斥在一定的上下文里把"花生油"、"猪油"等也称为"油"。由此看来，"油"的表示全称概念的词义和表示特称概念的词义，以及表示各个特称概念的词义之间，并不处于互相排斥、互补分布的地位，而是交叉使用的。因此，我们还要考虑，词义概括范围的变化，是否引起了词义系统内部的调整。如果一个临时用法成了习惯，那么它就可能占有使用上的优势，或者与基本义并存，或者排挤了基本义，而让别的词去表达基本义。后一种情况，就肯定是固定的词义，应当建立独立的义项。例如"朕"，本来是泛指第一人称，秦以后这个词专指帝王自称，而泛指第一人称的概念便由别的词来表示，不再用"朕"了。那么，"帝王自称"的意义，就应当建立独立的义项。如果一个词后来出现的用法与基本义并存，二者"各守岗位"，并未互相交叉，那就要视双方消长的趋势来决定，或分为两个义项，或在一个义项内注以"泛指"、"特指"等术语，或分成几个更小的义项。

（二）词的修辞用法不应当建立义项

修辞用法（比喻、借代等）常常是词义发展的途径，但修辞用法本身并不产生新义，它只是利用在言语活动中突出词义的部分特征的原理，来增加言语的生动性和形象性，所以词的修辞用法也是词义的一种临时变体。修辞用法虽完全是个人对语言材料的偶然使用，但当它被经常、普遍地运用时，就有可能发展出新的词义来。以比喻为例。"铁"是一种金属，因其质地坚硬，常用来比喻"坚硬"、"坚强"、"坚定不移"等，如"铜墙铁壁"、"钢筋铁骨"等。由于被经常而普遍地使用，这一意义就固定下来，成了金属之外的另一种意义。于是，像"铁汉"、"铁人"、"铁面无私"、"铁誓"、"铁案"、

"铁拳"、"铁蚕豆"、"铁姑娘"、"铁的纪律"、"铁了心"等语言片段，可以说，谁都不会想到"一种金属"的意思，只想到"坚硬、坚强"等意思。而"钢"也是一种金属，质地比铁还坚硬，也能用作比喻，但并没有形成固定的比喻义。比喻用法和由此而产生的比喻义的界限有时并不明显，所以为比喻用法建立义项并不罕见。如：

虱

（1）昆虫。体小而扁。寄生在人畜身上，吸食血液。能媒介各种疾病。

（2）比喻寄生作恶的人或有害的事物。《商君书·靳令》："国贫而务战，毒生于敌，无六虱，必强；国富而不战，偷生于内，有六虱，必弱。"

香

（1）美好的气味。

（2）生活美好。田间《赶车传》："花香生活更香，蜜甜生活更甜。"

天

（1）神话，宗教所虚构的境界。

（2）比喻社会制度。《铁人的诗》："新旧社会两重天。"

以上数例的第二个义项，都是第一个义项的比喻用法。"虱"并非固定地指称"寄生的坏人"，倒是复合词"寄生虫"有这个比喻义。"香"的例句显然是个别的用法，人们很少说"生活香"，倒是"甜"有类似的比喻义，如人们常说"日子越过越甜"。"天"也没有"社会制度"的意义，这里只是用"两重天"来比喻新、旧两种不同的社会。

区别比喻用法和比喻义不能仅看一个词用作比喻的经常性和普遍性——虽然这两个条件也是区分二者的重要标志。理由是：一个比喻可以出于一人之口而为社会所模仿沿用，因而具有了经常性和普遍性，但不一定就产生了比喻义。例如，人们常把党比作母亲，但"党"并没有"母亲"的意义。这样一来，我们必须再寻求辅助的鉴别办法。第一，作为比喻的凭借的词，不限于只在个别上下文中使用，而是可以在更多的上下文中自由使用，又不致使人误解是它的基本义。例如上述"铁"可以有多种用法，这就是比喻义。第二，比喻用法具有浓厚的修辞色彩，说话双方往往首先想到词的基本义，而比喻义的修辞色彩则已消失。不妨比较：在具有中立性风格色彩的上下文中，常常不用比喻用法，而用与比喻用法相对应的非比喻词语。例如"鸟语、虫语"的"语"（语言，话）是拟人用法，亦即比喻用法的一种，在中立性风格的科技著作中一般是作"鸟声、虫声"，但"旗语、手语"的"语"是"代替语言表示动作的方式"的意思，不是拟人用法，没有浓厚的修辞色彩，在科技著作中同样使用，而无须另外相对应的代替词语。这个"语"是比喻义，因而可以建立义项。当然，词义的实际情况要复杂得多，编写工作者只有根据语言资料多方比较、研究，才能作出比较恰当的判断。

词的比喻用法，尤其是著名典籍中的和较常见的比喻用法，有必要反映到字词典中来。这不仅是因为字、词典也有记载词的修辞特征的任务，而且还由于比喻用法往往是比喻义的前奏。比喻用法可用两种方式反映：一是在基本义的例句中反映；一是在基本义的释义中另作补充说明。如：

葆　丛生的草。《汉书·燕刺王旦传》："头如蓬葆。"

蠹　蛀虫。……引申以喻侵蚀或消耗国家财富的人或事。《韩非子·五蠹》："此五者，邦之蠹也。"①

"葆"是第一种方式，是明显的比喻方法；"蠹"是第二种方式，是向比喻义过渡的比喻用法。比喻用法在字、词典中可以反映，但不宜单独建立义项，因为它还不是一个独立的意义。

借代是又一种常见的修辞手段，它是借用一种事物的名称来代替跟它相关的事物的名称。被借代的名称可以是它所代替的事物的一部分，或是这个事物的某种作用、性质、工具、原料等的名称。借代也是临时的、个别的用

---

① 这个例子和上引"虱"都出自《辞海（修订稿）》。同是比喻用法，但一个单独建立义项，一个则否。同书"虎"字，列了一个比喻义的义项："威武勇猛，如虎臣、虎将。"同书"鼠"字则未建立比喻义项，虽然"鼠子、鼠辈"的"鼠"有比喻低贱者的意思。

法，并不产生独立的意义。例如刘禹锡《酬乐天扬州初逢席上见赠》"沉舟侧畔千帆过"的"帆"，是以"船"的一部分代替"船"，但是"帆"并不就是"船"。又如李清照《如梦令》"知否，知否，应是绿肥红瘦"，用花的颜色"红"代替"花"，用"绿"代替"叶"，但"红"并非"花"，"绿"并非"叶"。左思《吴都赋》中"穷飞走之栖宿"的"飞走"代替"飞禽与走兽"，但"飞"并非"禽"，"走"并非"兽"。这种用法必须依靠一定的上下文才能显现出它的意义。其次，一个词用为借代时，它所代替的事物也是不固定的。也就是说，借代的意义与词并没有固定地结合在一起。例如"绿肥红瘦"的"红"、"绿"代替"红花"、"绿叶"，而在"穿红着绿"里，"红"、"绿"却是代替"红衣服"、"绿衣服"。在一定的场合，"绿肥红瘦"的"红"、"绿"甚至也可指穿那种衣服的人。"推陈出新"、"新陈代谢"、"吐故纳新"的"新"、"陈（故）"所指也都不一样。所以，给这种借代用法建立单独的义项，从理论上说是不正确的。"高"字的下列三个义项就不应该建立：

高

（1）指山陵或高原。《国语·周语下》："夫天地成而聚于高。"韦昭注："高，山陵也。"《荀子·王制》："相高下，视肥垅。"杨倞注："高，原；下，隰也。"

（2）指天。王安石《仁宗皇帝挽辞》："仁育齐高厚，哀思鳌幅员。"

（3）指封建统治阶级标榜的所谓隐士。《南史·何胤传》："（胤）兄弟发迹虽异，克终皆隐，世谓何氏三高。"

"高"在以上例句里分别被借用来指代"地"、"天"、"人"，可是它并非就有"地"、"天"、"人"的词义。义项（1）、（2）里的"高"，仍是高低的"高"。义项（3）里的高是"超脱、清高"的"高"，用来借代"高士"或"高人"。如果把借代用法都列为义项，那么，词典里会列不胜列。即使列了，也难免顾此失彼。如有的词典给"安良除暴"的"良"建立了"善良的人"的义项，却未给"暴"建立"强暴的人"的义项。有的词典给古籍中的一些借代用法建立了义项，可能并未考虑它是否为固定的词义，而是出于实用的目的，即给古籍作注释以帮助阅读。如"金"分别立有"钟鼎"、"兵器"、"乐器"（铙、钹等）的义项，"石"有"碑"、"磬"等义项。这种作法，不如在基本义的释义部分另作说明："又指……制作的器物，如……"这样可以更好地反映词义的实际状况。

由借代的经常、普遍使用固定下来的引申义，已进入该词的意义体系，因而应当单独建立义项。如"家有五口"的"口"，是从"口"的基本义通过借代方式发展而成为指人的量词。"水手"、"选手"、"能手"的"手"，具有"做某种事或擅长某种技能的人"的意思，也是从"手"的基本义发展来的。这种引申义，固然也不能离开一定的上下文而孤立地显观其意义，但其依赖上下文，是因为在上下文里才便于与基本义区别，而不是在上下文里才产生借代的意义，也不因上下文不同而随意改变它指称的意义。而且，这种引申义可以在更多的、而不是个别的上下文中为人们所自由使用。根据这样的条件，可以大体辨析固定的引申义和修辞现象。以"青"字为例，它可以用来代替多种青色的东西，但有的还属借代方式，有的已产生新义。

青

（1）指青草。如踏青；割青。

（2）指青苗。未成熟的庄稼。如看青；青黄不接。

（3）指竹筒上的青皮，又引申为书籍。如杀青；削青；留青。

（4）指黑眼珠。如垂青。《红楼梦》第 114 回："会时务望青照。"

（5）指玉石。《诗·齐风·著》："充耳以青乎而。"毛传："青，青玉。"

（6）指青马。《楚辞·招魂》："青骊结驷兮齐千乘。"

（7）指青色绶带。扬雄《解嘲》："……纡青拖紫……"

义项（1）、（2）、（3）、（4）使用比较自由，不限于个别上下文，已经不仅是本义"青色"的意思，而（5）、（6）、（7）则只是个别作品里临时的借代用法。如义项（5）例句里的"青"，在上下文里是与"素"、"黄"并举（"充耳以素乎而"、"充耳以黄乎而"），显然是以"颜色"的本义临时代替"青玉"（"青"可以代替几种青色矿物，如"丹青"、"空青"、"曾青"等，但不固定代替一种。故又与（1）、（2）、（3）、（4）的情况不同）。义项（6）例句里的"骊"是"黑马"，但"青"并不是"青马"，只是临时代替"青马"。虽然"青紫"常用来指高官，但义项（7）的"青"也并未具有"青色绶带"的固定义。所以，（5）、（6）、（7）不应作为字典的义项。新版《辞海》"青"的第二个义项是"泛指青色物。如杀青（指竹），踏青（指草）。《诗·齐风·著》：'充耳以青乎而。'毛传：'青，青玉也。'"这也是一种可以参考的处理办法。它概括了上述各个义项，而不分条列举。

以上提到使用的"经常性"和"普遍性"，并把它们作为鉴别词义固定与否的参考标志。这对于古代的冷僻的词义，作用似乎有限，因为它们本来就不是常用词，或限于语言材料，谈不上使用的经常性、普遍性。要判断一种语言现象是修辞手段还是固定的引申义，主要依靠编写者对语言材料细致的分析研究。例如：

虡

（1）传说中的一种神兽。

（2）古代挂钟、鼓、磬的架子上的柱子，雕成虡形，故也称为虡。又泛指挂钟、鼓、磬的架子。《新唐书·礼乐志》："磬虡在西，钟虡在东。"

艗　〔艗艏〕船首，泛指船，又省作"艗"。宋赵湣《临江仙》："骄骢穿柳去，文艗挟春飞。"

用钟、鼓、磬架子的立柱上雕刻的兽形的名称代替这种柱子的名称，又用这种柱子的名称代替这种架子的名称，这都是借代。许多语言材料充分证明"虡"作为架子上的"柱子"的词义是固定的，但是要证明它作为这种"架子"的独立意义还缺乏足够的材料，又不能确定它完全是临时的借代，所以才采取了上述释义方法。"艗"的情况与此相同。"艗"本作"鹢"，水鸟名。用这种水鸟名称给刻有这种水鸟的船首命名，所以叫"艗首"，省作"艗"。

又以这种船首的名称给船命名，于是这种"船"也叫"艗首"或"艗"。但作"船"讲的语言材料很少，还不能辨别它是临时代称还是固定的新义，所以就没有建立独立的义项。

字、词典中以"又指"、"泛指"、"特指"、"引申为"、"比喻为"等释义术语，标出那些和本义有直接联系的、尚未成熟的转义，是一种值得考虑的格式。如果在编写体例中作出统一的规定，就可以使义项眉目清楚，避免把固定的和未固定的词义混淆起来，避免模糊词义发展的线索。

（三）词的语法意义和功能不应当建立义项

语法意义是语言的组成要素（词素、词、词组、句子等）互相结合时产生的抽象的意义。这种意义也是为社会共同掌握、概括的意义，不是言语活动中产生的临时的意义；但它与词汇意义是两个绝不相同的范畴。词典的分项只是词汇意义的分项，一般说来，与语法意义没有直接的关系。分析和描述语法意义是语法书的任务，词典也要对语法意义有所反映，如注明某些词的词类、描述虚词的用法，但一般不建立义项。只有当某种语法形式使一个词既有某种语法意义，又影响到它的词汇意义的时候，才会在义项上得到反映，例如词类的转化。

但在词典编写工作中，常会出现把不同的语法意义作为不同的义项来建立的情况。这里主要指把词的不同语法职能当作不同的词汇意义加以分项。

词在句子中总是担任一定的职能。汉语的名词经常担任主语、宾语；动词、形容词经常担任谓语；名词、动词、形容词可以担任定语，其次还能作状语。担任各种职能时，其意义是不变的，即句法职能并未影响词的基本的词汇意义。但有些现象容易被误解为词义起了变化，于是建立了义项。如名词作状语修饰动词或形容词，是古汉语常见的一种用法。在"豕人立而啼"、"嫂蛇行匍伏"、"秦稍蚕食魏"、"吾得兄事之"、"齐将田忌善而客待之"、"臣请剑斩之"、"舜勤于民而野死"、"童子隅坐而执烛"等句子里，以名词性状语表示动作的情态、方式，或表示动作所用工具、动作的处所等等。这种语法格式在现代汉语里还有沿用，如表示时间、地点的名词仍可直接作状语。有的格式则在复合词或成语里保存下来，如"蚕食"、"鲸吞"、"虎踞"、

"瓜分"、"鼎立"、"蚁聚"、"鱼贯而入"、"风行一时"等。以名词（素）修饰形容词（素）的复合词也属于同一类型，如"肤浅"、"雪白"、"粉红"等。直译为现代汉语时，这些用法就要说成"用剑斩"、"在野外死去"、"像蚕那样吃"、"像雪那样白"等等。于是，具有这种语法职能的名词，有的就被建立另外一个义项。如"道死"的"道"建立了"在路上"的义项；"虎踞"的"虎"列了"像老虎一样"的义项；"电扫六合"、"电发荆南"的"电"列了"迅速、猛烈"的义项。《新华字典》也把"风行"的"风"另列了"像风那样快，那样普遍地"的义项。（《新华字典》对这种用法的处理，似乎也没有定则，如"辐射"的"辐"并不另列"像连结车辋和车毂的直条那样地"的义项，而仍旧在它的本义之下，即"连结车辋和车毂的直条"。）《现代汉语词典》、《辞海》一般都不把这类用法另列义项。我们也认为，名词作状语时，不应根据它的用法建立单独的义项。理由是：第一，这种表示动作的情态、方式、工具、地点等的修饰作用，是状语的语法功能，不是作状语的名词本身所具有的词义。当名词不处在状语位置上时，并没有这种修饰作用的意义。例如"虎踞"有"像老虎一样蹲着"的意思，整个偏正结构的比喻义才使"虎"有"像……一样"的意思，并非"虎"本身有"像……一样"的意思。第二，假如凡作状语的名词都得另立一个义项，字典篇幅将会太大，而且照此办理，现代汉语中表示时间、地点的名词在作状语时也得多立一个义项，如"北京见"、"明天开会"里的"北京"、"明天"就要另立"在北京"、"于明天"的义项，那就太烦琐，而且无必要了。

名词素和动词素在偏正式复合词里充当修饰成分（相当于定语）时，有时也被建立了多余的义项。汉语的名词、动词与形容词一样具有可以作定语的功能，因而也可以作为词素在复合词中充当定语性的修饰成分，如"水瓶"、"书架"、"提包"、"炒锅"等。这些修饰成分，有着说明中心语的性质的作用。于是，充当修饰成分的名词素或动词素就被看成由表示事物或行为的概念的词素变成了表示性质的概念的词素。例如：

胡

（1）古称北方和西方的少数民族，也泛指外国。

（2）古代泛称少数民族或外国的东西，多加"胡"字。如胡琴、胡椒、胡服。

风

（1）用风力吹。如晒干风净。

（2）吹干的。如风鸡、风鱼。

上面"胡"和"风"的义项（2），其实就是义项（1），不同的只是在复合词里充当了修饰成分。又如"木"有一个义项是"木料"。"木箱"、"木屋"的"木"仍然是"木料"，但有的词典在"木料"的后面另加上"木制的"。"领"有"领有"的意思，"领土"、"领空"的"领"也是"领有"的意思，但有的词典在"领有"的后面特地加上"领有的"。这都是不必要的。充当定语性的修饰成分也是名词素和动词素的常规，它的词汇意义并不曾转变，不必另列义项，正如"读书"和"书的封面"中的两个"书"、"落了叶"和"落下的叶"中的两个"落"不必分项一样。如果要分列义项，那么，"书架、书柜"的"书"，就应另列"放书的"的义项；"水瓶"、"水壶"的"水"也应另列"装水的"的义项；"足球"、"篮球"的"足"、"篮"也应分别另列"用足踢的"、"用篮网接的"这些义项；而"烧饼"、"喷壶"的"烧"、"喷"也要列为"烧好的"、"喷水用的"这些义项了。这样一来，不仅会取消语法意义，也会取消词义的概括性，义项也将变得极其琐碎。

只有语法意义而没有词汇意义的词或字（如各类虚词和词缀），给它们建立义项，也就是指出其用法。但是，实词不能按语法功能建立义项。除了以上所述外，有时还能遇到其他方面的例子。如《新华字典》给"开"立了一个义项："放在动词后面，表示效果：这话传开了，屋子小坐不开，睁开眼，打开窗子，张开嘴。"这是把实词作补语的功能列为义项。能作补语的很多，是否都要建立类似的义项呢？显然不能。

词类的转化也涉及义项的建立与分合。词类的转化不仅是语法性质的改变，常常也伴随词汇意义的改变。如"锁"、"犁"作为名词和动词的语法性质和词汇意义都很显著，无疑都应当分别建立义项。但在字、词典编写实践中，遇到的问题很复杂，特别是古汉语的词类转化很多，是否凡是词类转化就要分别述立义项呢？这涉及两个问题：第一，怎样理解"词类的转化"；第二，某个词的词类转化是临时的、个别的，还是经常的、普遍的。

第一个问题是关于词类转化的范围。因为各人所持语法体系不同，看法也不一致。如有的同志以句法职能作为区分词类的唯一标准，以为凡作状语的必是副词，那么名词作状语时就成了副词。或以为名词可作主宾语，可受定语修饰，那么，动词和形容词作主宾语或受定语修饰时，就成了名词（如"白马之白"、"吾见师之出，不见师之入"）。或以为凡作谓语的必是动词，那么形容词作谓语就成了动词（如"顽夫廉，鄙夫宽，薄夫敦"）。我们认为，一种词类不一定只有一种语法特点，就句法职能来说，名词、动词、形容词各有特征，但也有小的共性，共性中还可能有小的差异。这样，就应当以主要的而不是次要的差异来区分词类。比如名词不直接作谓语，不受"不"的修饰，这是名词同动词、形容词的最大差别，而动词、形容词都能作谓语，但动词能带宾语，又是它与形容词的差别所在。至于这三种词类都可以作主语、宾语、定语，可以受定语修饰，可以作状语，这是它们的共性，尽管其中还有小的不同。根据这个看法，上文例子中"人立而啼"、"白马之白"、"吾见师之出"的"人"、"白"、"出"以及作谓语的形容词并没有转化为他类词。如果同意主要根据名、动、形三类的主要特征来看这几类词的转化，那么，所谓词类转化就不会那么滥，范围要小得多。

其次，要把修辞上的借代和词类的转化分开。比如"送往迎来，吊死问疾"、"赵氏求救于齐"、"将军披坚执锐"、"四美具，二难并"这些句子中是以人或事物的动作、性质来代替人物或事物本身；但这不是词类的转化，这些词仍是动词、形容词。如果把这类借代除外，词类转化的范围又要小得多。

这样，"词类的转化"就主要指名词、动词、形容词之间按照主要的语法特征进行的转化，即名词作谓语向动词转化（如"范增数目项王"、"纵江东父老怜而王我"），形容词带宾语向动词转化（如"正其衣冠"、"匠人斲而小之"）。同一词类中的小类也有转化的情况，如一般动词的使动用法（如"晋侯饮赵盾酒"，即"晋侯使赵盾饮酒"）。

前面所说的非词类转化的现象只是一个词本来的正规用法，不能另建义项。其实，即便词类已经转化，词汇意义也不一定有显著的改变。凡词汇意义没有显著变化的，也不必另建义项。编写人员可以灵活处理，用别的方式反映词的不同用法，但不要把一个词的语法作用本身当作义项来建立。

第二个问题是看词类的转化是固定的还是临时的。凡是经常的、普遍的用法，就说明它已取得了社会的公认，其不同的词汇意义就应建立义项。不少常用词在历代文献中多次被用为不同的词类，就不算是临时的、个别的用法。如雨（雨水；下雨）、衣（衣服；穿衣）、居（住宅；居住）、话（话语；说）、舆（车轿；乘坐）、客（客人；作客）、军（军队；驻扎）、刃（兵器；刺杀）、声（声音；发声）、草（草稿；起草）、航（船；航行）……这类词兼有不同的语法功能，词义也有显著的不同，有的还有不同的读音①，确已分化为不同的词类②，有的在现代汉语中继续保持下来。这种分化，就应该处理为不同的义项。

非常用词，限于语言材料，往往难以辨别它的词类转化是固定的还是临时的。我们认为可以这样处理：第一，给常用词词类转化时产生的词汇意义建立义项，使读者掌握词典处理这类现象的原则，再举一反三，去认识和掌握非常用词的转类用法和意义；第二，将重要典籍中的某些非常用词的转类用法列出，以帮助查阅古籍。编写者可以酌情用下列方式处理：1. 建立单独的义项；2. 在本义义项下再分小项；3. 在释义中另行注明不同用法；4. 只在例句中反映不同用法。

---

① 此处指声调不同。此类读音不同并非分化的标志。此种声调不同，清代学者多已指出：乃六朝经生强分，并非古音已然。然因韵书记载及后人读古书时相沿成习，故现今字、词典中亦有反映。

② 分化后的词是一个词兼有两类语法特征，还是根本就是两个词？这与《汉语大字典》的义项处理无直接关系，这里不讨论。

现代汉语中还有大量量词，分为专有量词和借用量词。后者往往是随着说话的需要借用名词来临时充任的，如"一桶水"、"一碗水"、"两杯茶"、"三壶水"等。这也可以说是名词的临时转类，不必列为义项。

总之，要把书籍文献中出现的所有词类转化的现象都列入词典，并一律建立义项，是既困难又无必要的。

以上所述，是想表明一个意见：在词典编纂工作中，对各种问题的处理，应当力求原则上大体一致，防止随意性和盲目性。编写方案应当在编写过程中不断修正和丰富。我们看到，有的词典处理上述问题，似乎带有随意性。例如"门"、"闺"都有名词、动词两种用法和词义，《辞海》（未定稿）给"门"列了"守门；攻门"的义项，但未给"闺"列出作动词的义项，只在作名词用的义项下注明"亦指看门"。又如该词典给"王"建立了"君临一国"的义项，但"国"有"封国"的意思（如"齐桓公合诸侯而国异姓"），却未建立义项。再如"家"作动词用时有"住家"的意思，是常用义，未列义项；而"肉"有"形容声音丰满"的意思，不算常用义，却列了一个义项。（《辞海》新版改为"形容声音丰满，见'肉好'"，以"肉好"的义项代替了"肉"的义项，仍未妥。）如果《汉语大字典》定下一些取舍的原则，供编写者遵循，那么，字典的科学性当会增强，字典的风格也将更能趋于统一。

（四）一个词（或字）连同它的上下文一起产生的意义，不应当作为该词（字）的义项

词义是由词（声音）来表示的，词组的意义是由词组（声音）来表示的，二者显然不能混淆。同样，字义仅仅限于一个字（音节）本身所表示出来的意义。一个字的意义固然要依靠上下文来帮助辨析，可是上下文的意义不能代替字义。在分析字义、建立义项时，应当把一个字从它的上下文——即所处的语言结构，包括复合词、词组或句子中"剥离"开来。试看下面的例子：

　　猛　　将头钻进水里。张歧《灯岛》："蔡大顺水性忒好，他一个猛子

能在水里呆四五分钟。"《属虎的会计》："哼！碟子扎猛——不知深浅。"

天

（1）卓越的。如：天才。

（2）美丽的；高贵的。如：天人。李白诗："素女鸣珠珮，天人弄彩球。"杜甫诗："汝阳让帝子，眉宇真天人。"

香　元末农民起义军名称。《明史·韩林儿传》："众至十余万，元兵不能御……时皆谓之红军，亦称香军。"

高　安适；恬然。如：高枕而卧。

"将头钻进水里"是"扎猛子"的意思，不是"猛"一个字的意思。第一个例句里的"猛子"也只能说是"将头钻进水里的动作"，这也不是"猛"的意思。"天"的两个意义都是由"天才"、"天人"引申而来，不是"天"的意义。"元末起义军名称"显然是指"香军"，而不是"香"的意义。"安适；恬然"是由"高枕而卧"来的，不是"高"的意义。还有把一段话的意思加在一个字上面的，如：

肥

（1）油脂。

（2）石油。《水经注卷三》：……《博物志》称酒泉延寿县南山出泉水……水有肥如肉汁，然极明，与膏无异①。

"肥"的第二个义项是今人根据例句推断所得，并非古人本意。古人所说的"肥"仍是"油脂"，而非石油。还有把整句话的语气看作某一个词的义项的，如：

天　构成特殊成分，表示决断、肯定、惊异、不满、乞求、怜悯、哀痛和无可奈何等语气。如：天在上！天哪！我的天！天晓得！天见怜！

这些语气并不是由"天"来表示的，而是由整个词组或句子，包括语气词和

---

① 《博物志》在流传过程中删节甚多，今本无《水经注》所引文字。

标点来表示的。因此，这些义项是不应当建立的。

产生这种现象，主要不是由于理论上或方法上的困难；检验也很容易，只要看释文是否能代入例句中该词所在的位置，就可判断这个释义是否恰当。释义有误，大约是出于编写者的疏忽。一些影响较大的词典①，也出现了这种欠妥的处理。如：

发

（1）送出；交付。

……

（5）扩大；开展。

（6）因得到大量财物而兴旺。发家。

（7）食物因发酵或水浸而膨胀。面发了。海带要先发一发。

吃

（1）把食物等放到嘴里经过咀嚼咽下去（包括吸、喝）。

（2）在某一出售食物的地方吃。如吃食堂。吃馆子。

（3）依靠某种事物来生活。如吃瓦片儿。靠山吃山，靠水吃水。

"发"的（6）、（7）两个义项就是义项（5），"吃"的后两个义项也就是义项（1）。编写者把作为例证的合成词或词组的意义，带进了那个单音词的意义，建立了另外的义项。这说明，在建立义项时，正确认识词义与上下文之间的联系和区别，是十分必要的。

四、义项的分合

前面所述实际上就包括了义项的分合问题。因为，不应单独建立义项的那些因素，大都是应当概括、合并的。下面，再具体谈谈义项分合的问题。

有一种看法认为，大型字、词典的义项应该"全"，"全"就应该"细"，而"细"往往意味着义项分得多。这种看法的出发点是：大型字、词典在释

---

① 见中国科学院语言研究所：《现代汉语词典》试用本，商务印书馆，1977年。

义方面应当解决读者的所有疑问，凡读者在别的工具书里查不到的答案和注释都应在大字典中查见。这个出发点无疑是好的。有些字典的释义，确有义项分合失之笼统、释义过于概括的现象。例如，有的把"长"（zhǎng）的几个相距较远的意义合为一个义项："旧指统治人民，又指旧官吏，也泛指地位高。"（这里姑且不论释义的准确与否。）又如"打"是一个词义复杂的词，它与许多词配搭，可以表示多种动作的意义。《新华字典》中的"打"有一个义项是"表示各种动作，代替许多有具体意义的动词"，又分了16个小项分别释义；《现代汉语词典》也给"打"列了23个义项。这两部词典经过概括整理，都能基本上作到释义明确。而新版《辞海》只用"习惯上各种动词的代称"来给"打"表示动作的各个意义作注释，这就未免有些笼统、粗略了，不能解决读者的问题。但是，比较常见的情况不是把义项概括得太粗略，而是分得过细，失去了词义概括的特性。从一些字、词典的试编稿来看，主要表现为：按词义在上下文中所表现的语意轻重、范围大小、程度深浅、意味褒贬等次要因素来给词义分列不同的义项，过分强调了这些因素的差别，忽略了词的基本义方面的共同性。

（一）根据词义所表示的事物或性质的范围、程度等的不同，把它分为不同的义项。如：

厄

（1）穷困；艰难。《辍耕录》："汉家之厄十世，而光武中兴。"

（2）灾难。《史记·越王勾践世家》："君忘会稽之厄乎？"

疾

（1）小病；病。《韩非子·喻老》："君有疾在腠理，不治将恐深。"

（2）瘟疫。《国语·鲁语上》："譬之如疾，余恐易焉。"傅庚生注："疾，疫疠。"

公

（1）共同的；大家承认的。公理；公式。《礼记·礼运》："天下为公。"

（2）属于国家或集体的。爱护公物。《管子·任法》："剪公财以禄私士。"

阙

（1）空；没有。杜甫《暮归》："南渡桂水阙舟楫。"

（2）缺少；不足。鲁迅《狂人日记》："分隔多年，消息渐阙。"

前文所引"天"按其距地面远近而分为不同义项，也属同类情况。

在这些例子中，这些分列的义项是处于包含和被包含的地位，而不是并列的地位。这些词的第一个义项都可以包含第二个义项，也就是二者可以概括为一个义项（释义上需要修改准确）。须知，这种分项的依据并非词义的"质"的改变，而是"量"的改变。如果把词义的任何细微的"量"的差异都分为不同的义项，那么，在理论上和编写实践上都将行不通，对读者也未必有益。这种办法，似乎反映了词义的丰富性。在注释作品时，固然解释得越细致、具体越好，但义项不等于注释，义项分得愈细，概括性就愈小，对读者反而会产生无形的限制。如"阙"的两个义项，可不可以互换着解释它们的例句？完全可以。然而以上建立的义项，却意味着"南渡桂水阙舟楫"的"阙"，只能是"没有"的意思，而"消息渐阙"的"阙"，只能是"缺少"的意思。又如"宇宙飞船上了天"，这个"天"是指近地高空，还是指大气层，还是指外层空间？可以说都是。但按照前面例子中"天"字的义项，却不能回答这个问题。当然，我们决不是说，事物的性质等在"量"方面的差异不能形成不同的词义，而是说，要从语言的客观实际出发，要结合词的语音形式，结合词的社会性。北欧的萨阿姆人用将近20个词表示不同形式和不同种类的冰，用40多个词表示不同种类的雪。汉语就没有那么多词，只用"冰"、"雪"就够了，不能因此给"冰"、"雪"按各种形状、各个种类分列几十个义项。古汉语用不同的词表示不同性别、不同年龄的牲畜，现代汉语就没有那么多区别，我们不能也不需要给"猪"、"牛"等分列出不同性别和年龄的义项。词义的概括性是由社会决定的，不应在社会性之外找出一个什么标准，来人为地割裂词义。

（二）根据一个词义在不同的场合下临时产生的褒贬等感情色彩，而把它分为不同的义项。如：

首

（1）领袖；领导者。首长。

（2）头子。罪魁祸首。　·

反

（1）违背，背叛。反革命分子。

（2）人民对反动派采取革命行动。反帝、反修。

猛

（1）凶暴；凶恶。《墨子·节用中》："古者圣人为猛禽狡兽暴人害民。"《礼记·檀弓下》："苛政猛于虎也。"猛扑过来。

（2）勇；勇猛。刘邦《大风歌》："安得猛士兮守四方。"徐珂《冯婉贞胜英人于谢庄》："敌出不意，大惊扰，以枪上刺刀相搏击，而便捷猛鸷终弗逮。"

这里的几个词都是"中性词"，它们的褒贬色彩不是固定的。离开具体的语言环境，这种褒贬色彩就消失了。所以，它们的两个义项应当合为一个更具有概括性的意义。如"猛禽"、"猛虎"、"猛鸷"、"猛扑"的"猛"是褒义还是贬义并不是固定的，要随说话人的主观因素而临时变化。这个义项可以释为"勇猛；凶猛"；"猛烈"。

但下面的例子与上述情况有所不同：

骄

（1）自高自大。

（2）自豪。

编

（1）制作。编剧本；编故事。

（2）捏造。编瞎话。

这两个词的褒义或贬义都是社会通用的，虽然它们也要靠上下文才显现出是褒义还是贬义，但不是到了上下文中才临时产生的。实际上，这两个义项已经有了概念上的质的差别。这种情况分为两个义项，是符合语言实际的。

（三）某些词，主要是虚词的语法意义概括不够或不正确，分得过细。如：

者

（1）指代人。《共产党宣言》："全世界无产者联合起来！"

（2）指代事物。《论人民民主专政》："革命的专政和反革命的专政，性质是相反的，而前者是从后者学来的。"

（3）指代数量的多少。二者必居其一。

（4）指代数量的先后次第。一者……二者……

（5）指代疑问的对象。何者……何者……

头

（1）名词的辅助成分。舌头。苗头。

（2）跟名词结合，表示里面。屋头。

（3）跟动词结合，构成名词。看头。

（4）跟形容词结合，构成名词。甜头。

（5）方位词的辅助成分。上头。

字、词典不同于语法著作，它们对于某些词或字的语法意义和用法，不是要求叙述详尽，而是要求概括性强，指出其基本的语法性质，且明确清晰。同词汇意义的义项分合一样，不能根据具体的上下文来分合义项。如"者"是代词，它指代什么，依上下文而定，不必细分义项。"头"的五个义项，都是名词的辅助成分（这里指后缀），可以合而为一。如要反映它们的细微差别，只要在释文中叙述稍详一些，多举几个例证就可以做到。

（四）一个词的意义，由于它所搭配的词有多种意义而被分为几个义项。如：

采

（1）摘取。采叶。

（2）择取；搜集。采草药。采民风。

除

（1）去掉。除四害。

（2）铲去；割去。除草。

（3）医治。除病。

（4）不计算在内。除此以外。

头

事物的开端。

（1）就语言、文章等说。话头。

（2）就事情说。从头做起。

（3）月初叫月头。

一

（1）全；满。《史记·淮阴侯列传》："一市人皆笑信，以为怯。"

（2）整；终。指自始至终的一段完整时间。一生。一世。《诗·小雅·彤弓》："钟鼓既设，一朝飨之。"陈奂疏："一朝，犹终朝也。"

这种划分方法可以把词义分割出无穷无尽的单位。我们认为，一个词分多少义项不应由它所涉及的对象的词义来决定。比如"采叶"和"采草药"的"采"都是"摘取"的意思（尽管采草药要"择取；搜集"），不能因为采的具体对象有差异就给"采"分列义项。除非是在不同的搭配影响到词义的变化时，才可以分立义项。如在"采民风"里，"采"已成为一种引申义，已不同于"用手摘取"的时候，分立义项才是必要的。以上"除"的几个义项都是"去掉"的意思；"头"的几个义项都是"开端"的意思；"一"的几个义项都是"全部"的意思。它们所涉及的对象虽有具体与抽象之分、时间和空间之分，但它们的词义并没有质的改变，都不必分为不同的义项。至于词的搭配能力，是可以在不同的例句中得到反映的。下面的例子，概括性就大一些，义项也很清晰。

都　聚集；积聚。李贽《焚书·滇中作》："吾闻京师人士所都，盖将访而学焉。"《农政全书·水利》："泽国下地，水之所都。"

长　两端之间的距离大。长途。长夜。

"都"可用于人，也可用于水，还可用于其他事物，只要都是"聚集"义，就可概括为一。"长"可用于时间，也可用于空间，还可用于其他抽象和具体的事物，都可归并为一个义项。但如果某个义项通常只用于某种场合，有专指的意义，那就不在此例。如：

身

（1）人和动物的躯体。上身。

（2）物的主干或主体部分。树身。船身。机身。

"身"的两个义项是本义和引申义的关系，不能笼统地概括为"事物的主体部分"。

（五）此外，与上述各类情况有关，照录字书或前人注疏中的释义，因而形成不同义项。

这也是义项烦琐的又一原因。前已说过，科学的词典与《经籍纂诂》等书性质不同，对于词义一定要在丰富的语言材料基础上加以选择和概括，而不应仅客观地罗列前人的释义。如《玉篇》："髵，颊须也。"又："兽多毛。"《字林》则说："多须发曰髵。"根据语言材料，这个词可以分为"颊须"和"毛发多"两个义项，而不能一一照录字书。又如贾谊《吊屈原赋》："般纷纷其离此尤兮，亦夫子之故也。"《文选》注："李奇曰'般，久也'。"而《史记·屈原贾生列传》集解："般，盘桓不去。"（其实是一个意思。"般"同"盘"。盘桓不去，故停留长久。）《汉书·贾谊传》补注则又以此"般"字同"斑"，释为"乱也"。这些不同的注释，在日本《大汉和辞典》中都列为"般"的不同义项。我们认为，编写者应当吸取前人的研究成果，对词义进行准确的概括，或者在几个注释中择善而从。如果做不到，也应在同一义项的有关例句下注明另解之义，才便于读者查阅、解疑。

以上虽然列举了一些义项分列过细的现象，但我们还未找到一个可靠的客观标准来帮助我们正确解决"分"与"合"的问题。确实，词义反映的客观对象千差万别，复杂纷纭，往往很难有明确的界限。同一个词，不同的人划分的义项粗细不一；甚至同样的情况，在一个人手里也难以处理得很一致。我们在原则上提出这样的要求：粗而不失于笼统模糊，细而不失于零碎烦琐。

以"互相代替"法来检验义项分合的合理与否，有一定参考作用。

每个词义对于客观对象都有一定的概括范围。一个词的意义，可以与别的词的意义相互补充以概括事物（如"短"、"低"、"矮"，都可指"两端距离近"，但概括的范围各有差别），而一个词的几个意义又可各自概括一定的范围，各有自己的"岗位"，同时彼此处于互相补充的地位，也就是说，它们不能同时出现于同一个语言环境（上下文）中。例如"光"的"光亮"义、"光滑"义和"光荣"义，就不能同时出现在同一个上下文中："在黑暗中看见了光"的"光"是"光亮"，而不是"光滑"、"光荣"；"桌子很光"的"光"一定是"光滑"，而不会是"光亮"、"光荣"；"为国争光"的"光"则只能是"光荣"，而不是"光亮"、"光滑"。因此，这是三个不能互相代替的意义，它们都是一个词汇单位的"成员"，互相补充，而又彼此独立。这种状况，就应当分为三个义项。当然，词义的状况远非如此单纯，这里是就简单、典型的状况来谈的。

反之，如果编写者所分的义项在同一上下文中能够互换，那就说明各义项间有互相交叉的关系，或有包含与被包含的关系，那就要考虑：可能是义项分割得太琐碎。比如，有一份编写稿给"一"分了下列义项：

（1）协同，共同。《国语·晋语四》："戮力一心。"

（2）统一。杜牧《阿房宫赋》："六王毕，四海一。"

（3）齐，一致。陆贾《新语·明诚》："平四海，分九州，同好恶，一风俗。"

（4）合，联合。《史记·苏秦列传》："故窃为大王计，莫如一韩、魏、齐、楚、燕、赵以从亲，以畔秦。"

（5）相同，一样。《淮南子·本经》："由近知远，而万殊为一。"

（6）常，不变。《荀子·礼论》："是百王之所同，古今之所一也。"

这些释义的词语都是现代词语。如果把例句也相应译为现代汉语，那么这些释义的词语大都能够互相代替，如例句（1）中的"一心"也可说成"统一意志"；（2）的"四海一"也可说成"统一四海"；（3）可说成"统一风俗"；义项（3）也可代进（4）的例句去，即"使韩、魏、齐、楚、燕、赵一致……"；义项（5）、（6）也可以换成"一致"。这样换用之后，例句的基本意义并无改变。可见，各个义项的理性意义都相同。既然理性意义相同，就没有必要分为几个义项。再如前面所举"除"的几个义项，试用其中一个义项"去掉"代入其余各义项的例句中，也都解释得通，意思差不多，因此也可以合为一个义项。

使用以上方法要注意的是：（一）所用的例句——代换的上下文要有典型性，要选择不产生歧义的上下文。例如"送"有"奉赠"和"送交"的意义，上下文"送书给他"对两个义项都适合，但这并不意味着两个义项可以互换，因为这是一个有歧义的上下文。而在"送了他一本书"这个例句里，就只适用"奉赠"；"把书给他送去"里，则只适用"送交"。两个义项就不能互换了。（二）"代换"不一定是完全的，可以是部分的代换，即义项甲可以代替乙，但乙不一定能代替甲。如"疾"被分为"病"、"瘟疫"两个义项，"病"包含"瘟疫"，所以能代替后者，但后者不能代替前者。这并不影响两个义项合为一个。有时，甚至甲、乙不能直接互换，而以一个共同的等价物来与甲、乙代换。例如"复"在"以复天子厚恩"（《汉书·匈奴传》）里，是"报答"的意思；在"伍员……谓申包胥曰'我必复楚国'"（《左传·定公四年》）里，是"报复"的意思。二者不能直接互换。但"报答"、"报复"都可与"还报"互换，因此不必分为两项。不过，应当指出的是，不能滥用"等价物"，要谨慎，尤其不能用表示不同种属概念的词义充当"等价物"，以免使义项概括得太笼统。例如，不能用"树木"与"杨树"、"槐树"代换，那样作的结果，势必会抹煞许多词义的界限。（三）所谓"互换"，条件是"宽式"而非"严式"的。只要代换后上下文的意义基本上明确就可以，不严格计较代换的义项在上下文中的修辞色彩和感情色彩，也不一定严格遵守词语搭配习惯。例如，用"去掉"替换"除病"的"除"，意义是清楚的，但修辞方面就不如"医治病"妥当，词语搭配也不大合乎习惯。但这样仍算是互相代换。

"互相代换"法的缺陷也是比较显著的。所以，我们说它只"有一定的参考作用"。首先，它不适用于复杂的情况，不能根本解决义项分合问题。例如，它只适用于词语式释词的义项，对于描述式、说明式释词则无能为力。其次，根据这个检验条件，语言学著作和有些词典对词的多义性的经典性解释将是值得商榷和怀疑的。例如，有的词汇学著作中说："发"的几个意义是：（1）放射：发光；（2）产生：发电；（3）显现：发红。按照"互相代换"法，（1）、（3）都可用"产生"或"发生"来代替，这几个义项就应当是一个意义的不同释词，而不是几个意义，不应当分为几个义项。如果这样处理，许多同志可能会有不同的意见。尽管如此，应当承认，这个方法，对于限制易于产生义项琐细的倾向，并非一无价值。

我们期望，随着编写工作的实践和语言学理论的进展，会出现日臻完善的原则和办法，有助于科学地建立与分合义项。

《汉语大字典》应该收列词素义[①]

一

汉字是汉语音节的书面形式（下文中"汉字"即指汉语音节）。在汉字中，汉字可以是词，可以是词素，也可以仅仅表示一个无意义的音节。字典应当对汉字这种种性质和作用都加以记载，才算比较全面地反映了汉字音义的源流演变，才算从语言学的角度真正显出字典（不同于词典）的特色。

汉字在古代汉语里大都可以单独成词，在现代汉语里大多作合成词的词素。在同一历史阶段，一个汉字也可能兼有这两种作用。汉字作词和作词素时，意义可以相同，也可以不同；有的意义只限于作词素时才有。现在字、词典对词素义虽作了一定的反映，但往往是将其作为附带的任务，而且有时还把词素义和词义混为一谈。概括出词素的特有意义，应是《汉语大字典》的职责之一。

当然，分析词素义难度是很大的，主要原因是：

第一，词和非词的界限不易划分清楚。找不到词的界限，就找不到词素的界限。词素是从词里提取、剥离出来的。假设两个各有意义的音节"AB"是词组的话，那么 A 和 B 就是词；如果"AB"是词，A 和 B 就是词素。词

---

① 本文最初发表于《词典研究丛刊》2（四川人民出版社，1981 年），主要是针对编写《汉语大字典》过程中所遇到的问题。

的界限不仅古今有差异，而且就算在同一时期，也有不少由词组过渡到词的中间现象。因此，提取词素便有困难。

第二，词素与词素的意义相结合的紧密程度不一。词素与词素组合成词，其意义绝非简单的相加。有的 A 词素与 B 词素的意义彼此渗透，浑然一体，理解了词素义不一定就理解词义；反过来，理解了词义，不一定就理解了词素义。有时还要探索"词的理据"（即某个词获得某个词义的原因、根据），甚至追溯语源，才能分析出词素的意义；而有时连"词的理据"和词源都无从查考。

第三，词义是根据词在许多句子里的"表现"而概括出来的，词素义也应该从词素所"生存"的语言环境——合成词——中概括出来。然而，一个词素组成的合成词的数目总是不多，有时非常有限，使词素义的概括和建立受到很大的限制。

正因为有上述这些理论上、方法上、材料上的困难，分析词素义就应特别慎重，不能勉强从事、穿凿附会，以免重蹈前人误训"犹豫"、"狐疑"之类的覆辙，但也不能因难度较大而不去分析和建立词素义。事实上，词素作为语言结构的基本单位，总有其相对的独立性。

关于词的理论问题，这里且不详论，而采取"承认既成事实"的权宜之计。凡现有词典、文献里规定是合成词的，或一般人的语感认为是合成词的，我们就可以作为分析词素义的原始材料。（所谓语感，常常综合了几种划分词的界限的标准，例如是否能扩展、是否能与同类型的其他成分替换等等。语感也不是完全不可靠。）所谓分析词素义，只要抽出一个词素在若干合成词里的有概括性的意义，而不是具体说明某个合成词的理据或语源。这样，对于那些不能确定、不易剥离的词素，对于那些与概括词素义无直接关系的分析过程，我们采取回避的方针。在材料上，我们应尽量利用有构词能力的词素。因为一个词素的构词能力越强，说明它的意义越有概括的基础。当然，构词能力弱的词素也要加以留意和分析。

根据分析词素和词素义的需要，可以把复音词分为以下几类：一、不能分析词素的；二、可以分析词素，但不宜建立词素义的；三、宜建立词素义的。每一类中都可能有复杂的例外情况。

二

不能分析词素的复音词即单纯词（准确地说，单纯词只有一个词素。这里所说的"不能分析词素"，是指"不能分析为多个词素"的意思）。单纯词的每个音节没有意义，合起来才表示某种意义。这类词包括联绵词（如踟蹰、从容、蝙蝠）、迭音词（如孜孜、寥寥、蛐蛐）、音译词（如葡萄、马达、逻辑）、拟声词，还包括方言、俗语、小说、戏曲里无法查出造词理据的词（如睹事、巴鼻、撺掇）等。这类词不能拆开强作解释，这一点自来已得到公认，并且作为典型的多音节词载入了古今各种字、词典。

但是，在一些语言材料里，这类词也有被拆开来用的，为数虽少，字典编写工作者却不应忽略。例如，古汉语中（并不限于韵文），有些联绵词的一个音节不但单独成词，而且用作词素孳乳新词。如："蟾蜍"谓之"蟾"（蟾酥、金蟾）；"蚇蠖"谓之"蠖"（蠖屈）；"蝼蛄"谓之"蝼"（蝼蚁）；"螳螂"谓之"螳"（螳臂、螳刀）；"参差"谓之"参"（参错——《文选》谢灵运《富春渚》："临圻阻参错。"李善注："谓埼岸之险，参差交错也。"）。而"蚂蚁"谓之"蚁"，"蝴蝶"谓之"蝶"，"蜘蛛"谓之"蛛"，组成不少合成词，更是尽人皆知的例子。在现代，这类例子也有一些。如："玻璃"谓之"玻"（玻板、玻杯）；"骆驼"谓之"驼"（驼峰、驼毛、驼绒）。近来书报上还有"葡萄"谓之"葡"："金葡菌"即"金色葡萄球菌"；"葡糖"即"葡萄糖"；"葡月"译自法国大革命历法，即"葡萄月"，但只叫"葡月"。"蘑菇"谓之"菇"："菇房"，即人工培养蘑菇的地方。"枇杷"谓之"杷"："杷叶"，即"枇杷叶"。"薏苡"谓之"薏"或"苡"（薏仁，苡仁），等等。现代科技专著更将一些联绵词的专用字拿来作词素构词，如："蝙蝠"谓之"蝠"（兔蝠、马蹄铁蝠）；"蠼螋"谓之"螋"（扁螋、大尾螋）；"蜻蜓"谓之蜻、蜓（蜻科、蜓科）。这类例子举不胜举。这些联绵词专用字，已经单独起了词素的作用。

重言，即迭音词，必须两个字合起来才有意义，但也有分开用的。如：

《诗·小雅·采薇》"雨雪霏霏"，而《邶风·北风》作"雨雪其霏"；《召南·草虫》"忧心忡忡"，而《邶风·击鼓》作"忧心有忡"；《楚辞·九歌》："风飒飒兮木萧萧"，而宋玉《风赋》作"有风飒然而至"；《易·震》："笑言哑哑"在"哑然失笑"里则作"哑然"；《卫风·氓》"泣涕涟涟"，而王粲《赠蔡子笃》作"涕泪涟洏"（"涟洏"亦可写为"涟而"，《文选》李善注引杜预曰："而，语助也。"）。如果把"有__"、"其__"、"__然"、"__而"之类的语助字看作是类似现代虚词素（词缀）的成分的话，这些重言的专用字就该算是与迭音词同义的实词素了。

常用的音译词除少数几个单音节的以外（如"佛"、"塔"和"车站"的"站"、"米尺"的"米"等），大都是多音节的，不能拆开使用。有一些单音节音译成分则只能作词素，不能单独作词。如"啤酒"的"啤"，"卡车"、"十轮卡"的"卡"，"卡片"、"目录卡"的"卡"，"酒巴"的"巴"等。"梵"在古汉语中可单独成词，现代只存在于复合词中，如"梵文"、"梵音"（"印度古代语文"之意）、"梵呗"、"梵钟"、"梵夹"、"梵宫"（"与佛教有关的事物"之意）。"苏维埃"的"苏"，也只存在于"苏区"里。当然，音译词的这类情况与上述联绵词还有所不同。

为什么有些联绵词和迭音词的一个音节由没有意义变成了有意义？可能主要是由于限制字数，也可能是人们受"一字一义"观念的影响太深，硬把本来没有意义的字作为有意义的字来使用，于是造成了这样的结果（迭音词也有可能是先有单音，后有重言的）。但这类现象毕竟罕见。这类复音的单纯词，现代的字、词典都作为整体收列（如《新华字典》虽是"字典"，也收列了300多条这类词）；同时，对于其中有意义的专用字也作了一定的描述。

《汉语大字典》怎样处理这类有意义的专用字才更恰当？我们初步的意见是：第一，应当力求收列完备。除科技著作中过于专门化的用字以外，凡有作词素的例证的，都应当收列。如"葡"能作词素，《辞海（修订本）》、《新华字典》均未反映，《汉语大字典》则应收列。第二，更为重要的是，应当标出作词素的和不作词素（无义）的区别。在双音节"AB"中，如果A

不是词素，B 也不应是词素；如果 A 是词素，B 也应该是词素。尽管 A（或 B）在两种格式里是同样的汉字，意义也显然有关联，但是应当说，在两种格式里的 A（或 B）并不是一样的成分。譬如："蜘蛛"、"蟾蜍"，"蜘"、"蜍"无义，不是词素，那么这里的"蛛"、"蟾"也不应是词素，只有在"蛛网"、"蟾酥"里时，它们才是词素（他们单用时也是词素，但已是单独成词）。换句话说，"蜘蛛"、"蟾蜍"里的"蛛"、"蟾"和"蛛网"、"蟾酥"里的"蛛"、"蟾"不是同一个成分，前者只是字，后者才是词素。现有的字、词典对这类情况的处理没有一定的格式，有的体现了作字和作词素的区别，有的就混而为一。如《新华字典》里，"蛛"字一在"蜘"字下，作"蜘蛛"；以后单独出现为字头，后面列有"蛛网"等例词。而"蟾"字只单作字头，后面列有"蟾蜍"、"蟾酥"等复音词。《现代汉语词典》、《辞海》（修订本）等，大体也是这样处理的。假如我们承认作字和作词素的"蟾"不是同一个成分，那么，有没有必要在字典里体现它们的区别呢？又怎样体现呢？作如下处理，是否合理一些呢？

蟾 ①蟾蜍。（释义略）

②蟾蜍的简称。如：蟾酥（此字可单用，例句略）。

我们设想，把字、词素、词的区别反映出来，将会提高《汉语大字典》的理论和实用价值。

三

可以分析词素，但并不需要特地建立词素的，这一类占复合词的大多数。这类词由两个或两个以上的实词素组成，词素义比较容易分析，词的结构也比较清晰。这类复合词大体上又分为两类：（1）词素义显然可见，可以从词素义来理解词义，如"阅览"、"坚硬"、"物种"、"雨衣"、"火车"等（当然，这类词的词义也不是简单地从字面获得的）；（2）词素义"融化"在词义里面，不能根据字面来理解词义，如"江山"、"结果"、"司令"、"飞兔"（古骏马名）、"矛盾"、"株守"、"璧还"等，但分析它们的造词理据和出典，仍可看出词素义来，例如复合词"矛盾"的两个词素仍是指两种兵器。这两种类型的复合词的共同点是：它们的词素都曾经单独作词，或现在仍能单独作词，而且作词素时的意义与单用时意义一致。既然如此，另外建立词素义就没有必要了。

不过，字典编写工作中处理这一类字义时应当注意：

第一，有单用例的，不必另外建立词素义，这对处理常见字义毫无困难，但对不常见的字义来说，哪些有单用例而不需建立词素义，哪些无单用例而只见于复合词，从而应该建立词素义，常常不易分清。这就不能仅从现代汉语的角度去判断，而应该充分发掘语言材料，利用前人训诂成果，尽可能解释单用义，不应轻易建立词素义项。《现代汉语词典》处理为词素义的（只有合成词作例证），在古代往往有单用例。《汉语大字典》则不能照录《现代汉语词典》。例如"遥控"、"控制"的"控"，《现代汉语词典》未作解释，只列了复合词，似乎没有单用义。其实，"控"早有"控制"的意思。《诗·郑风·大叔于田》："抑磬控忌。"毛传："止马曰控。"现代也有"悲愤难控"的说法。所以，"控"字就不能专列词素义。

第二，《汉语大词典》编写要求：凡单字在古代有单用例，而现代只见于合成词的，除引例句外，还应引例词。对这一条似应加一点限制，即引例应限于那些现代不常见、不易理解的字义，尤其是常见字的不常见义。例如"统"字，有"事物之间相承的关系"义，古有单用义，现代只见于复合词，可在例句之外引"传统"、"系统"作例词。又如"梗概"、"杜绝"、"城池"、"角色"、"奔走"、"兵工厂"、"选拔"、"败北"等词里，都有现代容易误解的字义，这些复合词便可作为例词引用。相反，现代虽不单用，但不算罕见的字义，如"行"字，便不必引"步行、行人、人行道"之类作为例词。

四

宜于分析和建立词素义的合成词有两类：一类由虚词素和实词素组成，一类全由实词素组成。

虚词素即词缀，完全不能单用，只能作词的一部分。它们建立词素义，是毫无疑问的。如"阿"（阿姨、阿王）、"老（老虎、老乡）、"子"（瓶子、刷子）、"儿"（花儿、画儿）、"家"（姑娘家）、"然"（斐然、油然）、"尔"（卓尔、莞尔）、"而"（俄而、始而）、"如"（晏如、婉如）等。虽然有的虚词素与虚词的界限不太清晰，如"者"、"然"，但不妨碍大多数虚词素的专门职能。虚词素的特殊性质在字、词典中已经得到一致的承认，即只有黏附性，它的意义就是它的语法作用。例如"作名词的后缀"就是"子"、"儿"、"头"的词素义。

另外，有些介于实词素和虚词素之间的字，既有实词素的词汇意义，又有虚词素的语法意义（如作为某些词类的标志），而且派生能力很强，如"家"（专家、作家——与上面那个"家"不同）、"员"（海员、教员）、"手"（坦克手）、"性"（科学性）、"化"（绿化、机械化）等。不少语言学著作把这些字也算作虚词素，有的算作"近于词缀"、"类似词缀"的成分，有的把词汇意义还很明显的"自"、"相"、"反"、"人"、"界"等也算作虚词素。这类字，我们认为，《汉语大字典》与其处理为虚词素，不如处理为实词素。因为可以看出，这类字都是从有词汇意义的"实字"演变而来，其中有的在古代有单用例，便不必另立词素义，但可举例词，如"员"有"人员"义，有单用例，也可举"教员"、"指挥员"作例词。有的在现代已有了不同于本义的转义，而且不能单用，只能作为词素，则须别立词素义，如"水手"、"能手"的"手"的词素义是"擅长某种技能的人或做某种事的人"。

另一类是从中可以建立词素义的词。这是我们讨论的重点。

一个字只限于作词素时才具有某种意义，其产生的途径、意义的类别一定是多种多样的。因为词素并非完全"不能自由运用"，它们在自己生存的合成词王国里，也有相对的自由，不是固定不变的，不可能没有发展演变的方式和规律。这里只选择几个方面来谈一些语言现象：由省略产生的词素义；由比喻产生的词素义；其他。

现代汉语里，有一种日益普遍的现象，即一方面双音词越来越多，另一方面，这些双音词作为词素再造词时，又缩略为单音节。于是，一个汉字载荷了两个汉字的意义，发展出新的字义。例如"飞"（飞行）和"机"（机器）构成了"飞机"（空中交通工具的一种）；而"飞机"在"飞机场、飞机身、飞机舱"里却又省略为"机"，组成"机场"、"机身"、"机舱"等复合词。这里的"机"不再是"机器"，而具有"飞机"的意思。又如"客轮"、"海轮"、"远洋轮"、"轮渡"的"轮"，并不是该字原来的意思，而是"轮船"的省略。"核武器"、"核动力"、"核电站"的"核"也不是"果核"的"核"，甚至不是"核心"的"核"，而是"原子核"的省略。这种省略不同于一般词语的省略。它之所以值得编写字典时留意，是因为：第一，它使一些汉字增加了新的意义；第二，这个有新义的汉字只能作词素，或主要作词素，而不能或者很少单用。有的词语的省略，纯粹是减少音节，并不引起字义的变化。如"落花生"省作"花生"，不能说里面那个"花"字因而就有"落花"的意思。又如"机关枪"省作"机枪"，"机"确有"机关"的意思，但不是因"机关枪"省略而造成的，而是原来就有的，这不算产生了新义。经省略而产生了新义的汉字，又作为词素继续孳乳新的合成词。如，"电影"省作"影"（影迷、影星）；"舞台"省作"台"（台词、台风）；"航向"省作"航"（迷航、偏航）；"点心"省作"点"（早点、茶点、面点）；"芝麻"省作"麻"（麻油、麻酱）；"肥料"省作"肥"（化肥、绿肥、底肥）；"物理"省作"理"（理化、理疗）；"中国"省作"中"（中医、中药、中餐、中装）；"运行"、"运输"省作"运"（陆运、河运、航运）；"磁极"省作"极"（南极、极地、极圈、极光）；"胡琴"省作"胡"（二胡、高胡、板胡）；"洋钱"省作"洋"（大洋、小洋）；"屏幕"省作"屏"（萤光屏、电视屏）；"律诗"省作"律"（五律、七律）；"庙会"省作"庙"（赶庙）；"文盲"省作"盲"（扫盲）；"科学"、"委员"也省作"科"（科研、科技）、"委"（支委、常委）。上述联绵词专用字由无义变为有义，也是通过省略的方式，如"蠼屈"就是由"尺蠼之屈"而来。这种方式主要用于创造新词，与新概念的复杂化有关。如"地球外"在天文学里竟省略作"外"，"外星球"指"地球以外的星球"。

这类经省略而改变了意义的词素，一般不单用。如果单用，新生的意义就消失了。有些在特殊情况下也可以单说，如"中国"省作"中"，在并列词组中可单用，可以说"中美苏"、"中外古今"。"电报"省作"电"（贺电、急电），与有限的词搭配时可单用，可以说"致电"、"给北京发一个电"，但不说"电来了"、"收到了电"。

但是，我们给这类词素建立义项要分清一些界限。

第一，有的词素表面上是由复合词省略而来，但在古代有单用例，便不能另外建立词素义项。如"宇航员"、"宇观"的"宇"，似乎是"宇宙"的省略。但《淮南子·齐俗训》有"四方上下谓之宇"，而且"宇内"、"环宇"都可以说，所以"宇航员"的"宇"不必另立义项。又如物理学有"固态"、"液态"、"气态"、"等离子态"，造新词的人可能把"形态"、"状态"省略为"态"，但"态"本来有"形态"、"状态"义，如《离骚》："宁溘死以流亡兮，余不忍为此态也。"所以，"态"字不能另立词素义。

第二，一个字义的概念的外延本来比较广，作为词素时仅显示了其意义的一部分，这种现象不能视为产生了新的词素义。如"桃"是果木名，连同其花、果、枝、叶，都叫"桃"。而在一些复合词里，它却专指"桃"的某一部分，在"桃汛"里指"桃花"，在"桃符"里指"桃枝"，在"桃李"里指整株桃树，就不能认为这些都是"省略"而分别为"桃"建立几个词素义。也就是说，建立词素义也要注重义项的抽象性和概括性。

第三，所建立的词素义要具有典型性，要符合构词类型，不为个别的、偶然的略称建立词素义。如"冠心病"的"冠"是"冠状动脉硬化"的简称，就不能为"冠"建立这样的义项。

词素也有比喻义。

合成词的比喻义是由整个词作比喻变化而来的。如"前途"比喻"未来的境地"，"尖端"比喻"先进的，突出的"。词素的比喻只限于合成词的一个词素。如"核"本是"果实内保护种子的壳，处于果实中心"，在合成词"原子核"里"核"便由比喻为原子的"中心部分"而有了比喻义（这里与上文说"核"是"原子核"的省略并行不悖）。又如"矿瘤"、"豆沙"、"灯泡"等都是词素的比喻义。这种词素单用时，就是本义，比喻义就消失。在复合词里，它具有"像什么的东西"的意思，而不是真正的"什么"的意思。久而久之，有的词素"像什么的东西"的意义都改变了，形成了另一个概念。现代汉语中此类词素义很多，字、词典往往都注意收列。《汉语大字典》对于其中主要的、有构词能力的词素义更当力求收录完备。

这种词素义如：床——车床、铣床、刨床、温床、冷床、苗床；苗——鱼苗、猪苗；轮——日轮、月轮、树轮；球——地球、星球；珠——汗珠、水珠、露珠；芒——星芒；砖——茶砖、冰砖（食物名）、煤砖；眼——针眼、炮眼、磨眼；脚——山脚、墙脚、韵脚；泥——印泥、枣泥、蒜泥；耳——木耳、银耳；箱——风箱；丝——钢丝、铅丝；花——米花、石花、菜花；豆——土豆、花生豆；饼——铁饼、铅饼；宫——科学宫、少年宫、文化宫；房——心房、蜂房、莲房；霜——柿霜、杏仁霜；田——热田、油田，气田、煤田；岛——安全岛；站——托儿站、加油站、服务站，等等。现代科技新词不少是以这种方式组成的；如"电脑"、"飞船"、"冰舌"、"食物链"、"太阳灶"、"肉芽"、"瘤蒂"、"植被"、"电波"、"光波"（"电波"、"光波"现也可单用）。

这种方式是词素义发展变化的又一重要途径。如"坛"本是"土筑的高台"，在"讲坛"里却比喻为"场所"，现又专指文艺界或体育界的领域（如"文坛"、"乐坛"、"体坛"），已经没有"高台"的意思了。"池"本是"池塘"，但在"舞池"、"乐池"里却意味着"地面稍稍凹入的场子"，已经没有"池塘"的意思了。又如"脯"本指"干肉"，但在"果脯、杏脯"里，已经变为"蜜渍干果"了。

复合词的前一词素也可以作比喻，如"砂糖"、"鞍鼻"、"板斧"、"发（髮）菜"、"带鱼"、"星鲛"、"砖茶"等。但这一类词素义与前一类又有所不同，前一类是"像什么的东西"的意思，这一类却明显是本义，就是"（像）什么（的）"的意思，而且能单用，就不必另立词素义。只有产生了不同于本义的引申义，又不能单用时，才可以另立词素义。如《辞海（修订本）》：

月：像月亮一样的颜色或形状，如：月白；月琴。

耳：像两耳分列两旁之物。如：耳房。

有一些单字在作词素时产生了特有的意义，但既非通过省略，也非通过比喻，这也是应当注意的。如"原"，指"本来；原来"，但在"原油"、"原棉"、"原粮"中引申为"未加工的"的意思，与"本来"义有联系，但不相同。如"难"原为"困难，不容易"，在"难吃"、"难看"里引申为"不好"的意思。如"子"是"儿子"的意思，在"子鸡、子姜"里引申为"幼小"的意思。又如"芸"，单用时是"香草名，即芸香"，因古人用芸香驱书蠹，所以"芸"取得了"与书有关"的意义，但只能作词素而不能单用，如"芸签"、"芸帙"、"芸编"、"芸署"、"芸阁"等。如："芹献"、"芹意"的"芹"由植物名引申为"菲薄"、"微贱"的意思（典故出《列子·杨朱》）；"檀"单用时即檀香树，但在"檀口"、"檀晕"里，则有"浅绛色"的意思；"玉"，指美石，而旧时用以作尊敬之辞，只见于复合词，如"玉趾"、"玉音"、"玉体"。这些都是词素专义的例子。

还有一些单字，单用时是动词或形容词，在一部分复合词里是"名词素"，成了事物的名称。如"干（乾）"，单用时指"无水或水分少"，作某些合成词词素时却指"加工制成干的食品"，如"饼干"、"葡萄干"、"豆腐干"等。"饮"，单用时表示动作，在复合词里指饮料，如"冷饮"、"热饮"（这个字古代也有单用的，如"一箪食，一瓢饮"）。"单"在"单据"、"传单"、"药单"里指"记载事物用的纸片"，单用时就没有这个意思。其他如"笔尖"、"肉松"、"球拍"、"口罩"（《说文》："罩，捕鱼器也。"现代单说则为动词）、"手套"、"烟卷"、"茶托"等的后一词素都是如此。这类合成词的构成方式不是主谓式，而是偏正式。词义的重心在后一词素，即"球"加"拍（子）"、"笔"加"尖（儿）"。这种词素可以用来类推造词，如"球拍"、"蝇拍"；"手套"、"袖套"；"口罩"、"灯罩"等。由于这类字义只限于作词素时才有，所以应该建立词素义。

以上所列，许多重要方面都未涉及。这里只是想说明：从合成词中概括词素的专有义项，是可能的、必要的。

20 世纪 50 年代初，苏联已故汉学家龙果夫曾说："绝大多数汉语词典（一种语言和两种语言的）的基本缺陷之一在于，当列举某些汉字的意义的时候，都没有对那个方块字指的是单音节词或者只是词的一部分这点作任何说明……更不用说汉字在一个意义上是词，而在另外的意义上是词的一部分这种比较复杂的情况了。"（见王力《汉语语法纲要》第 23 页龙果夫作注）。这话，今天看来还是中肯的。《汉语大字典》如果在汉语词素义方面能作出科学的反映，那么，对于国内外的汉语字、词典工作将是一个新的贡献。

说明：本文中有些例子参考了吕叔湘先生《现代汉语单音节初探》（《中国语文》1963 年第 1 期）一文。

成都话中的语气助词"得（在、嘞）"①

成都话的声调是：阴平 55，阳平 21，上声 53，去声 213。

成都口语中经常出现一个语气助词"得"［te²¹³］、［te²¹］，如"在门口坐起得"、"才古怪得"。这个"得"大体上跟普通话的"呢"的某些用法相当，在四川籍作家笔下大多写为"哩"。

普通话的"呢"约有四种用法②：

A. 表示疑问，用于是非句以外的问句。如：你问谁呢？/我的帽子呢？

B. 指明事实而略带夸张。如：今天可冷呢！/北京才好呢！/他还会做诗呢！

C. 用在叙述句的末尾，表示持续的状态。常和"正、正在、在［那里］"或"着"等相搭配。如：他睡觉呢。/外面下着雨呢。/他在屋里坐着呢。

D. 用在句中停顿处。如：老马呢，喜欢篮球，小张呢，喜欢足球。

其中 A、D 两类，成都话多说"喃"［nan⁵⁵］，不说"得"，如："我的帽子喃？""老马喃，喜欢篮球。"B、C 两类，成都话多说"得"。这样，本文讨论的"得"大致相当于 B、C 两类用法的"呢"。

语气助词的意义不易确切地把握，所以，普通话的"呢"的语法性质如

---

① 原载《汉语论丛》，《四川大学学报丛刊》第二十二辑，1983 年 8 月。
② 见吕叔湘主编：《现代汉语八百词》，商务印书馆，1980 年，第 365—366 页。

何，见解很不一致。一种意见认为：B、C 两类"呢"都表示"夸张语气"①、"有指示而兼铺张的语气"、"申明语气"②，或"提请对方特别注意自己说话内容中的一点"的语气③。这就意味着不认为"呢"有表示持续状态的功能。有的学者更明确地指出"呢"不是表示进行式的助词④。一种意见认为：B、C 两类"呢"是两个词，一个"表示夸张语气"，一个"表示持续的状态"⑤。或虽没说明是两个词，但把不同的用法分列出来，也可认为是这种意见的代表⑥。还有一种意见则认为：B、C 两类"呢"都是"表示情况还在持续中，同时说话人对于这种情况的持续常有一定的情绪"⑦。这也就是认为"呢"既表示时态的语法意义，又表示说话人的态度。尽管各方言的语法现象各有特点，成都话的"得"与普通话的"呢"的用法不完全一致，但是，以上意见仍启发我们考虑：成都话的"得"是否也有这些问题？即"得"表示什么意义？它是独立表示，还是与别的成分共同表示？"得"有什么语法性质和特征？是同一个词还是两个词？

我们看到，成都话的"得"是两个语气助词。我们以得$_1$和得$_2$分别表示。上文说四川方言作品中常写为"哩"［ni^{55}］，这可能是受文学语言书写习惯的影响，实际上，"哩"不能代表这两个助词在成都话里的语音形式。成都话中这两个助词各有自己的语音变体，而最常见的是［te^{213}］或［te^{21}］，为了见字读音的方便，我们写为"得"字。同时，由于"哩"不能准确反映这些助词的语音形式，我们就以口语材料作为分析的基础，当然也要引用必

---

① 见王力：《中国现代语法》上册，第三章第二十二节，商务印书馆，1943 年。

② 见吕叔湘：《中国文法要略》的 §15·41—15·48，商务印书馆，1956 年合订本；吕叔湘：《释〈景德传灯录〉中在、著二助词》（1940 年），载《汉语语法论文集》，科学出版社，1955 年。

③ 见胡明扬：《北京的语气助词和叹词》（下），《中国语文》1981 年第 6 期。又，相同的意见还见于 A.A. 龙果夫《现代汉语语法研究·词类》（中译本），科学出版社，1958 年，第 120、131 页。

④ 见 A.A. 龙果夫《现代汉语语法研究·词类》（中译本），科学出版社，1958 年，第 131 页。孟琮《谈"着"呢》一文说"v 着+呢"的"呢"是表示陈述语气的语气词，"着"才表示时态（《中国语文》1962 年 5 月号）。

⑤ 见朱德熙：《语法讲义》§16·14、§16·21、§16·44，商务印书馆，1982 年。

⑥ 见吕叔湘主编：《现代汉语八百词》，商务印书馆，1980 年，第 365—366 页。

⑦ 见张拱之：《谈助词》第四部分，《语文教学》1960 年 7 月号。

需的书面语材料。

一

得₁的读音是 $[te^{213}]$，又音 $[te^{21}]$；还有一个可自由替换的变体 $[tsai^{213}]$，我们写为"在"。实际上，"在"才是得₁的本字，即 $[te^{213}]$、$[te^{21}]$、$[tsai^{213}]$ 都是"在"的各种语音变体（见本文第三部分）。

得₁出现于动词谓语句。如：

（1）他在屋头睡起得。

　　（"屋头"即屋里。"起"或"倒"都可以与"着"相当。）

（2）我还住在东大街得。

（3）老王在跟人家说话得。

（4）太阳还偏起得。（"偏起"：斜着。）

（5）你不要打搅我，我忙倒得。

（6）你把剪刀放到（在）哪儿得？

（7）你咋个跟我说起得？（"咋个"：怎么。）

（8）油装在瓶子头得。

（9）邮票在信封上巴起得。

（10）门锁起得。

（11）衣服晒起得。

（12）帽子咋个戴起得？

（13）萝卜切起丝丝得，莴笋切成颗颗得。

（14）茶叶分成五包得，糖果分成三堆得。

（15）这个位子有人占倒得。

（16）你眼睛咋个长起得？

（17）锅头煮起饭得。

（18）外头下起雨得。

可以看出，施事主语句的谓语多表示动作行为的进行状态；受事主语句的谓语多表示动作行为结束后的持续状态，或受动作影响的事物的存在状态；其他句子的谓语也都表示持续或进行状态。其中，（6）、（7）、（12）、（16）各例是疑问句，可见成都话的得₁不限于用在陈述句中。

得₁可以自由换为"在"（［tsai²¹³］这个语音形式使得₁与得₂得以简单明了地区别开来）。几乎唯一的限制是当得₁句中靠近句末另有"在"字时，由于语音异化原则，得₁不能换为"在"，如"娃娃在哭得"，不说"娃娃在哭在"。有的作家正是写为"在"，如：

（19）大都会的脉搏呀！

　　　生的鼓动呀！

　　　打着在，吹着在，叫着在，

　　　喷着在，飞着在，跳着在，

　　　……（郭沫若《女神·笔立山头展望》）

（20）说嘛！有啥子话？我听着在！（李劼人《死水微澜》）

（21）达三太太一直不肯出来，老说占着手在。（李劼人《大波》）

（20）有许多命运的猛兽正在那边张牙舞爪等着我在。（陈炜谟《炉边》）

得₁句的谓语一般都由能表示动作的进行性、持续性的意义的动词充任。非动作意义的动词，或虽有动作意义但无持续性、进行性的动词，不能作得₁句的谓语，例如表示思想感情方面的意义的动词（怕、恨、懂、忘、晓得、希望、小看、反对等），表示获取、给予意义的动词（给、送、交、借、输、赢等），表示出现、消失的动词（到、来、生、死、逃、开始、完结等）。下面的句子不能成立：

＊他原来不姓林，现在姓林得。

＊你说我不像我姐姐，我正像她得。

＊毛头儿是王大爷的孙子得。（"是"表判断）

＊我有一本新书得。（"有"表领有）

以上这些动词也都不能与时态动词"着"（成都话说"倒"或"起"）结合。换句话说，不能加"着"的动词作谓语的句子不能带得₁。当然这不等于说，得₁句必须有"着"同时出现，如（3）、（6）、（8）、（14）各例就没有"倒"或"起"。可是，表示"存在"意义的动词"在、有、是"虽也不能与"着"结合，并都具有非动作意义，却能作得₁句的谓语，如：

（23）老王在学校头得。

（24）桌子上有电扇得。

（25）山上没得树子，尽是石头得。

这说明得₁句的谓语必须是具有进行、持续或存在的意义的动词。

得₁不出现于形容词谓语句。（4）、（5）的"偏"、"忙"应看作动词，因为可以带宾语，如"忙倒做活路得"、"偏起脑壳得"；类似的如"灯亮起得"、"手空起得"也是动词谓语句①，因为可以换个说法，如"亮起灯得"、"空起手得"。同时，这类句子谓语前不能加程度副词，不能说"太阳还很偏起得"、"我很忙倒得"。虽然有"我忙得很得"、"灯有点儿亮得"的说法，但这里的句末是得₂而不是得₁。

得₁句大都有下列词语：1. 时态助词"起"或"倒"（即"着"）；2. 时间副词"正、正在、在"；3. 表示处所、位置的介词结构或方位结构或名词。有时各项兼备，有时只有其中一项。如果作谓语的动词或动词结构本身足以表示持续或存在状态，以上词语也可以不用，如（13）、（14）、（23）、（24）、（25）各例。（（13）的"切起"相当于"切成"，这里的"起"是动词作补语。）

反之，表示完成时态的"了"、表示曾经经历的时态的"过"、表示动作的量的变化的动词重叠式、表示未然意义的动词结构、表示动作趋向的动词结构等，都与得₁不相容。下面的句子都是不能成立的：

*门锁了得。

*油在瓶子头装过得。

---

① "灯亮起得"、"手空起得"与普通话"灯亮着呢"、"手空着呢"不是同一结构；普通话这种格式里的"着呢"是一个助词，成都话没有"起得"、"倒得"这样的助词。又，成都话偶尔有"他架子大倒得"这种说法，似乎应视为"V＋着＋得"的不规范的类推。

　　*在门口等等得。

　　*你可以坐在这儿得。

　　*他就要动身得。

　　*果子从树上掉下来得。

有时得₁句说的是已经过去的事，如"刚才他还在这儿坐起得，这阵不晓得跑到哪儿去了"是把"坐"看成过去的持续状态来说的。这种情况同样说明，得和谓语的时态有直接的关系。

　　由以上各例还可以看出：得₁可紧接在"倒"或"起"后面，构成"V＋倒/起＋得₁"的格式，得₁也可以接在其他成分后面。下面的句式都能成立：

　　（9）邮票在信封上巴起得。

　　（9）′邮票巴在信封上得。

　　（9）″信封上巴起邮票得。

在一定的语境中，下面的带得₁的片段都能自成句子：

　　（26）（邮票在哪儿?）巴在信封上得。

　　（27）（邮票巴在哪儿得?）在信封上得。或：信封上得。

　　（28）（信封上巴起啥子得?）巴起邮票得。

　　（29）（邮票是不是在信封上巴起得?）巴起得。

　　（30）（他在做啥子?）在巴邮票得。

　　（31）（他在巴邮票没有?）在巴得。

可是，这样的组合是绝对不能成立的：

　　*（信封上巴起啥子得?）邮票得。

　　*（桌子上搁起啥子得?）茶杯得。

　　*（他在做啥子?）巴得。笑得。

这就是说，跟得₁结合的不能是一个光秃秃的名词，而至少是一个方位结构或介词结构，如（27）；同时，跟得₁结合的也不能是一个光秃秃的动词，而至少是带有时态助词或时间副词的动词，如（29）、（31）。不过，双音节动词限制较松，如：

（32）（他们在做啥子？）在讨论得。/在休息得。有时也可以说：讨论得。/休息得。

所有这些，也都说明得₁句是表示动作行为的进行状态或持续状态。

既然得₁句都带有表示进行或持续状态的各种词语，那么，得₁在句子里起什么作用呢？试把得₁去掉，可以看出有三种不同的情况：

A. 句子意义不变，仍然明确地表示进行或持续态。这类句子有时间副词"正、正在、在"。如：

（33）老王正在跟人家说话（得）。

（34）娃娃在哭（得）。

（35）屋头有人在开会（得）。

（36）外头在下雨（得）。

B. 句子不再明确地表示进行态或持续态。句中虽有时态助词"起"或"倒"，可是与其说它们表示的是进行、持续状态，不如说它们表示的是未然、预期的时态。如在命令句中：

（37）在门口等倒（得）！

（38）坐倒（得）！

（39）看倒路（得）！

但是，很明显，加上得₁后，则只表示进行或持续态。有的句子里没有"倒、起"，但有表方位的介词结构，去掉得₁后，也可以表示未然、预期时态。如：

（40）渣滓倒在哪儿（得）？

（41）渣滓倒在垃圾箱头（得）。

（42）我住在东大街（得）。

（40）、（41）去掉得₁后，都是用于询问或回答动作发生之前的情况；加上得₁后，只表示动作发生后持续的情况①。（42）可以表示进行态（说话时的状况），也可以表示未然态（将来的状况），如用于回答"你打算住在哪儿"这样的问题；加上得₁，就只能表示前一种意思。

C. 去掉得₁后，句子缺乏自足的语气，往往不能单说，除非补足上下文或对举着说。如：

＊他在医院住起（得）。

＊你眼睛咋个长起（得）？

＊瓶瓶头装起油（得）。

＊门锁起（得）。

但是，可以说"他在医院住起，等倒开刀"，"瓶瓶头装起油，缸缸头装起米"，"门锁起，钥匙揣起"。不过这样一来，仍和 B 类一样，句子的时态是不明确的，既可指进行、持续态，也可指未然态。

于是，我们得到这样的印象：A 类句中，得₁与时间副词配合，共同表示进行或持续时态；B 类句和 C 类句中，得₁使句中潜在的进行、持续时态的意义显现出来，因而消除了句子的歧义，C 类句的得₁附带还起着补足句子语气的作用。总的来说，得₁主要的语法功能是表示时态。

现在我们就能解释，为什么得₁可以出现在某些疑问句，如（6）、（7）、（12）、（16）里。在这里，表疑问意义的是疑问代词和全句的语调，得₁只表示时态。如果需要疑问语气词，就必须在得₁后面加"喃"［nan⁵⁵］②。如：

（43）你把剪刀放在哪儿得喃？

（44）你咋个跟他说起得喃？

句末还可以带上别的语气助词构成疑问句或感叹句。如：

———————————

① 准确地说，"渣滓倒在垃圾箱头得"这样的句子不是表示动作的持续状态，而是表示与该动作有关的事物的存在状态。

② 疑问语气词"喃"［nan⁵⁵］和普通话"呢"的 A 类用法相当，朱德熙先生把这个"呢"称为呢₂，与表示态的呢₁和表示夸张语气的呢₃对立（见朱德熙《语法讲义》§16·3）。成都话里也有这种对立，（43）、（44）两例表现得很清楚。

（45）你在这儿坐起得嗦？（嗦［so²¹］表示希望事态得到证实的语气。）

（46）还抱着在么？（李劼人《死水微澜》）

（47）山岳的波涛，瓦屋的波涛，

涌着在，涌着在，涌着在呀！（郭沫若《女神·笔立山头展望》）

（48）你看［屋子］锁住在啦！（沙汀《春朝》）

如果说得₁是表示陈述语气或申明语气的助词，就不能解释为什么它可以与表示疑问或感叹的语气助词同时出现。

另外，一个带得₁的片段能作为一个更大的组合中的一个成分。这时，得₁自然不表示整个句子的语气。如：

（49）我没着见他在椅子上坐起得。

这里，得₁只属于宾语"他在椅子上坐起得"。甚至还可以说：

（50）连他在椅子上坐起得我都没看见。

（51）他说倒说倒得就哭起来了。（"说倒说倒"即"说着说着"。）

这充分证明得₁不属于整个句子，不是表示整句话的语气的助词。

那么，成都话的得₁是否既表示时态，又表示说话人的情绪呢？据我们观察，得₁句是可以带有某些语气的。例如：甲说老王没有在屋里坐着，乙持反对意见，说："老王在屋头坐起得。"这就有申辩、强调的意味。可是，同样的句子也可以用平和的语气说出，如："老王在屋头坐起得，你去不去看他？"可见，这种申辩、强调语气不是由得₁来表示的，而是随着语境的不同，靠逻辑重音和语调来表示的。同时，不排斥这种表申辩、强调语气的得₁句还有一个得₂（见本文第二部分）。

不过，得₁并不是时态助词，而是一个表示时态的语气助词，因为它不独自表示时态，而往往与别的词语共同表示；特别是它不固定地出现在动词或动词结构之后，而是常居句末，有时它也兼有赋予句子自足语气的作用。所以，它与典型的时态助词是不同的。

<h1 style="text-align: center;">二</h1>

得₂的读音也是［te²¹³］和［te²¹］，可自由替换的形式是［ne²¹³］、［ne²¹］，表音汉字写为"嘞"。在四川方言作品中，得₂多写为"哩"。在书面语中，得₁、得₂都常写为"哩"。可是，在口语里，得₁绝不能替换为"嘞"，得₂绝不能替换为"在"。

得₂句举例如下：

（52）他会做诗得。

（53）他还上了峨眉山金顶得。

（54）我没有到上海去过得。

（55）你不要嫌贵，你还买不到得！

（56）这件事又不是我做的得！

（57）你不要找我，我都没得办法得！

（58）你闯了祸，还说风凉话得！

（59）这个戏才（还）唱得好得！

（60）我嘴巴不会说，你才会说得！（"会说"：健谈。）

（61）这个娃娃才（还）胖得！

（62）你这个人才古怪得！

（63）小三才像他哥哥得。

（64）老王不是班长，老李才是班长得！

（65）我姓王，我才不姓杨得。

（66）这件事，我才不同意（赞成）（反对）得！

（67）今天才星期二得。

（68）她才十八岁得。

（69）你还"哥哥"得！他都不认你了。

书面语一般都把得₂写为"哩"，有时也写为"嘞、咧"，偶尔也写为"得"。

（70）还笑哩，真是个傻女子！（李劼人《大波》）

（71）还不错嘞！（艾芜《南行记》）

（72）老何就嘲弄老女人道："……你顺手给他两棍子就是嘛！"老女人讥笑地说："还打得！……"（艾芜《南行记》）

表示夸张语气时，得$_2$既可换为"嘞"，也可换为"喃"[nan^{21}]。

（73）你这话才怪哩！（李劼人《大波》）

（74）你才古怪喃！（艾芜《南行记》）

（75）没有月亮的时候，萤火虫才好看哩。（艾芜《南行记》）

（76）你才漂亮喃！（艾芜《南行记》）

得$_2$句带有各种语气，总的说来，是表现说话人的情绪、态度的。一般地说，当上下文包含有正反相对的意思时，或得$_2$句本身暗示有相反的意见存在时，得$_2$句有明显的申辩语气，如（56）、（57）、（64）、（65）、（66）；直接陈述时，往往表示夸张、强调，如（59）、（61）、（62）、（63）等。有的得$_2$句，只表示反问、责备语气，如（58）、（69）、（70）、（72）。而在意念上含有警告、劝告的句子里，"提醒听话人注意"的语气很突出，如：

（77）你不要哭，一会儿喉咙（还）哭嗄了得。

（78）多吃点，不然等会儿肚子要饿得。

（79）不好好学习，二天（还）没法工作得。

（80）你不听话，我（还）要告你妈妈得。

语气其实很难捉摸，往往随句义和语境而定，即使同样的话，从不同的角度说，语气也会不一样。例如（52）、（53）有略显夸张的语气，可是也未尝不带申辩意味。不过，如果说得$_2$句主要表示强调、夸张、提醒人注意的语气，大体上是不错的。

从上面的例句看出，得$_2$出现的环境与得$_1$有许多不同。得$_2$句的谓语可以由动作动词充任，也可以是非动作动词（如（56）、（57）、（63）、（64）、（65）、（66））、助动词（如（52）、（60）），还可以是形容词（如（61）、（62）），甚至是名词（如（67）、（69））或名词性结构（如（68））。谓语可以带"了、过"，可表示已然状态，也可表示未然状态。乍看起来，似乎得₁和得₂处于互补地位。如果只就［te］这个语音形式而言，给人的印象是，［te］差不多可出现于各种类型的谓语构成的句式，是分布范围很广的同一个［te］。

但事实是，得₁和得₂还可以分别在同一环境出现，而表示不同的意义。如：

（81）（他的病还没有好，）他还在床上睡起得₁/在。

（82）（天都大亮了，）他还在床上睡起得₂/嘞。

（81）是说"他"仍然在睡，（82）表示说话人对这件事不以为然的情绪；（81）着重指明动作的持续状态，（82）则不然；（82）可以加上助动词"要"，表示意愿，如"他还要在床上睡起得₂/嘞"，而（81）却不可以。（81）、（82）两句话孤立地说出来，会造成歧义。要消除歧义，除了语境的作用外，说话人常自觉选择"在"和"嘞"以替换得₁和得₂，把歧义句区分开。

更值得注意的是，得₁和得₂可以在句子里同时出现，得₁（在）在前，得₂（嘞）在后。如：

（83）天都大亮了，他还在床上睡起在嘞！

这句话既表示了"睡"还在持续，又表示了说话人的惊讶或不满的语气，所以这句话既有得₁又有得₂，即："他还在床上睡起得₁得₂"━━➤"他还在床上睡起在得₂"或"他还在床上睡起在嘞"。我们也不否认有"他还在床上睡起得"━━这个"得"是得₁和得₂的"语音合并"。事实上，这三种说法都成立。比较前面（43）至（48）各例，即表时态的语气助词得₁后面还可另有语气助词，我们就知道（83）不是孤立的，而是合乎规律的现象。

这就充分说明得₁和得₂不是分布在不同环境中的同一个词，而是两个不同的词。

现在再看得₂本身的语法功能。以上各句表明：得₂句常常都有副词"还、才"以及"又、都"等。这些副词表示时间、范围、程度等意义，又表示各种语气。例如："还"① 可以表示扬的语气（把事情往大里说），也可表示抑的语气（把事情往小里说），还可表示不抑不扬的语气，此外又可表示责备、反问等语气；"才"② 可以表示时间晚、数量少、程度低，又可表示强调、申辩的语气。而这些也都是得$_2$句所表示的各种语气。那么，得$_2$在句子里起什么作用呢？

首先，得$_2$句的得$_2$都是可以去掉的。这与得$_1$很不一样。得$_1$去掉后，句子的时态或语气往往改变，句子或不完整；得$_2$去掉后，句子照样完整，句义基本不变，句子的语气主要借助副词表现。但是，这些语气不如带得$_2$时强烈，虽然口语里可以加重语势以强调语气，但不能代替得$_2$的效果。比较一下：

他还会写诗。——他还会写诗得。

我才不姓杨！——我才不姓杨得！

这个戏才唱得好！——这个戏才唱得好得！

这件事又不是我做的。——这件事又不是我做的得！

其次，也可以保留得$_2$而把表示语气的副词取消。这时，句子仍然可以表示原有的种种语气，只是更减弱了。如：

他会写诗得。

我不姓杨得。

这个戏唱得好得。这件事不是我做的得。

如果句子里既无语气副词又无得$_2$，那就纯粹是客观的直陈语气。如："他会写诗。""这个戏唱得好。"由此可见，得$_2$可以与副词搭配起来表示语气，也可以单独表示语气，但语气强弱不同。无论是与副词搭配，还是独自起作用，得$_2$都赋予句子以说话人的主观色彩，或句子理性意义以外的信息。

以上说得$_2$可以单独表示语气，但在祈使句和反说句中，得$_2$必须和副词

---

① 吕叔湘主编：《现代汉语八百词》，商务印书馆，1980年，第221—223页。

② 吕叔湘主编：《现代汉语八百词》，商务印书馆，1980年，第87—89页。

相伴出现。下面的句子不能成立：

　　*快来得！　　　　　　　　　*快点去换衣服得！

　　*把他喊醒得！　　　　　　　*不要开玩笑得！

　　*不要吃烟得！　　　　　　　*不要夸奖他得！

　　但是，如果加上"还"、"才"，句子就能成立。加上"还"时，须构成反说句，即形式上是否定，意念上是肯定；形式上是肯定，意念上是否定。如：

　　（84）还不快来得！

　　（85）还不快点去换衣服得！

　　（86）还不把他喊醒得！

　　（87）还说早得！都九点钟了。

　　（88）都十几岁了，还哭得！

"还不快来得"，就是"快来"，"还哭得"就是"不要哭"。这类句子带有祈使、命令或责备的语气。加上"才"时，也构成一种祈使句。如：

　　（89）才不要开玩笑得！

　　（90）才不要吃烟得！

　　（91）才不要夸奖他得！

　　这些语气主要是由副词来表示的，所以句中副词不可少。得₂则起着强调这些语气的作用。如果去掉得₂，句子也能成立，但语气稍弱。

　　在这以前，我们说的都是得₂能帮助句子表示强调、夸张、申辩、提醒、反说等语气，实际上，在成都人的语感里，还有一种"得"具有相反的作用，即表示减轻、平缓的语气。这大多出现在表示心理状态的动词、助动词作谓语的句子中，意念上大都表示消极、否定、犹豫、劝慰等。句中无"才"、"还"等副词，由"得"单独表示语气。如：

　　（92）我懒得管它得。

　　（93）我不好意思问他得。

（94）他不肯说得。

（95）他不得走得。（"不得"：不会。）

（96）你不配当老师得。

（97）这个电影值得看得。

（98）早晓得的话，这件事该跟他说得。

（99）豆腐加了醋就不好吃得。

（100）这双鞋子穿起不巴适得。（"巴适"：合适。）

（101）不消去得！

（102）没来头得。（"没来头"：没关系。）

（103）不敢当得。

这些句子里的"得"都可以去掉，这时句子的语气显得直率、干脆。一个人说"这个话我不好说"，意思是没有回旋的余地，但如果说"这个话我不好说得"，则表示还可以通融、商量。我们安慰小孩打针时说"不怕得"，但面对强横则只能说"不怕"。又如对别人说"你不消去得"，是劝告的口吻，但是说"你不消去"，则近于命令。

必须说明的是，这个"得"只读 $[te^{21}]$，不读 $[te^{213}]$，也不读 $[ne^{213}]$、$[ne^{21}]$，更不读 $[tsai^{213}]$。这就是说，这个"得"与得₁、得₂都有不同之处。书面语里也有佐证，即有的作家把这个"得"直接写为"得"字。如：

（104）只可惜我同他吵过，不好见面得。（艾芜《南行记》）

（105）不关我的事，懒究得。（艾芜《南行记》）

（106）这一层，我们懒注意得。（艾芜《南行记》）

（107）那又何消说得，红毛鬼根本就不是东西。（艾芜《南行记》）

（108）他的老板看见他穿西装，也是极不满意的，但又不好直搭直说得。（艾芜《南行记》）

不仅如此，早期白话小说如明人话本和拟话本中便已有相似的用法，字正作"得"①，而与得₁、得₂一般用法相当者多写作"哩"，不写为"得"。这虽不是对四川方言的记录，可是与现代四川方言作品中的用法和写法很相近。这也可以说是这个"得"有别于得₁、得₂的一个证明。

尽管如此，我们仍把这个"得"划作得₂的一个词汇条件变体，而不划为另一个词。原因是这种"得"字句完全可以加上副词"还"、"才"而成为一般的得₂句，这时句子表示强调或申辩的语气，如"我才懒得管它得"、"他还不得走得"；并且，这时的"得"也可以替换为"嘞"。这就是说，这个表示减轻语气的"得"与得₂出现的总环境是一致的，只在小范围分布不同。其次，同一个虚词在不同的环境里表示正反相对的语义，这并非绝无仅有。如副词"还"既可表"扬"的语气，又可表"抑"的语气；又如陕西延川方言"街上热闹得哩"，既可表示热闹的程度深，又可表示勉强或还算热闹②。从这个角度看，不把这类"得"划为另一词似乎也是合理的。

得₂也不能与单个的词组合。不说：

＊来得。　　　　　＊是得。　　　　　＊好得。

但在一定语境中可以说：

（他来了好久了？）才来得。

（他的成绩好不好？）不好得。或：还好得。

（你是不是重庆人？）不是得。

---

① 如三言二拍中便有多处。现从《今古奇观》略取数例：
　　a. 贾公道："只为匆忙，不曾细问得。"（第二卷）
　　b. "闻得张衙内在此无理，我们恰往田头，没有来问得。"（第八卷）
　　c. 张委道："我想得个好计在此，不消与他说得。"（第八卷）
　　d. 二老道："（园门）没人看守得。"（第八卷）
　　e. 王太道："不消分付，小人自理会得。"（第十六卷）
　　f. 只是自己不曾有子，不好说得。（第十八卷）
　　g. 三巧儿道："铺陈尽有，也不须拿得。"（第二卷）
　　h. 婆子道："其他姐儿们的（梳具），老身也怕用得。"（第二十三卷）
　　连晚清的《老残游记》也有这种用法，如："大姐姐因外甥子不舒服，……所以不曾来得。"
② 这个情况见于张崇《延川方言虚字初探》（西北大学 1981 年研究生论文，未发表）。

只是多音节的词限制不严，可以说：

（才）讨厌得！

（才）星期二得。

但总的来说，得₂前面的片段，通常至少要带一个表示程度、范围、否定或某种语气的副词；在意念上，这个片段应当具有能够加以强调、夸张或减弱的性质。

我们的看法是：得₂是个纯粹表示说话人的态度或情绪的语气助词。

三

吕叔湘先生曾考证北方方言中的"呢"来源于唐宋白话中的"在、在里、里"，唐人多言"在"，宋人多言"里"；"里"字后来写为"哩"，现代北方方言又写为"呢"；而"在"则保留于四川话中①。吕先生说："蜀语……迄今仍以在字为语尾助词，其音作 tsai 或 tai，如云'睡到在'，'放到在'，'忙到在'。"这里说的"在"正是得₁。吕先生所举的唐宋白话中的例子如："大德正闹在。""此处空在。""皮革底钉住一碗泡灯，照着门上一张手榜贴在。"至今，成都话仍有大致相同的说法："那里正在闹得。""这里空起得/在。""路灯照倒墙上得/在。"

然而唐宋的"在"还包括得₂的用法，即得₂也由唐宋的"在"发展而来。吕先生所举诸例多有"犹……在"、"尚……在"、"未曾……在"、"未……在"的格式，正与今天成都话"还……得"、"还不（还没有）……得"、"没有……得"的格式一致。"犹要别人点检在"、"舌头未曾点着在"（《景德传灯录》），"诗酒尚堪驱使在"（杜甫诗），"晚风犹冷在"（白居易诗），"近水数枝殊小在"（杨万里诗）②，这类句式成都话仍然在说，只是"在"不读［tsai］，而读［te］。

---

① 见吕叔湘：《释〈景德传灯录〉中在、著二助词》。按，以"在"为语气助词，其他方言也有。见谢伯端：《湖南辰溪话中的语气助词"在"》，《湘潭大学学报·湖南方言专辑》，1983 年；王太庆：《铜陵方言记略》（"他讲马上就走，怎格这半天还在家里在？"），《方言》1982 年第 2 期。
② 以上例句引自吕叔湘先生文章；张相：《诗词曲语辞汇释》卷三"在"条，中华书局，1953 年。

"在"是个中古从母字，但它的声母在好些方言里都变为一个舌尖齿龈的破裂音［t］，尤其是作虚词用时。成都话的"在"作为动词、介词、副词时，分别有三种读音［tsai］、［tai］、［te］（当"活着"讲的动词仅读［tsai］），声调都是去声。因此，我们有足够的理由说，得₁［te²¹³］就是"在"的又音［te²¹³］（成都话里这个语气助词不读［tai］，有些邻近地区如崇庆读［tai］）。

由于得₂也是从唐宋的"在"发展而来，所以理所当然地也读为"在"的又音［te］。

这样，成都话主要继承了唐宋白话中的"在"，另外一些北方方言继承了"里"。

而成都话的得₁还可以读"在"的本音，得₂只读又音［te］，这又是什么原因呢？我们认为，这可能是由于得₁作为表示进行、持续状态的助词，还多少保留了"在"原来的词汇意义，即"表示时间或空间里的存在"，人们使用得₁时，多少还意识到它与"在"本义的联系，所以还可读［tsai²¹³］。而得₂已纯粹是个表语气的助词，"在"的词汇意义已消失殆尽，所以只读［te］。

但得₂的另一语音形式"嘞"，却是沿袭另一条线"里—哩—呢"发展的结果。这个"嘞"与北方方言大多数地区"呢、呐"读音相近，成都话没有［ə］韵母，但有［e］，"嘞"［ne］正是普通话的"呢"［nə］。

总之，得₁、得₂共同的读音［te］，记载了共同的历史来源，即中古的"在"；它们各自的变体［tsai］和［ne］，则留下了语法性质和功能分工的印迹。

"得"字在成都话中本读阳平调。成都话没有轻声，助词得₁、得₂都有两种声调：去声²¹³，阳平²¹。去声正和"在"的本调相符，但为什么又有阳平一读呢？我们在长住成都的中老年人中作过一些访查，发现其读音错综复杂：有的人把得₁、得₂都读去声；有的人都读阳平；有的人把得₁读去声，把得₂读阳平；有的人把得₁、得₂既读去声，又读阳平，即同一句子里的"得"可读两种声调；有的人在访查时有明确的区别，但随意谈话时并不尽如此。两种声调都是存在的，这一点可以肯定。我们曾考虑两种声调是否标志着语法功能的差异（即得$_1$读去声，得$_2$读阳平），是否为声调变读，是否受到其他方言的干扰，或是否为社会学上的因素（不同城区、不同文化、不同职业）所致，看来没有一致的结论。一种可供参考的说法是，当语气强烈时，得$_1$、得$_2$的语势较重，往往读去声；反之，语气较弱时，往往只读去声的一半，即只降不升，由 213 变成 21。"嘞"的 $[ne^{213}]$ 和 $[ne^{20}]$ 两读，情况也相同。这种说法似乎可以解释表示减弱语气的得$_2$只读阳平的原因，但语言事实又不尽然，因此还有待详尽的调查。在这里，不妨把两种声调的 $[te]$ 都看作同一助词的自由变体，即

TE$_1$：$[te_1{}^{213}]$，$[te_1{}^{21}]$，$[tsai^{213}]$

TE$_2$：$[te_2{}^{213}]$，$[te_2{}^{21}]$，$[ne^{213}]$，$[ne^{21}]$，$[nan^{21}]$

假定我们以 TE$_1$（汉字写为得$_1$或在$_1$都行，这里"在"是本字，"得"是我们定的表音字）作为前一个语气助词的常体，那么 $[te_1{}^{213}]$、$[te_1{}^{21}]$、$[tsai^{213}]$ 都是由于语音变化产生的变体；假定我们以 TE$_2$（得$_2$或在$_2$）作为后一个语气助词的常体，那么 $[te_2{}^{213}]$、$[te_2{}^{21}]$ 是其由于语音变化产生的变体，而 $[ne^{213}]$、$[ne^{21}]$、$[nan^{21}]$（只用于夸张语气）是其历史演变产生的变体。

此外要交代一下的是，成都人有时也把得$_1$说成 $[ni^{55}]$（即"哩"），把得$_2$说成 $[e^{213}]$、$[e^{21}]$ 等（"嘞"的音变，n-脱落），但这不是成都本地话，而是川东一带的方言传到成都话里来了，所以这里不谈它。至于表示减轻语气的那个 $[te^{21}]$，本也来源于中古白话的"在"[①]，但为什么独独没有 $[ne]$ 变体？为什么在早期白话作品里就已写为"得"？这似乎有它另外的发展途径，这也不属于本文讨论的问题。

1982 年 4 月初稿

1983 年 8 月修改

---

① 如吕叔湘《释〈景德传灯录〉中在、著二助词》一文中所说的"未曾……在"、"未……在"的格式，正与例句（93）至（103）和前面注释所引早期白话小说例子中"不曾……得"、"未……得"一致。

成都口语的某些连读音变形式的语法分析

——兼说汉语语素的语音形式

§1. 语法书里普遍的说法是：汉语语素是单音节性的。这就是说，除少数多音节语素外，绝大多数汉语语素都由一个音节表示。与这个看法有关的另一个论点是：汉语语素在语音形式上"具有不变性"。例如有的论著说："这里所说的形式指语素的语音形式。汉语的语素，不论是独立运用，或者是作为词的构成成分；也不论它放在词的哪个位置，或者前后挨着别的哪个语素，一般来说它的形式都是保持不变的（有规律的变调现象……不计在内）。"①

这使人想到，似乎汉语语素是一个个大小和形状基本相同的砖块，汉语的话语就是由这些砖块组合而成。这种看法从原则上说是符合事实的，如果逐字诵读一段话语，就可得到证明。从理论上说，语素应该是能识别的、能切分的，像汉语语素这样界限分明的语法单位很有利于描写汉语语法结构，而方块汉字恰好为我们做了分解语素的工作。但是，这是一种静态的观察和研究所得出的看法，尽管这个看法有着压倒性优势的影响。如果从动态的观点出发，把语言看作一个进程、一种行为、一个不断的"流"的时候，也就是说从话语的角度观察的时候，有些现成的观点和方法就显得不够了。例如，就口语的自然发音而言，汉语语素的语音形式在语流中就常发生变化，音节与音节互相影响、牵连、融合，甚至破坏汉语语素单音节性的基本特

---

① 见尹斌庸：《汉语语素的定量研究》，《中国语文》1984 年第 5 期。

点。这就是语流音变。但是，语流音变通常是语音学分析的对象，而较少受语法学重现。本文试以成都口语中某些语流音变现象——主要是合音——为例，分析其语音与语法结构，谈谈一些不成熟的想法。

§2. 这里谈的合音是两个音节在连读中出于省力作用而合并为一个音节，通常有声母或韵母的弱化过程。合音并不都与语法结构的变化有关，如蒺藜——茨、窟窿——孔，不论徐言疾言，都只是一个语素。但是，许多合音与语法结构有关。一些注意口语的语法专著对现代汉语的音节融合现象已有描述，主要有：（1）儿化韵；（2）某些助词的融合体，如"了＋啊"——啦；（3）"俩、仨"，"别、甭"，"您、怹"等。大致说来，对（2）的描述最多，大多从语音上说明其融合；对（3）则大多从历史来源说明其融合；只有对（1）明确地提及其语法结构，如赵元任说儿化韵的"－儿"是"官话中仅有的非音节语素"[1]；苏州方言的合音字"覅、朆"是"每个（字）里头有两个词素"[2]。对北京话的语素及其语言形式作较细致的探索的，是美国描写学派的 Charles Hockett[3]。他认为北京话既有音段语素，也有非音段语素，后者包括音界的、音强的两类。音段语素也不都是一个个整齐的音节，还有多种表现形式。本文所讨论的一些现象在 Charles Hockett 的文章里虽然没怎么涉及，但他和赵元任的汉语语素观点对我们无疑是有启发的。

§3. 我们把一个音节（语素）被逐字诵读时的语音形式叫做"基本式"，把它在合音后产生的形式叫做"变式"。基本式可以在任何环境里出现，包括单独说出，这是未与别的语音形式相混时的原型。两个基本式产生合音后的形式，叫做"合音形式"，或简称"合音"；它在未产生合音时的原型，则叫做"分析形式"。在成都话里，分析形式人人都说，都懂；合音虽不一定都说，但都懂，所以合音不是个别事实。

下面举一些常见或较常见的合音的例子。有的合音很稳定，有的则不稳定，不易与弱化分别，但我们也一并讨论。为节省篇幅，这里不写基本式的

① 赵元任：《汉语口语语法》，吕叔湘译，商务印书馆，1979 年，第 32 页。
② 赵元任：《语言问题》，商务印书馆，1980 年，第 142 页。
③ 赵元任：《北京话形态音素学》，《国外语言学》1980 年第 5－6 期。

音标与音变的过程，标音也非严式。成都声调（本调）为 55、21、53、213。A、B 代表前后相连的两个基本式。对合音的分析和归类只是一种可能的而非唯一的分析和归类。

§4. （一）"二合一"型

Ⅰ　A 的韵母失落，AB 合音

　　不要 [piau²¹³] [piau⁵⁵]

　　没有 [miəu²¹³] [miəu⁵⁵]

Ⅱ　B 的声母失落，AB 合音

　　做啥（子）[tsua²¹³ （tsʅ⁵³）]

　　底下 [tia⁵¹]

　　地下 [tia²³¹]

　　过来 [koai²³¹] [kuai²³¹]

　　出来 [tsʻuai²¹]

　　起来 [tɕʻiai⁵¹]

　　你还 [ȵiai⁵¹]

　　我还 [ŋoai⁵¹] [ŋuai⁵¹]

　　快点儿 [kʻuə²⁵³]

Ⅲ　A 韵母与 B 声母失落，AB 合音

　　明天 [miɛn²¹⁵]

　　今天 [tɕiɛn⁵⁵]

　　给他 [ka⁵⁵]

　　给我 [ko⁵³]

　　这下（子）[tsa²¹³ （tsʅ⁵³）]

　　人家 [ȵia²¹⁵]

　　跟前 [kan⁵³]

　　马上 [maŋ⁵¹³]

（二）"二去一"型，B 音节失落

　　咋个 [tsa²¹]

嘟个 ［naŋ⁵¹］［noŋ⁵¹］

先生 ［ɕien⁵⁵］

简直 ［tɕien⁵¹］

晓得 ［ɕiau⁵¹］

懒得 ［nan⁵¹］

管得 ［kuan⁵¹］

（一）家一家（地问）［tɕia⁵⁵¹ tɕia⁵⁵］

（一）笔一笔（地写）［pi²¹¹ pi²¹］

（一）碗一碗（地吃）［uan⁵¹¹ uan⁵³］

（一）个一个（地拿）［ko²¹³¹ ko²¹³］

"一 V 一 V 地"这样的组合，如"一拉一拉地"、"一跳一跳地"，也和"一家一家地"的音变形式相同。句末助词与前一个音节的合音也很常见，如是啊→哆［sa⁵⁵］、好啊→哈［xa⁵³］、不哦→啵［po²¹］、吃了→［tsʻo²¹］等，可视不同情况归入以上几类。

我们略去了细致的分析，例如"人家"合音的声母与基本式不同，并不能简单地属于（一）III 类；"快点儿"的合音 A 的韵母也有部分失落，不能简单地属于（一）II 类。一个合音形式究竟归到哪一类并非只有一种可能，但这里都不一一辨析，因为这些不是本文重点讨论的问题。

无论（一）、（二）类，合音形式都有超出成都音系的音节模式的，声调的"出格"最明显。有的合音形式似乎填补了成都声韵调配合表的空档，如"做啥（子）"填补了［tsua²¹³］，与"抓、啄、爪"整齐相配。

§5. 要注意的是：第一，在合音形式里，基本式的音节界限打破了，虽然也可以在 A、B 之间留下一个极短的音渡，但是，A、B 完全合为一个音节也是很自然的；第二，基本式的音节"打碎"了，或只留下作声母的辅音，或只留下韵母，或只留下韵母的一部分；第三，声调可以游离与转移，这在"二去一"型更明显，即失去的音节的声调仿佛从原来的位置游离开来，与另一音节的声调合在一起。因此，"二去一"型也是一种合音。"二合一"型同样也有声调合并的情况。

§6. 于是我们发现：根据完整的音节去识别合音里的语素很困难。困难在于我们已有根深蒂固的观念，即汉语语素必须至少由一个音节表示。合音形式只是一个音节，从语音平面看就只有一个语素，可是从语义和语法功能看，这些合音形式又大都与它们的分析形式平行，说它们是一个语素很难令人信服（尤其有些音节是跨层次的语素的合音，详见下文）。如果比照分析形式的结构来分析合音形式的语素，说分析形式有几个语素，合音形式就有几个语素，又不符合汉语语素的单音节性特点。总之，两种作法都违反了语素的音义双面的原则，大多数语法书则对此置之不论，但这不是积极的办法。

§7. 我们暂且抛开原有的观念，先看看事实。先看（二）类合音形式。这一类合音的语素分析看起来很难，因为它只有 A 音节，从音段语素的形式看，怎么也切分不出两个语素了；但是，由于 B 音节的声调还保留着，虽与 A 的声调合并，还是能听出与单纯的 A 的声调有差异（如果 A、B 同调，合音后声调也会比单纯的 A 调长，比较"先（生）"的合音与"先"的调长不一样）。我们可以说：这有差异的部分正是使 A 的语义有变化的形式，这也是一个语素，即非音段语素。

§8. （一）类要复杂得多。在这里，两个基本式都打成碎片，再合在一起。这"碎片"也可能仍是一个音节（至少有一个元音），但已不是原来的形式。所以，要完全按照基本式的形式去识别语素，是不行的。好在有些或者就是原来的形式，或者是"碎片"，但与基本式相去不远，这就有利于我们的分析。

我们要尽可能做到：假设在一个合音形式里保留了一个完整的音节语素（基本式），那么，余下的部分也承认它是一个语素，即使它是一个不成音节的碎片，因为在音素序列 AB 里，如果 A 是语素，B 也应该是语素。这样，（一）I 类的"不要"，我们就把它分为 [p] + [iau]，[iau] 是"要"的完整的形式，[p] 是 [pu]（"不"）的碎片，虽然不成音节，我们仍说它是一个语素。（一）II 类的"底下"，就分为 [ti] + [a]，[ti] 是"底"的完整的形式，[a] 是 [ɕia]（"下"）的不完整形式。这些不完整形式刚好替代了基本式的作用与位置。III 类的 A、B 两个基本式都不完整，或分不清哪个更完整一些，这是真正的"融合"。但是，既然从 I 类、II 类里看到了语素有不完整的语音形式，那么，从理论上说，也有理由承认 III 类的不完整的形式也可能是语素；不过，在 III 类里没有一个完整的形式，不便于用同形替代法切分。好在这类合音还部分地保留着与两个基本式的语音上的联系（A 声母和 B 韵母的碎片、声调），还是可以切分出两个语素的。这个办法比使用"零语素"或"并合语素"的概念好一些，后者用于完全没有可能从语音上切分的多语素形式。

§9. 接下来的问题是：这样切分下来的假定的"语素"碎片果真是汉语的语素吗？例如，[a] 真是"底下"的"下"或"给他"的"他"的语素形式？假如承认这些形式是实际的语素，那么，这个语素应该具备这样的条件：第一，在语言里反复出现；第二，语素的语音形式不能改变太大。看来，上述合音里所谓语素的碎片不符合这两个原则，例如"下"是极常用的语素，但除了在"底下"、"地下"的合音形式里，无论是在复合词中还是单用，都不曾有 [a] 的读音；[a] 与 [ɕia] 的形式的差异太大了。可是，如果否认它是语素，那么，它是什么呢？

§10. 我们最好还是用"语素变体"概念来说明这个问题。语素变体（allomrph，或称"语子"morph，不过二者内涵有所不同）是语素的实际表现形式。"语素"（morpheme）表示一个常体，是抽象的单位，其语音形式是恒定的，而它的变体的语音形式则可根据具体环境与条件而有所不同，有时与常体的相似程度很小，但必须与常体的语音有联系。例如普通话中不少词根语素带上"－儿"韵尾，它的韵母常发生变化，如"盘"的常体 [pʼan³⁵] 有两个变体："盘（子）" [pʼan³⁵]、"盘（儿）" [pʼa－ɚ]。后面的 [pʼa]，孤立地看，不可能是"盘"的语素形式，而很像是这个语素的碎片，但它确实是一个语素变体。成都话"下" [ɕia²¹³] 的语素变体就有 [ɕia²¹³]、[ɕia²¹]、[a²¹] 等。如上所述，声调也同样有变体。

用语素变体的概念来分析和归纳合音形式的语素，就可以解释上面的疑问。即：语素是反复出现的，但不同的变化并非都有同样的复现率，有的变体只在某一种环境里才出现，而合音形式里的语素变体只在极少数合音环境里出现。

这样，我们就可以说，上述合音形式都有两个语素，即与其分析形式相同。

结论虽然如此，却不能一开始就用分析形式与合音形式简单地类比，因为有些合音形式在历史发展过程中可能变为一个独立的语素，如北京话的"您"。可是，以分析形式的内部结构作为分析合音形式的补充根据还是有益的，原因是合音的两个语素之间有时可以补出一个音渡，在听觉上与合音差不多。这正是原有两个语素的分界处。

§11. 成都话的合音还有两点需要说一说。第一，两个语素合与不合是任意的，非强制性的；因此，在合音中才出现的语素变体的语音变化也不是规律性的，它们不会受邻近语素的影响而必然产生音变。合音常由话语的快速度引起，但是有些相当稳定的合音也用于慢速度，如"做啥子"用不耐烦的语气说出来时。第二，合音有词内的，也有词与词之间的。合音形式并不都是一个复合词，有的还是一个短语，有些合音则是两个跨层次的语素的并合，不能说明结构关系。如"我还不得走"里的"我还"、"做啥子"的"做啥"（另有一个［tsua］，是另一述宾结构"做啥"的合音）。句末语气词与它前面的音节的合音常常是跨层次的。下面的例子里"不要"都是合音，但除了第一个外，都是跨层次的："我不要"、"要不要"、"要不要得"（＝要得不要得）。这就说明合音内部不一定有直接成分的关系。但是，一般地说，合音与结构关系是同步的，合音要适合话语的节奏、韵律，例如"做啥子菜?"中的"做啥"就不合音。

§12. 现在可以把§1里关于汉语语素的特点的说法修正一下：汉语（这里且只说成都方言）的语素具有单音节性，但是语素变化则不单一，是多种形式的：既有音节语素，也有非音节语素（如辅音）；既有音段语素，也有非音段语素（如声调）。这是就单个语素而言。而就语素结合方式而言，则不完全是简单的线性序列（这里只指语素的语音形式，不包括组合层次）。有的音节语素不是——"排列"起来，而是两两"重合"起来，成为一个音节。这也打破了汉语中一个语素一个音节的模式。汉语的连读音变在汉字上无法反映出来，汉字使人将语素的基本式即绝对形式视为唯一的表现形式，让人以为汉语语素没有变化，但这是一种误会。

§13. 概括地说，合音形式的语法功能与它的分析形式大致是平行的、相应的。成都话的合音形式都可以包含在一个上一级的组合中，即处于内含位置；也可以单说，即处于绝对位置，如"今天"、"底下"、"给他"。那些不能单说的合音形式，如其内部结构跨层次的合音，它们的分析形式本来也是不能单说的。

但是，合音形式在语用上与分析形式有重要的差别。合音形式单说时，常常更多地依赖上下文、语境，大多是用于回答问题；而其处于内含位置时，往往是语义上非强调的地方，也是没有对比重音的地方。例如："今天"在（1）里可以用分析形式，也可以用合音形式；在（2）里不用合音形式。

（1）今天是不是种树？——今天种树，不是栽花。

（2）是不是今天种树？——今天种树，明天不种树。

"做啥子"在（1）里可以用合音形式，在（2）里只能用分析形式：

（1）你在做啥子？

（2）做啥子就做啥子，不要三心二意。

有时候语义不同，用不用合音形式也有区别。如"我看、你看"的"看"在（1）里用于本文，不用合音形式；在（2）里用于引申义。

（1）这本书我看了就还你。你看还是我看？

（2）我看要得。你看你咋个搞起哩？

有个别的合音形式与分析形式的功能差别很大。如"跟前"的合音只能位于"这儿"、"那儿"或"哪儿"之后，不能独立，好像已变为这几个代词的后附成分。

合音形式的功能值得细致研究。可以说，合音形式不是任何时候都可以代替分析形式的。如果合音形式是分析形式的一种语用上的变体这个假设可以成立，那么，就不能把合音形式仅仅视为由话语的快速度所决定的语音上的自由变异。

§14. 各方言连读音变的重点不同，如北京话的轻声、儿化，吴语的连读变调，闽语的声韵变化。这常常是形成各个方言语音特征的重要因素。成都话的合音也是如此。演员们说成都方言之所以不自然，不使用合音是原因之一。所以，合音应该是成都口语的规范形式，而不是少数人的言语习惯。

由以上两点看来，合音在语音学以外的研究中也应该受到重视。布龙菲尔德在《语言论》中把连读音变作为句法研究的内容，是有远见的。

1986 年 6 月

成都话的动态助词"倒"和"起"[①]

提 要 成都话的动词后面常带"倒"或"起",有的是动态助词(倒$_1$、起$_1$,都相当于北京话的"着"),有的是补语(倒$_2$、起$_2$)。二者的交错致使(一)"V+倒"、"V+起"成为不易分解的多义结构;(二)倒$_1$和起$_1$的功能区别不清晰。研究者多如实描写用例而难以剥离不同性质的语素。本文先从理论上排开倒$_2$、起$_2$,直接讨论倒$_1$、起$_1$,就倒$_1$、起$_1$与动词次类结合的情况和它们在某些句型中活动的情况进行分析,认为"V+倒$_1$"主要表示动作进行态,"V+起$_1$"主要表示静止持续态。最后,文章还讨论了"V+倒$_1$/起$_1$"和"V+倒$_2$/起$_2$"的区别。

一

1.0 四川话的动词和一部分形容词后面常出现 $[\text{tau}^{53}]$ 或 $[\text{tɕi}^{53}]$,具有多种意义和用法,汉字写为"倒"、"起"。方言研究者早已指出它们的用法是:(1)动词,作结果补语和趋向补语;(2)动态助词,相当于北京话的"着"$[\cdot\text{tʂə}]$,有的称动词后级,有的也分析为补语;(3)构词后缀。参见袁家骅(1960)、马悦然(1961)、梁德曼(1982)、田懋勤(1983)、杨欣安(1984)等。此外,其他关于方言的论著中也描写了相似的语言现象。参见汪平(1983,贵州方言)、谢伯端(1983,湖南方言)等。但是,(1)、(2)

---

① 原载《中国语言学报》第四期,商务印书馆,1991年。

两种用法常常交错，如何将它们区别开来，尚需讨论；而"倒"、"起"同作助词，其功能有何不同，看法也不一。我们在以上论著和近年来对北方话"着"的研究成果的基础上，试以成都话为材料，对动态助词"倒"、"起"作进一步分析，着重讨论（一）"倒"、"起"在功能上的区别，其次也谈谈（二）"倒"、"起"作为动态助词，与其他用法的区别。

本文所用符号：

V　动词，也包括一部分形容词

V_d　动态（活动）动词　　　　V_j　静态（状态）动词

倒$_1$　动态助词"倒"　　　　　　起$_1$　动态助词"起"

倒$_2$　补语"倒"　　　　　　　　起$_2$　补语"起"

[　]　　表示可有可无。

（　）　　表示注释性说明。

1.1　对现代汉语动态助词"着"的研究，迄今已有一些重要成果，对"着"的认识也已深入一步，主要表现为：（1）不再笼统地认为"着"的语法意义是"表示动作、变化正在进行"[1]，而认为是"动作的进行（或持续）"和"状态的持续"两个有联系但不同的语义[2]，有人分别以着$_1$和着$_2$表示。（2）动词的语义类别跟与"着"结合的能力有关[3]，尤其是近年来更注意到同一动词可以既有表示动态又有表示静态的不同义项，即从语义上的变体对动词进行了更细的分类[4]。这种对动词的次类的不同层次的研究更加深了对"着"的认识。（3）在某些句型研究中也注意到与"着"的分布的关系，如存在句的谓语常用"着"。此外，对"着"的历史研究还证实表动态与表静

---

① 见《汉语知识》，人民教育出版社，1962 年。在较早的语法教材或教学参考书中，这个意见有一定代表性。后来有人认为"着"并不表示动作进行，而是表示状态持续。见参考文献 6、10。
② 见参考文献 15，该文将"着"分为表示状态在持续的着$_d$和表示动作在进行的着$_p$。其实，参考文献 3 的 §8.4 早已指出"屋里摆着酒席"、"山上架着炮"一类结构代表两个同形的格式，一表事物的存在，一表动作的持续，只是未专讲"着"罢了。
③ 见参考文献 5、6、10、17、18 等。
④ 参考文献 16、17、18 对动词语义的类型作了细致的分析，尤其注意到同一动词的不同义项的类别。C.E. 雅洪托夫《汉语的动词范畴》（中华书局，1958 年）也曾敏锐地指出，"搁在炕桌上"的"搁"可表示"放到"，也可表示"放着"，即动词的结果体和状态都用动词的一般形式表示。

态的区别是有来源的[①]。这种把动词、句型的研究和助词研究结合起来的方法和观察结果，无疑对方言语法研究有重要的参考价值。本文对"倒"、"起"的分析就选择了这样的途径。

二

2.0　1.0里的（一）、（二）两个问题相互联系，要分析倒$_1$和起$_1$的功能差异，就要把倒$_1$、起$_1$和倒$_2$、起$_2$区别开来。成都话"V+倒$_1$/起$_1$"和"V+倒$_2$/起$_2$"的语音形式相同，因此，孤立地看"V+倒/起"，很难判断它是"V+倒$_1$/起$_1$"，还是"V+倒$_2$/起$_2$"。例如"拿倒"、"拿起"，既可相当于普通话的"拿着［·tʂə］"，又可相当于"拿着［tʂau^{35}］"、"拿起来"等等。方便的办法是先抽取比较典型的例证来观察倒$_1$和起$_1$的功能差异。也就是，我们先假定已将倒$_2$、起$_2$排除出去。

　　A.　V+倒$_1$

　　　　他们开倒$_1$会在/得/哩。

　　　　我削倒$_1$苹果在。

　　　　手不停地动倒$_1$，嘴巴不歇气地说倒$_1$。

　　　　做倒$_1$活路（干着活儿）就不冷。

　　B.　V+起$_1$

　　　　房间里开起$_1$电灯在/得/哩。

　　　　桌子上放起$_1$茶杯在。

　　　　这间教室空起$_1$在。

　　　　戴起$_1$眼镜找眼镜。

句末"在"与副词"在"不同，是一个表进行、持续意义的语气助词，成都话读［tsai^{13}］，又音［te^{13}］或［te^{21}］，也写为"得"字；它还有一个语音形式［ni^{55}］，写为"哩"。"在/得/哩"正和北京话表示时态的"呢"相

---

　　① 见参考文献4、16等。

当,"V+倒$_1$/起$_1$+在/得/哩"相当于"V+着+呢"[①]。以上 A、B 两组,无论有"在"与否都显示:A 组表示动作进行状态,B 组表示静止持续状态。但句末有了"在",句子就有表进行或持续的强化语气。一般来说,在这种句子里出现的"倒、起"是倒$_1$、起$_1$,而不是倒$_2$、起$_2$。所以,我们把"V+倒$_1$/起$_1$+在"看作表示进行、持续的强式框架。

关于汉语动词有没有进行态,表示动作进行用不用"着",看法不一致。马希文先生的意见是一种代表。他认为"V+着+呢"表示状态的持续,而"V+O+呢"表示"动作进行",或说表示"在动作过程中",但不叫"进行态"。他认为不仅北京话没有严格意义的进行态,汉语各方言都没有进行态[②]。而成都话却有所不同。就 A、B 两组典型例句而言,与倒$_1$结合的动词就语义上说是动态(dynamic)动词,与起$_1$结合的动词则是静态(static)动词,倒$_1$和起$_1$一般不能互换(如 A 组例 4 的倒$_1$换为"起"则是起$_2$:"做起$_2$活路(来)就不冷")。这样,可以把 V+倒$_1$ 和 V+起$_1$ 写为 V$_d$+倒$_1$ 和 V$_j$+起$_1$。不过,这仅是假设,还有待证明。

我们说 V$_d$+倒$_1$ 表示动作进行态,V$_j$+起$_1$ 表示静止持续态,不等于说成都话表示动作进行和状态持续必须用倒$_1$和起$_1$,也就是说,动词后接倒$_1$或起$_1$不是强制性的,而是选择性的。实际上,有好几种可供选择的格式,表动作进行可在动词前加表示时间、进行意义的状语"正、正在、在、不停地、不歇气地、尽倒(老是)、直见(直)⋯⋯",如"他们在开会";表静止持续也可以说"V 得有⋯⋯",如"桌子上放得有茶杯"。书面语里"着"的一些用法,口语是不说的。如"胶皮大车一点不停地,只是跑着"(艾芜《夜归》),口语只说"⋯⋯只是在跑"。

---

① 成都话句末语气助词"在/得/哩"见参考文献 14。参考文献 8 的 §16.3 把普通话"呢"分为呢$_1$、呢$_2$、呢$_3$,分别表时态、疑问语气、夸张语气。成都话的"在"正相当于表时态的呢$_1$。参考文献 5 亦说安徽六安一带的方言"他睡着在"的"在"是表示持续的助词,用在谓语后,居于句尾。此正与成都话"在"同,也是吕叔湘《释〈景德传灯录〉中在、著二助词》所说南宋用法的遗留。"在"也见于四川籍作家书面语,如郭沫若《女神·笔立山头展望》:"大都会的脉搏呀!生的鼓动呀!打着在,吹着在,叫着在,喷着在,飞着在,跳着在⋯⋯"

② 见参考文献 19。

2.1　现在结合动词类别来观察倒$_1$和起$_1$。

动态动词和静态动词大致可分为以下小类：

V$_1$　跳类：踢、滚、飞、跑、走、说、唱、哭、笑、敲、打、教、演、做、吃、喝……

V$_2$　看类：听、盯、闻、想、记（记忆）、猜、算（估算）、操心、管（过问）……

V$_3$　来类：去、进、出、到（到达）、碰、买、卖、给、要、收、送、懂、忘、发现、承认、允许……

V$_4$　变类：升、涨、长、涌、退、落、掉（掉下）……

V$_5$　写类：画、印、刻、绣、记（记录）、栽（栽树）、穿、戴、挂、搁、贴、扣、扎、包、打（打毛衣）……

V$_6$　坐类：站、睡、跪、跕（蹲）、拿、抬、开、关、提、抱、指、握、挡、靠、躲、等、陪、守、养、带……

V$_7$　横类：歪、斜、正、反、尖、细、光、亮、红、绿、荒、空……

V$_8$　累类：疼、烦、醒、活、饱、饿、昏、晕、醉、冷、热……

有些小类与倒$_1$、起$_1$无直接关系，不列入上表，如"是、有、姓、像、等于、属于"等。粗略地说，V$_1$－V$_5$五类是表示活动的动词，V$_6$－V$_8$三类是表示状态的动词，各个小类里的词项对我们要讨论的问题不一定全都有典型性，但大多数是有的。我们着重考察的是形类及其类义，不必为个别词项在语义和用法上的复杂性所迷惑，以免止步不前。

2.2　根据 2.0 里的假设，"V$_d$＋倒$_1$"、"V$_j$＋起$_1$"就应当是倒$_1$与 V$_1$－V$_5$结合，起$_1$与 V$_6$－V$_8$结合。我们先从动态动词和静态动词里各选出最有代表性的小类，即 V$_1$类和 V$_7$类。V$_1$类表示活动及其过程的意义；其中有些词是结束性动词，如"跳、敲"，但重复动作也表现一种过程。V$_1$与倒$_1$结合表示动作在进行中，如下面各例都相当于北京话"V＋O（着）……＋呢"，如：

诓倒$_1$娃娃在

练倒$_1$字在

说倒₁话在

扫倒₁地在

抽倒₁烟在

喝倒₁水在

推倒₁磨在

跳倒₁迪斯科在

弹倒₁棉花在

浇倒₁花在

这些倒₁都不能换为起₁。表示设想中的动作进行或继续，也是用倒₁，不用起₁。如："幺姐，你［先］走倒₁，我就来"，"来来，我们［先］吃倒₁饭，不要等他了"。有时 V₁ 后面似乎也可以带起₁。如："幺姐，你走起，我就来"，"来来，我们［先］吃起，不要等他了"。实际上，这里的"起"是起₂。如："走起₂"指"走快点儿"，可说"走起点儿"；"吃起₂"是"吃起来"。这样的事实都证明 V₁＋倒₁能成立。

2.3　和 V₁类相对的是，V₇类不表示行为动作，而表示性质、状态，其中包括一部分形容词。V₇与起₁结合，而不与倒₁结合。如：

横起₁眉毛在

斜起₁眼睛在

电灯亮起₁在

头发卷起₁在

天黯起₁

田荒起₁

牙齿龅起₁

脑壳（头）光起₁

大起₁胆子说话

硬起₁心肠离家

起₁都不能换为倒₁。V₇后面的"起"也可能是补语起₂，即 V＋起₁和 V＋起₂

同形，但 V+起$_1$ 可以后置"在"，V+起$_2$ 则不能，但可以后置"了"。"电灯亮起在"、"田荒起在"的"起"是起$_1$，"电灯亮起了"、"田荒起了"的"起"是起$_2$。

2.4 再看 V$_5$ 类。这类动词正如一些研究者指出的，它们表示动作过程，同时也隐含了一种状态，有人称这类词有两种动态范畴[①]。这类词既可与倒$_1$ 结合，也可与起$_1$ 结合，从而使两种语义显性化。如：

山上架倒$_1$ 炮［在］，［那里工作紧张得很。］｜山上架起$_1$ 炮［在］，［那里没有人，清静得很。］

我正写倒$_1$ 字，［就停电了。］｜纸上写起$_1$ 字，［不是白纸。］

我摆倒$_1$ 碗筷在，［没空跟你说。］｜桌子上摆起$_1$ 碗筷在，［没地方写字。］

她正穿倒$_1$ 大衣在，［人家就来喊她了。］｜她穿起$_1$ 大衣在，［一点儿都不冷。］

她正往碗里舀倒$_1$ 汤，［碗就打烂（破）了。］｜碗里舀起$_1$ 汤在，［你快喝。］

两相比较，清楚地表明："V$_5$+倒$_1$……"表示动作进行过程，"V$_5$+起$_1$……"表示动作结束后的静止持续态或表示受动作影响的事物的存在状态。成都话"她穿起$_1$ 大衣在"和北京话"她穿着大衣呢"相当，而"她穿倒$_1$ 大衣在"和北京话"她在穿大衣呢"大致相当。成都话也可以说"她（正）在穿大衣"，与"她穿倒$_1$ 大衣在"是同义句。

V$_5$ 既可与倒$_1$ 又可与起$_1$ 结合的情况，正好与"V$_1$（属 V$_d$）+倒$_1$"、"V$_7$（属 V$_j$）+起$_1$"互相印证，说明倒$_1$、起$_1$ 的分布是有某些规律可循的。至此，我们的假设得到了一部分证明。

2.5 继续观察其他动词小类，我们发现上述倒$_1$、起$_1$ 分布的规律性减弱了或消失了。我们试图找出某些合理的解释。

———————————

① 见参考文献 16、17。

V₂类是表示感官或心理方面的行为的词,动作性不强,但显然有进行过程的语义成分,因此和 V₁ 类接近。这类词只能与倒₁结合,不能与起₁结合。如:

> 他一天到晚都想倒₁这件事。
>
> 你找老王吗?他看倒₁电视在。
>
> 说嘛,有啥子话?我听着在!(李劼人《死水微澜》)

这个"着"字口语也是倒₁,不是起₁。至于"他想起这件事就伤心"、"这本小说看起有味道",我们认为这里的"起"不是起₁而是起₂,虽然在书面语里也可写为"着",但也可用"起来"代替。如:"他想起这件事来就伤心"、"这本小说看起来有味道"。更重要的是,这个"起"不能出现于"V₂……在"的强式框架中,不说"想起这件事在"、"这本小说他看起在",换"起"为"倒₁",句子才能成立。

2.6 V₃类是结束性动词,既不能与倒₁也不能与起₁结合,正如普通话里这类动词不能与"着"结合一样。对于我们的假设有利的是:如果给 V₃ 类表示的动作行为赋予一种"经常性"或"继续下去"的意义时,也就是用于非结束性意义时,这类词也可与倒₁结合。如:

> 这种鱼我们经常买倒₁在,不稀奇。
>
> 老李经常找人借倒₁钱在。
>
> 杜甫草堂我们经常去倒₁在。
>
> 天天来到(倒₁)的(哩),啥客哟!(《抓壮丁》)

这种用法跟不用倒₁时的意思有所不同。用倒₁时表示某种动作行为并没有结束,经常反复或继续;不用倒₁时不强调这个意思。这里的倒₁不能换为起₁。

2.7 V₄类是非结束性动词,本身包含了动作过程的意义,所以在一般情况下用不着与倒₁结合。一般不说:

> 太阳升倒₁在

庄稼长倒$_1$在

但有时也可以说：

起重机慢慢升倒$_1$在

《白蛇传》里那个青儿的脸不歇气地（不断地）变倒$_1$在

可是，V_4类动词一般不能与起$_1$结合。"升起"的"起"只能是起$_2$，"地里长起庄稼在"才是起$_1$（详见下文 3.3）。

2.8　V_6类也是非结束性动词，本身既表示动作意义，又表示状态意义，动作进行的过程为时很短，很快就转入状态，动作和状态界限不清晰。一般认为这属于状态动词，照理只能带起$_1$。这类词也可表示短暂的动作意义，如"坐下"、"躲起来"，但不能表示动作进行，不说"他正在坐倒$_1$"。值得注意的是，V_6类确可与倒$_1$结合。"V_6＋倒$_1$［＋在］"和"V_6＋起$_1$［＋在］的意思一样，都表示静止持续态。例如：

他在椅子上坐倒$_1$在 | 他在椅子上坐起$_1$在

在角角头（角落里）躲倒$_1$在 | 在角角头躲起$_1$在

坐倒$_1$比站倒$_1$舒服 | 坐起$_1$比站起$_1$舒服

他在门口守倒$_1$在 | 他在门口守起$_1$在

双向 V_6 的例子，如：

望（仰）倒$_1$脑壳（头）看人 | 望起$_1$脑壳看人

端倒$_1$猪头找不到庙门（四川谚语）| 莫端起$_1$刀头找错了庙门（克非《春潮急》）

排倒$_1$队在 | 排起$_1$队在

这些成对的例子意思都相同。这使倒$_1$、起$_1$的功能差异显得模糊起来，使我们怀疑以上的假设是否成立。不过，我们不忙于推翻这个假设，我们暂时如此说：既然 V_6 表示的动态与静态界限不分明，那么"V_6＋倒$_1$"与"V_6＋起$_1$"同义也是可以解释的。

2.9　V_8类不表示动作，不能与倒$_1$结合；但它本身完全表示持续状态，所以也用不着与起$_1$结合。这可与 V$_7$类相比较。后者有不少是性质形容词，需要借助起$_1$才能转为表示状态。而 V$_8$类一般就不需要带起$_1$，只有"醒、活、饱、饿"等少数词可带起$_1$。如：

> 这个病人还活起$_1$在
>
> 他醒起$_1$在
>
> 肚子饿起$_1$爬不上山
>
> 饱起$_1$肚子睡觉不卫生

2.10　有些多义动词分属动态类和静态类，也反映出倒$_1$、起$_1$功能上的区别。如：

> 打倒$_1$毛衣/铁/草鞋在 │ 打起$_1$火把/旗旗/灯笼在
>
> 开倒$_1$会在 │ 开起$_1$茶馆在
>
> 拿锅巴喂倒$_1$狗在 │ 喂（养）起$_1$两只狗在
>
> 摆倒$_1$手/脑壳在 │ 摆起$_1$花生摊摊（小摊儿）/官架子在

2.11　把以上的情况列成表，倒$_1$、起$_1$的分布就看得很清楚。＋表示动词小类和动态助词的结合一般不受限制，－表示不能结合，（＋）表示很少结合或只能在特殊条件下结合。

动态助词＼动词	动态（活动）动词					静态（状态）动词		
	V$_1$说	V$_2$看	V$_3$来	V$_4$变	V$_5$写	V$_6$坐	V$_7$横	V$_8$累
倒$_1$	＋	＋	（＋）	（＋）	＋	＋	－	－
起$_1$	－	－	－	－	＋	＋	＋	（＋）

概括地说：

（1）动态动词能带倒$_1$，静态动词能带起$_1$；

（2）动态动词里的 V$_5$能带起$_1$，是因为 V$_5$本身隐含了静态义；

（3）静态动词里的 V$_6$能带倒$_1$，是因为 V$_6$同时兼有动态义。

由（1）、（2）可以看出："V$_d$＋倒$_1$"和"V$_j$＋起$_1$"对立，V$_d$ 和 V$_j$对立，倒$_1$和起$_1$也对立。由（3）可以看出：对 V$_6$来说，动态和静态界限不分明，因此，倒₁、起₁的界限也不分明，即不形成对立。这样便可以说，成都话的倒₁、起₁只在跟典型的动态动词和静态动词结合时，才形成对立。这就可以大体上解释成都话中动词与倒₁、起₁的结合规则，不致认为其错综复杂、纠缠不清。

三

3.0　但是，我们还不能说以上的假设已经成立。一方面，动词的类别还可以细分，还能找到动词与倒₁、起₁结合的次规则；另一方面，更为重要的是，仅仅根据动词的语义类别来观察倒₁、起₁的功能，是非常不够的。动词次类与倒₁、起₁的结合虽具有一定的规则，但是，句法结构的作用并不是消极的，它反过来也会使某些动词的语法、语义性质产生变化，从而改变动词与倒₁、起₁结合的规则。这就是句法结构对动词的"类化作用"。而这种类化作用不但不否定关于倒₁、起₁功能差异的假设，反而有利于证实它。

3.1　通常认为"V＋着"常出现于连谓结构。连谓结构的前后数段之间可以有各种语义关系，其中常见的是后段表示某种动作，前段表示动作的伴随状态。成都话中的静态动词带起₁表示一种状态的持续，因此常作连谓结构的前段。如：

斜起₁眼睛看人

红起₁脸争辩

尖起₁耳朵听

嘻（咧）起₁嘴巴笑

反起₁说，顺起₁听

进一步看，动态动词作连谓结构前段或作状态状语时，也要带起₁而不是带倒₁。如：

哭起₁说

跳起₁走

流起₁眼泪看戏

较场坝的老鸦——飞起$_1$吃人（谚语）

动态动词的重叠形式处于这种位置时，也必须带起$_1$。如：

这个人哭起$_1$哭起$_1$［地］说话。

癞格宝（癞虾蟆）拍马屁，跳起$_1$跳起$_1$［地］拍。（谚语）

金山寺的水，涌起$_1$涌起$_1$［地］来。

脚板儿在地上擦起$_1$擦起$_1$地走。

这就是句法结构类化作用的表现。

可是，我们立刻又发现，这种类化作用是局部的，不是完全的，V＋倒$_1$同样可以这样用，无论基本式还是重叠式。如：

钱要算倒$_1$用｜算倒$_1$算倒$_1$［地］用

粮食匀倒$_1$吃｜匀倒$_1$匀倒$_1$地吃

想倒$_1$说｜想倒$_1$想倒$_1$［地］说

试倒$_1$问｜试倒$_1$试倒$_1$［地］问

挨倒$_1$坐｜挨倒$_1$挨倒$_1$［地］坐

因此，连谓结构的前段位置或状态状语位置是"V＋倒$_1$"和"V＋起$_1$"共有的，不是鉴别倒$_1$、起$_1$功能的框架。

3.2　我们试选一些典型的动态句型和静态句型来检验我们的假设。在这些句型里，有时可见倒$_1$、起$_1$与动词的结合规则因动词受到类化而有所改变。

"V倒$_1$V倒$_1$就/又……了"是一种动态句型，表示动作在延续进行中发生了某种变化[①]。V＋倒$_1$的重叠式表示情况变化前动作在延续或进行。如：

哭倒$_1$哭倒$_1$又笑了

跳倒$_1$跳倒$_1$就不见了

怎么说倒$_1$说倒$_1$就毛（生气）了？

---

① 　参看参考文献 20。此文所说西南官话现象，成都话亦同。

红萝卜，蜜蜜甜，看倒$_1$看倒$_1$要过年。（儿歌）

《白蛇传》的青儿变脸，变倒$_1$变倒$_1$成了一张红脸，红倒$_1$红倒$_1$又成了绿脸，绿倒$_1$绿倒$_1$又成了白脸。

在角角头躲倒$_1$躲倒$_1$就跑出来了

坐倒$_1$坐倒$_1$就站起来了

凡进入这种动态句的动词都必须带倒$_1$而不能带起$_1$，不论这动词原属哪种小类。例如：尽管"红、绿"属 V_7，按常规只能带起$_1$，"躲、坐"属 V_6，可带倒$_1$也可带起$_1$，但在这里都只能带倒$_1$。（但"想起想起就哭"不属这种句型，其中的"起"是起$_2$，这个句子是"想起$_2$［来］就哭，想起$_2$［来］就哭"的重合。）再举一些静态动词在这种动态句中带倒$_1$的例子：

花园里开起$_1$花，开倒$_1$开倒$_1$就萎了。

打起$_1$灯笼走夜路，打倒$_1$打倒$_1$，灯笼就熄了。

汽车在路上停起$_1$，停倒$_1$停倒$_1$，一下又开走了。

隔壁子（邻居）喂（养）起$_1$一只小狗，喂倒$_1$喂倒$_1$又送了人。

饿起$_1$肚子上班，饿倒$_1$饿倒$_1$，又不觉得饿了。

前面部分是一般陈述句，动词（V_j）带起$_1$而不带倒$_1$；后面部分是动态句，同一动词却带倒$_1$而不带起$_1$。表面看来，这破坏了动词类别与倒$_1$、起$_1$结合的规则，实际上不然，凡进入这种动态结构的动词都表示动态，原来是静态动词的也类化为动态动词，它们一律带倒$_1$。这种动态结构接纳"V＋倒$_1$"，排斥"V＋起$_1$"，而 V 原来属于什么小类反倒不论，这正证明倒$_1$是动态的标记。

3.3　存在句向来被看作一种典型的静态句，现在语法学界认为有静态存在句和动态存在句之分。静态存在句的动词带"着"表示动作完成后的持续状态或与动作有关的事物的存在状态。成都话中静态存在句的谓语普遍是"V＋起$_1$……［在］"，而不是"V＋倒$_1$……［在］"。如：

床上铺起$_1$毯子在

信封上盖起$_1$邮戳在

树上挂起$_1$水珠珠

饺子上蘸起$_1$红油

茶杯头（里）倒起$_1$茶

缸头装起$_1$水

墙上挂起$_1$画

黑板上写起$_1$字

静态存在句的谓语动词大都属于 V_5，本身兼有动态和静态语义，在这里正用于静态义，按常规正应带起$_1$。有些动态动词，用在静态存在句里，也以带起$_1$为常。如：

火盆里烧起$_1$火在

外头下起$_1$毛毛雨在

地上滚起$_1$几个铁环

脸上流起$_1$眼泪水

天上飞起$_1$飞机

地里长起$_1$庄稼

这时，谓语着重表示某种状态以说明话题，不表示动作进行，即等于说：火盆里有火，天上有飞机……V_6类本来带倒$_1$或起$_1$都可以，但在存在句中，也以带起$_1$为常。如：

椅子上坐起$_1$一个老太婆

屋头住起$_1$三个人

自行车上骑起$_1$两个小伙

附带说明一下，有些句子是一般主谓句，但实际上谓语动词前隐含了处所词语，因此也类似静态存在句，其中动词也带起$_1$，与带倒$_1$意思不同。如："我煮起$_1$饭在"、"我晒起$_1$衣服在"，实际上相当于"我［厨房里/锅里］煮起$_1$饭在"、"我［院子里/凉台上/竹竿上］晒起$_1$衣服在"，动作行为可能已结束；而"我煮倒$_1$饭在"、"我晒倒$_1$衣服在"则表示动作还在进行中。静态存在句对动词有类化作用，即动词无论属于哪种小类，都以带起$_1$为常，这证明起$_1$是静态的标记。

3.4 跟静态存在句相对的是，成都话动态存在句的谓语是"V＋倒$_1$……〔在〕"，而不是"V＋起$_1$……〔在〕"，其中有不同的情况。如：

A. 台子上唱倒$_1$戏在｜教室头上倒$_1$课在｜办公室头打倒$_1$字在

B. 山上架倒$_1$炮在｜墙上挂倒$_1$画在｜锅里炒倒$_1$菜在

C. 外头下倒$_1$雨在｜管子头（里）流倒$_1$水在｜房顶上冒倒$_1$烟在

C组较为特殊，其中的倒$_1$可换为起$_1$，句义基本不变，但用倒$_1$着重表示动作进行，用起$_1$着重说明话题的状态，如3.3所说。这类句子大都表示自然现象，无隐含的施事。句中倒$_1$、起$_1$混用的情况有待研究。值得注意的是A、B两组。它们都表示动作进行态，而且有隐含的施事，即"台上〔某人/有人〕正在唱戏"、"山上〔某人/有人〕正在架炮"。A、B又有不同。A组正是文献3§8.3通过变换分析所确认的"表示动作或行为的'持续'，着眼点是时间"的那一类结构。它们只能带倒$_1$，不能带起$_1$，即没有相应的静态句。例如，只能说"办公室头打倒$_1$字在"，指办公室里有人正在打字，不能说"办公室头打起$_1$字在"，除非说"办公室的纸上打起$_1$字在"。而B组却有相应的静态句，即句中动词既可带倒$_1$，也可带起$_1$，但句义不同，对立分明，分别为动态句和静态句。如"墙上挂倒$_1$画在"，指有人正在往墙上挂画；"墙上挂起$_1$画在"，指墙上挂有画。这也正是文献3§8.4所分析的代表了两个同形格式的结构（"屋里摆着酒席"），普通话的谓语都是V＋着，成都话恰好分别为V＋倒$_1$和V＋起$_1$。动态存在句的倒$_1$与动词小类的结合情况一般都符合上述规则，A组的谓语动词多为V$_1$，B组多为V$_5$，均属于动态动词。虽然对静态动词没有明显的类化作用，但是A、B组那样的句子仍证明了倒$_1$是动态的标记。

3.5 有些静态句只接纳倒$_1$而排斥起$_1$，对此应另找原因。

A. 大门锁起$_1$铁锁〔在〕｜汽车盖起$_1$雨布〔在〕｜脑壳包起$_1$帕子〔在〕｜大树缠起$_1$藤藤〔在〕

B. 铁锁锁倒$_1$大门〔在〕｜雨布盖倒$_1$汽车〔在〕｜帕子包倒$_1$脑壳〔在〕｜藤藤缠倒$_1$大树〔在〕

B 是 A 的变换式。两组句义几乎相同，谓语都表示静止态，动词同属 V_5 表静态的那部分义项，动词前都不能有"正/正在"之类，可是一用起$_1$，一用倒$_1$，这就不合常规。把 B 组动词后的名词改为方位结构，动词仍带倒$_1$，不带起$_1$。见 C 组：

C. 铁锁锁倒$_1$大门上〔在〕｜雨布盖倒$_1$汽车上〔在〕｜帕子包倒$_1$脑壳上〔在〕｜藤藤缠倒$_1$大树上〔在〕

B、C 两组可能使我们以为动词带"倒"跟句首有表工具的词语有关，但 D 组句子否定了这个猜测。D 组与 C 组同型，句首词并不表工具。

D. 饭剩倒$_1$碗头（里）〔在〕｜来宾坐倒$_1$汽车头〔在〕｜相片压倒$_1$玻璃板底下〔在〕

从 B、C、D 三组可以看出，这些句子的谓语动词带"倒"，乃是跟"V＋倒"后面的成分有关，即它们都是表示处所的词语，只是在 B 组是名词，在 C、D 组是方位结构。如果比附普通话的相应句式，很容易认为 C、D 两组动词后的"倒"相当于"在"或"到"，成都话这类句子的"倒"有时确可换为"在"或"到"，但这不意味着"倒"就是"在"或"到"。因为第一，成都话的"在"、"倒"不同音；第二，有些句子将"倒"换为"到"，句义有变化；第三，"V＋在/到＋N"可以有两种切分，即"在/到"属前或属后，而"V＋倒＋N"只能有一种切分，即"V＋倒＋N"；第四，特别是 B 组的"倒"应与 C、D 组的"倒"是同一个成分，但 B 组的"倒"显然既不能换为"在"，也不能换为"到"。我们猜测，B、C、D 的"倒"是中古汉语有"附着"义的"着"（著）字用法的遗留，这个"着"后面是处所名词或方位结构担任的宾语（《古琅玡王歌辞》："新买五尺刀，悬著中梁柱。"｜《世说新语・德行》："长文尚小，载著车中。……文若亦小，坐著膝前。")[①]。如果这个观察能成立，那么 B、C、D 组的这个"倒"表示静态而不表示动作进行就不奇怪。研究者注意到，历史上"着"表持续静止的用法在先，表动作进行的用法在后。成都话的这个"倒"似乎保留了早期的用法，但只限于在处所宾语前面，在别的条件下，表静止的功能却让给了起$_1$。总之，这个"倒"不同于倒$_1$。

3.6　还有一些动词或介词、副词带倒$_1$的结构已经成为合成词，有了引申意义，前后两部分大都不能分开。这些"倒"已具有构词后缀性质，也不表显著的动态。如：

> 凭倒良心办事
>
> 趁倒天晴出门
>
> 搭倒（顺便、附带）把我的衣服也洗一下
>
> 带倒（附带）做些杂事
>
> 背倒［人］翻闲话
>
> 当倒［人］说清楚
>
> 估倒（强迫）［我］买东西
>
> 对倒［人家］发气
>
> 顺倒［坡坡］滚
>
> 同倒［人家］一起走
>
> 朝倒大门望
>
> 接倒［别人］发言

---

① 有些论著将中古这个"着（著）"或分析为介词，如参考文献 5，或分析为"介词化了的动词"，如参考文献 4，都因这个"着"可与"在"替换。参考文献 21 则把中古这个"着"分析为"与接尾辞相近"的"后助动词"，这与现代的"着"性质相近，且把它看作"持续态的一种"，但因其常有处所宾语，所以和现代汉语"着"的用法不同。我们认为，太田辰夫所说的"着"的性质和成都话处所宾语前的"倒"很相似。我们不把这个"倒"视为介词，而视为助词。这还涉及一个问题：成都话的"倒$_1$"，与普通话的"着"是否同一来源？参考文献 5 的 §4.1 注意到"着"在古今方言里都有读舌头音的现象。参考文献 12 对贵州话的"倒"与"着"的同源关系提出了猜测。本文对此不作讨论，但认为值得探讨。

跟倒［他］来

依倒（按照）轮子（顺序）看病

照倒［讲稿］念

按倒（针对）老实人欺负

尽倒①（老是）哭

阴倒（背地里）闹情绪

"起"作后缀的情况较少。如：

莽起（使劲）敲

稳起（镇静、不动声色）不动

这么起｜那么起｜咋个起

后面三个例词相当于"这么着、那么着、怎么着"。后缀"起"还有表示状态的意味，和起₁还有联系。

四

4.0 上面谈倒₁、起₁的区别，是人为地暂时排除了作补语的"倒、起"即倒₂、起₂。实际上，动词各小类几乎都可以后接倒₂、起₂，成都话"倒、起"作动态助词和作补语时语音形式完全一样。假如将倒₂、起₂与倒₁、起₁混合，列入 2.11 那个表里，就可以看到：任何动词小类都既能与"倒"结合，也能与"起"结合，毫无分布的差别。这就是为什么分析"倒、起"十分棘手的原因所在。

动词带倒₂、起₂的例子：

A. V＋倒₂

打倒　推倒　掀倒　跌倒　碰倒

挡倒　伤倒　看倒　猜倒　懂倒

---

① "尽［tein53］倒"，《红楼梦》九十回写为"尽着"。如："贾母道：'……宝玉和林丫头从小儿在一处的，我只说小孩子们，怕什么？以后时常听得林丫头忽然病，忽然好，都为有了些知觉了。所以我想他们若尽着搁在一块儿，毕竟不成体统。'"

梦倒 累倒 病倒 气倒 凉倒

买倒 借倒 要倒 去倒 问倒

B. V＋起$_2$

抬起 举起 升起 唱起 说起

想起 记起 写起 做起 补起

修起 亮起 直起 弯起 拿起

坐起 看起 晒起 穿起 挂起

这些倒$_2$、起$_2$在语义和用法上分别相当于北京话的"倒、下、住、着[tʂau^{35}]、到、起、上、好"等等，由于语义的引申、牵连，在不同的上下文里可以是这个也可以是那个成分。本文不拟详细分析，只把它们一律归结为倒$_2$、起$_2$。

前面说过，助词"在"（相当于表持续的"呢"）是鉴别"V＋倒$_1$/起$_1$"的标志，那么，一般说来，鉴别"V＋倒$_2$/起$_2$"的标志则是"V＋倒$_2$/起$_2$"中间可嵌入"得"或"不"；后面可加"了"；有些起$_2$可换为"起来"，等等。例如：吃得倒$_2$（吃得着）｜吃不倒$_2$（吃不着）｜吃不大倒$_2$（不大能吃得着）｜吃倒$_2$了（吃着了）。又如："外头下起雨"，"起"可以是起$_1$（"外头下起$_1$雨在"），也可以是起$_2$，因为可以说：外头下起$_2$雨了｜外头下起$_2$了雨｜外头下起$_2$雨来｜这雨下得起$_2$下不起$_2$？这雨下不大起$_2$。这样，前面很多"V＋倒$_1$/起$_1$"的例子，凡可以这样变化时，便是"V＋倒$_2$/起$_2$"。如：

藤藤缠倒$_2$了大树

雨布盖倒$_2$了汽车

桌子上摆起$_2$了碗筷

大树上缠起$_2$了藤藤

板起$_2$了脸

弯起$_2$了腰

纸上写起$_2$了字

上下文也可以帮助辨别倒$_2$、起$_2$。如：

不要踩倒$_2$花

把椅子脚脚（腿）逗起$_2$

衣服补起$_2$再穿

一提起$_2$笔就写

这些上下文暗示了动作的结果或动作时间的先后，都不表示动作的持续进行，其中的"倒/起"只能是补语。这样，孤立的"V＋倒/起"自然就成为"V＋倒$_1$/起$_1$"和"V＋倒$_2$/起$_2$"的同形结构，加上倒$_2$、起$_2$还有种种不同的语义，这个同形结构所容纳的歧义便相当多了。

4.1　不可否认，在动态动词和补语之间有一些中间状态。3.5所说带处所宾语的动词后面的"倒"，就是这种现象；特别是有些"起"实际上也介于助词和补语之间，如：关起门读书｜提起篮子买菜｜开起汽车送客。如果在语义上把前段动词结构看作是后段的伴随状态，二者是同时关系，则可把"起"看作起$_1$（见§3.1）；如果在语义上把后段看作是前段的目的，时间上是先后关系，那么，其中的"起"便是起$_2$。这种细微的差别，需仔细辨析才能发现。但成都人说话常常不甚留意这种差别，即"容许"这种可此可彼的现象存在。若要着意区别它们，得加上别的标记或换个说法。成都人之所以能自如地使用和理解"V＋倒/起"的同形结构，就是依靠语境和这种调整能力。

就成都话本身来说，起$_1$、起$_2$确有联系。有文章指出，四川话的动态助词"起"来源于动词"起"[①]。这是有道理的。起$_2$有一种意义是"完成"，如：衣服穿起$_2$了｜字写起$_2$了。动作完成也就表示动作结果的状态持续下去，那么，"穿起衣服出门｜纸上写起字"就可理解为起$_2$，也可理解为起$_1$。有人认为，北京话表静态持续的"着"还有补语性质[②]。就成都话而言，这个意见不无参考价值。这种中间状态的存在固然说明成都话"倒、起"的性质复杂的一面，但也说明起$_1$表静止持续是有来源的，有根据的。

---

① 见参考文献10。

② 见参考文献15。

4.2 成都话还有一个复音词"倒起",与"倒"、"起"的一部分语义、功能相近,既可作动态助词,如:说倒起话在│在门口站倒起在;又可作补语,如:遭老师问倒起了(问住了)│在街上碰倒起了(碰上了)。但"倒起"不能完全代替"倒"或"起"。其中情况较复杂,本文暂不作分析。

五

5.0 以上主要谈成都话中倒$_1$、起$_1$的大致区别,并指出由于它们与倒$_2$、起$_2$同形而产生的复杂交错的情况。这些都说明了分化这些语素的困难。不过,我们认为,成都话这组动态助词有静止持续态和动作进行态的对立,至少是与某些动词小类结合时出现对立,而且在某些句式里表现得更清楚。这个结论是可以成立的。

汉语的同形语素丰富,虚语素也不例外。近年对北京话"着"的研究出现了不同的意见。其中的重要分歧之一是动词后附"着"是一个语素,还是两个语素?要深入讨论这个问题,只就北京话本身来观察还不够。研究其他各方言同类语素,不仅有助于发掘这些方言自身的某些语法特征,还有助于方言间的横向比较。例如成都话倒$_1$、起$_1$的对立,可以让我们设想北京话的"着"是着$_1$和着$_2$的重合,犹如倒$_1$和起$_1$是不同面值的两个分开的钱币,而北京话的"着"却是两个不同面值的钱币重合在一起的结果。——当然这不是指历时的现象,而是比喻共时的状态。

参考文献

1 袁家骅等:《汉语方言概要》,文字改革出版社,1960 年。

2 Goran Malmgvist(马悦然):*The Syntax of bound forms in Sichuanese*. BMFEA. No. 33. 1961.

3 朱德熙:《句法结构》,《中国语文》1962 年 8—9 月号。

4 赵金铭:《敦煌变文中所见的"了"和"着"》,《中国语文》1979 年第 1 期。

5 邢公畹:《现代汉语和台语里的助词"了"和"着"》,《民族语文》1979 年 2—3 期。

6　陈刚：《试论"着"的用法及其与英语进行式的比较》，《中国语文》1980 年第 1 期。

7　于根元：《关于动词后附"着"的使用》，《语法研究和探索》第 1 辑，北京大学出版社，1981 年。

8　朱德熙：《语法讲义》，商务印书馆，1982 年。

9　梁德曼：《四川方言与普通话》，四川人民出版社，1982 年。

10　田懋勤：《四川话的"倒"和"起"》，《西南民族学院学报》（哲学社会科学版）1983 年第 4 期。

11　杨欣安：《四川方言语法初探》，《西南师范学院学报》（哲学社会科学版）1984 年增刊。

12　汪平：《贵阳方言的语法特点》，华中工学院《语言研究》1983 年第 1 期。

13　谢伯端：《湖南辰溪话中的语气助词"在"》，《湘潭大学学报·湖南方言专辑》，1983 年。

14　张清源：《成都话中的语气助词"得（在、嘞)"》，四川大学学报丛刊第二十二辑《汉语论丛》，1983 年。

15　［日］木村英树：《关于补语性词尾"着"和"了"》，《语文研究》1983 年第 2 期。

16　刘宁生：《论"着"及其相关的两个动态范畴》，华中工学院《语言研究》1985 年第 2 期。

17　李临定：《动词的动态功能和静态功能》，《汉语学习》1985 年第 1 期。

18　李临定：《现代汉语句型》，商务印书馆，1986 年。

19　马希文：《北京方言里的"着"》，《方言》1987 年第 1 期。

20　李蓝：《贵州大方方言名词和动词的重叠式——西南官话名词和动词的重叠式（三)》，《方言》1987 年第 3 期。

21　［日］太田辰夫：《中国语历史文法》（中译本），北京大学出版社，1987 年。

偏误分析与中介语研究的关系^①

提　要　偏误分析是第二语言教学中使用已久的一种理论和方法。近 20 年来,在中介语理论兴起以后,偏误分析在理论上渐显出它的不足。本文以留学生学习汉语过程中的偏误现象为例,说明应从新的角度看待偏误,把它看作中介语系统中的一部分,不仅有消极的一面,也有积极的一面,从而在教学中重视和加强对它的研究。

一

"对外汉语教学"之所以是一门科学,其中的一个原因在于:它的教学内容、教学设计、教材编写、测试、教与学的方法都建立在科学的理论之上。如今,我国对外汉语教学的每一步发展都有一批专家在理论上紧紧跟上,展开科学研究,不仅及时吸收国外语言学理论、教学法理论、应用语言学、心理语言学等各方面的新成果,而且努力开拓出有着我国自己的鲜明特色的学术领域;他们以强烈的历史使命感和迫切性朝着这个方向前进,不断提出新问题、新建议来促进学科建设,指导教学实践,启发并激励所有从事对外汉语教学的教育和管理工作者。

十多年来,继开展对教学大纲、教学法的讨论之后,现在又进入了对第二语言学习理论的探讨时期。特别是 1992 年 5 月,《世界汉语教学》、《语言

---

① 　本文最初发表于《外国留学生工作研究》1994 年第 2 期。

文字应用》、《语言教学与研究》三个刊物联合主办了"语言学习理论研究"座谈会，明确提出"要把引进国外各种语言学习理论同研究汉语文字的学习规律结合起来，创造出我们自己的富有生命力的汉语言学习理论"。在这个会议前后，一些重要文章也在各刊物发表，特别是吕必松、鲁健骥、孙德坤、刘珣等的文章，提倡、推动了汉语中介语的研究。同时，汉语中介语语料库系统也在着手建立。该语料库由北京语言学院承担，由吕必松、陆俭明作顾问。这是大规模研究中介语的一项奠基性工程。

较早时，美国人黎天睦于1983年秋季在北京语言学院讲授《现代外语教学法》，向听众介绍了"中介语言"的概念。鲁健骥则在《中介语理论与外国人学习汉语的语音偏误分析》（1984）、《外国人学习汉语的词汇偏误分析》（1987）两文中汇报了他对汉语中介语和偏误分析的富有启发性的研究工作。其后，孙德坤翻译了 Jack C. Richards 的《错误分析、中介语和第二语言习得研究述评》（1990）。上述1992年座谈会的纪要也于当年发表。接着，吕必松和刘珣分别发表了《论汉语中介语的研究》和《语言学习理论的研究与对外汉语教学》（1993），一致认为"现阶段学习理论的研究应从中介语的研究入手"（刘），"中介语研究对语言学习理论的建立和完善具有举足轻重的作用，因此值得大力提倡，也值得花大工夫去做"（吕）。

中介语（interlanguage）是 L. Selinker 在1969年提出的一种假设，是指一种在母语和目的语之间的中间状态，或者叫做过渡状态。有人还译为"中间语"（黎天睦）、"中继语"（桂诗春）、"族际语"（桂诗春）、"过渡语言"（桂灿昆、刘海燕）。

中介语理论是针对对比分析和错误分析的不足而产生的。中介语指学外语的人在学习过程中对于目的语的规律所做的不正确的归纳与推论而产生的一个语言系统。这个语言系统既不同于学习者的母语，又不同于他所学习的目的语。中介语的特点有：

1. 它是一个语言系统，或者说，它与目的语的不同是有系统性的；

2. 它是不稳定的、变化的，是一个不断接近目的语的过程；

3. 它承认第二语言学习中的偏误是不可避免的，是一种发展中的偏误，是走向完善的路标；

4. 它承认偏误可以来自母语的干扰，也可以来自目的语的干扰。

中介语只是一种假设。这个假设未经证实，却对研究者具有吸引力，因为它被认为是揭示第二语言学习过程奥秘的突破口，它的研究目的就在于发现第二语言学习的规律。

中介语的上述特点显然要求研究者：

1. 作长期的、系统的、大规模的研究，不能满足于零星的对比分析和错误分析；

2. 作动态的研究而不满足于静态的研究，追踪习得的顺序，以揭示中介语向目的语发展的规律；

3. 不仅对语言学习中的偏误进行分析，还要对正确的方面进行分析，以发现习得的条件；

4. 不满足于对比分析，以及偏误来自母语干扰的观念；还应分析来自目的语的干扰。

一些文章指出，中介语的研究要运用观察、实验、比较、分析、描写的方法（吕）；要讲求运用社会语言学的调查方法，提出假设，用统计学的方法进行论证（鲁）。但是，这些文章也同时指出，强调系统的规模研究，并不排斥个体研究；强调动态研究，并不排斥相对静止阶段中的描写（吕）。上引1992年座谈会纪要指出，进行中介语研究应利用一切可以利用的手段，其中也包括错误分析和对比分析。

所有这些，无疑都给我们提出了新的课题。

二

中介语理论使我们感到有必要从新的角度来看待外国学生的偏误现象。

上述关于中介语的第3、第4两个特点，是对此前关于"错误分析"理论的重要补充。第一，以往的研究，偏重于偏误现象的消极方面，教师也容易仅仅把偏误看作纠正的对象，而很少看作是向目的语接近的标志。因此，现在应该从新的视角去看待它。第二，偏误既来自学习过程中母语的干扰，也来自目的语的干扰，那么，它们就具有不同的系统性、规律性，就可能表现出不同的群体特征，它的出现就是可能的，甚至是必然的，是可以预测的。所有这些，都应当分别研究。当然，偏误的出现还有外在的因素，例如教材、教学的误导，但这也跟学习的心理有关系。

对外汉语教学单纯着重偏误分析虽然有其不足，但是，把偏误分析纳入中介语研究的全局，则是有益的、必要的。偏误分析将成为研究第二语言习得过程必不可少的前沿工作。教师的职责应是重视和分析学生的偏误现象的规律性和根源，而不是用头痛医头、脚痛医脚的办法见错就纠，当然更不能采取听之任之的态度。

下面谈谈我们怎样看待学生的用语偏误，并试着分析有些偏误是如何造成的。每一项都仅仅是举例性质，不求全面深入。这些例子是笔者在讲授《中级汉语教程》时，从学生的作业和试卷中摘录下来的。

甲　句法部分

一、母语的干扰造成的偏误

①他学英文<u>在一个美国大学</u>。

②可是没有很多人想学汉语<u>在丹麦</u>。

③我想找一位<u>德文说</u>的中国人。

④那时候，程蝶衣<u>菊仙</u>妒忌。

⑤说亲的父女问他<u>如果不愿意</u>他们的姑娘跟这个男人一起结婚。

①、②为状语后置，③、④为宾语前置，都带有明显的外语影响；⑤是不会用汉语间接问句（带"是否"）而受英语间接引语（带 if）影响造出的句子。这一类偏误，在汉语学习的初级阶段常常发生，但在中级班已不太普遍，一经教师指出，学生也极易察觉自己的错误所在。

二、目的语的干扰造成的偏误

这又有几种不同的情况：

A. 学生不熟习目的语的某些格式，或者使用过度。如：

⑥你把这些东西给我交吧。

⑦老王把行李给我委托了。

⑧她父母卖给她跟一个白痴结了婚。

⑨她高兴地跳得一个劲儿。

⑩她跳得一个劲儿地高兴。

⑪我怎么跟老师能开玩笑？

⑥、⑦是不熟习"把"字句和双宾语的格式造成的错句；⑧是根本不会使用"把"字句格式造成的错句；⑨、⑩可以看做是不熟习汉语述补格式而造出的句子。这说明学生不容易熟习汉语特有的句式，但这些都是学生由不熟习到熟习的过程中出现的偏误。⑪是一个德国学生造的句子。她显然知道汉语"助动词＋一般动词＋宾语"的语序，与德语"情态助动词＋宾语＋动词"的语序不同，但她不知道汉语的助动词还可提到动词前面的介词结构之前，仍然拘泥于上述语序。这就是使用目的语某些格式泛化造成的偏误。

B. 不了解不同的句式可能有不同的语义重点。如做"组词造句"的练习时，不同的学生分别造出不同的句子：

⑫ a. 三天怎么能造出十万支箭来呢？

b. 三天怎么能造出来十万支箭呢？

c. 十万支箭怎么能三天造出来呢？

d. 三天造十万支箭怎么能出来呢？

⑬ a. 小王哪儿会讲法语啊？

b. 法语小王哪儿会讲啊？

c. 哪儿小王会讲法语啊？

d. 小王讲法语会哪儿啊？

这两组句子里，除 d 不合汉语习惯外，a、b、c 都可以说，但语义重点不同。其中，a 是符合要求的句子。在学生看来，自己造的句子最合格。他们不知道别的同义句，不知道每个句子各有不同的语义重点。

C. 未掌握汉语长句的结构：

⑭ a. 校园里的果树上结满了红红的果子。

b. 校园里的果树上结满红红的果子了。

    c. 校园里的果树上结果子红红的满了。

    d. 校园上的果树里结了红红的满果子。

⑮ a. 阿里的汉语说得像中国人一样。

    b. 中国人的汉语说得像阿里一样。

    c. 阿里像说的汉语得中国人一样。

    d. 中国人说汉语得像阿里一样。

⑯ a. 他觉得很奇怪，酒杯里怎么会有小蛇呢？

    b. 他怎么会觉得酒杯里有小蛇很奇怪呢？

    c. 他觉得很奇怪，怎么会酒杯里有小蛇呢？

    d. 他觉得很奇怪，小蛇怎么会有酒杯里呢？

这几组句子有正有误，其偏误表现出综合的因素，如对汉语述补结构或比较句不熟习，但共同点在于：句子包含的词语多，出现了各种排列组合；句子的局部合乎汉语句法规则，整体结构则有误。特别是⑯，连一些成绩较好的学生都束手无策。这些例子透露出学生学习复杂的句法结构的情况，也可以提醒教材编写者和教师应该如何设计句法教学的步骤。

在中级汉语学习阶段，这种来自目的语的干扰非常多，这说明学生脱离母语渐远，距离目的语渐近。表面看来，学生学得越多，偏误也出得越多。其实，这是一种合乎规律的、自然的现象。

以上所举句法方面的偏误，有的带有群体特征，例如由母语的干扰造成的偏误，它的规律性比较明显，往往也易于预测和纠正。至于受目的语干扰的偏误，有的也带有规律性，有的因为学生对目的语的熟练程度不同而带有学生的个体特征。后者较难预测和纠正，其深层原因还有待大量的分析、研究，才能作出合理的解释。

乙　词语部分

一、词语的句法功能误用

⑰这个考试是好容易的。

⑱我忍不住成都的天气。

⑲凡是认识小王，他是很有名的。

⑳今天的练习她凡是作好。

㉑这件事我不料。

㉒雪梅在意蓝五。

㉓不少了帮忙我们。

㉔我找他的时候，竟然见面一个老朋友。

这些用词方面的偏误，实际上属于语法范围。如：⑰误将副词当作形容词；⑱误将名词性宾语代替动词性宾语；⑲、⑳误以为"凡是"可以单独作主语；㉑误将他动词用作自动词；㉒、㉓、㉔误将自动词用作他动词。

二、词语的搭配习惯误用

㉕向往我的生日。

㉖增长了很多客人。

㉗雇一个房间，雇一架钢架。

㉘他们很注意节约，从不乱花纸。

㉙他从来偏爱猫，所以现在培养了猫。

㉚目前职业中学受到了社会的普遍重视，因为要培养国家友谊。

㉛投靠父母。

㉜这本书缺少页。

㉝上课的时。

词语方面的偏误，比句法方面的偏误更常见，更多样化，也不易有效地预测。这是因为词语本身就是个体化的，需要一个一个地教，一个一个地学。不过，我们也可以从中摸索到一些偏误规律：一是学生习惯于注意词义而忽略词的句法功能；二是学生习惯于将与母语相应的词加以对译使用。而这里不可忽略的是，词语偏误又往往跟教材处理或教学上未给予足够的讲解有关。现在仅就教材谈谈有关的问题。

《中级汉语教程》中，生词的注释只是用学生母语（以英语为代表）对译；"词语例释"、"语法注释"部分则包含词义解释、用法介绍、例句几个部分。应当说，这是很完备的。但学生学习这些解释和介绍时，常常一知半解，便想当然地使用。

例如，《中级汉语教程》对以上部分例句中的词语的解释是（着重号为引者所加）：

①好容易：副词，意思是很不容易地……多用在动词谓语前作状语，……"好不容易"和"好容易"，都是"很不容易"的意思。（上册，21页）

②忍不住：意思是"不能忍住"，控制不住自己的感情。常用在另一动词前作状语。（上册，23页）

③凡是：every；any；all（上册，35页）

表示在某个范围内无一例外……（上册，48页）

④在意：mind（上册，90页）

意思是放在心上或留意，一般不带宾语。（上册，103页）

⑤不料：表示"没有想到"或"出乎意料"的意思。（下册，19页）

对照学生的例句，可以看出，学生学习时注意的焦点是书上带着重号的部分，即解释词的理性意义的部分；对于不带着重号的用法提示，学生则容易忽略，因而以为"好容易"就是"很不容易"，"忍不住"就是"不能忍住"，"不料"就是"没有想到"，却不知道它们的用法并不是一致的。而教材上的释义，稍有不慎，也易产生误导作用，如以英语的几个不定代词对译"凡是"，学生即误以为二者相等，不知道"凡是"不能作主语，这和英语不定代词 all 等是不同的。

词语搭配习惯的误用也是常见的偏误。这往往是教材释义所提供的信息不足造成的。例如："向往"的对译是 look forward to（上册，252页），"盼望"的对译也是 look forward to（上册，99页），学生便以为"向往"和"盼望"相等，所以造出㉕那样的句子。又如："雇"的对译是"hire, employ"（上册，119页），学生便造出㉗那样的句子，不知道汉语表示 hire 意思的还有一个"租"。不过，从学习者方面来说，这也可以说是词语使用过度，即以"向往"代替了"盼望"，以"增长"代替了"增加"，以"雇"代替了"租"，以"花"代替了"用"，等等。㉛的例子还说明学生不太了解某些汉语词的文化含义。"投靠"一词在教材上出现了，但没有解释，《现代汉语词典》解释为"前去依靠别人生活"。学生造出㉛那样的句子，是不懂得中国的孩子即使长大了，一般也是父母家庭中的一员，不存在"前去依靠"父母生活的情况。㉜、㉝两例，则说明学生不了解汉语词的单双音节与搭配的关系。这也可以算是语用方面的问题。

通过这些分析，可以大致看出学生学习汉语词语的某些心理过程。这里既有母语的干扰，也有不熟习目的语而导致的干扰。同时，这也提醒我们：孤立地教给学生词语是不好的，应当把词语放到句子里去，让学生在习得词义的同时就掌握词的用法。至于这些偏误现象，哪些是可以预测的，容易纠正的？哪些是不易预测和纠正的？有无系统性？这都是摆在教师面前的问题。词语方面的偏误比句法方面的偏误复杂得多，分析研究的劳动量也大得多。

重视留学生学习汉语过程中的偏误现象，随时追踪、观察、分析，我们就能逐渐掌握学生的学习心理。这既是提高对外汉语教学质量的需要，也是汉语中介语的研究工作应尽的责任。

参考文献

1　《中级汉语教程》（上、下），北京语言学院出版社，1988年。

2　鲁健骥：《中介语理论与外国人学习汉语的语音偏误分析》，《语言教学与研究》1984年第3期。

3　鲁健骥：《外国人学习汉语的词语偏误分析》，《语言教学与研究》1987年第4期。

4　Jack C. Richards：《错误分析，中介语和第二语言习得研究述评》，孙德坤译，《语言教学与研究》1990年第2期。

5　《语言学习理论研究座谈会纪要》，《语言教学与研究》1992年第4期。

6　杨海燕：《"可变语言能力模式"与"监查模式"的比较》，《外语教学与研究》1993年第1期。

成都话动态助词"过"的一个用法
——"VO 过"①

提　要　成都话的动态助词"过"除一般用法（"V 过"、"V 过 O"）等外，还可附在述宾结构后面，形成"VO 过"的语序，如"他从来没有生病过。""我好久骂你过？""VO 过"句的特点在于：在语义上，O 不是句子焦点，只是附属于 V 的成分；在语用功能上，O 常为对话双方的共知成分；在结构上，O 常为简单形式。"VO 过"前面常常有表示否定或时间的词语，构成固定格式，整个句子重在表示"V（O）过"或"没有 V（O）过"，通常带有强调、辩诘的语气。"VO 过"在成都话中正趋于消失，但它也反映了历史上"VOC"结构的遗痕，并且反映了汉语动态助词系统的某些特征。

1.1　通常，动态助词"过"分为过₁和过₂，过₁表示动作完毕，过₂表示曾经有这样的事情②。本文讨论的是过₂，以下只写为"过"。"过"前的动词如带有宾语时，在北京话乃至很多方言里，一般的语序都是"V 过 O"，如"吃过鱼"、"读过大学"，"过"都在动词后面、宾语前面。王力、陆志韦、赵元任注意到现代汉语还有"VO 过"的语序。王力（1943）举例说，"我没有告诉他过"是吴语语法，在国语要说成"我没有告诉过他"③。陆志韦

---

① 原载《中国语言学报》第四期，商务印书馆，1991 年。
② 参看参考文献 1，第 216 页。
③ 参看参考文献 2，第二章第十一节，第 158 页。

（1957）说，有的方言里能说"上你家吃饭过"，北京话不这么说①。赵元任（1968）的例子是"他从来没有错过好机会过"，但他没有说这是北京话以外的方言说法，也没有正面交代这是北京话的说法②。而不少语法著作都明确说北京话没有"VO 过"③。

1.2 成都话属西南官话，过₁和过₂的用法都跟普通话相同，"过"（即过₂）总是在动词或动补结构后面。如有宾语，"过"总在宾语前面，其一般的语序是："V 过"（看过）、"VC 过"（看完过）、"V 过 O"（看过小说）、"VC 过 O"（看完过小说）。但是，成都话另有一种"VO 过"（含"VCO 过"）的用法，如：

（1）昨天下午我（曾经）去找你过。

（2）你在哪儿见他过？

（3）我从来没有看倒（看见）你过。

例句中"（ ）"内表示可有可无的词语，"〔 〕"内表示注释。下面是书上的两个例子：

（4）由于我们不会骑马，都跌下马过，但因有人牵着，没有闹出乱子。（艾芜《南行记续篇·序言》）

（5）他这天从早上起，就一直还没有一点东西落下肚过。（《艾芜短篇小说选·暮夜行》）

1.3 上述"VO 过"句都可以说成"V 过 O"句，如（1）、（2）、（3）可以说成"昨天下午我（曾经）去找过你。""你在哪儿见过他？""我从来没

---

① 参看参考文献 3 第十四章第三节。

② 参看参考文献 4 的 §6.6，第 209 页。

③ 如刘月华等《实用现代汉语语法》（外语教学与研究出版社，1983 年，第 233 页）说："'过'总是在宾语前，'过'与动词之间可以插入结果补语、趋向补语。"吕叔湘《现代汉语八百词》也明确说"过""用在动词后"。其实，普通话的"'过'总是在宾语前"这条规则也不是绝对的，要看宾语的性质。"过"可出现在下列"VO"之后，如：a. 以形式动词作述语的述宾结构（曾经加以研究过）；b. 以谓宾动词作述语的述宾结构（曾经打算走过）；c. 某些"VO"式离合词（他曾经失业过）；d. 双宾语结构中的"动词＋间接宾语"（给他过书｜租给他过船）；e. "助动词＋动词"结构，如赵元任例："英文我会说过，可是现在忘了。"见参考文献 4 第 295 页。

有看倒过你。"可是,"V 过 O"和"VO 过"不是两种完全平行的格式。第一,"V 过 O"是占优势的说法,"VO 过"只是口语中一种残留的格式。证明是,不仅"V 过 O"比"VO 过"用得普遍,而且成都人有意识地用"过"造句时,几乎都用"V 过 O";在不注意、不自觉地说话时,才既有"V 过 O",也有"VO 过"。第二,凡"VO 过"句都可以自由换为"V 过 O"句,但"V 过 O"句并不都能自由换为"VO 过"句,这说明"VO 过"句有自己的限制。上述前人著作提到"VO 过",但未进一步分析。本文认为,分析成都话的"VO 过"或可有助于对此的探索。

2.1 成都话"VO 过"多用于强调肯定、否定、疑问的句子,大都出现在"曾经……过"、"没有……过"、"再也没有……过"、"从来没有……过"、"好久 [什么时候] ……过"等格式里。例如:

1. 表示肯定,或同时带强调语气:

(6) 这是我外婆,我小时她(曾经)带 [抚育] 我过。

(7) 我只有一次碰倒 [碰见] 他过。

(8) 刚才你就是骂他过,你不要赖账了。

(9) 以前他整 [害] 她过,这阵 [现在] 他们两个都不说话。

(10) 这个人好歪 [凶],昨天还打他老婆过。

(11) 你们咋 [怎么] 不请他喃 [呢]?

——我们(曾经)请他过,他自己不来。

(12) 肯定有人打开过门,不然这儿咋个 [怎么] 乱七八糟的?

(13) 只有他才帮我过忙。

(14) 只要教他过一回 [一次],他多久 [很久] 都记得倒 [能记住]。

(15) 我上大学的时候,他(曾经)送我过一个日记本。

2. 表示否定,或带强调、辩解语气:

(16) 那里再也没有下雪过。

(17) 他硬是再也没有生病过。

(18) 两夫妻再也没有吵架过。

（19）他这个人从来没有吃亏过。

（20）这间屋子从来没有住人过。

（21）这件衣服从来没有褪色过。

（22）我从来没有打赢他过。

（23）这些人从来没有吃饱饭过。

（24）我从来没有走路看书［走着路看书］过。

（25）他从来没有打算走过。

（26）我当真［真的］没有借他钱过。

（27）他啥子［什么］也没有答应他过。

（28）我一直坐在门口，没有看倒有人进屋过。［这个句子有两种分析，"过"可以只附在"进屋"之后，也可附在"没有看倒有人进屋"之后，都是"VO 过"结构。］

3. 表示疑问，有真正的疑问句，更常用的是带反诘语气的反问句：

（29）那件事你问他过没有？

（39）（这些金鱼）你来搞它过哇［吗］？

（31）你拿钱给他过没有？

（32）你把钥匙给他过没有？

（33）你昨天去人民商场过没有？那里在卖处理货。

（34）你走的时候喊你爷爷过没有？

（35）哪个［谁］打开箱子过？我的东西不在了。

（36）咋个［怎么］没有听倒［听见］说过？

　　　［或是"听倒说＋过"，或是"听倒＋说过"，前者是"VO 过"］

（37）她哪儿［多会儿］说她要走过？我咋个［怎么］一点点都不晓得？

（38）你不要冤枉人，我啥子［什么］时候说你坏话过？

（39）你长这么大，我们好久［什么时候］打你过，骂你过？

（40）我好久拿你报纸（来）过？① 我自己订得有报纸。

（41）你几时发现我色大胆小（来）过？（李劼人《大波》）

2.2 "VO 过"句大多表示说话人辩解、反诘的语气，从而暗示听话人已先提出某个已知命题，亦即预设听话人先知道或认为发生过某种事，而说话人对此表态。如甲对乙说"我从来没有打他过"或"我好久打他过"，这暗示乙先对甲说过"你［指甲］打过他"，所以甲加以辩解或反问。这说明对话双方有共知成分。这类句子里否定句和反问句最多，其次才是一般肯定句和疑问句，原因大约在此。反之，纯粹陈述事实而不带辩诘语气的句子，则用"V 过 O"。例如：

（42）在社会上他啥子事没干过？当过小偷，……当过工厂的临时工，……进过拘留所，打群架受伤进过医院，……表现不错受过嘉奖，事迹上过报。（曾宪国《嘉陵江边一条街》）

（43）到过厦门的人还想再去一次。

这些句子里都用"V 过 O"，而不能用"VO 过"。

2.3 "VO 过"句的语义重点是肯定"V 过"或否定"V 过"，即主要在于指出"V 过"或"没有 V 过"，而 O 在语义上只是附属于 V 的成分，它不是句义的焦点，所以它紧靠在 V 后，共同置于"过"前。这是"VO 过"得以成立的语义基础。这和"V 过 O"不同。"V 过 O"可以用对比重音或换位等手段把语义重点指向 O，也可以指向句中其他成分。例如：

（44）我看见过你，但他没有看见过你。

（45）我看见过你，但不认识你。

（46）我看见过你，但没看见过他。

---

① 例句（40）、（41）里"过"前面的"来"是与普通话的"来着"相当的助词。"来着"在普通话里只用于句末，可与"过"同现。成都话的"来"也可与"过"同现，可在"过"前，如（40）、（41）二例；也可在"过"后，如"杜月笙到成都来的一次，他［陈大爷］去拜见过来"（李劼人《天要亮了》），"我家姑娘相貌，刘家安人是见过来的"（黄吉安《鸳鸯谱》，川剧）。"过"与"来"还可以各占宾语两端，如"小弟特地进府去拜访过岳夫人来的"（黄吉安《牛皋扯旨》，川剧）。

但不能说：

    *我看见你过，但他没有看见你过。

    *我看见你过，但不认识你。

    *我看见你过，但没看见他过。

下面的句子里的 O 是说话人要说的焦点，将 O 放在句末加以强调，并带有重音。这里就用"V 过 O"，而不用" VO 过"。

（47）可惜你从来没有看见过海，海是那么大，那么深，它包藏了那么多没有人知道的秘密。（《巴金选集》第五卷改版题记）

（48）但在 1931 年以前，即在流浪期间也偷闲写过新诗和小说。（《艾芜短篇小说选·序》）

（49）（那些书）小时候我也读过一两本。（《艾芜短篇小说选》）

（50）算命先生从来没有得过他半文钱。（《艾芜短篇小说选》）

"V 过 O"的 O 还可移到句首加以强调，"VO 过"的 O 没有这个必要与可能。如：

（51）那种牛肉罐头，你吃过没有？（《艾芜短篇小说选》）

（52）至于半夜起来服侍太太老爷，那倒从来没有过。（《艾芜短篇小说选》）

2.4　我们说"VO 过"的语义重点不在 O，而在"V 过"或"没有 V 过"，可以进一步从下面几点得到证明。

第一，"VO 过"的 O 常为虚指、泛指的宾语，如上面例句里的"住人过"、"吃亏过"、"褪色过"、"吵架过"、"生病过"、"吃饱饭过"等，这些都可以说成"住过人"、"吃过亏"、"褪过色"、"吵过架"、"吃过饱饭"。可是，如果 O 是实指宾语，特别是在句中表示新信息的宾语，就只能说成"V 过 O"，不能说"VO 过"。与上面 2.1 里的句子相对照，下面的句子一般是不能成立的：

    *我昨天找孙小林过，他是我的一个朋友。

＊这间屋子从来没有住研究生过,只住本科生。

＊他很注意呼吸器官的健康,他再也没有生肺炎过。

＊你是不是看见飞碟过? 这是一种不明飞行物。

＊你上峨眉山过没有? 那是一座名山。

第二,"VO 过"的 O 常常是简单形式,很难有较长的形式。论者在谈到动词、补语、宾语三者的语序时,多认为宾语结构是否复杂化是决定它紧靠动词或远离动词的条件。这个道理似乎也可用来说明"VO 过"的 O 紧靠 V 的原因,就在于它结构简单。如 O 结构复杂,就常在"V 过"之后,或移到"V 过"之前。但这不是根本的原因,因 O 如为新知信息而非已知信息时,即使结构简单,也要用"V 过 O",不用"VO 过"("看见过飞碟")。实际的情况是,当 O 为复杂结构时,常因有修饰、限制成分而具有定指或特指的性质,这样的 O 容易成为句子的焦点,所以常用"V 过 O"句;而简短的结构在语义上常可表示概括的、一般的事物,不表示语境中某个具体的事物,或表示说话人共知而不必特地指出的事物,这些不易成为句子的焦点,所以可以用"VO 过"句。下面句子里的 O 不表示虚指、泛指,只能用"V 过 O"句:

(53) 我从来没有见过他的小花狗。

(54) 我好久打烂 [碎] 过一个瓷花瓶?

(55) 苏岳林还没有过这样的遭遇。

第三,指代词表虚指时,可以用作"VO 过"的 O,如 a 组;而指代词表疑问时要求回答问题,则不能出现在同一位置上,如 b 组。这也说明"VO 过"的 O 不是句子的焦点。

a. (56) 我从来没有惹哪个 [谁] 过。

(57) 他从来没有穿啥子 [什么] 过。

(58) 我哪儿说你啥子 [什么] 过? [反问]

b. ＊你找哪个 [谁] 过?

＊他们上街买啥子 [什么] 过?

a组也可以用"V过O"句，如"我从来没有惹过哪个"。b组的疑问词表示句义焦点，必须用"V过O"句，即必须说：

你找过哪个？

他们上街买过啥子？

第四，很多例句说明，代词"我、你、他"等都可用于"VO过"的O，而它们在语境中都实有所指，这跟上文所说O常表虚指似乎是抵牾的。可是，不言而喻，这些代词在一定的语境中，对发话人来说显然都是已知或共知的成分，不表示新信息，所以它们可以比其他词语都更适合"VO过"的O的位置。

第五，成都话的"VO过"句中，V的前面常有表示时间或否定的词语，如"曾经/没有/从来没有/再也没有/好久/哪儿［多会儿］/啥子［什么］时候"等等。它们与"过"前后呼应，形成固定格式，表示强调"V过"或"没有V过"的语气。当O在语义上处于弱势而依附于V时，这些固定格式就把整个VO关拦在内，句子的重音常常也是落在这些表示时间或否定的词语上面。这也可以说明，何以"VO过"都是处于结构上被包含的位置，而从不处于绝对位置，例如可以单说"吃过鱼｜见过你｜找过他"（如回答问题），但不能单说"吃鱼过｜见你过｜找他过"。因为后者不能表现肯定或否定"V过"这种动态的强调语气，失去了存在的必要性。

2.5　成都话"VO过"句有上述特点，但绝不是凡有上述特点时一定要用"VO过"。事实上，很多时候，即使O表示虚指或是已知，仍用"V过O"。总的说来，"VO过"是口语中一种弱势的形式，远不如"V过O"活跃。它引起我们的注意，是因为它可能是一种历史现象的遗痕。前人多已研究出，VCO（动词+补语+宾语）的语序是由VOC发展而来。"V过"本是述补结构。例如，吕叔湘曾举例——"当其在时，事有不是者，未尝放我过"（《隋唐嘉话》），认为"放我过"是"VOC"式，"过"是结动词[①]。近

[①]　参看参考文献5。

代汉语中,"过"逐渐虚化,"V 过 O"语序已确立,但早期白话作品还有
"VO 过"的用例①。如:

(59)岂知渐渐有人晓得他曾做仆射过的。(凌濛初《拍案惊奇》第 22
卷)

(60)养娘道:我又不是不曾担水过的,两只手也会烧火。(冯梦龙《醒
世恒言》第 1 卷)

(61)还亲自受他恩惠过的。(《李笠翁小说十五种》)

这种用法在现在的普通话里已经消失了,但在某些方言如成都话里还留
有痕迹,这可能是由于它派上了特别的用场,具有上述语义基础和语用功能
的结果。当然,"V 过 O"也能通过其他手段表达同样的语义特点和语用功
能。为了语言的经济,"VO 过"在成都话里也正趋于消失,向"V 过 O"
靠拢。

3.0 余论 综合观察现代汉语动态的标记,语法学界对"了、着、过"
的认识都越来越深入,不但分化出了$了_1$和$了_2$,近年来还分化出了$着_1$和$着_2$②、
$过_1$和$过_2$。这些标记的功能和语义都表现为一种不对称状态,这不免削弱了
它们的系统性;但如果把各方言里这些标记的用法放在一起研究,就能看出
它们在不对称的状态中又有某些一致的、平行的地方,从而体现了汉语形态
的某些特征。其中一个特征便是:"了、着、过"不但可以直接附在动词之
后,还可以附在词组之后,包括附在 VO 之后。$了_2$是语气助词,固然可附
在 VO 之后,即便动态助词$了_1$也未尝没有这种用法。如成都话中"你吃饭

---

① 参看参考文献 6。

② 一种说法认为,$着_1$表示动作的进行态,$着_2$表示动作或其结果的持续状态;此外,一些方言
里还有一个"着",是常在句末的助词,表示动作先发生,姑且称为$着_3$。如:a. "吃点儿茶着"(见
曹耘:《金华方言的句法特点》,《中国语文》1988 年第 4 期);b. "干完活着再走"(见王晖:《山东
临朐话的助词"着"》,《中国语文》1991 年第 2 期);C. "看完新闻联播着,衣服等下儿洗"(见张林
林:《九江话里的"着"》,《中国语文》1991 年第 5 期);d. 成都话也有个 $[to^{55}]$,相当于$着_3$,如
"我先喝口水 $[to^{55}]$,马上就去。吕叔湘曾称这种"着(著)"为"殿句之著,其用在助句之语气
者"(见《释〈景德传灯录〉中在、著二助词》,载《汉语语法论文集》,科学出版社,1955 年)。以
上说明$着_3$可以自由地附在 VO 后。

了没有?""哪个亏待你了吗?"完全与"你吃了饭没有?""哪个亏待了你吗?"平行①。在一些方言里,着₁和着₂也可以附在 VO 之后②。可见,"了、着、过"的附着面都比较广泛,并不限于单个动词之后。这正体现了"了、着、过"功能上的一致性。这方面既有历史轨迹,又有方言佐证。所以,分析方言语法有助于宏观地把握汉语动态的范畴。

说明:本文部分口语例句为成都籍同志肖娅曼、叶南提供,谨致谢意。书页材料来源于艾芜《南行记续篇》(人民文学出版社)、《艾芜短篇小说选》(人民文学出版社)、《李劼人选集》第二卷上册《大波》第一部(四川人民出版社)、《巴金选集》第五卷(四川人民出版社)、曾宪国《嘉陵江边一条街》(重庆出版社)。

参考文献

1 吕叔湘主编:《现代汉语八百词》,商务印书馆,1980 年。

2 王力:《中国现代语法》(1943)上册,中华书局,1943 年。

3 陆志韦等:《汉语的构词法》,科学出版社,1957 年。

4 赵元任:《汉语口语语法》(1968)中译本,商务印书馆,1979 年。

5 吕叔湘:《与动词后得与不有关之语序问题》(1944),载《汉语语法论文集》,科学出版社,1955 年。

6 唐韵:《近代汉语的"述+宾+补"结构》,《四川师范学院学报》(哲学社会科学版)1991 年第 2 期。

---

① 近来有文章也指出普通话的"你吃饭了没有?"的"了"是了₁。见卢英顺《谈谈"了₁"和"了₂"的区别方法》,《中国语文》1991 年第 4 期。

② 着₁、着₂在方言中也有附在 VO 后的例子。A. A. 龙果夫曾指出:白话和热河或河北方言里,"着"始终跟动词结合,如"还吃着饭呢";而陕西、甘肃方言里,"着呢"作为整个谓语的构形成分,如"还吃饭着呢"、"他看报着呢"。(见 A. A. 龙果夫:《现代汉语语法研究》§13.3,科学出版社,1958 年。)这当是指表进行态的着₁。最新的报道说明,表持续的着₂也可附在 VO 之后,如"椅拢放口面咧"。惠安话的"咧"相当于普通话表示持续的"着"。(见陈法今:《福建惠安话的动态助词"者、睐、咧"》,《中国语文》1991 年第 5 期。)

成都话里虚化的"得"[①]

引　子

在成都话里,"得"$[te^{21}]$是一个使用频率很高的词汇单位,分别用为动词、助动词、结构助词、语气助词以及复合词的语素,大致有以下几种情况:

(1) 得了一顿批评｜你得了奖杯没有?——得了。

(2) 你同意我才得放你走｜我不得放你走。

(3) 熟鸡蛋才吃得,生鸡蛋吃不得。

(4) 高得很｜长得白生生的。

(5) 写得好。

(6) 认得｜晓得。

(7) 桌子上放起书得｜外头在下雨得。

(8) 这种花布才好看得｜他不肯说得。

(一) 以上(7)、(8)的"得"是句末语气助词,另有来源,我们已另撰有文字讨论[②],本文不涉及。(2)至(6)的"得"都是从(1)的动词意

---

① 原载胡明扬主编、饶长溶副主编:《汉语方言体貌论文集》,江苏教育出版社,1996年。

② 张清源:《成都话中的语气助词"得(在、嘞)"》,《四川大学学报丛刊》第二十二辑《汉语论丛》,1983年。

义用法演变而来。作为动词的"得",即（1），也不在本文讨论之列。本文只讨论半虚化和虚化的"得",即（2）、（3）、（4）、（5）几种用法。它们的基本形式虽然在普通话里也不同程度地存在,但在成都话里,这几种用法在句式变化方面、所表示的语义方面、所结合的类别方面以及某些词的变体方面,都有自己的特点。其次,我们还可借此看到,成都话的"得"的这几种用法,大体上保留了汉语不同时期"得"的用法,也就是说,大体上从侧面反映了"得"的虚化过程。至于（6）,主要是构词法问题,必要时也顺便涉及。

（二）正文中的符号:

V 表示动词,有时也表示形容词,其区别可从例句本身看出。V 有时实际上也代表谓词性词组,即 VP,为简便起见,都写作 V。O 和 C 分别代表宾语和补语。例句前的? 表示该句的成立可疑,＊表示不成立。词语后面［　］里的汉字表示普通话的释义,（　）里面的汉字表示可有可无的成分。

一　得 V｜不得 V

a　（1）手续办好了才得走｜手续没办好不得走

（2）吃了脏东西就得生病｜不吃脏东西不得生病

（3）七月间才得放假｜五月间不得放假

（4）太阳大,衣服才得干｜太阳不大,衣服不得干

（5）这么做就得拐［错］,那么做就不得拐。

b　（6）东西不贵,我才得买｜东西太贵,我不得买

（7）事情不汤水［麻烦］,我才得干｜事情汤水很了［太麻烦］,我不得干

（8）过几天我才得去找你｜这几天我还不得去找你

（9）他认错,我才得理他｜他不认错,我不得理他

（10）你答应我的条件,我才得走｜你不答应我的条件,我不得走

（一）得 V｜不得 V 表示两种语义：a 式表示客观条件的可能性，有"会"、"能"的意思；b 式表示主观的意愿，有"愿"、"肯"的意思。a 式中的 V 可以是自主动词，如（1）；也可以是非自主动词，如（2）、（3）；还可以是形容词，如（4）、（5）。b 式中的 V 主要是自主动词。所以，"明天我才得走，今天我不得走"既可表示客观的可能性，即"明天我才会走，今天我不会走"；也可以表示主观的意愿，即"明天我才肯走，今天我不肯走"。普通话里有 a 式的"得 V"的用法，如"快点走吧，要不然得迟到了"，但没有"不得 V"的用法，而要说"不会 V"；也没有 b 式的用法，而要说"肯V/不肯 V"。普通话还有一个"得"děi，表示"必须、应该"，如"你得好好照顾孩子"，成都话的"得"无此用法。普通话还有"十二点以后才得休息"、"不得随地乱扔果皮"这样的用法，"得"是"容许"的意思，成都话不用"得 V"、"不得"的形式来表示（见下文第二节）。

（二）"得 V"的正反问形式是：

1. 得 V 不得 V？例如：

　　你得走不得走？｜你得同意不得同意？｜你得去找他不得去找他？

2. 得不得 V？例如：

　　你得不得走？｜你得不得同意？｜你得不得去找他？

3. 得 V 不？例如：

　　你得走不？｜你得同意不？｜你得去找他不？

2 和 3 是 1 的简式，也是最常用的形式，特别是当"得"后面的结构较长时，更不用 1 式。如说："你得不得请他来吃饭？""你得请他来吃饭不？"而没有"你得请他来吃饭不得请他来吃饭？"

（三）有几点需要说明：

第一，在正反问形式里，"得"可以重叠为"得不得"，这表示"得"有一定的独立性，但是，"得"一般不能单说，而"不得"可以。如在答问时："得不得下雨？"——"不得"。如果答话是肯定的，不说"——得"，而说"——要"（但也不排除个别单说的情况）。这既可适用于 a 式，也可适用于b 式。

第二，"得 V"一般使用不自由，只有扩展后使用才自由（如"才得V"、"就得 V"、"不得 V"、"得 V 不?"、"得不得 V?"），只是有时在答话中可以单说，如："他的病得不得好?"——"得好"。

第三，虽然"得"的语义很清楚，但是"得 V/不得 V"还可以和别的表示意愿、估计的词同用，如"我可能不得走"、"耽怕［恐怕］得下雨"、"他的话该不得假?"、"总不得上当?"。这里已透露出"得/不得"表示的语义已开始"磨损"，需要别的词语来加强表意。

（四）"得"可以以正反形式重叠，可以受副词修饰，总是位于 V 前，和现代汉语中一般的助动词的用法一致；但"得"不能单说，"得 V"也很少单说，这说明"得"的虚化程度超过了"能、会、肯"等助动词；我们却仍把它划归助动词。

二　V 得｜V 不得

a　（1）山里没得［没有］老虎，我们去得｜那里有危险，我们去不得

（2）这个工作你抓紧得，放松不得。

（3）今天天气好，出去耍［玩儿］得｜今天天气不好，出去耍不得

（4）木头脑壳［头］打得｜娃娃脑壳打不得

（5）这些事情安排得｜那些事情安排不得

（6）买桔子大得，小不得｜轻也轻不得，重也重不得

（7）大方得，小气不得。

b　（8）老先生好睡得哟｜老先生睡不得

（9）你硬是［真是］写得，一天写十页｜他写不得，一天写半页

（10）他娃娃读书读得｜我娃娃吃饭吃不得

（11）这几年我勉强过［过日子］得。

（12）这支笔好用得｜这个书包装得

c　（13）时间不早了，走得了。

（14）你该起来得了。

（15）饭煮好了，吃得了。

（一）a 式表示客观条件的容许或必要性。"去得"就是"能去"、"可以去"。"去不得"就是"不能去"、"不可以去"。"工作你抓紧得，放松不得"，就是"工作必须抓紧，不能放松"。b 式也表示"能 V"或"不能 V"，但指的是人或事物能力的强弱大小。"睡得"就是"睡眠好"、"睡得多"。"睡不得"就是"睡眠不好"、"睡得少"。"读得"就是"读书能力强"、"读得好"。"吃不得"就是"食欲差"、"吃得少"。例（12）的"用得"、"装得"就是"用得久、禁用"、"装得多、禁装"，但否定式不是"用不得"、"装不得"，而是"不禁用，用不倒［了］多久"、"不禁装，装不倒多少"。b 式中 V 的前面还可以有表程度的词语，如"好"、"硬是"、"勉强"等。c 式表示"应该、必须"的意思，"V 得"后面必用"了"，用于规劝、提醒别人"到 V 的时候了，应该 V 了"。如"走得了"就是"到走的时候了，应该走了"。c 式的否定式不是"V 不得了"，而是"还 V 不得"，如"饭还没熟，还吃不得"、"时候还早，还起来不得"。

a、b、c 三式的 V 都可以表示主动意义，如（1）、（2）、（3）、（8）、（9）、（10）、（11）、（13）、（14），也可以表示被动意义，如（4）、（5）、（12）、（15）。"老王批评得"既可指"老王可以被批评"，也可指"老王可以批评别人"。三式的 V 既可以是单音的，也可以是双音的，a 式还可以是形容词，如（6）、（7）。

（二）a、b、c 三式的"V 得"、"V 不得"后面都可以带宾语，形成"V 得 O"或"V 不得 O"的形式，如"打得木头脑壳，打不得娃娃脑壳"、"这个钱打得酱油打不得醋"、"你娃娃读得书"、"我娃娃吃不得饭"、"到时间了，吃得饭了"、"起得床了"。只有在个别情况下，才有"VO 得"、"VO 不得"，如："批评他得不？""打你不得？""批评他不得？"这多半是疑问句，宾语常常是人称代词，句子有较强的反问语气。"V 得"、"V 不得"后面没有补语。带补语的形式见下文第三、四节。

（三）a、b、c 三式都有相同的正反问形式：

1. V 得（O）V 不得（O）？例如：

去得去不得？｜安排得安排不得？｜读得（书）读不得（书）？｜吃得吃不得（饭）了？

2. V 不 V 得（O）？例如：

去不去得？｜安排不安排得？｜读不读得（书）？｜吃不吃得（饭）了？

3. V 得（O）不？例如：

去得不？｜安排得不？｜读得（书）不？｜吃得（饭）了不？

2 和 3 是 1 的简式，都比 1 常用。2 式的重叠限于动词部分，与第一节的"得不得 V？"重叠"得"的形式不同。

（四）V 后面的这个"得"、"不得"都不能单说，一定要和 V 连在一起才能单说，如"去不去得？"——"去得"或"去不得"。这和第一节的"得"、"不得"不同，而是更加虚化；但是虚化并不彻底，b 式的"V 得"既可扩展为"V 不得"，又可扩展为"V 不大得"、"V 不多一得"，如"读不大得（书）"、"（书）读不多一得"都是"不大能读（书）"、"读书能力不大强"之意。

（五）"得/不得"可以插在某些动宾式复合词中间，造成"V 得 O"、"V 不得 O"的句法结构，如"动手"——"动得手、动不得手"，"生气"——"生得气、生不得气"。其他如"下台［摆脱困难、窘况］、歇凉［乘凉］、打赌、造谣、打架、对质"等等都可以为"得/不得"所扩展。

如果是动结式或动趋式复合动词，则有两种扩展形式。一种是将"得"插在复合词中间，构成"V 得 C"，如"打倒"——"打得倒"、"出去"——"出得去"，这种形式在下文第三节讨论。另一种是在动词后面加"得/不得"，如"打得倒，打倒不得"、"出去得、出去不得"，这也正是本节所讨论的"V 得"、"V 不得"。

有些"V得"不是句法结构，而是双音节词，其中"得"与上述"得"不一定同性质。如"要得、使得、值得、认得、免得、顾得、舍得"也可以有"V不得"的否定形式和"V不V得"的正反问形式，还有否定的强调式"V都V不得"。例如：

值得　值不得　值不值得　值都值不得

舍得　舍不得　舍不舍得　舍都舍不得

认得　认不得　认不认得　认都认不得

但"晓得"没有"晓不得"的形式，只有"不晓得"。"值得"也可以说"不值得"。

成都话这种用"得"或"不"把复合词扩展为句法结构，特别是正反问的现象很常见，几乎不说"舍得不舍得"、"认得不认得"，而总是正反重叠前一个动词语素。

有些词只有"V得"，没有其他形式，如"亏得［幸亏］、喜得［幸而］、懒得、难得"；有些词只有"V不得"，如"怪不得、见不得［嫌弃］、巴不得［恨不得］"，后两个词也可以说强调式——"见都见不得"、"巴都巴不得"。"难怪得"就是"怪不得"，不是"怪不得"的肯定式。

（六）第二节的"得"和第一节的"得"在语义上有密切的关系。论者多认为，"V得"就是"得V"移位而来①。所以，有些学者称"得"为"助动词"②，或因它位于动词后而称为"后助动词"③。朱德熙称它是动词，认为"说得"应该是"说得₁得₂"，与"说不得₂"相对；"得₁"是个助词，得₂是动词，"说得₂"是"说得₁得₂"省去助词的结果④。这个论点已为某些方

---

① 见吕叔湘：《与动词后得与不有关之词序问题》，载《汉语语法论文集》，科学出版社，1955年；王力：《汉语语法史》，商务印书馆，1989年，第245页；［日］太田辰夫：《中国语历史文法》，蒋绍愚、徐昌华译，北京大学出版社，1987年，第215－216页；王绍新：《"得"的语义、语法作用衍变》，《语文研究》1985年第1期。

② 见前注引王力、王绍新文。

③ 见前注引太田辰夫书。又见饶长溶：《长汀话表可能的"V得"组合》，第六届全国语言学年会论文。

④ 见朱德熙：《语法讲义》，商务印书馆，1982年，第133页。

言所证实①。还有一些论著认为"V 得"的"得"和"V 得 C"的"得"一样，都是结构助词②。就成都话而言，"V 得"的"得"虽然是定位的，不能单说，但是，"V 得"中间可以有两种以上的扩展方式，并且"得"还保留着比较实在的语义。所以，我们最好承认这个"得"是个半自由的动词，至少是后置的助动词，而不宜把它称为助词。此外，一般语法书把"V 得"、"V 不得"都析为述补结构。如"得"是助词，是没有资格作补语的。

三　V 得 C｜V 得不 C

（1）花生炒得脆崩崩的。

（2）鸡蛋打得稀巴烂［稀烂］。

（3）屋头［里］收拾得巴巴适适［妥贴］的。

（4）把我说得心上心下［忐忑不安］的。

（5）又要马儿跑得好，又要马儿不吃草。

（6）李家姑娘生［长］得好，她妈老汉儿［爹娘］也教得好。

（7）听他冲壳子［吹牛］听得厌烦。

（8）弄得连屋都不敢落［落屋：回家］。

（9）脸红得呀，像关公。

（10）这个娃娃千烦［淘气］得很。

（11）把她吓得——！

（12）你看你闹得——！

（一）这一类"得"介于 V 和 C 之间，补语后面没有 V 的宾语。补语虽然有时候可以说表示程度，如（9）、（10），但主要表示情态。V 可以是形容词，如（9）、（10），或动词（其他例句）；C 可以是形容词生动式，如（1）、（2）、（3），也可以是形容词基本形式，如（5）、（6）、（7），也可以是动词词

---

① 见刘长虹：《江陵方言语法特点的研究》，四川大学中文系硕士毕业论文，1994 年，未刊稿。文中说：普通话的"说得"、"说不得"，江陵方言为"说嗒得"、"说不得"。"嗒"为结构助词，与普通话"说得好"的"得"相当。"说嗒得"正是"说得₁得₂"。

② 见吕叔湘主编：《现代汉语八百词》，商务印书馆，1980 年，第 142 页。

组,如(4)、(8)、(9),或个别副词,如(10)。"得"的后面可以有停顿,如(9),还可省去补语,如(11)、(12),因此,在结构层次上,"得"靠V而不靠C。

如果V有受事,必须放到"V得"前面去,或作为受事主语,如(1)、(2)、(3),或者作为介词宾语,如(4)、(11),或者重叠V,把受事放在第一个V之后,如"炒花生炒得脆崩崩的"。"V得C"、"V得不C"之所以没有宾语,可能是因为C常常有较长的音节,容纳不下宾语,但更主要的,有没有宾语是第三节同第四节的重要差别之一。所以,即使这里的补语很短,也不能带宾语,如(6),假如有宾语,就成了"妈老汉儿教得好她",这个"教得好"就成了表示可能补语的得,而不是表示状态补语的得。

(二)C的长短和性质决定了"V得C"有没有对应的否定形式和正反问形式。只有当C是形容词基本式时,才有对应的各种形式。如:

1. V得C 教得好 听得厌烦 炒得脆崩崩的。

2. V得不C 教得不好 听得不厌烦 *炒得不脆崩崩的。

3. V得C V不C? 教得好教不好? *听得厌烦听不厌烦? *炒得脆崩崩炒不脆崩崩?

4. V得C不C? 教得好不好? 听得厌烦不厌烦?(或:听得厌不厌烦?) *炒得脆崩崩不脆崩崩?

5. V得C不? 教得好不? 听得厌烦不? *炒得脆崩崩不?

当C是形容词生动式时,使用否定式和正反形式时,必须把生动式还原为基本式,如"炒得不脆"、"炒得脆不脆?"、"炒得脆不?"。或用"没有"表示否定,如"没有炒得脆崩崩的"。或用"是不是"表示正反问,如"是不是炒得脆崩崩的?"

成都话常常违反词语自主规律,将双音节词拆散,变为词组形式。这在使用正反问形式时非常多见。如:"洗得干不干净?""说得轻不轻巧〔容易〕?""做得利不利索?""写得清不清楚?""耍得自不自在?""打扮得花不花哨?""你看他想得糊不糊涂?"

4. 正反问形式"V得C不C"重叠的是补语部分,可以从旁证明"V

"得 C"的语义重点不在 V，而在 C。

（三）与第二节的"V 得"不同，这个"V 得 C"的"V 得"中间不能用"不"扩展，"V 得"不能单用，必须带上 C（有意识地说半截话例外，如（11）、（12）），更不能单说。这个"得"对 V 的依附性较第一节和第二节的"得"更强，这和普通话一样。普遍的看法是：它是一个结构助词[①]。

（四）这个"得"在成都话里有几个常用的变体：/得来/、/得个/、/个/。这几个变体都可以引进状态补语或程度补语，例如：

（1）醉得来东倒西歪。

（2）羞得来脸没处搁 ［没地方放］。

（3）懒得来像头猪。

（4）饱得来爬都爬不动。

（5）变得来我都认不倒了 ［不认识了］。

（6）逼得来不好 ［生病］了。

（7）唱得来忘乎所以。

（8）装 ［假扮］得来像个皇帝。

（9）瘦得来只剩一张皮。

（10）矮得来只有桌子高。

成都话另有一个"V 得来"，是带可能补语的结构，可带宾语，如"说得来普通话"（见下文第四节）。

"得来"前面的 V 可以是状态动词，如（1）、（2）、（3）、（4）；可以是动作动词，如（5）、（6）、（7）、（8）；可以是形容词，如（9）、（10）。"得来"使用的限制是：C 必须是形容词生动式或词组，偶尔有双音词能作这样的补语，如"说得来轻巧"，但一般不能是单词，尤其不能是单音词。所以，第三节里的（5）、（6）、（7）、（10）各例的"得"不能换为"得来"。下面是"V 来 C"、"V 得个 C"的例子：

---

① 但是，朱德熙认为引进状态补语的"得"是个动词后缀，与引进可能补语的"得"作为独立的、中置的助词不同。见朱德熙：《语法讲义》，商务印书馆，1982 年，第 125 页。

(11) 大家都吵来睡不着。

(12) 河沟沟头的水涨来打齐磕膝头儿［河沟里的水涨得有膝盖高］。

(13) 他一听，顿时气来木起［呆着、发呆］。

(14) 把一窝小鸡养来会叫会跳。

(15) 你不要坐来跟我们挨倒［靠着］，坐远些。

(16) 打得个鸡飞狗跳。

(17) 跑得个气都出不赢［喘不过气］。

(18) 拍得个手板心［手心］都红了。

(19) 说得个一清二楚。

状态补语可以大概分为两类：a 类一般用以描写、陈述句子里的各种相关成分，如动词（"说得一清二楚"）、主语（"他醉得东倒西歪"、"花生炒得脆崩崩的"）、宾语（"骂得他哭哭啼啼的"、"把他说得心上心下的"）等，这一类补语都是复杂的，由各种词组、熟语或形容词生动式构成；b 类则是对 V 表示的动作、性质作出评价或判断，如"跑得快"、"教得很好"、"千烦得很"，这一类补语都由单个的词或简短的词组构成。这两类状态补语前都可以用"得"，但只有表示描写、陈述的语义的状态补语才可以用"得来/来/得个"，因此，（1）至（10）的"得来"句、（11）至（15）的"来"字句、（16）至（19）的"得个"句，补语都是比较复杂的；也因此，"得来/来/得个"不能构成正反问形式。

如果从语义上再细分，状态补语内部还可分出表示程度的补语，虽然状物写态和描写程度的界限并不分明。但相对来说，"得来"、"来"更常用在一般描写状态的补语之前，"得个"更常用在描写程度的补语之前。

有学者说带状态补语的句子的语境背景是：状态补语所要评价、判断或描写的是已经发生或正在发生的动作或事件以及与此动作或事件相关的人或物①。这个观点在成都话里可以得到印证："得来/得个/来"都不能用于祈使

---

① 鲁健骥：《状态补语的语境背景及其他》，《语言教学与研究》1992 年第 1 期。

句，不能表示未然态，而只能表示已然态，包括想象中的已然态。

（五）成都话状态补语前还有个助词"个"，例如：

（1）笑个不歇气

（2）打个半死

（3）说个一清二楚

这几个例句中的"个"都可以换为"得"，也可以换为"得来/来/得个"。但是，这种句子有时可用于表示未然的情况，如在祈使句中："你跟我说个一清二楚，不说清楚脱不倒［了］手！""你把它打个半死！"此时，绝不能将"个"换为"得来/来/得个"。我们认为：在 V 后面有两个"个"，一个是引进补语的结构助词，一个是量词；量词"个"前面的 V 可带"了"，"个"前可加"一"，如"打了个半死"、"打了一个半死"；"个"还可以后接单音节词，如"哭个够"、"吃个饱"。正由于助词"个"与量词"个"容易造成歧义，所以成都话很少说助词"个"。助词"个"也不能构成正反问形式。

四　V 得 C（O）│V 不 C（O）

C 表示可能补语，形式和普通话一样。有两种情况：一种"V 得 C│V 不 C"是自由词组，如 a 式；一种是在熟语性的述补结构（包括动结式和动趋式的短语及复合词）中间插入"得"或"不"，如 b 式。

a　（1）李老师教得好，马老师教不好。

（2）坐近点看得清楚，坐远点看不清楚。

（3）自行车走得远，两条腿杆［腿］走不远。

（4）天晴衣服就晾得干，天雨晾不干。

b　（5）这盆水我端得动，那盆水端不动。

（6）啥子事都要想得过［开］，不要想不过寻短见。

（7）这种手表我买得起，那种买不起。

（8）不吃茶睡得着，吃了茶睡不着。

（9）要发愤才提得高水平，不发愤提不高水平。

（10）你回得来就回来，回不来就算了。

在 b 式里又有两种情况。一种是只有"V 得 C"、"V 不 C"，没有相应的"VC"，如（5）、（6）、（7）没有"端动、想过、买起"的说法，但这种"V 得 C"、"V 不 C"与"对得起"、"对不起"等固定的复合词不同，这一类用法可以临时自由产生，所以，也划入句法结构。另一种有相应的"VC"，如（8）、（9）、（10）有"睡着、提高、回来"。

（一）凡表示"能 V"、"不能 V"的意思，成都话差不多都用"V 得C"、"V 不 C"的形式来说，只要语义允许，V 的种类几乎没有限制，所以，这种形式使用频度很高。b 式是一种半成品的组合，成都话中也并不少见。常见的 C 有（每个 C 可能不止一种意义）：

倒：听得倒　拿得倒　管得倒

起：买得起　看得起　挑得起

下：放得下　坐得下　挤得下

过：气得过　想得过　打得过

来：做得来　吃得来　说得来

脱：说得脱　跑得脱　摆得脱

着：划得着　睡得着　买得着

住：坐得住　稳得住　挡得住

赢：搞得赢　说得赢　打得赢

开：想得开　看得开　吃得开

惯：住得惯　要得惯　吃得惯

成：走得成　谈得成　要得成

起走：做得起走　飞得起走　写得起走

起去：拿得起去　端得起去　抬得起去

以上只举"V 得 C"为例，"V 不 C"从略。

（二）"V 得 C"、"V 不 C"两端都可以扩展。首先是可带宾语，构成

"V得CO"、"V不CO"，这和第三节的"V得C"、"V得不C"有显著的差别。如：说得出口｜说得来相声｜买不起这么贵的东西｜住不来有空调的房子。

一些动宾式复合词也可以拆开这么说。例如：

成器——成得/不倒器

对质——对得/不倒质

起身——起得/不倒身

放心——放得/不下心

游泳——游得/不倒泳

团圆——团得/不倒圆

"V得C"、"V不C"的前面也可带上助动词。如：他可能买得起房子｜我该打得赢小马｜你不会拿不出手｜可以吃得饱。

"V不C"的中间可以用"大"扩展，构成"V不大C"，表示"不怎么能V"。如：买不大起房子｜说不大来英语｜声气［声音］小了，我听不大倒｜他没啥子地位，说不大起话。"V得C"不能这样扩展。

（三）"V得C"、"V不C"的正反问形式可以是"V得CV不C?"但常说的是音节较少的简式"V不V得C?"和"V得C不?"。例如：

教不教得好？　教得好不？

看不看得清楚？　看得清楚不？

如果"VC"、"V得C"、"V不C"、"VO"原来就是复合词，也常用简式。例如：

离不离得开？　离得开不？

推不推得翻？　推得翻不？

对不对得起？　对得起不？

吃不吃得消？　吃得消不？

成不成得倒器？　成得倒器不？

放不放得下心？　放得下心不？

其中，"V 不 V 得 C（O)?"是以肯定、否定形式重叠 V，与第三节的"V 得 C 不 C?"形成对比，恰好说明：第三节"V 得 C"的语义重心在 C 部分，而第四节"V 得 C"的语义重心在 V 部分。

（四）第四节的"V 得"不能脱离 C 而单说，也不能用"V 得怎么样"提问。"得"既不属于 V，也不属于 C，所以和第三节的"得"不同。这一点，成都话和普通话都一样。普通话的这个"得"和"不"，赵元任将其析为中缀，朱德熙析为独立的助词，这种分析有一定的道理。成都话的这类结构和北京话大体一致，我们认为可以把这个"得"划归引进补语的结构助词，与第三节的"得"同类，但有差别。

五　V 得有（O）

书面语说"桌子两旁各放有一张椅子"、"书上写有几个字"。成都口语与"V 有"相应的形式是"V 得有"。例如：

（1）身上带得有零钱。

（2）摊摊［摊儿］上摆得有苹果。

（3）我们买得有酒。

（4）我妈说得有两句话。

（5）屋里睡得有人。

（6）门口坐得有一个老汉儿［老头儿］。

（7）苹果我们买得有两斤。

（8）这道题做得有一个钟头。

（9）准备得有水果、茶点。

（10）安排得有文娱节目招待客人。

（11）派人联系得有面包车去旅游。

（12）鱼、肉我们都买得有。

（13）你们买得有鱼不？——买得有。

（14）吃得有了，够了，不吃了。

（一）"V 得有"是一种表示动作行为的已然态的结构，确指动作行为的结果或效用继续存在。因为既然动作行为已有了结果和效用，就意味着 V 表示的动作行为已实现。

"V 得有"一般都有宾语，如（5）、（6）是施事宾语，（7）、（8）是数量宾语，其余句子是受事宾语。例（12）、（13）、（14）的分析另见下文。V 可以是静态动词，如（1）、（2）、（5）、（6）；可以是动态动词，如（3）、（4）。V 可以是单音节词，也可以是双音节词，如（9）、（10）、（11）。"V 得有"可以在连动式或兼语式里使用，如（10）、（11）。

"V 得有"不是表示 V 的状态，而是肯定 V 的结果或效用的存在，如"买得有鱼"，"睡得有人"，重点乃在"有鱼"、"有人"，而不是"买"、"睡"。只要 V 表示的动作行为已实现，而不问动作行为是否完成。如："买得有鱼"，"买"的动作已完成，但"鱼"还存在；"带得有钱"，"带"的行为还在继续，并未完成，"钱"也还存在。"买得有两斤"、"做得有一个钟头"，确指的是"买"、"做"的数量，即"两斤"、"一个钟头"，而不是肯定"买"、"做"。

"V 得有（O)"和第三节的"V 得 C"、"V 得不 C"有相似的一面，即语义重点都在 V 后面的成分，但一个强调的是宾语，一个强调的是补语。

（二）"V 得有（O)"的变化形式是：

a　否定式：没有 V 得有（O），如：没有买得有鱼。

b　正反问式：

　　1. V 得有没有（O)?　　　　　如：买得有没有（鱼）?

　　　或　V 得有没得（O)?　　　如：买得有没得（鱼）?

　　2. V 得有（O）没有?　　　　如：买得有（鱼）没有?

　　　或　V 得有（O）没得?　　　如：买得有（鱼）没得?

　　3. V 得有（O）不?　　　　　如：买得有（鱼）不?

从正反问形式里可以看出"有"的提问形式："有没有鱼?""有没得鱼?"

"有鱼没有?""有鱼没得?""有鱼不?"这说明"有"尚保留了它作为一般动词("具有、存在")的用法。在答问时,也可说"V得有",或只说"有"。

但是,一般的情况是:"V得有"是一个整体,如(12)"鱼、肉我们都买得有",不能说成"有鱼、肉我们都买得"。例(13)、(14)也说明"V得有"可以脱离宾语,但它本身不能拆散。此外,"得"、"有"之间不能扩展,如不能说"V得没有"、"V得不大有"之类。

(三)"V得有O"的结构层次可以是"V得有"+O,也可以是"V得"+"有O"。照前一种分析法,"有"是"V得"的补语,"V得有"也是一种"V得C",再带上O。如照后一种分析,"有O"是一种述宾结构,作"V得"的补语,即整个"V得有O"是一种"V得C"。从语义上看,两种分析都有道理。若从节律方面考虑,则以前一种分析为宜,即"V得有"+O。

(四)"V得有O"的语义有时和"V了O"或"V起〔着〕在〔呢〕"①相近。试比较:

a　我买得有鱼　　　　　b　我买了鱼　　　　　c　*买起鱼在

石头上刻得有字　　　　石头上刻了字　　　　石头上刻起字在

a、b、c都表示V的动作行为已实现,但b式动作的结果("鱼"、"字")不一定还持续存在,而a、c两式则表示"鱼"、"字"尚持续存在。但a、c两式也有差别:c式的V常限于静态动词("坐"、"睡"等),或既有动态义也有静态义的动词("刻"、"写"等),而不能是动态动词("说"、"买"等);a式的V无以上限制,只要是语义上表示"结果"的动词都可用于a式。这是因为c式是成都话表示静止持续态的形式,而a式是表示动作结果存在的形式。因此,a跟b、c不是同型的结构,b的"了"、c的"起"是动态助词,a的"得"或"得有"不是动态助词。"得"实际上还保留了"获得、得到"的意义,"有"也还保留着"具有、存在"的意义,"得有"总是连在一起,共同置于V后面,不能单说,中间不能扩展。为描写和归纳的简洁起

---

① 见张清源:《成都话的动态助词"倒"和"起"》,载《中国语言学报》第四期,商务印书馆,1991年。

见，我们把这个"得"也析为引进补语的结构助词，与第三、第四节的"得"作为不同的小类。

六　小　结

尽管以上各节的"得"性质不同，但在组合上，各种"得"字结构有某些相通之处。首先，除第一节的"得"前置于 V 外，其他的"得"都后置于 V，即构成"V 得——"；其次，在正反问的简式方面，第二节与第四节有共同处，第三节与第五节有共同处。

	A	B
第二节	V 不 V 得（O）？ 写不写得小说？	V 得（O）不？ 写得小说不？
第三节	V 得 C 不 C？ 写得好不好？	V 得 C 不？ 写得好不？
第四节	V 不 V 得 C（O）？ 写不写得好小说？	V 得 C（O）不？ 写得好（小说）不？
第五节	V 得有没有（O）？ 写得有没有（小说）？ V 得有（O）没有？ 写得有（小说）没有？	V 得有（O）不？ 写得有（小说）不？

第二节与第四节的 A 式都是"得"前面的 V 以正反形式重叠；不同的是，第四节"得"后有 C，第二节的"得"本身就是 C，这个结构没有结构助词"得"。第三节和第五节的 A 式都是"得"后面的成分以正反形式重叠；不同的是，第三节的 V 没有 O，第五节有 O，并且，重叠部分的否定词一为"不"，一为"没"①。如果把第五节的"有"析为"V 得"的 C，那么，第五节 A 式的"V 得有没有"就是"V 得 C 没 C"，这和第三节 A 式很相似。至于 B 式，各横栏都是"V 得 C（O）不？"不同的是，第二节 B 式除补语"得"以外无别的 C；第五节除补语"有"外无别的 C；第三节"得"的后面无 O。

---

① 四川有些方言里有"有不有"的说法。见甄尚灵：《遂宁方言里的"有"和"没有"》，《方言》1981 年第 3 期。

总的来看，这几种句型同大于异，以上各式的基本式都可归纳为"V 得（C）（O）"。

如前所述，第二节、第四节的语义重点在"得"的前面（第二节含"得"）；第三节、第五节的语义重点在"得"的后面，其中第三节的重点是 C，第五节的重点是"有 O"。这些不同的语义重点在成都话里都可以靠"V 得（C）（O）"的线性变化来表示，而可以不借助其他句型和其他词汇手段来表示，这显示了成都话语言使用的经济性的一面，同时也造成了成都话"得"字使用频繁的情况。

（一）根据语法史著作的论述，以上各个"得"的用法在汉语历史上都存在，它们在词义上的联系仍比较清楚，但虚化的程度在递减（第五节的"得"的虚化程度似不及第三、第四节）。成都话似乎继承了宋以来近代汉语一些形式，如将其与《朱子语类》或话本小说比较，便很有一些相近的用法[1]；当然也有改变和更新，如"V 得 OC"变为"V 得 CO"，产生了新的意义等。而在普通话里，不少用法都消失了。

（二）汉语的所谓"态"或"体"，并不仅由动态助词"了、着、过"来表现。也许我们还可以说：在别的助词或句型中，也隐藏着生动、丰富的"态"的语义。如上述第三节在强调状态补语时，就间接地表示了"已然"义；第五节在强调动作结果和效用的持续存在时，也折射出动作行为的"已然"义。第二节和第四节在表现"可能、意愿"的语义时，也同时表现了"未然"义；只是，说话人所强调的不是这种"已然、未然"的语义罢了。因此，我们不必确认这些句型表示的是汉语的"态"。但是，我们可以由此想到：也许"态"有不同的层次，既有中心也有外围，"态"的中心跟 V 本身有关，而"态"的外围则跟与 V 有关的各种成分有关，后者不是直接而是间接地表现了"态"的语义。成都话的"得"就体现了这样的功能。

---

[1] 见祝敏彻：《朱子语类句法研究》，长江文艺出版社，1991 年，第 163－166 页。

论成都话"在"的趋向、位移用法[①]

——兼论普通话动词后"在"与"到"的性质

提　要　成都话"在＋NL"表示所在义，也可以表示趋向、位移义。如：你在哪儿去？│你坐在那边去。本文分几部分讨论这个"在"：（一）"在"出现的几种句式；（二）早期白话中的用例，说明"在"的此种用法不是偶然的、个别的现象；（三）产生"在"的这种用法的理据；（四）结语：成都话中的这个"在"既不是"到"也不是"着"的变体，就是它自己。普通话"V＋在／到＋NL"里的"在"也可以如此解释。

0.1　清末傅崇榘《成都通览》记载了当时成都的民俗民情、地理沿革，其中"成都人之性情积习"部分说："男子遇友人于路，必相问曰：'在何处去？'"这种用法，现代成都市民中还常使用。如："你在哪儿去？""我在新南门去。""你有空在我这儿来耍。"

普通话的"在"作为一个动词性的词（含动介两用），其后有 NL（处所、方位词语）时，主要表示事物存在的位置或动作行为发生的处所，如"在家里休息"；也可以表示事物移动后的终点或动作移动的终点，用法与"到"相近，如"掉在／到地上"。成都话的"在"，除以上用法外，还可以表示动作位移、趋向义，也和"到"相近，如以上各例，最明显的标志就是"在＋NL"在句中和"来／去"同现。"来／去"无论单用还是在别的动词前

---

①　原载《中国语文》1997 年第 6 期。

后，无论表示本义还是引申义①，都不同程度地保留了趋向、位移的语义特征。普通话的 "在＋NL" 不能与 "来/去" 共现，这是 "在" 和 "到" 的重要区别，这一点已为徐杰（1984）、郭熙（1986）、徐丹（1994）、赵金铭（1995）等所指出。成都话 "在＋NL" 可以与 "来/去" 共现，说明成都话的 "在" 也可以用在表示趋向、位移义的句子里。为叙述方便起见，我们说成都话的 "在" 也有趋向、位称义。本文就讨论这个 "在"。本文不准备分析 "在" 在例句中的词性（动词或介词等），也不分析 "在＋NL" 在句中作什么结构成分（状语或补语，或连动式中的一项），也不讨论 NL 是 "在" 的宾语还是 "V 在" 的宾语。

1.0　成都话有趋向、位移义的 "在"，出现在下列格式里。其中，NL表处所词语；V 泛指各类动词；VD 只表含趋向、位移义的动态动词，但 "来/去" 单独注出；VP 表动词短语，包括单个动词。例句未注出处的是来自口语的。

1.1　在＋NL＋来/去

（1）这里坐不下，你在那边去嘛。

（2）我在食堂去一下，你有事先走。

（3）好久没有看到［看见］你了，你好久在这儿来的？

这里的 "在"，也可换为 "走" 或 "到"，句义不变，如（1）也可说 "你走那边去嘛｜你到那边去嘛"。有时还可以说 "你过那边去嘛"。"走、到、过" 都是表趋向、位移的词，可见，"在" 也有同样的语义。

1.2　在＋NL＋来/去＋VP

（4）每回在花会去耍，你看都有人在跟他买麝香。《成》

（5）他站在她跟前道："外头风大，怎么不在堂屋里去坐呢?"《死》

（6）吃完夜饭［晚饭］，他们爱在河边上去转［逛］一下。

---

①　参看陆俭明：《关于 "去＋VP" 和 "VP＋去" 句式》，载《第一届国际汉语教学讨论会论文选》，北京语言学院出版社，1986 年。

1.3　V+在+NL+来/去（+VP）

（7）话说在半边去了［话说得离题了］。　《西》

（8）她就是我们天回镇的盖面菜［头等人物］，认真说来，岂止是天回镇的盖面菜？恐怕拿在成都省［省会］来，也要赛过一些人哩！《死》

（9）你咋个想在一边去了［你怎么想到别的事上去了］?

1.4　VD+在+NL

（10）丁永森没有回答，只是非常不快地把眼睛望在一边［旁边］。《艾》

（11）你抬前头，他抬后头。抬在半路，掉［换］一叫化子抬起走。《成》

（12）筷子冲在鱼嘴上搁起了。《西》

1.5　上文§1.1、§1.2、§1.3各个句式里都有"来/去"，如果删去"来/去"，很多例句的"在+NL"就只表示静态的位置，如：

（2）′我在食堂，你有事先走。

（4）′每回在花会上耍，……

例句（1）－（9）的"在"，在普通话里用"到"，有时可用"往"，成都话也可以如此，但用"在"，并不使人感到突兀、生硬，而是一样自然。

§1.4的"V+在+NL"各句中没有"来/去"，但是"在"前面的动词带有显著的位移、趋向特征。由于"V+在+NL"是一个歧义句式，不但可以表示位置的静态（"漂在水上"），还可以表示趋向、位移的动态（"跳在水里"="跳到水里"）①，所以不少论著从动词语义类别入手研究这个歧义句式的分化问题，如徐杰（1984）、郭熙（1986）、孟庆海（1986）、梅祖麟（1988）、赵金铭（1995）等。徐杰把位移动词分为线性位移（如"来"）和

---

①　参看朱德熙：《语法讲义》§16.3，商务印书馆，1982年，第183—184页；俞光中：《"V在NL"的分析及其来源献疑》，《语文研究》1987年第3期。

非线性位移（如“坐”）两种，前一种只与“到”结合，后一种可以与“到”、“在”结合。此外，徐杰还分有“致位移”（如“寄”、“弄”）和“伴位移”（如“哭”、“说”）的小类，本文例句（7）的“说”、（9）的“想”、（10）的“望”都属这一类。赵金铭更详细地分析了三类动词：a. 只能构成“V 在 NL”、不能构成“V 到 NL”的动词（如“歇”、“留”、“死”）；b. 只能构成“V 到 NL”、不能构成“V 在 NL”的动词（如“进”、“退”、“抬”、“传”）；c. 既能构成“V 在 NL”也能构成“V 到 NL”的动词（如“抄”、“写”、“放”、“插”）。赵金铭还指出了其各自具有和阙如的语义特征。这些研究成果，进一步证明了动词的语义类型与“在”、“到”的配合关系。

本文§1.4 各例，大多是赵的 b 类和徐的线性位移类，如“抬”、“冲”等，这些动词在普通话里是不能与“在”结合而只能与“到”结合的。由此，我们可以确认：§1.4 的各句的谓语虽然没有“来/去”，却也是表示动态的，这里的“在”和普通话的“到”语义一致，都是表示趋向、位移的词。

2.0　在北京口语里，动词后面的“在”和“到”因为用法的交叉，又都弱化读为［·de］，所以有［·de］是“到”和“在”混合的结果一说[①]，也有说“在”、“到”是［·de］的两个条件变体[②]。成都口语“在”除了单用时读［tsai²¹³］以外，位于动词前后也可以读［tai²¹³］、［te²¹³］，如以上各例均如此，但也都可以明明白白地说成［tsai²¹³］，声韵调都不含糊。这就是说，成都口语的“到”和“在”的读音是不混的。诚然，成都话“V＋在＋NL”还有一个平行的结构“V＋倒＋NL”，“倒”读为［tao⁵¹］，如§1.3、§1.4 各例的“在”也都可以说成“倒”。但是，这个“倒”并不是“到”［tao²¹³］，而是别有来源，与“放著一边｜坐著车中”的“著”一脉相承，

　　① 参看林焘：《现代汉语轻音和句法结构的关系》，《中国语文》1962 年第 7 期；赵元任：《汉语口语语法》（吕叔湘中译本）§5.5.3、§5.6.3.1，商务印书馆，1979 年；朱德熙：《语法讲义》§8.4.2、§13.6.1，商务印书馆，1982 年。

　　② 参看赵金铭：《现代汉语补语位置上的“在”和“到”及其弱化形式“·de”》，《中国语言学报》1995 年第 7 期；徐复岭：《近代山东方言中的“V＋到＋O＋NL/t”句式》，《中国语言学报》1995 年第 7 期。

"著"在中古汉语里表"附著",用于动词和方位、处所词之间①。当然,各例句的"在"也可换为"到",但这不是地道的成都口语,而是受书面语影响所致。

总之,成都话的这个"在"不是"到"的变体,不是"著"(倒)的变体,也不是口语里偶尔误用而积非成是的结果。

2.1　"在"的趋向、位移用法,近代汉语早期白话中就有例证。下面随机举些例子,这些例子说明"在"的趋向、位移义不是孤立现象。第一,它不是在现代成都话中才产生的;第二,在地域上不限于西南地区。

2.2　在+NL+来/去

(13)街上有人道,他在王婆茶坊里来,和武大娘子勾搭上了,每日只在那里行走。　《金》5回

(14)太监在广南去,也带他到广南。　《金》10回

(15)前日在齐太尉家,昨日在黄翰林家,今日不知在那里去了。
《今》卷七

2.3　V+在+ML+来/去

(16)我先惹那老狗,他必然来打我,我先把蓝儿丢在街心来,你却抢人。　《金》5回

(17)你把刘太公女儿骗在哪里去了?　《征四寇》②

(18)没人知道住在那里去了。　《北京》③

2.4　VD+在+NL(+VP)

(19)当下擒将,把在将军马前。　《变》卷二

---

① 参看赵金铭:《敦煌变文中所见的"了"和"着"》,《中国语文》1979年1期;张清源:《成都话的动态助词"倒"和"起"》§3.5,《中国语言学报》1991年第4期;徐丹:《汉语里的"在"与"着"》,《中国语文》1992年第6期;江蓝生:《魏晋南北朝小说词语汇释》,语文出版社,1988年,第283页。

② 引自黎锦熙:《释"把"》(1933),载《汉语释词论文集》,科学出版社,1957年,第74页。

③ 引自〔日〕太田辰夫:《汉语史通考》(江蓝生、白维国中译本),重庆出版社,1991年,第311页。

(20) 禁子都监下了，把雷横枷了，下在牢里。　《水》51回

(21) 我父母没眼睛，把我嫁在这里。　《古》卷三十八

事实上，"在"的趋向、位移义用法早为学者所注意。如黎锦熙《释"把"》（1933）引例句"你把刘太公女儿骗在那里去了？"，并注："'在'犹'到'也，谓'你骗其女到何处'也。"① 又如白维国《金瓶梅词典》（1991）"在"字条有两个义项：1. 到，前往；2. 用在动词后，提示趋向。太田辰夫《汉语史通考》举20世纪20年代北京社会小说《北京》中的例句"没人知道住在那里去了"等句，特别说明"动词后用'在'时，北京话是到达的意思"。不过，这些著作都没有说"在"和"到"的关系，没有做出"在"就是"到"的结论。我们认为，成都话的"在"跟上面所举各例的"在"的用法是一致的。

2.5　"在+NL……来/去…"表现了显著的趋向、位移义，只在近代汉语晚近的语料中才出现，用例也不多；至于"VD+在NL"表现的趋向、位移义则不如句中有"来/去"的显著，但唐宋以来的语料中不少见，而且这个"在"和"到"可以与同一个或同一语义类的VD结合，在同一时期甚至同一语料中出现。这说明"在"和"到"同义，但不能证明它们同一。如：

(22) 西王母……驾云母之车，来在殿上。　《变》卷二

(23) 西国僧佛陀波利空手来到山门……。　《入》

(24) 我把些子兵士，似一斤之肉，入在虎牙，不蝼咬嚼，博唼之间，并乃倾尽。　《变》卷二

(25) 出到殿北，望见北台东台，圆顶高耸，绝无树木。　《入》

(26) 只想哥哥在旧房居住，不想搬在这里。　《金》1回

(27) 武大自搬到县西街上来，照旧卖炊饼。　《金》1回

(28) 尽力一追，就追在一起了。　《小》81回

(29) 追到河边，见范天保已是顺着河沿直跑。　《小》81回

---

① 引自黎锦熙：《释"把"》（1933），载《汉语释词论文集》，科学出版社，1957年，第74页。

为了说明"在"可以跟 VD 结合，也说明"在"跟"到"不同一，还可举出"到"、"在"连用的例子，虽然只是偶见。如：

（30）沩山至晚回首座："今日新到在否？" 《五》卷七（按，此句"在"后无 NL。）

2.6 "于（於）"自来主要表示位置的静态义，与表位置的"在"常互训又互文，但在语料中也不乏表示位移的动态，而且在先秦的文献中就已产生[①]。在早期白话中，"VD+于"也屡见不鲜。如：

（31）阿姊见成亲，心里喜欢非常，到于宫中，拜贺父母。 《变》卷六

（32）（太守女）闻琴声哀怨……来于景伯船外，发弄钗钏。……景伯问曰："女郎因何单夜来至此间？" 《变》卷八

（33）弃舍国城，入于林薮。 《变》卷五

这些例子中，"于"都表位移的终点，如例（32）里的"来于"和"来至"互文，终点义很明显。这是"于"与 VD 结合表位移的动态义的证明，也是"在"可以表动态义的一个旁证，因为它们主要的作用原先都同是表示位置的静态义。

3.0 动词的语义类别只能说明"在"和"到"分布的条件，但不能说明"在"也有"到"的用法的原因。本文试从语义学的角度对这个现象加以解释。我们总的观点是：汉语表示空间概念的一束关系词——这里指或兼有动词（包括趋向动词）用法的介词，虽然大体上有分工，但它们的功能不是固守一隅，而可能左右摇摆、游移。

运动有开始、进行、终止，因此空间随着事物的移动或动作的经过也就有一条连续的运动流程线，在此线上可以分为几个点，并各有一些表空间意义的关系词。下面仅举有代表性的关系词。

---

① 本文完稿后，读到郭锡良《介词"于"的起源和发展》（《中国语文》1997 年第 2 期），文中肯定介词"于"来源于"去到"义的动词"于"，以后又发展成为一个功能广泛的介词。

a. 所在——→b. 起点——→c. 趋向——→d. 位移——→e. 终点——→f. 所在

在、于　　　从、打　　　朝、向　　　到、往　　　到、在　　　在、于

由、自　　　往、到

由 a 至 e，是由静态到动态，最后 f 再回到静态。"所在"只表示静止时的位置。b 至 e 才是运动的过程："起点"酝酿着运动的开始，也表示刚刚开始；"趋向"可以表示面对某个方向，也可表示已经朝着某个方向的运动；"位移"表示运动的经由，本身也有已开始、在中途和将结束的阶段；"终点"是已到或即将到某处。可见，这是一条连续的动程线，线上的各点相互包容，界限模糊，至于在言语中说话人要确切指出什么位置，则因人而异，千差万别。汉语不像有的语言那样以不胜其烦的语言形式来表示运动过程中空间的不同位置[①]，而是以少驭多，某个关系词虽大致有定职，但不妨碍它表示别的语义，如"到"既可表位移（动身到北京去了），又可表终点（已到上海），表趋向（你到哪儿?）；"在"也一样，既可表所在（在家读书），也可表终点（掉在地上），还可表起点，如吕叔湘《中国文法要略》§12.51 曾指出：表动作的出发点有时也用"在"。白维国《金瓶梅词典》"在"的第三个义项就是"表示动作的起点，相当于'从'"。明代《正统临戎录》："到天明，也先回头问：'是谁?' 铭回说：'是我'。也先吃惊说：'你在那里来?'"这个例子说明"在"表起点义十分明显。成都口语也说："在包包头［口袋里］摸出一张票子［钞票］。"这也是表起点的用法。这是"在"从 a 向右游移到 b 的证明[②]。从这个角度看，成都话的"在"再进而游移到 c、d，也是合乎"情理"的。

为了进一步申说上述空间关系词游移的观点，这里再举两个别的介词为证。

----

① 参看［法］列维—布留尔：《原始思维》（丁由中译本）第四章，商务印书馆，1987 年，第137 页。

② 这里举一个可疑的例子，"在"可能表示趋向（往，朝）。《红楼梦》六十五回："众人听了都诧异：'除了他，还有那一个?' 三姐儿道：'别只在眼前想，姐姐只在五年前想，就是了。'"但这是表示时间，不是表示空间。

3.1　在普通话里，"从"与"打"只能表示起点，但在历史语料里，"从"也有过向右游移的用例，表示"趋向"（相当于"往"、"到"）和"终点"（相当于"到"、"在"）。如：

（34）是夜月光皎洁，撞着一队军马，约三百余人，将朱温四人喝住，问道："您是谁人？要从那里去？"　　《五·梁》

（35）郭威……道："……咱娘娘在潞州舅舅常武安家里，（我）自前年杀了那厮走从这里来，一向不知他音耗是怎生。"　　《五·周》

有意思的是，钱曾怡说现代济南方言的"从"新兴了一个义项，表示"在"（所在）的意思，如"从家里吃饭｜从学校上自习"，但"从+NL"不用在动词后①。

可见，"从"在动程线上左右摇摆都曾发生过②。

3.2　"向"在现代汉语里只表示趋向、方向，与"往、朝、对"同义，但在中古和近代汉语里，也曾左右摇摆，具有多重用法。王锳（1980）、方福仁（1982）都曾指出"向"有"在"（所在）义。这里再补充分析：

A. 表所在，与"在"同。

（36）夜至二更，不令人见，遂向南廊下中间壁上题作呈心偈，欲求于法。　《六》

（37）古人有言："向高高山顶立，向深深海底行。"　　《祖》卷四

（38）黛玉……便不上炕，只向东边椅子上坐了。　　《红》3回

B. 表起点，与"从"同。

（39）贾珍便忙向袖中取了宁国府对牌出来。　　《红》13回

（40）贾政听说，便向宝玉项上取出那玉来送与他二人。《红》25回

（41）把个粉窑的一只小酒杯子滴溜溜地向程欢怀里滚下地去。

---

① 钱曾怡：《汉语方言学方法论初探》，《中国语文》1987年第4期。

② 再参看林昭德：《诗词曲词语杂释》，四川人民出版社，1986年，第58页。书中举例"水从岩下落，溪向寺前分"，说"从"有"向、对"义。

《雪》5回

C. 表位移，与"到"同。

（42）珍答曰："父母以珍学问浅薄，故遣我向定州边先生处入学。"
《变》卷八

（43）道吾问："离却这个壳漏子，向什么处再得相见？" 《祖》
卷四

（44）薛蝌自向薛蟠房中住下。 《红》49回

有时，不同语义的"向"跟各自的同义词（介词或动词）平行并用，尤
其在同一著作中互相替换，这使"向"的几个语义更加明豁。如：

┌ （36）（见上）
└ （36'）三更于南廊下中间壁上秉烛题作偈，人尽不知。《六》

┌ （38）（见上）
└ （38'）赵嬷嬷在脚踏上坐了。 《红》16回

┌ （40）（见上）
└ （40'）宝玉亦凑了上去，从项上摘了下来。 《红》8回

┌ （42）（见上）
│ （42'）兄以我未学，遣我往边先生处入学。 《变》卷八
└ （42''）王以我学问不广，故遣我就边先生处学问。《变》卷八

┌ （44）（见上）
└ （44'）湘云往黛玉房中安歇。 《红》21回

但是，正如上文所说，动程线上各点的界限很难分清，因此有些句子里
的"向"究竟指的什么，很难判断。如：

（45）鹞子趁鸽子，飞向佛殿栏杆上颤。 《五》卷六

"向"是"往"，还是"到（抵达）"？
又如《维摩诘经讲经文》有"总向庵园会一排"，同时又有"总到庵园齐礼
佛"、"总往庵园礼佛听法"，也有"总在庵园会里排"。那么，第一句里的

"向"是什么意思，也费斟酌。

3.3　§3.0—§3.2 各例说明汉语表动程线上各个点的关系词可左右摇摆，游移不定，语义上相互感染，交叉使用，有时甚至失去严格的定位作用。一个有力的证据是：当句中另有动词时，NL 前的"从、到、在"等在现代口语里常略去不说，如："哪儿来的？｜这儿来｜屋里坐！"

3.4　表位置的介词因语义上的摇摆而形成多种用法，外语也不乏例证，如英语 to 可表趋向（向……，朝……，对……），也可表终点（到……，至……）；at 可表所在（在……），也可表起点或经由（从……，经……），还可表趋向（对……，向……）、终点（到……）；in 可表所在（在……内），也可表趋向（朝……，向……），还可表终点（到……）。至于 over，有多达所在、终点、经由、遍及等 7 种意义①。再如法语的 à 可表趋向（向……，到……），也可表所在（在……）；dans 可表所在（在……里），也可表趋向（向……，朝……）。这也使我们感到汉语上述各词的变化是很自然的，合乎语言使用和语言发展的规律。

3.5　当然，语义上的规范和游移、用法上的分工和交叉是相互促进的，从历史发展来看，某种主要的用法最终会在摇摆过程中逐渐固定下来，分工也会逐渐明确，但也可能再次发生变化。

4.0　最后，回到成都话的"在"上来。可以明确地说，它的趋向、位移义就是动程线上的"所在"右移的结果。

"在"的语义变化，来源于客观事物（空间位置、运动过程）本身没有严格的界限，因此表示空间的关系词本身有很多模糊性，于是说话人可以用它们既表此义也表彼义，在一定条件下，也就约定俗成，成为多个义项的词。"以离散的语言符号去标志连续的事物，就可能边界不明，产生模糊性。"② 原因就在此。

语义发生变化，也就决定了"在"在句法位置上的变化，与"到"相

---

①　R. Quirk, *Grammar of Contemporary English*，§6.24，Longrnan Group Ltd.，1973，p. 316.

②　见石安石：《语义论》，商务印书馆，1993 年，第 60—61 页。

同，开始与典型的趋向、位移动词（"带"、"下"等）共现，构成"VD+在+NL"，然后又构成"在+NL+来/去"。这两个语法功能，今天普通话的"在"都不具备，但在汉语历史上曾出现过，又保留在成都方言里。然而，另一方面，成都话"在"表趋向、位移义的用法只在口语中存在，而正式的话语和行文都用"到［tao²¹³］"，这也是受汉语规范化影响所致。

附带说说，普通话的"在"和"到"的职能也有交叉，但分工还是比较清楚的。至于"V+在+NL"和"V+到+NL"里的"在"、"到"二者是同一个词的变体，还是二者混用产生了一个 de？我们认为，如果结合历史和方言的情况来看，它们应是两个不同的词。

参考文献

（注释中已引者不重复列出）

吕叔湘　《现代汉语八百词》，商务印书馆，1980 年。

吕叔湘　《中国文法要略》，商务印书馆（上海第二次印刷），1957 年。

白维国　《金瓶梅词典》，中华书局，1991 年。

李法白　刘镜芙　《水浒传词典》，上海辞书出版社，1989 年。

王　锳　《诗词曲语辞汇释》，中华书局，1980 年。

方福仁　《谈"去"和"向"的"在"义》，《中国语文》1982 年第 2 期。

徐　杰　《说"动词+到+处所词"》，《华中师范学院研究生学报》1984 年第 5—6 期。

郭　熙　《"放到桌子上""放在桌子上""放桌子上"》，《中国语文》1986 年第 1 期。

孟庆海　《动词+处所宾语》，《中国语文》1986 年第 4 期。

梅祖麟　《汉语方言里虚词"著"字三种用法的来源》，《中国语言学报》1988 年第 3 期。

徐　丹　《关于汉语里"动词+X+地点词"句型》，《中国语文》1994 年第 3 期。

语料来源及其略称

《成》：《成都通览》，傅崇矩（樵村）编，巴蜀书社，1987 年。

《死》：《死水微澜》，李劼人著，作家出版社，1958 年。

《西》：Western Mandarin（《西蜀方言》），Adam Grainer 编，American Presbyterian Mission Press，Shanghai，1900 年。

《艾》：《艾芜短篇小说选》，人民文学出版社，1978 年。

《金》：《金瓶梅词话》，兰陵笑笑生著，人民文学出版社，1985 年。

《今》：《今古奇观》，抱瓮老人辑，人民文学出版社，1978 年。

《古》：《古今小说》，冯梦龙编，人民文学出版社，1979 年。

《变》：《敦煌变文集》，王重民等编，人民文学出版社，1984 年。

《水》：《水浒全传》，施耐庵、罗贯中著，上海人民出版社，1975 年。

《六》：《六祖坛经》，见《近代汉语语法资料汇编》（唐五代卷），刘坚、蒋绍愚主编，商务印书馆，1990 年。

《入》：《入唐求法巡礼行记》，见《近代汉语语法资料汇编》（唐五代卷），刘坚、蒋绍愚主编，商务印书馆，1990 年。

《祖》：《祖堂集》，见《近代汉语语法资料汇编》（唐五代卷），刘坚、蒋绍愚主编，商务印书馆，1990 年。

《五》：《五灯会元》，普济著，中华书局，1984 年。

《小》：《小五义》，石玉昆著，上海文明书局，1925 年。

《五·梁》、《五·周》：《新编五代史平话·梁/周史平话》，中国古典文学出版社，1954 年。

《红》：《红楼梦》，曹雪芹、高鹗著，人民文学出版社，1973 年。

《雪》：《雪岩外传》，载《晚清文学丛钞》（小说四卷下），阿英编，中华书局，1982 年。

成都话的"V起来"、"V起去"和"V起xy"[①]

北京话的复合趋向动词系列中，"起来"没有"起去"跟它配对。成都话有"起来"，也有"起去"。本文分析成都话的"V起来"、"V起去"及更复杂的"V起xy"。

说明：一、这几种都是包含不同组合关系的同形结构，主要有A式、B式、C式；二、A式、B式中的"起"并不是一般所认为的动词性语素，因此这里的"起来"、"起去"、"起xy"不是一般的复合趋向动词。本文讨论的这几种格式，北京话都是没有的。

壹　V起来

1.1　A式。北京话的"V起来"（V也可兼表形容词）的几种用法，成都话都有，如例①至⑤，但⑥的用法则为北京话所无。

①站起（身）来。　　④闻起来很香。

②躲起来。　　　　　⑤天气热起来了。

③说起（话）来。　　⑥把作业本交起来。

⑥的"V起来"，北京话只说"V来"，成都话也可以说"V来"，但口语常说"V起来"，我们称它为A式。这里只谈这种用法。再如：

---

① 原载《方言》1998年第2期。

⑦今天开大会，他一早就赶起来了。

⑧等了好久，才看见汽车从那边开起来。

⑨今天不上班，你跑起来做啥子？

⑩服务员把饭菜端起来了。

⑪我们打算把刘先生请起来做学术报告。

⑫你要的东西都买起来了，一样不缺。

这些例句中的"V起来"并不表示人或事物由低到高的移动，也不表示动作的开始并继续进行，而是表示人或事物在水平方向由远而近的移动，或是自动（如⑦、⑧、⑨），或是他动（如⑩、⑪、⑫）。如⑧不是指"汽车开始行驶"，而是指"由远处开来"；⑩不是指"饭菜从低处端到高处"，而是指"由别处端到面前"。所以 A 式"V起来"与"V来"同义。但二者在结构上有些差异："V来"中间可加"得/不"，也可加宾语或"了"，"V起来"中间也可加"得/不"，可是不能加宾语或"了"，例如可以说："那位老师，你请得起来不（请得来不）？"——"随便你咋个请他，都把他请不起来（请不来）。"但不能说"请他起来"、"请起他来"、"请了起来"，能这样说的并不是 A 式"V起来"。由于"V起来"可以扩展为"V得/不起来"，所以"起"靠后不靠前，可以切分为"V+起来"，似乎"起来"是一个组合，与一般复合趋向动词"起来"（上文例①至⑤）无异。但是，虽然 A 式"V起来"的"来"保留着趋向动词的语义，但"起"的意义模糊，其性质是什么，还需另作分析。这留待下文第肆节讨论。

A 式的 V 都是具有移动义的动词，有自动词，如"走、跑、飞、追"等；有他动词，包括有［＋取］、［＋与］、［＋请］等义素的动词，如"拿、取、领、买、偷、送、寄、交、牵、抱、请、派、叫"等。

1.2　B 式。这种"V起来"跟 A 式相似，也可说成"V来"，也表示事物随动作由远而近地移动。如：

⑬稿件给你打起来了。

⑭文章明天就写起来。

⑮牛奶马上就煮起来，你等一下。

跟 A 式不同的是，这些 V 表示可以制造出某种成果或结果的动作，而不表示位置的移动。这种"V 起来"很像一种紧缩形式，完整的说法是"稿件给你打起送来了｜文章明天就写起交来｜牛奶马上就煮起拿来"。这里 V 后面的"起"大致相当于北京话表示"完成"义的"好"，作 V 的结果补语。北京话也有这个"起"，但可结合的动词很少，成都话则不限。如此说来，B式实际上是表示两种动作先后相承的连谓结构"V 起＋来"，但也可说"V来"，句义基本不变，而且在一定语境中，V 后面也可用"得/不"扩展。所以，我们把 B 式视为跟 A 式相近的一种结构。

　　1.3　C 式。这是连谓结构"V 起＋来"。"V 起"相当于北京话的"V着"，"来"是一般动词，不是趋向动词作补语。如：

⑯把娃娃牵起来，不要抱起来。

⑰自行车出了毛病，我不是骑起来的，是推起来的。

⑱这一带路不好找，只好一路问起来。

成都话里的"起"的重要用法之一，是作为一个动态助词，与"倒"分工，共同承担相当于北京话的"着"的功能。大体上说，"倒"常跟动态动词结合，"起"常跟静态动词结合。但在连谓结构前段或作状态状语时，这种分工界限不明，V 后可用"倒"，如"站倒说不如坐倒说舒服"；⑯、⑰、⑱的"V 起"跟"来"组成连谓结构，"V 起"表示"来"的伴随状态。

　　C 式表面上很像 A 式，但实际上不同。第一，A 式可说成"V 来"，C式不能，如⑯强调的是"来"的伴随状态"牵起、抱起"，此时不能说成"牵来、抱来"，因后者只单纯表示动作趋向；第二，C 式的"来"可以换为别的动词，"V 起"后可带宾语，如"牵起娃娃上幼儿园"；第三，动词没有特别的限制。这些跟 A 式显然都不同。

　　1.4　D 式。这种"V 起来"只是句子线性序列中随意截取的部分，是跟以上三种结构都不能相提并论的语段。

⑲他的经历，我们昨天还说起来。

㉑他的名字，前几天我还想起来，咋个现在就搞忘了？

㉑我的手表刚才还在桌子上搁起来，车转身［转身儿］就不见了。

上面三例中的"来"是表示"近过去貌"的句末助词，北京口语说"来着"。成都话常说："你走哪儿去来？""我买菜来。""来"跟它前面的整个语段发生直接关系，不是只跟某个词发生联系，删去"来"不影响基本句义。㉑、㉑的"起"是趋向动词，表示动作关涉某人或某物；㉑的"起"是相当于"着"的动态助词。各例中的"V起来"的层次关系是"V起＋（来）"，和前面A式、B式、C式三种结构均不相同，这里姑且叫做D式。

贰　V起去

"V起去"同样也有几种情况。

2.1　A式。先举例如下：

㉒那么远的路，你不要跑起去。

㉓老李前脚出门，他爱人后脚就撵［追］起去了。

㉔飞机往重庆飞起去了。

㉕经理把秘书喊起去整理材料。

㉖那本书我早给他还起去了。

㉗铅笔你拿起去用就是了，不必说"借起去"。

A式"V起去"正跟A式"V起来"相应，表示人或物在水平方向由近而远的移动。这里要特别说明一下，成都话"V起来/去"有时可表示相反的趋向。如说话人可向远处的人说"我把钱给你寄起来"，意思是"寄去"；也可说"我把你的笔借起去用一下"，意思是"借来"。这大概是说话人把自己放在对方的角度来说话，表示他跟听话人没有距离。㉒、㉓、㉔表示自动义，㉕、㉖、㉗表示他动义。㉔本义只表示"飞机飞离此地往他处"，不是"飞机由低而高飞往他处"。"V起去"也可说成"V去"，口语常说"V起去"。"V"和"起去"中间可加"得/不"，但不能加宾语或"了"。"拿了起去"、"拿钱起去"都不成话，"拿起钱去"则是C式。V的类别跟A式"V起来"

差不多，一般都是含可移动义的动词。

但跟 A 式"V起来"稍有不同的是，"V起来"的"来"不能换为别的动词，而"V起去"的"去"可换为"走"或"跑"，如：报纸送起来了｜蝴蝶飞起走了｜猫儿把鱼叼起跑了。这种句子里的"起"也可略去，说成"送走"、"叼跑"之类。"V起走/跑"跟"V起去"在语义上也略有不同：前者不一定蕴含动作到达的目的地，后者蕴含了移动的特定的目的地。如："蝴蝶飞起走/跑了"只表示蝴蝶飞离此地，说话人不管或不知飞往何处；"蝴蝶飞起去了"则表示由此处飞到某处去了。

"V起去"是什么结构？如果比附 A 式"V起来"的结构分析，假定也是"述语＋复合趋向补语"，那么得承认"起去"是跟"起来"相配的复合趋向动词。可是，我们很难把功能跟"起去"相同的"起走/跑"也说成是趋向动词。"起去"是不是趋向动词？看来有疑问。这个也留待第肆节讨论。

2.2　B式。这是跟"V起来"B式相应的结构。

㉘材料我很快就可以给你抄起去。

㉙照片都给老李洗起去了。

正如 1.2 所述，这类 V 不表示移动义，而表示可产生结果的动作义，句子的底层结构是"……抄起（好）送去"、"……洗起（好）送去"。但因为在表层形式上"起"的作用减弱以致可以略去，说成"抄去"、"洗去"，所以仍把这种句子看作 2.1 的一个小类。

2.3　C式。此为连谓结构"V起＋去"。

㉚一路闹起去。

㉛这条路不通车，只好走起去。

㉜去的时候买张车票坐起去。

"V起"表示"去"的伴随状态，义同"V着去"，动态助词"起"靠前不靠后；"V起"可带宾语，"去"可换为别的动词，如"一路闹起走｜坐起火车去"；"V起去"后面也可有宾语，如"一路闹起去学校"。C式不能说成"V去"。"走起去"说成"走去"时，是 A 式。

2.4 D式。这种格式"V起＋去了"也不是一种组合。"去了"是句末助词。古代白话文献中"去"可用作助词，有人认为它表示"已然或将然的变化"。（参看李崇兴：《〈祖堂集〉中的助词"去"》，《中国语文》1990 年第 1 期。）成都话里说"去了"，表示说话人对事态的一种强调语气，强调程度高、数量大、时间长等。如：

　　㉝买房子不晓得要好多钱去了。

　　㉞她比她妹看起来年轻到哪儿去了。

　　㉟成都离新疆好远去了。

　　㊱前年子我就搬到城里住起去了。

　　㊲老早就在茶馆头（茶馆里）坐起去了。

可见，"去了"前面可以有各类词语，只是㊱、㊲紧接"V起"之后。如果拿掉上述㉝、㉞、㉟、㊱、㊲中的"去了"，可能影响语气完整，但不影响句子的基本意思。"去了"跟它前面整个语段发生直接关系，而不是只跟它前面的某个词发生联系。㊱、㊲的"住起"、"坐起"即"住着"、"坐着"，跟"去了"没有组合关系。

叁　V起xy

"V起来"、"V起去"还有复杂形式"V起 xy"。xy 即复合趋向动词"上来、上去、下来、下去、进来、进去、出来、出去、回来、回去、过来、过去"，没有"起来、起去、开来、开去"。xy 的意义不同于"来、去"所表示的单纯的趋向义，而具有更复杂的趋向义。"V起 xy"同样也有 A 式、B 式、C 式，但无 D 式。下面简略地谈谈。

3.1 A式。可以略去"起"而说"Vxy"，原句义不变；表示人或物随动作而移动位置。如：

　　㊳把箱子搬起上去。

　　㊴从山上跑起下来。

　　㊵把水桶提起回去。

㊶把客人请起进来。

㊷消息漏起出去了。

㊸内容用电传传起过来。

V 的语义类别跟 A 式"V 起来/去"一致。

　　3.2　B式。例如：

㊹你的文章写起出来没有？

㊺那道题还没有算起出来。

㊻饭菜早就弄起出来了。

这种"V 起出来"表示某种结果或成果产生并出现，与"V 起来/去"B 式表示某种结果或成果产生、又表示趋向略有不同。这里的"出来"表示一种抽象的、引申的意思。

　　下面的例子还说明，"V 起 xy"既可表动向（趋向），也可表动态。这也是 xy 的引申用法，我们也一并归入 B 式"V 起 xy"。如：

㊼这件事情就拖起下来了。

㊽我就在那个学校一直住起下去，读起下去。

㊾天黑起下来了，要下雨了。

㊿算起下来，要一年时间才得完工。

㾿这顿饭吃起下来花了他两百多元。

㊼、㊽表示动作持续，㊾表示状态开始并持续，㊿、㾿表示动作完成。这种用法，是 B 式"V 起来/去"所没有的。

　　3.3　C式。例如：

㾀上山坐缆车坐起上去，要不然出钱雇人把你背起上去。

㾁大箱子要两个人抬起进去，小箱子一个人就可以提起进去。

这种"V 起 xy"是连谓结构，"V 起"即"V 着"，xy 是一般动词，作连谓结构的后项，"V 起"表示 xy 的伴随状态。"V 起"后面可以带宾语，如"抬起大箱子进去。""起"不能略去，"抬进去、提进去"是 A 式"V 起 xy"

的同义结构。

3.4　对 A 式、B 式"V 起 xy"的几点说明。

第一，这两种"V 起 xy"内部任何位置都不能扩展，既不能加入宾语，也不能加入"得/不"，如不能说"搬不起上去｜搬箱子起上去"；至于"搬起箱子上去"虽可说，但不是 A 式，而是 C 式；也不说"搬起上去箱子"。施事、受事一般都以主语或介宾形式置于"V 起 xy"前面。这种排斥宾语的特点，跟 A 式、B 式"V 起来/去"一样，而 V 后不能插入"得/不"，则较"V 起来/去"限制更严。

第二，V 的特点：（1）一般都是单音节。如可说"跑起进去｜记起下来"，不说"奔跑起进去｜记录起下来"。这是受了音节和语体风格的双重限制。（2）V 为动作动词；表示感觉、心理的动词一般都不用于"V 起 xy"。如可说"贴起上去｜撕起下来｜开起进去｜买起回来"等，不说"想起出来｜猜起出来｜认起出来｜醒起过来｜昏起过去"等，但可说"想出来（一个办法）｜醒过来"，即用的是"V+xy"，不是"V 起+xy"。

第三，A 式、B 式"V 起来/去"表示动作趋向。A 式"V 起 xy"主要表示动作趋向，B 式主要表示出现、持续、完成等意思。我们可以宽泛地把后者归结为"动态"，而把动作趋向归结为"动向"。总的来说，"V 起来/去"、"V 起 xy"的主要功能是表示动向。

肆　关于 A 式与 B 式

4.1　我们把以上各部分的 C 式析为连谓结构，这是没有疑问的。这里只讨论 A 式和 B 式。

看起来，A 式、B 式的"V 起来/去"跟"V 起 xy"正好有着整齐的平行关系，形成成都话"述语+趋向补语"的又一个系统。

但是，这些结构的内部如何分析？存在一些疑难。

一种分析是把"V 起来/去"析为"述语+复合趋向补语"（下文称"复趋补"），把"起来"、"起去"看作一个整体，即复合趋向动词，理由是它们跟 V 之间可插入"得/不"，这种扩展跟"站得起来"、"喝不下去"的扩展方式一样。但是"V起来/去"的"起"没有"动作自下而上"的趋向义，跟"站起来"中的"起"不同，而且可以略去不说，即把"V起来/去"换为"V来/去"，"V起"后面也不能有宾语。这些都跟"站起来"不同。更困难的是，如果把"V起来/去"切分为"述语＋复趋补"，势必要把其平行结构"V起xy"也切分为"述语＋复趋补"；如果把"V起来"、"V起去"看作复合趋向动词，那么"V起xy"也应是三音节复合趋向动词，但这在词义、音节方面都说不过去；而且，由于V跟"起xy"之间不能以"得/不"或其他成分扩展，也证明不了整个结构的切分点在何处。

那么，"V起xy"的"起"是词尾，是助词，还是述补结构中的衬字？由于"V起来/去"跟"V起xy"存在明显的平行关系，我们认为两种结构里的"起"应是同一成分，而不可能一个是助词，一个是趋向动词性语素。现在还没有对这种语言现象做分析的报道，一般讨论方言中"V起去"的文章，还只是把"起去"看成跟"起来"相配的复合趋向动词。

4.2　北京话的趋向补语跟它的述语之间没有补语标志，但是近代汉语的述语跟趋向补语间有时有一个"将"，如"唱将来"、"打将出去"、"跳将起来"。这个"将"字，有说是词尾的，有说是动态助词的，有说是补语标记的，都不认为它是复合趋向动词的前一语素。从"将"的发展来看，它本是靠前的，可单说"V将"，也可后接宾语。乔全生在《山西方言的"V＋将＋来/去"结构》（《中国语文》1992年第1期，第56—59页）一文中描写了现代山西方言中的"V＋将＋来/去"，认为"将"是结构助词，"将来"、"将去"不是一个组合，中间可有宾语。

就作为趋向补语标志这一点而言，我们认为成都话的"起"在作用上跟"将"相近（但成都话的"V起来/去/xy"可表现已然态，也可表现未然态，因此，"起"跟"了"不同，跟"将"也不尽相同）。从"起"的来源看，白话文献和现代方言中确有跟"起来"相对的复合趋向动词"起去"，而且有时还单用作谓语。因此，我们讨论的这个"起"极可能由趋向动词"起来"、"起去"的"起"发展而来，它的意义逐渐虚化，但"V起来/去"还保留着原来一般"V起来"的特点，可以加"得/不"扩展；另一方面，又衍化出

"V 起 xy" 的格式，这时 "起" 已是一个十足的助词。上文 2.1 的 "飞起走 ｜叼起跑" 的 "起" 也是一个助词。这样看来，成都话不但没有三音节的 "起 xy" 趋向动词，就是 A、B 式的 "V 起来/去" 的 "起来、起去" 也不是 真正的趋向动词。

不过，我们这里只是假设，能否成立，还有待深入的研究。

参考文献

宋玉柱　《昌黎方言中的 "起去"》，中国语文 1990 年第 4 期。

陈满华　《安仁方言的结构助词和动态助词》，胡明扬主编：《汉语方言体貌论文 集》，江苏教育出版社，1996 年。

马庆株　《"V 来/去" 与现代汉语动词的主观范畴》，《语文研究》1997 年第 3 期。

张清源　《成都话的动态助词 "倒" 和 "起"》，《中国语言学报》1991 年第 4 期。

潘允中　《汉语动补结构的发展》，《中国语文》1980 年第 1 期。

汉语复合词语素分解释义法
和整合释义法的得与失

摘　要　第二语言词汇教学中，语素分解释义和整合释义都是常用方法，且互相配合、补充。学界的观点则是各有偏重，在一定程度上也是"字本位"和"词本位"两种理论在第二语言教学上的反映。本文对近十多年来的有关讨论略做梳理，并结合教学实践谈谈个人的看法。两种方法都有利于解释词义，但语素分解释义法重在分析词义的组合过程，整合释义法重在陈述词义的组合结果。第二语言教学的对象和目的有其特殊性，词汇习得的应用性更强；词汇教学宜适当采用语素分解释义法，而以整合释义法为主。

关键词：第二语言词汇教学；词义；语素义；语素分解释义法；整合释义法。

汉语作为第二语言教学（TCSL，下文简称 L_2 教学）中，词汇教学常用语素分解的方法来解释合成词词义，即分别将每个语素解释清楚[①]，如"整洁——整齐、清洁"、"精美——精致、美好"、"跃升——跳跃式地上升"，有时还加上限定词语，如"沉闷——（天气、气氛等）（使人感到）沉重而烦闷"。这种方法，目的是把每个语素都落到实处，这里姑且称为"语素分解（释义）法"。

另一种是不紧扣语素而采用概括的方法解释词义，或用描写、申说、下

---

① 本文词义注释多据商务印书馆《现代汉语词典》第5版。

定义等方法。如：

椅子——有靠背的坐具，主要用木头、竹子、藤等制成。

修理——使损坏的东西恢复原来的形式或作用。

信心——相信自己的愿望或预料一定能够实现的心理。

或用同义词语、反义词语等释义，如："悦耳——好听"、"凌乱——不整齐，没有秩序"等等。为行文方便起见，这些林林总总的方法，我们姑且笼统地称为"整合（释义）法"。

这两种方法在词典教材中都长期沿用，一种重在分析，一种重在综合，互相补充、配合，更常交叉并用。在 L₂教学中，只要便于释义，教师可随意采用，并不刻意强调哪种方法。本文主要以语素分解法立论，并非由于实际教学中有特别偏重此法的现象，而是因为学界有特别强调语素分解法的主张；同时，语素分解法在某种程度上反映了近年来"字本位"理论的影响。这些都引起了我们的思考。

本文仅在现代汉语合成词（主要是词根复合词）范围内对语素分解法略作梳理、分析，文中多涉及并引用有关论著，同时也结合自己的教学实践，谈谈个人的心得。

1.0 语素分解法的合理性与必要性

1.1 汉语语素有易切分性、易识别性，这给语素分解提供了天然的有利条件。绝大多数汉语语素都由一个音节表示，一个音节又用一个汉字书写。虽然汉语词形变化不发达，词与非词界限不太分明，书写形式没有词间距离，但是语素很易切分、提取。连布龙菲尔德在《语言论》里谈到语言的形态类型时，也说："有少数一些语言，例如汉语，词根的结构是绝对整齐划一的。"一个音节可以是几个同音语素，一个语素可以有几个意思，有了汉字作为书写形式，语义上又增加了易识别性。因此，汉语语素有容易识、读、记、写的条件。从某种意义上说，汉字差不多就是汉语语素的别名。

1.2 汉语语素有很高的使用率、复现率。古代汉语以单音词为主，现代汉语词汇绝大多数是词根复合词。这是现代汉语词汇的特点。与此同时，现代汉语的语素（无论是自由语素还是黏着语素）使用率、复现率都很高，从新造词、简称、仿古、取人名等等中，都可看到汉语语素可以广泛地随意使用。赵元任（1979）把字称为"社会学的词"（sociological word），就是因为字是一般大众熟悉、常用的东西，见字知义已是普遍的习惯。这正是古代汉语以单音节词为主的状态长期养成的一种"语素意识"的反映。尽管现代汉语已经以多音词为主，这种语素意识仍然根深蒂固。这样，人们常把复合词的语素分解开来解释，也成了自然的事情。如说"学习、切磋、琢磨"，就要解释"学、习、切、磋、琢、磨"各是什么意思，再释词义。

1.3　上面这几个复合词的例子，又说明汉语构词的另一特点——理据性强。这对语素分解释义的方式、对词汇教学也有直接的影响。词的理据，简单地说，是指为什么一个名称（语音形式，或书写形式）用来给某个事物命名的理由和根据，即"内部形式"、"得名之由"或"词源结构"。张永言（1981\1999）、刘叔新（1985\1990）、张志毅（1990）、王艾录、司富珍（2007）等都有较全面的解释，并介绍了理论的由来。"词的理据"也有宽泛、通俗的说法，指词义的可论证性或构词结构上的可解释性，主要指合成词（复合词、派生词）如何从语素义获得词义，即语素分析，但不一定联系词源。本文的参考文献中的"理据"多指宽泛的解释，也包括词源结构。此外，汉字字形也有结构理据，但本文不涉及此。

语言学家把众多语言分为理据性强的和无理据性的两类。理据性强的语言指它的词汇中可以解释、论证的词占优势，主要指词的内部成分多，结构较复杂，便于分解，亦即复合词多，如德语；无理据性的语言指该语言可分解、论证的词不占优势，如法语。就汉语而言，将近100年前，索绪尔在《普通语言学教程》中曾说它是最缺乏可论证性的语言，即指最无理据性的语言。这是囿于当时对汉语的误解而导致的看法，即认为汉语是单音节语，所有的词都不能从结构上分析、解释。这和今天公认的观点正好相反。保守估计，现代汉语合成词（以复合词占多数）已占词汇总数的65％以上，从理论上说，很多都是有理据可寻的①。

汉语词汇理据性强的特点，也正是语素分解法的合理性所在。这在近年来 L_2 教学中也受到重视。如北京语言大学对外汉语本科系列教材之一《汉语词汇教程》（万艺玲，2003）就把汉语构词具有理据性列为汉语词汇的一个显著特点，该书还有一小节专讲"词义和构成它的语素的意义的关系"（第七章第二节）。又如朱志平（2006）也强调理据分析的合理运用有利于激活 L_2 学习者对双音词语素语义的感知，进而更好地把握词义。下文还有相关讨论。

1.4 近20年来，汉语学界两种"字本位"的讨论，也推动了对汉语语素的重新审视，并凸显了汉语理据性的重要性。徐通锵（1991；1998；2008）的"字本位"并不是从 L_2 教学出发，他对"字"的解释、对汉语理据性的解释有特定的内涵②，非本文拟讨论的内容。但不能否认的是，他的"字本位"在一定程度上推动了对字和词的理据性的重视，尤其是对汉语中"字"的地位和作用的重视。字（sinogram）是汉语基本符号单位这一观点，既有语言学前辈的"直觉感悟"作支撑，也有同道时贤的响应。前者如赵元任、吕叔湘、王力等，其中王力在《实用释义组词词典》（周士琦编）的序里写的一段话正是语素分解法的最好说明：

> 汉语基本上是以字为单位的，不是以词为单位的。要了解一个合成词的意义，单就这个词的整体去理解它还不够，还必须把这个词的构成部分（一般是两个字）拆开来分别解释，然后合起来解释其整体，才算是真正彻底理解这个词的意义了。

这段话引自徐通锵《汉语字本位语法导论·总序》（2008）。后者如吕必松、潘文国、张德鑫等。张德鑫（2006）提出对外汉语教学应向"字中心"

---

① 单纯词的理据也可探寻，"可用汇集同根词或同族词进行综合考察的方法来加以阐明"。参看张永言（1981）。

② 徐通锵认为：语言是现实的编码规则，汉语是一种理据性的编码规则，它的"码"即基本符号单位是"字"（sinogram），而不是"词"（word）。"字"不是单纯的书写符号（Chinese character），不是文字，也不同于"语素"，不是单纯的构词单位，而是集形、音、义三位一体的汉语载体，"字"的含义包括语音单位（音节）、语汇单位（语素）、文字单位（方块字）。

教学路子作"战略转移",认为"汉语基本上是以字(而不是词)为单位的"。张德鑫还在文中引吕必松(2005)语:"我们现在主张把'字本位'特点作为汉语教学的语言学基础,以'字本位'教学代替'词本位'教学……"吕必松(2008)还说:"如果认为汉字是书面汉语的基本单位,就会得出'教汉字也是教汉语'的结论,就会觉得汉字不但不是提高汉语教学效率的障碍,而且还是提高汉语教学效率的有利因素。"

差不多同一时期,法国学者白乐桑的"字本位"教学主张也在我国传播。"字本位教学法"这一术语是张朋朋提出的(1992)。这个"字本位"主张,认为汉语教学的基本单位是字,主张"打破'词本位'的框框",但不全盘否定后者。具体地说,就是主张汉语教学以字为起点,也以字为贯穿始终的主线,识字以扩大词汇,培养阅读能力。这个"字本位"的理念和实践必然涉及语素义与复合词词义的关系及词的理据。白乐桑认为,字就是语素,表意单字有巨大的构词功能,主张教学过程中突出"字的书写、字的理据、字的扩展"三个环节,以"凭借本原字识词辨义"。白乐桑最近(2010)还说,初学汉语者接触到的教材只标注词的翻译,不涉及语素的翻译,这有很大的问题。

前一种"字本位"主要谈汉语编码系统,后一种"字本位"主要谈汉语教学。二者对"字"的性质和作用的解释也各不相同,但都以字为中心,强调汉字的地位,这自然与语素分解有关。从下面的综述中可以看到"字本位"、"词本位"的反映和影响。

1.5 从 L_2 教学实践来看,语素分解法的作用,除了有助于分析词义如何由组成成分组合构成这个总的方面以外,具体一点说,还在以下几方面发挥了重要功效,即其必要性所在:

1.5.1 有助于辨析近义词。汉语有大量近义复合词群,其中一个语素相同,一个语素相异,构成 AB、AC、AD……A 体现共同语义特征,B、C、D……往往是体现区别性特征的语素,因此,对它们的解释可以说明几个近义复合词间的细微差别。例如"关注、关怀、关照"里的"关"有"关心"的意思,"注"有"重视"的意思,"怀"有"放在心上"的意思,"照"有

"照顾"的意思，了解这些语素义，这几个词的相同、相异之处基本上就清楚了。又如"爱护、爱惜"、"幻想、理想"、"温柔、温顺"等等，词的概念义的差别都需要解释语素义来辨析。鲁健骥、吕文华（2006）说词典的释词应该抓住一组词的区别性特征，如"疲乏、疲倦、疲软"的"乏、倦、软"就说明了这些同义词的差异所在。他们编著的《商务馆学汉语词典》主要供 L_2 习得所用，也很注意解释语素义。

1.5.2　有助于分辨多义语素、同音语素，从而掌握词义。L_2 学习者限于汉语语素知识不足，常常以他们已掌握的常用义去理解语素的非常用义，因此误解词义，此时语素分解就很有必要。例如："痛哭、痛快"的"痛"不是"疼痛、痛苦"的"痛"，而是"尽情地"的意思；"谢绝、婉谢"的"谢"不是"感谢"的"谢"，而是"拒绝"的意思。再如"家书、推荐书"的"书"（信函），"去世、去国"的"去"（离开），"吃惊、吃苦"的"吃"（经受），"陈列、陈设"的"陈"（摆放）等等，这些语素的意义都不同于它们的常用义，是学习者最易弄混的，教师可以根据需要加以解释，同时也可帮助学习者类推这些语素构成的其他复合词词义。对字形相同或相异的同音语素，教学中也可视需要加以辨析，如"语法、法语、守法"的"法"，分别是"规则、法国、法律"的意思；也有必要指出有些复合词包含同音异形语素，使学生避免写错，如"心里、心理"、"权力、权利"、"休养、修养"、"定金、订金"、"度过、渡过"等。

1.5.3　有助于解释"浓缩语素"。"浓缩语素"是指简称或压缩（吕叔湘，1963）或"截搭"（沈家煊，2006）造词过程中，原有的几个复合词紧缩为一个复合词，原有的某个语素的意义发生了变化，有时负载了一个复合词的意义。这个语素似乎就产生了新的意义。如"地铁、高铁"的"地、铁、高"都不是原义，而分别是"地下、铁道、高速度"的意思；"海归"的"海、归"分别是"海外留学或工作一段时间后"和"归国"的意思。这类词一开始是临时创造以适应汉语词汇双音节性的特点，社会生活中比比皆是，使不少语素义有了很大的容量或跨度；而词典中起初并无释义，但久用后即固定为语素的新义，并可造出更多的词，如"交警、民警、武警"的

"警"（警察）、"驾校、驾照、驾证、驾龄"的"驾"（驾驶）。随着社会的需要，这种现象会越来越多。L_2 学习者对于习见的简称比较熟悉，如"环保、科技、彩电、空调"等，但对陌生的简称常难以领悟，如"空客、减排、动漫、甲流、临客、客服"之类，这些语素代表什么意思，就非解释不可。这和中国人学习外语缩略语和西文中的"字母词"（如 GDP、WTO）的情况类似，须知字母表示什么意思，才明白词语的意思。

1.5.4 有助于猜测词义，帮助理解和记忆词义，扩大词汇量。这是一些强调汉字教学、语素教学的学者的共同目标，如白乐桑"字本位"的教学目的就是如此。李如龙、吴茗（2005）、朱志平（2004；2006）、张和生（2006）等都强调 L_2 教学中应利用语素义（字义）推导词义。这就是利用词汇由少数语素孳乳而成的特点，让学生掌握一定数量的语素和构词法，就可类推、猜测更多的复合词词义，例如知道了"困"是"困难"，就可猜出"困苦、困境、困惑、艰困"等词大概是什么意思。朱志平说："利用理据分析进行语义解释是第二语言双音词教学以简驭繁的一个捷径。"张和生认为，加强汉字教学，让学生理解字义，把汉字教学纳入词汇教学，是改进词汇教学的一个重要途径。他认为，不分别理解语素义而把词作为整体记忆会产生望文生义的偏误。有的学者更注意到语素义和词义的关系有直接、间接之分，因此语素分解法对释义的作用也有不同。李如龙、吴茗认为"通过语素分析推进词义教学，提高词汇学习效率，从而培养学生的自学能力和语言生成能力是完全可行的"，但同时也说："语素义对理解词义是有效的，但不是万能的，语素义的教学不可能完全取代词义的教学，字的教学也不能完全取代词的教学。"张江丽（2010）进一步以实验手段考察留学生从词义和语素义之间的关系猜测词义的效果，说明语素义体现词义的内容越多越直接，即"语素义直接地、完全地表示词义"这一类词，如"平分、自杀"，词义被猜对的机率越大，效果越好；反之，语素义非直接地、非完全地表示词义的复合词，如"铁窗、地步"，词义被猜对的机率越小，效果越差。张江丽肯定了语素在构词中的作用，主张增强学习者的语素意识，赞同合理运用理据分析解释词义；不过，也认为语素在词义中的作用是不均等的，应重视对词汇、汉字的"深度加工",包括语素义以外的文化含义等等,以引导学习者更好地掌握词义。

1.5.5 有助于培养和加强汉语语素意识。语素是语言中最小的音义单位,也是构词的基本单位,是语音、语义、语法的会聚点,集三者为一体,其书面形式还有和汉字的一层关系。语素意识是对汉语单音节"听音明义"、"见字识义"的一种领悟能力,以汉语为母语者都具有这种能力。对 L₂ 学习者而言,除了汉字文化圈内的人会因汉字获得部分汉语语素意识外,其他学习者都须经过较长的习得过程,才能具有较强的汉语语素意识,反过来又能加强学习词语的能力,而语素分解法在这方面无疑起了重要的作用。冯丽萍(2003;2009)从认知心理学的角度,通过实验研究留学生的"心理词典",认为语素(文中称"词素")义的激活先于整词,不同语言背景的学生在整词语义识别过程中都要经过语素义的分解和提取,故主张训练、培养学生有效的语素意识,以利于学习者的词汇加工。王骏(2008)也有类似的意见。他经过定量的实验研究,认为"汉语的词汇在长时记忆中是按单个语素('字')来贮存的。……这就意味着在对外汉语词汇教学中,按'字'输入的方式往往具有更高的效率"。他还指出,"字"能比整词更有效地为学习者所记忆。也有学者从复合词的生成方式、构词规则强调语素的重要性。如邢红兵(2003)把留学生学习汉语合成词产生偏误现象的原因归结为"语素意识、音节意识、结构意识模糊",才造出"爸母、续继、泳游"之类的词,主张教学策略应以"分解习得"占主导地位,而不是以"整体习得"占主导地位。张和生(2006)在说到留学生容易混淆同素异序词语(如"牛奶——奶牛")时,同样认为"在很多情况下,学生仍趋于不分别理解语素而是把词作为整体记忆,混淆同素异序词语的根本原因还是语素意识的不成熟"。

众多学者从不同的角度强调语素分解法的重要性和培养外国学生汉语语素意识的必要性,这和上述"字本位"理念的影响有一定关系。

1.6 下面再进一步看看关于如何运用语素分解法的经验和建议。从教学实践来看,这方面还缺乏较为集中、完整的实验数据和报道,但大体上可以说,语素分解法对日、韩等国学生的教学效果较好,因为他们有一定的汉字背景，母语词汇与汉语有某些共同性，所以学习汉语语素时较易理解、接受。李行健、折敷濑兴（1990）在教日本学生时就有此体会，曾指出"（汉语）每个词素都有一定的意义，这些复合词的意义建立在各个组成的词素意义的基础上，因而含有理据性和内在逻辑性。在日本学生理解词素意义的基础上，将词加以分解，就较容易理解词的意义。如果将有共同词素的复合词加以概括，也就比较容易认识这一大类词"，并说"汉语构词的特点，就为我们利用汉字认识新词创造了一定的条件"。分解语素义以理解词义，根据共同语素扩展词群，这也是语素分解法在 L_2 教学中的较早经验。

韩国留学生的学习情况又有不同。韩语有大量汉字词，但用韩文书写。韩国现在很少使用汉字，学习汉语的学生对汉字了解不多。全香兰（2006）在汉语教学中就韩语中的汉字词做了调查分析，发现学生只从整体上去理解复合词的词义，不知道这些汉字词，如"杂志、学期、音乐"，是由哪些汉字组成的，不知道词里语素的意思；学生被要求用汉字写出这类词时，还常受同音字干扰，如把"杂志"写成"杂纸"。因此，全香兰主张"一定要重视汉字字义（即语素义）的教学，即使到了高年级也要强调它"。

语素分解在教学中只是若干种释义方法之一，是一种经验性的而非规定性的手段。教师如何操作？分解到何种程度？原无一定之规。很多教师的体验是：语素分解应该是限于必有的，不是每遇生词都分解释义；应该是简明扼要的，不必探究词的深层理据。这是大家的共识，或者说"默契"。

但是，也有学者主张语素义应细致解释甚至溯源，才有助于理解词义和正确用词。朱志平（2004）在谈到留学生汉语习得中的偏误现象时举例说，有留学生把"优秀的学生"、"宣布了学生的名单"误写为"优良的学生"、"发布了学生的名单"，偏误的根源在于不理解语素义，因此不了解词义。文章说，"秀"的本义是指"庄稼抽穗开花"，由此引申指"学习或工作成绩好，有成就"；"宣"的本义指"天子发布命令的正殿"，引申为"公开说出来"。这说明语素结合理据的分析有助于复合词的释义，也有助于掌握词的搭配。鲁川、王玉菊（2006）也持同样的主张，他们说："现在有的对外汉语教师在讲解汉语二字词'平衡'的时候仅仅是从整体上给外国学生讲：

‘平衡＝balance’，而不分别讲‘平’和‘衡’的意思。如果遵照王力先生的建议（引者按，王力语见前 1.4），应该这样讲：‘平’的意思是‘水平’（1evel），‘衡’的意思是‘秤杆’（arm of a steel yard），所以‘平衡’的意思就是‘衡’　（秤杆）保持‘水平’位置，表示双方的力量‘平衡’（balance）。”张博（2008）在谈到 L_2 学习者的词汇偏误时也说：“对于复合词，常常需要回溯它们作为词组的意义或构词理据，分析初始义遗存的语义特征对词语组合关系的潜在制约。”她举例说，《现代汉语词典》解释“遗憾”、“可惜”二词都有“使人惋惜”的意思，但如果讲“遗憾”最初指“遗留恨憾”，“可惜”指“值得惋惜”，前者表示惋惜的程度更高，两个词的辨析就清楚了。李如龙、吴茗（2005）更进一步说：“从微观上来说，则应该考察每一个构词语素所组成的合成词，理出每一个语素的基本义、常用义……”

以上不惮其烦地引用一些文章，意在说明近年来 L_2 教学界对语素教学重视程度之高。不过，总的来说，理论上的倡导还需要较长时间的、较大范围的实践来证实和支撑。另一方面，也有学者提出了不同的看法，这使大家对语素分解法的思考和讨论更加全面、深入。

2.0　语素分解法的局限性

语素分解法对解释词义、探讨构词理据有其合理性，也很投合以汉语为母语者的习惯和心理；但用于 L_2 教学，也有理论上的不足和操作上的困难。有的语言现象，既可支持语素分解法，同时又可说明其局限，这正反映了这种方法的两面性。学界有不同的主张，其实正反映了语素本身的复杂性。有的支持语素分解法的学者在后来的研讨中补充或修正了原来的意见，这都是很自然的。

下面综述、讨论一下语素分解法的不足和困难。

2.1　语素的多义性是语素分解的难点之一。上文 1.5.2 说语素分解有助于分辨语素的多义性，以便理解复合词词义。这对于义项较少的语素是比较容易操作的，但是大多数语素负载多个义项，多义性正是语素系统复杂的重要原因。邢红兵（2006）建立了汉语语素数据库。仅举一例，他统计出

《汉语水平词汇等级大纲》中的 6393 个双音词共使用了 3257 个语素，如果按照义项分列，则有 5393 个语素。这说明：原则上，万千复合词虽由有限的语素构成，但实际上语素数量庞大得多。邢文也说"语素的多义性是语素教学中面临的又一个难题"。张江丽（2010）也注意到同样的问题，建议采取多种方法帮助学习者掌握语素的多义性。学者们提到的方法大都是理论上、原则上的，如"建立多义语素系统"、"建立义项层级化"、"建立义列"等。在实际的教学中，教师只在必要时具体解释某个语素义，有时则只解释词义，略去语素义。教师深知，一般留学生的汉语水平、知识、语感都还不足以形成一个较完整的汉语词义系统，没有足够的旧知储备来转换学到的新知。例如，给学生讲解"精"在"酒精、精力、精读、精美"里的不同的意义，就要列出"提炼出来的精华"、"精神"、"仔细"、"精致"。而这些释义的用语有的仍是待释的生词，释不胜释，又形成新的学习障碍。可见，越是义项多的语素，难点越多。

2.2 语素义的变异性也是语素分解的难点之一。孤立的词的意义具有概括性，使用中的词的意义只体现它的某一方面，这就是词义的"概括"和"实现"的关系。语素义（指同一个义项）一样，孤立时也具有概括性，但在复合词里常常只以某一侧面参与构词。如"火"在"火光、灯火"里的意义和独用的"火"意义相同，但在"火红、火热、火急"里，则分别表示"火的颜色"、"火的温度"、"火燃烧的速度"，是语素的比喻用法。又如"书"是"装订成册的著作"，而在"书稿、书评"里指书的内容，在"书皮、书脊"里指书的外表，在"新书、古书"里或指内容，或指外表，或二者兼指。符淮青（1985）把这种现象称为语素"意义上的变异"，把同一义项的各种变异称为"语素变义"，与"语素共义"相对。黄洁（2008）解释这种现象的认知理据说："语素（文中指名词性语素）有丰富的概念结构，在参与构词时，这些结构就分解开来，在不同的复合词里只凸显某一侧面，成为认知域的激活区。"例如"花蕾"的"花"表示"花的整体"，但"花茶"的"花"只是"材料"的角色。这提示语素在不同的结构中，为了因应不同的组合对象，其意义"随机应变"，充当不同的参与角色。这种变异个性化很强，纷繁琐细，一般的语素分解难以应付。教学不同于理据研究、词书编写，无暇也无需对学习者一一分析、梳理语素概念结构的多个侧面，只有当这种临时性的变异成了固定的引申义，产生了新的义项之后，才有必要加以解释。

2.3　语素间语义的曲折性是语素分解的又一难点。汉语复合词的词义同语素义的关系，论述不少，分类各异①，主要有加合型、融合型、偏义型、理据缺失型几类②，而加合型、融合型两种类型的复合词最多。加合型的词义最易从两个语素直接推知，但也不是简单加合，如"黑板"并不就是"黑的板"。朱彦（2005）提出"语义的曲折性"一语，或称"语义跨度"，称一个语言结构所表达的意思不能直接从它的组成成分的意义获得，也不能直接从成分之间的结构义获得，也就是说，该结构有语义上的曲折性、间接性。朱文说"语义的曲折性是复合词的首要特性"，意指无论哪一类复合词，都具有这种特性，只是程度不一而已。董秀芳（2002）对大量汉语复合词的衍生过程作了细致的分析，说"词汇化（短语变为单词的过程）的进一步加深，就会使语素的意义变得模糊，结合能力降低，词的内部形式也因之变得暗昧不明"，所以她认为"不宜夸大语素在说汉语的人的语感中的清晰度"。其实，不仅历史久远、理据不明的复合词的语义跨度大，即使语素义看来清晰的复合词，也不能简单依靠语素分解来释义。因此，1.5.4所说语素分解有利于猜测词义的作用是有限的③。郭胜春（2004）明确地说："词汇具有结构上的凝固性及意义上的独立性和完整性，词义包含的信息远多于语素本身的含义。"他通过对外国学生的测试，发现他们对汉语合成词的理解有许多干扰因素，如把"早春"释为"春天的早晨"，把"好意"释为"好的意

---

① 参看符淮青（1985）、郭胜春（2004）、鲁川、王玉菊（2006）、王艾录、司富珍（2007）等。

② 各家分类不同。粗略地划分，约有以下几类：（1）加合型：语素义直接地或较清楚地表示词义。如旅途、合作。（2）融合型：语素义间接地表示词义。如骨肉、牵挂。（3）偏义型：部分语素义失落。如忘记、好歹。（4）理据缺失型：语素义难于稽考。如便宜、把戏。

③ 现代汉语中有越来越多的复合词，由于极力求简、原结构缩减或理据断裂等原因，语素义间跨度很大。有的不仅是词组的缩略，甚至是句义的压缩，以适应双音节模式。语素也非一般的浓缩语素，无法单个释义。除了人们常举的"谢幕、叫门、跳伞、偷嘴"等以外，后出现的如"醉驾、医闹、裸捐、北漂、月嫂"等都是。

思"。笔者在教学中也常遇到这类误释，如把"情书"释为"表示感情的书"，把"潜力"释为"藏在水下的动力"（因学过"潜水"而类推）；熟语教学中也多见这种误释，如把"无能为力"解释为"身体没有力气"。词义误释的干扰因素其实和不理解上文所说的语素的多义性、变异性有关，也和不熟悉汉语构词规则有关，但总的来说，是误以为语素义简单相加就是词义。郭文提出一种强调"合"的词汇教学思路，主张帮助学生从整体上理解词义，但也不是不需要语素分析，而是要把握语素分析的度。这个主张是合理的。

2.4 语素分解无法解释很多复合词中的同义语素。例如"售、卖"、"答、复"、"娘、妈"都是同义语素，但它们与另一个相同的语素组成复合词时，词义却不相同，甚至大相径庭，如"出售、出卖"、"报复、报答"、"姑娘、姑妈"。2009 年的春晚，赵本山就故意误用，制造小品的喜剧效果。他本想对毕福剑说"报答您"，却说成"报复您"。2011 年春晚又有小品以"姑妈、姑娘"说事。这类词也有近义的，但不是等义词，如"通信、通讯"、"友谊、友情"；有的各有专义，如"病历、病史"、"心房、心室"、"鸟巢、雀巢"（一为北京体育场馆名，一为企业名）；更多的是词义差别很大，如"头脑、首脑"、"消耗、消费"、"故事、往事"、"人为、人造"、"公款、公费"、"佳人、好人"、"收购、收买"等等。为什么一组词语素相同，是近义，词义却不同？这有力地说明了语素分解法的局限性，即着力于单个语素的解释不能准确、完整地说明词义。施正宇（2001）较早谈到这类复合词是对外汉语教学和汉字教学接轨中一个值得注意的问题，如"茶房、茶室"、"计算器、计算机"都有"一字之差"，但词义不同。她说："外国学生如果不了解复合词中各构成成分之间和构成以后的种种复杂情况，很可能就字论字，望文生义，或先入为主，造成理解上的困难。"这是对词汇教学的中肯的提示。吕叔湘（1980）举"预报、预告"为例，认为根据约定俗成的道理，复合词词义形成之后，带有强制性，也就是熟语性、固定性。这种情况同样表明复合词词义不是由语素义简单相加就可获得的，也表明一个语素在复合词中和在孤立时，其意义"价值"并不完全相同。

2.5 语素分解法常不能解释复合词理性义之外的特殊意义，例如语体色彩、感情色彩。不少词还有民族、历史、文化、习俗、心理的印迹，具有特殊的象征义、隐喻义、联想义。这些特殊的色彩和意味，单纯词固然也可以具有，但对复合词而言，大都是整个词而不是分别由单个语素体现出来的。例如，"妇女、女人、女子、女士"都有共同的核心语素"女"，理性义都相同、相近，但语体色彩、感情色彩就有差异，用错场合会影响交际效果。这种差异不是由语素义本身带来的，而是整个复合词在长期使用过程中产生的。有些特殊的色彩或意味又是这些词出现的语境带来的，如"袒护、染指"的贬义色彩并不是语素"袒、护、染、指"本身具有的，而是产生整词的典故赋予的。又如"桃李"喻（老师）教过的学生，但一般指成才的学生，这暗示义是由"桃李满天下"而来，不是从"桃、李"而来。"红颜"代指美女，但一般暗含有"使人怜惜"的意味，这意味是从"红颜薄命"、"红颜易老"一类习用语中逐渐形成的。

2.6　语素之间的结构关系也是组成复合词词义的重要因素。从外国学生的视角出发，语素分解对此难以做到简洁明确的解释。汉语语素没有类义标记，在复合词内凭两个音节的前后顺序表示多种结构关系。另外，复合词的结构规则和句法规则有一致的地方，也有不一致的地方。学生即便比较熟悉汉语句法规则也不能理解复合词的结构规则和结构关系，所以，掌握了语素义，仍常常难靠直觉从字面上领悟词义。这又表明了语素分解法的局限性。下面举几个例子说明。为简便计，这里的 N 和 V 分别代表体词性语素和谓词性语素。

$$
N+N-\begin{cases} \text{联合关系：虎狼\quad 猫狗①} \\ \text{偏正关系：狼狗\quad 熊猫} \end{cases}
$$

$$
N+V-\begin{cases} \text{主谓关系：地震\quad 日蚀} \\ \text{偏正关系：冰冷\quad 粉碎} \end{cases}
$$

$$
V+N-\begin{cases} \text{述宾关系：热身\quad （别）坏事} \\ \text{偏正关系：热门\quad （干）坏事} \end{cases}
$$

---

① "虎狼、猫狗"按原义都是词组，但有比喻义时，也可认作词。

虽是常见的词，学生仍可能产生困惑：每组内成分类别相同，结构方式相同，为什么结构关系却不同？这影响了词义的推测。例如："虎狼"是两种动物，"狼狗"为什么是一种动物？"粉碎"为什么和"地震"结构不同？孤立的语素分解显然不能解释。上文1.5.5曾谈到有的学习者混淆同素异序词，有学者认为原因在于不理解语素或语素意识不成熟，我们认为原因在于整词意识不强，也包括对结构关系不熟悉。如"奶牛、牛奶"两个词语素相同，都是偏正关系，但词义不同，就因为这种向心结构的词义和语法功能是由中心成分决定的，即与"牛、奶"两个语素的位置有关。自然，在教学中倒是不必详细讲解语素间的种种结构关系。

2.7 生造词是 L_2 学习者常有的偏误现象，学界多有关注，如叶步青（1997）、邢红兵（2003）、朱其智（2006）等都大量举例做了评述。产生生造词[①]的常见原因有：一是用汉语语素自行拼合而成，如：旅览（游览）、及达（到达）、烫机（熨斗）；二是仿造或类推而成，如：小使（领事。仿大使）、酒历（酒龄。仿学历）、放小（缩小。仿放大）；三是不恰当地译自母语，如：轻蓝（浅蓝。Light blue）、好点（优点。Good points）、快饭（快餐。Quick meal）；四是不熟悉汉语词的双音节性，如：自纪律（自律）、表演员（演员）、家庭员（家庭成员）等。生造词共同的特点是"无视"汉语已有的、现成的复合词的存在。如何让学生减少、避免生造词，论者意见不同。邢红兵主张分解习得，加强语素意识（上文1.5.5已介绍）。朱其智则主张加强词法教学，一是教授现代汉语词汇的双音化规则，二是把述补结构作为整体来教。笔者的感受是：生造词的出现正说明其创造者有一定的语素意识、构词意识，他们多是中级汉语阶段的学习者，已掌握一定数量的语素，但对复合词的定型性、整体性还不太熟悉。笔者教过一位澳籍学生，喜欢分解字义，以为语素和词一样可以自由组合，所以生造了不少词，如悬岸（悬崖）、直壁（峭壁）、徒走（光脚行走）、海植物（海洋植物）、附寄（［软体动物］附着、寄生［在石上］）等。这也是过度强调语素分解会产生偏向的一个实例。

---

① 例词有的引自上述各篇论文，有的为笔者所见。

2.8 过度强调语素分解的另一偏向是导致习得者字、词界限不明，语段结构切分不当，因而误释语义。正如有学者指出的，"现代汉语属分析型语言，词和语素重合的比例相当高"（徐丹，2007），加以书写形式特殊，L₂习得者容易以字代词，初学课文时就习惯于按照等距离逐字朗读，而不知按词或按逻辑、节奏诵读，这说明字（语素）给他们印象之深。还有的习得者查词典习惯于只查语素义而不注意查整个词，如"生涯、联袂"，只查出"涯，水边；边际"、"袂，袖子"，但仍不知道词义。更常见的问题是切分不当，如："四川大学生假期活动"切分为"四川大学｜生假期活动"；"杰克逊常常使用处方药止痛"切分为"杰克逊常常使｜用处方药止痛"；"以外援金额比例计算"切分为"以外｜援金额比例计算"。这种情况多发生在阅读过程中，中高级阶段的学生都会遇到这样的困惑，这是影响阅读理解的严重障碍之一。原因也是习得者虽对一部分词有整体意识，如"四川大学、用处、以外"，但对另一些词没有定型意识，如"处方药、外援"，用前者代替后者，使整个语段切分失误。

任瑚琏（2002）从结构切分的角度对以字为教学基本单位的理念提出自己的看法，认为这种理念易导致切分错误、理解错误，主张以词为教学基本单位。这是其教学中的深切体会，是很中肯的意见。

3.0 结语

3.1 本文重点讨论语素分解法的得与失，显然不是对这种释义方法的全盘肯定，更不是全盘否定。这种释义法立足于汉语词汇的结构特点，自有其充分的合理性与必要性。在 L₂ 教学中，语素分解法在培养学生的汉语语素意识、辨析词义、扩大词汇方面都有不可或缺的作用，也因此，很多学者直接或间接地提倡、强调语素的教学。但是，这种方法的不足和困难也不容忽视。近年来，经过学者的实验、研究，一些观点也有所补充、调整，认识到"不能过分强调语素的作用而忽略整词教学的作用"，"语素教学已经越来越受到重视和青睐……但一些弊端也日益暴露出来"（邢红兵，2006；王娟、邢红兵，2010）。这是由于语素系统非常复杂，语素义合成词义的过程又异常纷繁，有了实践的检验，大家的认识才逐渐趋于全面。当然，两种释义法如何在 L₂教学中更加行之有效地相互配合使用，仍需不断探索、总结。

3.2　把两种释义法放在一起比较，则语素分解法是自下而上，从组成成分意义开始，以期获得整词词义，词义的解释更准确，符合造词理据，但是习得过程复杂，加重了大脑记忆负担；整合释义法一般是概括地获得词义，不细究每个语素义，释义不求精细，心理、记忆负担轻。例如"奥妙、铅笔、微波炉"，语素分解法会解释"奥，深奥"、"铅（这里）指石墨"、"微波，波长比短波短得多的一种电波"；但是，普通的学习者如果已经熟悉"妙、笔、炉"的意思，就可能大体上知道整个词义，而不关心"奥、铅、微波"这些构词成分的解释。语素分解法似乎更适合词汇的结构研究、语义研究，整合释义法更契合交际行为中及时处理信息的特点。

认知心理学的一些原理也许可以在观念、思路方面给本文讨论的问题提供一些参考。

"组块"① 理论认为，根据记忆的特点，人们在交际过程中常把一个语段切成若干语块（chunks，亦译"组块"），数量控制在 4 以内，就有利于短时记忆。因此，人们在听到话语时，就把小的单位组合成更大的单位即语块，如此可减少离散的语块数。这个处理信息的过程也叫"组块"（chunking）。例如"四川大学海外教育学院学生"，是 12 个单位（音节，或说语素亦可），学习者逐个记忆，效果不好；如果组合为 3 个单位（"四川大学"、"海外教育学院"、"学生"），大脑的负担就会减轻，容易记住。粗略地、通俗地说，听话人能及时、快速地吸收和处理话语中的信息，往往不一一分析每个成分的意思（这和对所听内容的熟悉程度以及对下文将说什么的预测能力有关）。现国内多将"组块"理论与"构式语法"结合，用于句法分析的讨论和研究②；在词语方面，较早可见到董秀芳（2002）用"组块"理论解释某些复合词的衍生机制。例如：两个句法单位在使用中逐渐词汇化，使用者将它们

---

①　参看陆丙甫（1986；2009）、苏丹洁、陆俭明（2010）、陆俭明（2011）、苏丹洁（2011）等论文中的评论以及所涉及的其他论文。

②　参看陆丙甫（1986；2009）、苏丹洁、陆俭明（2010）、陆俭明（2011）、苏丹洁（2011）等论文中的评论以及所涉及的其他论文。

作为一体来加以整体处理，而不再对其内部结构作分析，其内部形式也模糊化，有的复合词甚至成了单纯词。在 L₂ 教学方面，赵金铭（2010）提出，在汉语学习的入门阶段，从句法结构入手进行教学。这意味着不是以一个个孤立的词来教学生学习词汇。"句法结构"指的是比词更大的一串词，如词组、短句、习用语，可以是二字组、三字组、四字组等等，是人们常用的"预制"的词块（即语块、组块）。它综合了词语的语义、语法、语用的知识和规则，学习者可以通过学习提高对这些词块的语感和认知能力，从而也提高交际能力。赵金铭还指出，这个教学方法在中外语言教育方面有很多试验、范例和经验；这里谈及此问题，不是讨论具体的教学策略，而是说明不同的视角、观念；根据认知心理学组块理论，"语言的记忆，贮存、输出和使用，并不是以单个的词为单位，而是从记忆中整体取用比词更大的一串词……作为预制'词块'（chunk）来完成的"。当然，这是"组块"理论用于词语教学的一种理念或设想，绝不是无视词和语素的存在，也不是代替词的分析和语素义的分析，而是意味着，词或语素要在一个更大的组合中才易被人脑记忆、提取、使用。这和 1.5.5 中冯丽萍、王骏等的观点是不同的。可见，词汇教学的思路是多方位、多途径的，有的借助词的内部因素，有的借助词的外部联系。这些都有待于实验、比较、探索。

3.3　语素分解法和整合释义法的目的都是解释词义，但各自体现了不同的本位论。L₂ 教学离不了语言结构（包括语音、语法、语义各方面）的分析，但总的目的是交际应用，所以，词本位更符合 L₂ 教学的需要。理由是：

第一，学生首先要掌握的是词（单音节或多音节的），并学习造句，而不是先掌握语素。词是造句的基本单位，是人们心理上的基本单位；词也是诵读的基本单位，词有语调模式，轻重音、变调等都主要在词上而不在孤立的词根语素上。语素的学习是掌握一定数量的词之后的事。

第二，L₂ 教学的目的主要是教异母语者在一定期限内尽快掌握汉语的交际能力，绝大多数学习者的目的是应用，不是做汉语研究，即使有少数立志做研究的，在学习之初仍是为了学以致用，而不是学习大量语素知识。有的文章提到 L₂ 教学中应分析语素义甚至语源，这在有限的学时里很难实现，效果也未必好，也不是多数学习者的需求。

第三，L₂的教学对象汉语知识储备不足，尤其在初级阶段。语素分解法重在以词释词，常有循环释义的弊病。如《现代汉语词典》：

奥妙：（道理、内容）深奥微妙。

微妙：深奥玄妙，难以捉摸。

玄妙：玄奥奇妙。

玄奥：深奥。

深奥：（道理、含义）高深不易理解。

可能除了"深奥"以外，对于其他几个词，学生最终都莫名其妙。中高级阶段的学生，即使是日、韩籍学生，也常遇到这类困难。笔者也曾见到有教师以词释词时，学生困惑不解，教师语塞。相对而言，整合释义灵活一些，语素义被"稀释"、"溶化"，学生较易接受、了解。施光亨、王绍新主编的《汉语教与学词典》的释义"尽量少用或不用以词释词、近义词互释的方法，努力使其更加贴切，便于读者理解和掌握，如'小心'不按通例释作'注意、留心'，而释为'十分注意，避免发生不良后果'。"这个释义原则就充分考虑到了外国学生的特点和需要，值得教学者参考。

当然，我们不主张也不可能在L₂教学中只采用单一的释义方法。我们认为应以整合释义法为主，适当采用语素分解法。有些词适合用整合释义法，有些词适合用语素分解法，或是二者配合兼用。这些都需要大量的实践，以探索出一些规律。

3.4 词语释义是一个说不尽的话题。更多的问题，还要在教学实践中去发现，去讨论。

2009 年初稿

2011 年定稿

参考文献

白乐桑　张丽　《〈欧洲共同语言参考框架〉新理念对汉语教学的启示与推动》，《世界汉语教学》2008 年第 3 期。

白乐桑　《法国汉语教育理念、现状、教学标准、学科建设及教学方法》，2010 年 4 月 23 日在四川大学海外教育学院的学术报告，李雯记录整理。

董秀芳　《词汇化：汉语双音词的衍生和发展》，四川民族出版社，2002 年。

冯丽萍　《中级汉语水平留学生的词汇结构意识与阅读能力的培养》，《世界汉语教学》2003 年第 2 期。

冯丽萍　《外国学生汉语词素的形音义加工与心理词典的建构模式研究》，《世界汉语教学》2009 年第 1 期。

符淮青　《现代汉语词汇》，北京大学出版社，1985 年。

郭胜春　《汉语语素义在留学生词义获得中的作用》，《语言教学与研究》2004 年第 6 期。

黄洁　《复合词内部语义关系多样性的认知理据》，《语言教学与研究》2008 年第 6 期。

李如龙　吴茗　《略论对外汉语词汇教学的两个原则》，《语言教学与研究》2005 年第 2 期。

李如龙　《论汉语和汉字的关系及相关的研究》，《语言教学与研究》2009 年第 4 期。

李行健　折敷濑兴　《日本人可以很快学会汉语吗？》，《语言教学与研究》1990 年第 3 期。

刘叔新　《汉语复合词的内部形式的特点与类别》，《中国语文》1985 年第 3 期。

刘叔新　《汉语描写词汇学》，商务印书馆，1990 年。

鲁川　王玉菊　《常用字"定型字义"和二字词"词义方程式"》，《汉语学习》2006 年第 2 期。

鲁健骥　吕文华　《编写对外汉语单语学习词典的尝试与思考》，《世界汉语教学》2006 年第 1 期。

陆丙甫　《语句理解的同步组块过程及其数量描述》，《中国语文》1986 年第 2 期。

陆丙甫　蔡振光　《"组块"与语言结构难度》，《世界汉语教学》2009 年第 1 期。

陆俭明　《再论构式语块分析法》，《语言研究》（华中科大）第 31 卷第 2 期，

2011 年。

吕必松　《沉痛哀悼徐通锵先生》，《求索集——徐通锵先生纪念文集》，商务印书馆，2008 年。

吕叔湘　《现代汉语单双音节初探》，《中国语文》1963 年第 1 期。

吕叔湘　《语文常谈》，生活·读书·新知三联书店，1980 年。

全香兰　《韩语汉字词对学生习得汉语词语的影响》，《世界汉语教学》2006 年第 1 期。

任瑚琏　《字、词与对外汉语教学的基本单位及教学策略》，《世界汉语教学》2002 年第 4 期。

沈家煊　《"糅合"和"截搭"》，《世界汉语教学》2006 年第 4 期。

施正宇　《双音复合词中的"一字之差"——汉字教学和汉语教学接轨中一个值得注意的问题》，《北京大学对外汉语教学中心论文汇编》，2001 年。

史有为　《语言符号的有理认知》，《汉语学习》2008 年第 3 期。

苏丹洁　陆俭明　《"构式——语块"句法分析法和教学法》，《世界汉语教学》2010 年第 4 期。

苏丹洁　《构式语块教学法的实质》，《语言教学与研究》2011 年第 2 期。

万艺玲　《汉语词汇教程》，北京语言大学出版社，2003 年。

王艾录　司富珍　《汉语的语词理据》，商务印书馆，2007 年。

王娟　邢红兵　《留学生单音节多义语素构词习得过程的实验研究》，《语言教学与研究》2010 年第 2 期。

王骏　《汉语词汇在长时记忆中的贮存模式及其对教学的意义》，《语言教学与研究》2008 年第 4 期。

邢红兵　《留学生偏误合成词的统计分析》，《世界汉语教学》2003 年第 4 期。

邢红兵　《〈汉语水平等级大纲〉双音合成词语素统计分析》，《世界汉语教学》2006 年第 3 期。

徐丹　《语言类型研究与汉语教学》，《语言教学与研究》2007 年第 3 期。

徐通锵　《语义句法刍议》，《语言教学与研究》1991 年第 3 期。

徐通锵　《语言论——语义型语言的结构原理和研究方法》，东北师范大学出版社，1998 年。

徐通锵　《汉语字本位语法导论》，山东教育出版社，2008 年。

叶步青　《汉语书面词语的中介形式》，《世界汉语教学》1997 年第 1 期。

张博　《第二语言学习者汉语中介语易混淆词及其研究方法》，《语言教学与研究》2008 年第 6 期。

张德鑫　《从"词本位"到"字中心"——对外汉语教学的战略转移》，《汉语学报》2006 年第 2 期。

张和生　《外国学生汉语词汇学习状况计量研究》，《世界汉语教学》2006 年第 1 期。

张江丽　《词义与语素义之间的关系对词义猜测的影响》，《语言教学与研究》2010 年第 3 期。

张朋朋　《词本位教学法和字本位教学法的比较》，《世界汉语教学》1992 年第 3 期。

张永言　《关于词的"内部形式"》，《语言研究》1981 年创刊号；又载《语文学论集》（增补本），语文出版社，1999 年。

张志毅　《词的理据》，《语言教学与研究》1990 年第 3 期。

赵金铭　《汉语作为第二语言教学：理念与模式》，《世界汉语教学》2008 年第 1 期。

赵金铭　《汉语句法结构与对外汉语教学》，《世界汉语教学》2010 年第 3 期。

赵元任　《汉语口语语法》，吕叔湘译，商务印书馆，1979 年。

朱其智　《留学生造词偏误分析》，《汉语教学学刊》2006 年第 2 辑。

朱志平　《双音词偏误的词汇语义学分析》，《汉语学习》2004 年第 2 期。

朱志平　《双音节复合词语素结合理据的分析及其在第二语言教学中的应用》，《世界汉语教学》2006 年第 1 期。

朱彦　《复合词语义的曲折性及其与短语的划分》，《世界汉语教学》2005 年第 1 期。

语法学术语汇释

  本书编者："语法学术语汇释"是《现代汉语知识辞典》[①] 有关部分的摘录。张永言先生在该书序言中指出：《现代汉语知识辞典》展现了我国现代汉语研究在广度和深度上的长足进展和新的学术面貌。他认为，这部辞典的特点首先是"搜集面广"，"所收条目既有语言学界普遍认可的传统术语，也有近年来才出现的一些新术语，可以弥补一般现代汉语通论性质著作的不足。其次是信息量大。不少词条的释文在规定界说的同时介绍了有关研究的历史和现状，有时还参较相关条目加以分析辩证，卷末还有可资参考的材料，分类排列，为读者进行研究指点门径，提供线索。第三是学术性和普及性的结合。遴选条目一丝不苟，诠释概念准确详明，部分词条融入了编者自己的心得，不袭故常，深入浅出。无论是初学还是专业工作者，都能得到启发和帮助"。有学者在读过该书后认为，《辞典》收录的条目"集中而又全面"，"凡是有关现代汉语学科的重要名词术语都收进来了"，编者在术语的阐释上下了很大功夫，每一个词条的释文都是一篇"要言不烦的学术短文"。

  收入"语法学术语汇释"的 314 个语法类条目均系张清源编写，编者除对原书排印中的个别疏误作了处理外，一概尊重原貌。

---

  ① 张清源主编，张清源、张一舟、黎新第、田懋勤编：《现代汉语知识辞典》，四川人民出版社，1990 年。该书成书于 1988 年，原拟名《现代汉语术语辞典》。

【语法】　①又称"文法"，旧亦称"文典"、"葛郎玛"（Grammar 的音译）。语言符号的组织规则，即语素、词、词组、句子的组合与构成的规则。语法的本质特点是具有高度的概括性和抽象性，对成类的而非个别的语言现象起制约作用，少数语法规则重复使用，即可产生数量无限的词或词的组合。语法并不是消极地将语言符号连缀起来，而是从更高的层次参与语言意义的形成，使语言符号成为信息。说话人借语法而组词造句，听话人也借语法了解词句的意义。语法客观地存在于语言中，因而潜存于掌握该语言的人脑中；个人使用语法规则时可以有所选择，但不能随意改变或违背语法。每种语言的语法都自有特点。世界上所有语言的语法方式虽有一定的共同性，但每种语言习惯于采用哪些语法方式，以及用它们表现什么语法意义，则大不相同；因此不能以一种语言的语法规则去说明别种语言的语法规则。在同一语言内部，语法也随时代的变迁和地域方言的划分而出现某些差异。语法是人类思维高度发展的产物，但以上特点说明语法不同于人类共有的思维规律。西方语言学对"语法"一词有不同解释，最广义的含义是"语言结构的规律"，也包括语音、语义的结构规律。我国语言学通常采用较狭义的解释，即"语法是组词造句的规律"；也有出于对汉语语法特点的认识，称语法是"句子的各种格式"。②包含语法、逻辑、修辞规则在内的语文规则的通俗名称。多用于非专业部门。甚至教学语法*①中有时也把不合逻辑、修辞规则的语言现象统称为"不合语法"，如词语搭配不当之类。③研究语法规则的科学。也指语法著作。参看"语法学"。④"国语文法"的简称。指以北京话为标准的白话的语法。黎锦熙《新著国语文法》的术语。

【文法】即"语法"。唐宋以来多指一般语文组织的规律，包括作文、修辞的法则；近代渐用于指语言的组织规律，与"语法"齐名。总的来说，晚清民初至 20 世纪 30 年代，我国语言学界多用"文法"，以后多用"语法"。有人主张两个名称各司其职，称文言语法为"文法"，称白话语法为"语法"，但不曾实行。"文法"一名反映了传统语法学重视书面语的倾向。20 世

---

①　*标示需要参考他条，下同。

纪 60 年代初，我国还有"文法"与"语法"定名的讨论，有人认为口语语法固然重要，但仍要以规范的书面语为研究对象，"文法"一词可概括口语和书面语两方面，主张以"文法"为正名，"语法"为别名。主张称"语法"为正名者则认为口语是基础，是根本。事实上，"语法"一词已流行。"文法"也指研究文法规律的学问，即"文法学"。

【语法学】又称"文法学"、"语法"、"文法"、"文典"、"葛郎玛"。研究和描写语法规则的科学。欧洲古代"语法"原指一切与书写有关的学问，近代把语法学看作语言学诸学科中一门独立的科学，与语音学、词汇学等并列，并把语法学内部分为词法学*和句法学*。现代语言学对语法学外部的划界、内部的区分又因不同流派而异，但传统语言学划分的影响仍广泛存在。语法学不仅研究语法结构的成分、类别、结构方式、结构关系，对它们进行归纳和描写，而且研究语法形式和语法意义的对应关系，从而发现规律。现代语言学还试图对语法规律作出解释，并从演绎角度进行研究。词类和句子成分的划分并不是语法学的全部内容，根据不同的理论和方法，语法学主要可分为传统语法学、结构主义语法、转换生成语法等；根据研究的不同范围、角度或目的，又有历史语法、描写语法、比较语法、理论语法、教学语法等。汉语语法学观念萌芽很早，主要表现为对虚词的注意，但研究语法结构的学问是近代才由欧洲引进的，开始于《马氏文通》（1898）。早期汉语语法著作受西方语法学影响很深，多模仿印欧语语法，后来致力于探索汉语语法自身的特点，直到现在，取得了不少有价值的成果，也提出了许多新的课题。

【传统语法】继承古代希腊、罗马的语法传统的语法体系。始于公元前二世纪时希腊的语法学，后来罗马人根据其体系编成拉丁语法，中世纪成为欧洲学习拉丁语的教科书，因此其语法体系和精神对其他语言的语法描述产生了很大的影响，一直沿袭到后世，称为传统语法。其特点主要是：（1）语法分析建立在逻辑基础上；（2）有规定主义倾向，重在说明已有的语法规范，并以此教人正确说话与写作；（3）重视书面语；（4）以权威语言的语法体系作为别的语言的语法描述模式，如先是以拉丁语法体系，后又以受它影响的英语语法体系作为权威；（5）也利用语法形式，但不系统，不自觉。传统语法的体系主要表现为：把语法分为形态学（词法）和造句法（句法）两大部门；以形态归纳词类及人称、数、时等语法范畴，并据以分析句子的格局，因此注重词法与句法的关系。现在所谓传统语法，多指与20世纪新兴的语法学相对的语法体系，它保留了传统的语法间架，例如仍以词为语法的中心单位，分词法与句法两大部门等。而古典传统语法以逻辑为语法分析基础的局限性已逐渐减少，对语法形式已较前重视。经过若干世纪的变化，传统语法也吸收了新的科学成果以不断修正自己。我国语法学一开始即受传统语法影响，以后的语法学就体系而言，也多属传统语法范围。但是，不少语法学家很早就认识到汉语语法学应是"独立的而非模仿的"，力图寻找适合说明汉语语法特点的体系，如重句法。这与古典传统语法强调模仿的精神是不同的。传统语法现仍多用于教学。见"教学语法"。

【理论语法】与教学语法*相对的语法学名称。主要指那些对语法现象进行探讨，在理论上加以解释或提出问题的语法著作。这类著作往往涉及语法研究的原则和方法本身的探索和创新，起着推动语法科学发展的作用。因此，理论语法不同于教学语法在理论方面博采众说、相对稳定的特点，但也不同于普通语言学的语法理论，而是常常结合具体语言的语法现象讨论问题。广义地说，我国半个世纪以来很多重要的语法论著和重大的语法讨论，都属理论语法性质。例如：20世纪30年代的中国文法革新问题讨论，50年代的词类问题讨论和主宾语问题讨论，80年代的析句问题讨论；论著有王力《汉语语法理论》（1944—1945）、高名凯《汉语语法论》（1948）。尤其是近30年来不少论著吸收了现代语言学的某些理论和方法，拓宽了汉语语法研究的领域，其中有吕叔湘、朱德熙的若干论文，有些后来分别收集在吕叔湘《汉语语法论文集》（增订本，1984）和朱德熙《现代汉语语法研究》（1980）里。理论语法因为专业性、学术性强，又被称为"专家语法"。这个名称不应理解为教学语法对理论语法的拒绝。事实上，二者是相互补充的，理论语法研究越深入，教学语法科学性越强。现在汉语教学语法中加强了语素和短语的部分即其一例。

【描写语法】①以描写一种语言的语法事实为宗旨的语法学。描写性与规范语法的规定性相对，主张全面详尽地描写能观察到的习惯用法和语法规律，而不作价值判断，不以正误好坏衡量语法；主张描写口语以至方言土语的语法现象。又叫"习惯语法"或"参考语法"。现代汉语描写语法的代表作如赵元任的《中国话的文法》（1968，中译本名为《汉语口语语法》1980），详细描写了现代汉语的形态类型、复合词、句法类型、词类等；又如吕叔湘主编的《现代汉语八百词》（1980），着重描写一个个词（主要是虚词）的用法。同类著作还有孟琮等的《动词用法词典》（1987）等。②描写语言学的语法学。指以结构主义语言学美国学派（即描写语言学）的理论和方法研究语法的学问。它把语言看作一个结构系统；主张共时地描写语言，包括语法；在语法分析中强调语言形式的作用而排斥或不重视意义；提出一套分析语言的程序和方法，如用直接成分分析法对一种语段进行切分、归类，以研究不同类别的语言单位的配列和组合模式。所有这些都与传统语法不同。描写作为一种如实记录语言事实的重要的基本手段，并不自描写语言学开始，早在传统语法中就已使用，但描写语言学提高了描写的系统性和科学性。上举《中国话的文法》既是一般意义的描写语法，同时又是用描写语言学的原则研究现代汉语语法的代表作。朱德熙的《现代汉语形容词研究》（1956）、《说"的"》（1961）也是借鉴描写语言学方法的有影响的汉语语法专论。以描写语法命名的专著有徐思益的理论性著作《描写语法学初探》（1981），讨论包括描写语言学方法在内的广义的描写语法。

【比较语法】比较语言学的一个分支。对不同语言或不同方言的语法现象作比较研究的学科。可以是历时的比较，也可以是共时的比较。根据不同的目的、对象、方法，可以有不同的比较语法。在语言谱系关系研究、语言类型研究、语言应用（翻译与教学等）中，比较语法都有重要地位。我国把比较语言学（广义）分为"比较语言学"（狭义）和"对比语言学"，相应也有"比较语法"（狭义）和"对比语法"。比较语法主要对有亲属关系的语言的语法进行比较研究，如我国语言学家对汉藏语系诸语言的研究，汉语同壮语、傣语、景颇语、彝语等语言的比较研究。比较的内容包括虚词与其他封闭性的词类（如代词、数词、量词）、形态、语法范畴、构词法以及语序。通过对不同语言的平行现象的比较，可以从语法手段的形式和数目的异同探讨亲属语言的谱系关系。对比语法主要用于不同系属的语言研究。近年来，随着对外汉语教学学科和翻译学的发展，汉外对比语法也有了初步成果，对比的语种主要是英语，其次是法语、日语、俄语、德语、西班牙语、阿拉伯语、朝鲜语等。对比内容多集中在词类、句式、语序等汉外语法的主要相异方面。广义的比较语法还包括一种语言自身的比较研究，如现代汉语和古代汉语语法的比较、方言和普通话以及方言之间语法的比较。

【教学语法】又称"规范语法"、"学校语法"、"实用语法"。因主要以传统语法体系为基础，所以有时又是"传统语法"的异名。用于教本族或外族人学习本族语言的语法学。具有传统语法的特点，尤其是规定主义的倾向，目的是教人正确使用语言，因此教学语法著作常附有大量练习题。此外，教学语法强调实用性、教学上的可接受性，不详尽描写一切语法现象，对不同学术观点倾向于稳妥和折衷的态度，不追求理论上的完整。但教学语法并不都是保守的，它也吸取传统语法以外的理论和方法来不断修订和充实自己。黎锦熙《新著国语文法》（1924）可算是现代汉语教学语法早期的代表作；《暂拟汉语教学语法系统》（1956）和以它为基础修订而成的《中学教学语法系统提要（试用）》是20世纪50年代和目前的代表作。它们在我国大中学校尤其是师范院校和中学的语文教学中有广泛的影响。通用的现代汉语教材语法部分，也多是教学语法的成果。教学语法多采用传统语法体系，分词法和句法两大部门，划分词类和分析句子成分占很大比重；主要运用中心词分析法。有些语法著作虽然为用于教学而写，但大多阐述自己的理论和方法，不同于严格意义的教学语法，如王力《中国现代语法》、吕叔湘《中国文法要略》、朱德熙《语法讲义》等。

【规范语法】即"教学语法"。因规定运用语法规则必须正确，并以典范的书面语为语法规范，故名。因与传统语法精神一致，所以有时又是传统语法的别名。规范语法判断正误常以合乎逻辑为准。结构主义语言学曾对它的规定倾向大加批评，提倡如实描写语法事实。但至今规范语法仍在教学中占主要地位。规范语法不同于语法的规范化，但二者有联系。现代汉语的规范语法对促进现代汉语语法规范有积极作用。吕叔湘、朱德熙《语法修辞讲话》（1951）是较早的规范语法。近年来，以规范语法命名的专著有李兴亚的《汉语规范语法》（1988）。

【语法体系】又称"语法系统"。①对语法事实和语法规律的表述系统。包括所表述的语法的内容框架、分部、分析的原则和方法、术语系统等。多用于教学语法*，也用于描写语法*。语法规律是客观存在的，但语法体系则随人们对语法规律的认识与表述的角度不同而异，因此对同一种语言的语法规律的表述可以有多种语法体系。语法体系的合理与完善的程度跟语法学对语法构造的本质和规律的研究成果有密切的关系，随着对语法事实的认识不断深入，语法体系也不断完善。科学的语法体系应有以下条件：第一是严谨，表述的内部一致，不自相矛盾；第二是周到，详尽研究有关材料，所作表述对重要的语法现象有概括力；第三是简明，论述和分析方法以及术语体系都尽量简洁而解释性又最强；第四是贴切，语法体系应符合所表述的语法的实际。我国汉语语法体系一直在探索中发展。初期的语法著作大都采用印欧语语法体系。20 世纪 30 年代文法革新的讨论、50 年代《暂拟汉语教学语法系统》的制定、80 年代哈尔滨全国语法和语法教学讨论会，中心议题都是汉语语法体系的建立和完善。"语法体系"不同于个别语法规律，但涉及总体设计的某种语法分析方法，或某个局部的间架，有时也称为"语法体系"。语法体系不指术语体系本身，仅仅改换术语并不是改变语法体系。②语法规律本身。多用"语法系统"。

【语法系统】①语法自身客观存在的共时的关系系统，即各种组织规则的有机综合。是语言系统的一个分系统，与语音系统、词汇系统相对。表现为聚合关系、组合关系和层次性形成的网络。各种语法单位如语素、词、词组、句子等各依一定的语法特征相聚成类别，形成各种聚合关系；各种类别又依一定的选择原则相互组合，形成各种组合关系。组合关系有层次性，如语素组合成词，词组合为词组，一切复杂的结构都由构成成分按层次组合而成。聚合关系也有层次性，如语素、词、词组、句子等语法单位的类别就有不同层次。这样就形成彼此相关的复杂的结构关系系统，即语法系统。语法系统又有许多小系统，例如按照传统语法的认识，就分为词法和句法两个系统，它们又各有自己更小的系统，如词法系统内的词类系统、语法范畴系统。各个分系统都彼此相关，例如形态变化丰富的语言往往语序较灵活，这就是词法跟句法相关的反映。所以，分析语法现象要把它放到一定的系统中去与有关现象比较，才易发现其实质。各种语言的语法系统都各有特点，例如，汉语的复合词和词组、词组和句子的结构关系相当一致，就是汉语语法系统的一个特征。②语言学里语法的描述格局。如"中学教学语法系统"。见"语法体系"①。

【语法结构】①一种语言里各种语法单位的组合的总称，即语法系统*。②一定类别的下级语法单位按照一定的语法手段组成一定类别的上级语法单位的格式、模型。例如，语素和语素组合为合成词，词和词组合为词组，都不是任意组合的，必须按照一定的类别和一定的语法手段，才能形成一种语言中正常的组合，才叫语法结构。如："桌"类语素和"子"类语素按照词序组成"桌子"、"椅子"、"盘子"，但"桌"类语素不跟"了"类语素组合，"桌了"、"椅了"不是汉语所允许的组合，不是语法结构。而"子桌"、"子椅"不是正常词序，也不形成语法结构。复合词、词组、句子的各种正常组合模式，都是语法结构，它们又可以作为组合成分组成更复杂的语法结构。语法结构必须有：（a）组成成分；（b）结构关系，即组合内直接成分的关系；（c）整个结构的功能。这使该结构又形成一定的类别。③结构体。按结构方式构成的组合本身。如一个复合词、一个词组、一个句子都可叫"结构"。

【语法单位】语法结构的单位。凡能在组合的某一位置上被替换下来的音义兼备的片段都是语法单位。语法单位与语音单位、语汇单位相对。它有形式和意义两方面，以别于语音单位。音位和音位序列没有意义，不是语法单位。语法单位有结构关系，以别于语汇单位。例如语素可与别的语素组合，有外部的结构关系；句子内部各个成分有结构关系，即有内部的结构关系；词和词组可与别的词和词组组合，有外部结构关系；词（合成词）和词组内部各成分又有内部结构关系。所以，语法单位或可作成分（语素），或可作组合（句子），或既可作成分，也可作组合（词、词组）。它们都是处在组合中，处在结构关系中，都可以被替换、被切分为不同的单位。语素和词从语义角度而言也是词汇单位。语素、词、词组、句子都是语法单位，它们又处于不同的级别之中。传统语法学把词作为语法的基本单位，认为结构分析的核心是词；结构主义语言学认为语素是语法的基本单位，语法结构的分析从语素开始。通常认为最大的语法单位是句子，语法分析的上限到句子为止，语法的结构形式和结构关系在句子里都能展示出来；现在也有人把句群*纳入语法分析之内，但一般不把句群作为独立一级的语法单位。现代汉语语法学一向以词为语法的基本单位，近年来语素和词组在语法分析中的重要性已被注意到。广义的语法单位还包括语法范畴，如语言的性、数、格、人称、时、体等范畴；有的语言学家用"语法单位"指屈折变化、语序、形态、选择性等语法的配列手段。

【语法成分】①表示语法作用的成分，有一定的语法形式，表示一定的语法意义，与词汇成分、语音成分相对。是一个含义宽泛的用语。包括：(1) 起组织连接作用的项目，即各种虚词*、词缀*、音变*等；(2) 能成为语法结构实体的项目，如语素、词等。后者同时也是词汇成分，但又可以与其他同类项目发生结构关系，也是语法成分。狭义的语法成分仅指 (1)。②王力的术语。指有虚词性的成分，与"理解成分"（即概念成分或意义成分）相对。包括虚词、半虚词、半实词、记号*，如代词、系词、联结词、语气词、某些副词、附加成分等。"语法成分"和"理解成分"分别译自房德里耶斯的术语 Morphème 和 Semantème。

【语法形式】表现语法意义的物质形式。泛指一切表现语法意义的形式。形式指可直接观察到的语音形式，如音位（音质音位和非音质音位）及音位序列，但也指语序、停顿、层次、变换格式等，只要能表现一定的语法意义的，都叫语法形式。不表现语法意义的形式，不是语法形式，如汉语 huā（花）里的 a 只是音节里的一个元音，不表示语法意义，不是语法形式；而俄语 книга（书）里的 a 表示名词的阴性、单数、主格的语法意义，则是语法形式。一切语法成分都有物质形式，例如虚词、词缀等的形式由音位及音位序列构成，各种结构方式由词序、层次等构成。语法形式与语法意义相对，两者之间不存在必然联系，一种语言有哪些语法形式，表现哪些语法意义，有很大的差异。在同一种语言里，同样的语法意义可以由不同的语法形式表达，例如汉语表示修饰关系的语法意义，可以由语序表示（"我们学校"），也可以由语序与虚词（音位序列所构成）表示（"我们的学校"）。一种语法形式还可以表示不同的语法意义，如汉语的"了₁"（"上了课"）和"了₂"（"上课了"）的语音形式都是［·le］，但表示不同的语法意义。又如英语的－s 在"books"、"walks"、"boy's"里分别表示三种语法意义。同一个语法形式还可以同时表示几种语法意义，如上举俄语 книга 的－a。又如英语"walks"的－s 表示现在时、单数、第三人称。由此可见语法形式和语法意义的不同性质。但是，有时语法著作在给语法形式下定义时也把语法意义包含在内，这对确定语法形式的同一性很重要，即一个语法形式的物质外壳如有不同的语法意义，便是不同的语法形式，如说"了₁"和"了₂"是两个不同的语法形式，英语的－s₁、－s₂、－s₃是三个不同的语法形式。因此，"语法形式"一词有时并不专指它的物质形式，还指由物质形式与语法意义所构成的语法成分，像虚词、语缀、结构方式；词的形态变体也叫"词的语法形式"。推而广之，语法学有时把一切语法结构成分和结构体都称为语法形式。

【语法手段】也称"语法方式"。构成语法形式*的手段或方式，是归纳各种语法形式的共同点而成的类别。例如，汉语某些实词有词缀，名词有前缀"老"、"阿"等，后缀有"子"、"儿"、"头"等。每个词缀都有特定的形式标志表示一定的语法意义。它们共同的特点是"附加"的方式，这便是一种语法手段。世界上的语言有共同的语法手段，但是每种语言主要倾向于采用哪些语法手段，很不一致；用哪些语法手段构成什么语法形式，更是纷繁万千。这些共同的语法手段大致有：（1）语序；（2）重叠；（3）附加；（4）屈折；（5）音变；（6）虚词。这些语法手段，汉语大都使用，只是重要性不一。参看有关各条。

【语法功能】最概括的含义是：一种语法单位所能占据的语法位置的总和，即分布。所谓语法位置，不是机械的线性排列。一种语法单位不是可以任意与别种语法单位结合的，而是依靠一定的选择性和语序等进行组合的。一类语法单位能与别的哪一类语法单位组合，不能与别的哪一类语法单位组合，就是它所占据的语法位置的总和，就说明它的功能。不同类别的语法单位有不同的语法位置，即不同的出现环境，因而有不同的语法功能。语法书里通常把"功能"解释为：下级单位在上一级单位里的活动能力或职能、作用。如把词在词组里的句法职能（担任一定的句子成分）或词与词结合的能力看作词的语法功能。这与把语法功能解释为分布并不矛盾，因为职务、结合能力要通过一定的语法位置体现出来。但"分布"这一定义更有概括性，可以把各级语法单位都包括在内，语素、词、词组，甚至句子都有分布。而句法职能不能概括所有的语法单位。"分布"的定义更形式化，语法位置就是形式框架，便于描写。凡出现在同一语法位置上的单位便是同功能的单位。例如：名词能占据的语法位置是：（1）出现在数量词后面并被数量词修饰；（2）不受副词修饰。凡常出现在这个语法位置上的词，便是名词。一个词组如果常出现在这个语法位置上，便具备名词的功能，称为名词性词组。

【语法范畴】同一性质的语法意义概括而成的更为一般、更为抽象的类聚。通常指词法范围内由特定的形态变化表示的同性质的语法意义的类聚。如有的语言的名词有"单数"、"复数"的语法意义，就概括为"数"的语法范畴。语法范畴的特点是：（1）必须通过一定的语法形式来表现。例如英语的"数"的范畴主要通过是否给名词附加－s来表示，如 book（书）——books；其次，也通过语音交替等手段，如 man（男人）——men，foot（脚）——feet。以上各例前者为单数，后者为复数。而有的语言如汉语虽有单数和复数的概念，但不是通过语法手段而是通过词汇手段如数词来表示的，这就不是语法意义，不能归纳为"数"的语法范畴。（2）语法范畴必须包括两个或两个以上的有对立关系的同类语法意义。如"数"的语法范畴，有的语言有单数、复数的对立，有的语言有单数、双数、复数的对立。"性"的范畴，有的语言有阳性和阴性的对立，有的语言还包括中性。由于第一个特点，"语法范畴"也被解释为语法意义与表达此类意义的语法形式的统一体的总称，即将语法形式也包括在内，但终究以语法意义为主。语法范畴是传统语法的重要内容。各语言常见的语法范畴主要有以名词为中心的"性"、"数"、"格"，以动词为中心的"时"、"体"、"人称"、"式"、"态"等，即为词法的语法范畴。语法范畴还用以指词类，如"名词范畴"、"动词范畴"。汉语没有丰富的形态，所以一般认为汉语没有丰富的语法范畴。有些学者认为语法范畴还包括句法范畴，称为广义的语法范畴，而将传统的以词法为中心的语法范畴称为狭义的语法范畴。例如，方光焘《体系与方法》（1939）认为词与词的组合也是一种广义的形态，也可列入文法（语法）范畴。高名凯《汉语语法论》（1948）认为汉语没有狭义的语法范畴，但有丰富的以虚词表达的语法范畴，如指示词表达的指示范畴、人称代词表达的人称范畴、数词表达的数量范畴等等。《暂拟汉语教学语法系统》（1956）曾将词类的划分标准称为"词汇·语法范畴"，这个术语实际上包括了狭义的和广义的语法范畴。又如朱德熙《现代汉语形容词研究》（1956）认为汉语形容词有"性状"的语法范畴，包含"性质"和"状况或情态"两种对立的概念，它们既有词法上的形式标志，也有句法上的位置特征。这些都可说明汉语语法学对"语法范畴"有不同于西方语言学的理解。

【语法意义】语法形式所表示的高度抽象、概括的意义。它与词汇意义*不同，后者也有抽象性、概括性，但是对具体的、个别的语言项目的概括；语法意义则是对整类的语言项目及其相互关系的概括，如对一整类的词、词组、句法结构等的概括，而不管每个项目具体的意义。例如汉语的动词、形容词借重叠的语法手段表示动作的"量"或性质、状态的"量"的意义，英语名词借附加的语法手段表示"复数"的意义（book＋s），是表示整个聚合类的语法意义；又如汉语借语序和虚词等手段表示各种句法关系——陈述关系、修饰关系、支配关系等，是表示结构关系的语法意义。所以，语法意义又称为"关系意义"、"结构意义"、"功能意义"、"类别意义"等。对不同类别、不同层次的语法现象的概括，就产生了不同类别、不同层次的语法意义。例如汉语动词可与"了"、"着"结合表示"时态"的语法意义，动词又可由它的所有语法特征表示出"动词"的语法意义。虚词本身的意义就是它的语法意义，靠该虚词与一整类的实词的结合表现出来。语法意义总是通过一定的语法形式来表现。有些语法形式有明显的标记，如形态；有些语法形式没有明显的标记，语法意义常常通过词与词结合时的选择限制条件或通过可能的变换方式才能表现出来。汉语的语法形式缺少像形态那样的标记，所以语法意义常隐藏在一定的功能框架中。

【语义关系】也称"语义结构"、"语义结构关系"、"隐性意义"、"隐性语法关系"。即句子的语义组合关系。主要指句子成分所表示的动词的"及物性"关系，如动作与施事、动作与受事、动作与结果、动作与工具、动作与处所的关系，以及事物间的领属关系、事物的性质、特征等等。语义关系和句法结构关系相互联系但彼此独立。二者的联系表现为：语义关系是词语的概念意义间的关系抽象概括的结果，但要在一定的句法结构中才能表现出来，如"张三叫李四"、"李四叫张三"、"张三把李四叫来"、"张三被李四叫来"，这些句子里的施事和受事离开句法结构就不存在。语义关系和句法结构关系又彼此独立，表现为：（1）同一种句法结构关系可以表示不同的语义关系。例如同是主谓结构，可以表示"动作—施事"（"他喝了"），也可表示"动作—受事"（"酒喝了"）。（2）同一种语义关系可以用不同的句法结构关系来表示，如"动作—受事"可以用动宾结构表示（"喝了酒"），也可以用主谓结构表示（"酒喝了"），还可用其他结构表示（"把酒喝了"）。（3）句法结构关系成立，但语义关系可能不成立，如"喝了桌子"、"肥皂醒了"语义很荒谬，但分别仍有动宾关系和主谓关系。不过，如果语法结构关系不成立，语义关系也不成立，如"酒了喝"。（4）句法结构关系由直接成分表示出来，而语义关系可以由直接成分表示，如"喝了酒"，也可以由间接成分表示，如"把酒喝了"。所以，语义关系与句法结构关系不能混淆。有学者还指出，以上所说由句子成分所表示的语义关系并不与整个句子的语法意义直接关联，是低层次的语义关系；此外，还有高层次的语义关系。低层次的语义关系在基本句及其变换句*里是不变的，如（a）"床上躺着病人"与它的变换句（b）"病人躺在床上"都有同样的"动作—施事"关系。但是，

（a）还可抽象出"存在"的语义关系，即"床上有病人"；（b）还可抽象出"存在的位置"的语义关系，即"病人在床上"。同时，跟（a）同句法结构的一类句子也都表示"存在"即"有"的语义关系，跟（b）同句法结构的一类句子也都表示"存在的位置"即"在"的语义关系。这种语义关系已跟整个句法结构关系联系起来，句法结构改变，它也必然改变。此即高层次的语义关系。语法学对语义关系的认识是逐步加深的。传统语法早期常把语义关系和句法结构关系混同起来，用前者代替后者分析句子；结构主义语言学基本上不注意语义关系；将语义关系引入语法研究是语言学的新发展，对歧义结构和同义结构的研究就是重要成果。例如"鸡不吃了"，由于用施事和受事的观念分析"鸡"，所以便于对这个歧义结构作出解释。但是，只有低层次的语义关系还不能对句法结构作出充分研究，还需要联系高层次的语义关系。我国语法学近年来尤其注意研究语义关系和句法结构关系的对应，并认为这是语法研究的根本目的。语义关系也是一种广义的关系意义，有人也把它称为"语法意义"或"隐性语法关系"，为了与通常的语法意义相区别，一般仍称为语义关系。

【语义指向】句法结构中句子成分间的语义联系。句法结构中不仅有语法结构关系，还有语义关系*。结构关系是直接成分间的关系，语义关系可以通过直接成分表示出来，也可以通过间接成分表示出来。因此，语义上有联系的成分和有结构关系的成分，既有一致也有不一致的地方。语法学在分析结构关系的同时，也注意分析各成分间的语义联系，即语义指向。例如动补结构的补语只与它前面的谓词性成分有结构关系，但可以有不同的语义指向。（a）"他喝醉了酒"；（b）"他打破了茶杯"；（c）"他恨透了坏人"。"喝醉"、"打破"、"恨透"在结构上都是动补关系，可是在（a）中，补语"醉"的语义指向是动词前面的"他"（他—醉），（b）中补语"破"的语义指向是它后面的"茶杯"（茶杯—破）；（c）中的补语"透"的语义指向是它前面的动词"恨"（恨—透）。（a）、（b）中补语的语义指向是补语的间接成分表示的，（c）中的补语的语义指向是补语的直接成分表示的。因此，说补语是"补充说明前边动词的意义的"就是不全面的定义。有些语义指向超出句子之外，例如"今天又是星期天"，"又"的语义指向针对句子里没出现但存在于语境中的"已有的星期天"。语义指向不能代替结构关系，如"圆圆地排成一个圈"、"走了一大截冤枉路"，"圆圆地"的语义指向是"一个圈"，"冤枉"的语义指向是"走了一大截路"；但原句都是正常的句子，在结构关系上，"圆圆地"是"排成一个圈"的修饰成分，"冤枉"是"路"的修饰成分。研究一种句法结构中有哪些可能的语义指向是句法分析的一个重要内容。

【类义】一整类语言项目（如词、词组、句子成分等）共有的概括的意义，不是指个别项目的词汇意义。例如每种词类各自都有类义，名词的类义是表示事物，动词的类义是表示动作行为，等等。类义如果有一定的语法形式表现出来，或者说与一定的语法形式相应，那么这种类义就是语法意义*。例如汉语名词的语法特点表现为能受数量词修饰，不能受副词修饰等，那么"表示事物"就具有语法上的价值，有的语言学家也称为语法意义。如果没有相应的语法形式，类义只是逻辑上的概括。所以，语法形式是决定一种类义是否是语法意义的首要条件。语法研究可以从有共同语法形式的项目中归纳出类义，即语法意义；也可以从类义开始探索语法形式。例如汉语同一词类中可以发现有些类义不同的词还另有自己的语法特点*，如动词里表示心理活动的词与表示动作的词虽都可以作谓语、带宾语，但前者能受程度副词修饰（"很想"、"很爱"），后者则不能（不说"很跑"、"很笑"），因此可以把它们分为动词的次类。

【选择性】也称"选择特征"。语法单位组合的重要因素之一。凡有共同语法功能的语法单位自成一个类别，如语素类别、词类等等。一种类别和他种类别的组合不是随意的，而是有一定的选择性。语法上的选择性不同于个别词语的搭配选择。后者是个别单位的选择，受语义的限制，例如"甜"和"星"不能结合为"甜星"，是受现实现象间的实际关系的影响。而语法上的选择则是成类的现象，例如，虽然"甜"不能与"星"组合，可是以"甜"为代表的形容词和以"星"为代表的名词这两个词类却可以组合，如"甜饼"、"甜菜"、"新星"、"小星"等都是可以成立的，而"甜星"作为个别项目虽不能成立，但由它所代表的偏正组合关系却是成立的。个别词语的搭配涉及语义，在语言运用中涉及用词是否准确恰当。语法上的选择主要涉及语法规则。例如，"甜星"只是意义荒谬（但放大语境也并非不可成立，如在童话中），但还是偏正结构，而"甜们"、"星了"不合语法上的选择性，就不能成为语法结构。词语搭配不当有的是语义上的，有的是不合语法上的选择性，教学语法常将这些现象都说成语法问题，如说"发挥积极影响"是"动宾搭配不当"。但也有学者认为词汇上的搭配问题本身就属于语法问题，语法的选择限制本身也含有词语的语义特征；词语搭配不当即使语法上正确，也是错句，而错句就产自不正确的语法模式，因为正确的语法模式只指导生成正确的句子。选择性的概念不仅指导正确使用语言，还有助于对各种语法单位进行更细致的分类。例如，根据动宾结构中动词与不同的词类的选择搭配，可以将动词分为体宾动词、谓宾动词等。

【语序】又称"词序"。早期汉语语法书也有称"文位"的。一种重要的语法手段。通常指在语言单位的线性序列中词的顺序，其实也包括词组在更大组合中排列的顺序，还包括合成词内构词成分的顺序。可以总括为语素和语素序列的排列顺序。语序可以表现出句子成分的顺序，但并不完全如此。语序本身没有特殊形式特征，它不使词汇单位增减什么，而是以最简单、最经济的方式表示语法意义或帮助表达句子意义。语序对所有语言都有不同程度的重要性，尤其对形态变化少的语言更为重要。语序是汉语一种重要的但不是特有的语法手段。汉语里语序的作用表现为：（1）语序改变，整个组合的结构关系也改变，组合的语义也改变，如"人民爱"和"爱人民"；有时组合的语义基本不变，但结构关系改变，如"住在城里"和"在城里住"。（2）语序改变，整个组合的结构关系不变，如"张三叫李四"和"李四叫张三"。其实抽象的语序模式并未改变，只是填充的实例改变，因此结构相同，但语义不同。（3）语序改变，整个组合的结构关系和基本句义都不改变，如"你怎么啦？"和"怎么啦，你？"以上（1）跟语法有关，（2）跟语义或词汇有关，（3）跟语用有关。重要的是应把语法上的语序改变和语义上的语序改变区别开来。现代汉语的基本语序是：主语在谓语前，宾语和补语在述语后，修饰语在中心语前，但描写性的修饰语位置比较自由，有时可移到中心语后；一部分表示时间、语气的副词作修饰语可提到句首。一些方言的语序跟普通话相异之处也主要是修饰语位置不同。汉语构词法和造句法有很大的一致性，词素也靠语序组合并反映不同的结构关系。各方言构词法内的语序比句法内的语序更有自己的特点。语序相同、词项相同的组合，结构关系并不一定相同，如"炒饭"可以是述宾关系，也可以是偏正关系。语法学不满足于研究语序，还致力于研究语序所掩盖的深层语法关系。

【词序】见"语序"。

【附加】也称"附加法"、"加缀法"。在词根外部附加词缀以构词或变词的方法，即构词附加和构形附加。是很多语言广泛使用的语法手段。词缀的形式复杂，主要有前缀*、中缀*、后缀*。附加不是汉语的主要语法手段，而是发展的、重要的语法手段。一些词根和虚词逐渐向词缀或类语缀*方向变化。此外，虽然地道的词缀总数不多，出现频率却很高，在普通话和方言中都有一定数目的词缀。汉语多用附加后缀的方法，少用前缀，中缀极少。有构形作用的后缀"了"、"着"、"过"、"们"等可以离开词根，还可以附加在词组后面，所以有的学者也将其划为助词。汉语附加法的方式除了以词缀直接附着于词根外，还可以在此基础上构成较复杂的词。例如："片儿汤"、"块儿糖"、"亭子间"；"耳挖子"、"电灯泡子"；"棒子面儿"、"椅子垫儿"、"娘儿们儿"、"哥儿俩儿"。这是以"词根＋词缀"的基本式再与词根组合，或两个基本式组合。又如"看头儿"、"听头儿"、"今儿个"、"明儿个"、"火儿了"、"葛儿了（死了）"、"颠儿了（走了）"、"这么着"、"那么着"、"小孩儿们"、"老头子们"则是基本式再附加一个词缀；"小三儿"、"小赵儿"是既有前缀又有后缀，还可以再附加，如"小三儿们"。各方言使用附加法也比较普遍，词缀的形式和用法与普通话有同有异。例如成都话的名词也有不少加"儿"的："蚂蚁儿"、"檐老鼠儿"、"花猫儿"、"丁丁猫儿"、"茶馆儿"、"电影儿"、"青菜头儿"、"豆芽儿"、"眼镜儿"、"醪糟儿"。广东大埔客家话名词有不少加"公"的，如"鼻公"、"耳公"、"虾公"、"碗公"、"沙公"。河北邯郸话名词有不少加"的"的，如"桌的"、"房的"、"筷的"、

"鼻的"。以上是构词附加的例子。构形附加，如河北藁城话，非指人名词也可加"们"表复数，如"这个们"、"树们"、"青菜们"、"肉们"。成都话的非指人名词则加"些"，如"东西些"、"话些"、"道理些"；指人名词也可加"些"，如"学生些"。有些方言的词缀由于音变等原因而弱化为词根的韵尾，就成为词根内部屈折*的现象。参看"词缀"。

【重叠】词或词的一部分重叠起来以构造新词或表示同一个词的不同语法意义的方法。是很多语言都使用的一种语法手段，在汉语中尤为重要。汉语的重叠可以分为两大类：（1）不自由的重叠。基本上不能任意类推。多为重叠词根或音节以构造新词。（a）重叠词根。如"妈妈"、"奶奶"、"星星"、"宝宝"、"通通"、"偷偷"、"婆婆妈妈"、"星星点点"、"鬼鬼祟祟"。重叠后的意义与原词根的意义可以相同，也可以不同。有的方言广泛使用这种方式构成新词，如西安话"水水"（吃饺子时蘸的醋）、"布布"（烂布，小块布）、成都话"包包"（衣服的兜儿；提包）、"尖尖"（尖儿）、"块块"（块儿）、"碗碗"（碗）、"罐罐"（罐儿）。（b）重叠音节。如"猩猩"、"蛐蛐"、"蝈蝈"、"叮叮当当"、"乒乒乓乓"、"水灵灵"、"羞答答"、"亮堂堂"、"眼巴巴"。这种纯语音的重叠可以说明汉语语素的表现形式，但严格地说，不是作为语法手段的重叠。（2）自由的重叠。可以是整个词的重叠，也可以是词根的重叠。如动词、形容词的重叠表示动作或性质的"量"的强弱变化，如"走走"、"想想"、"讨论讨论"、"启发启发"、"好好儿"、"红红（的）"、"干干净净"、"方方正正"、"通红通红"、"漆黑漆黑"。又如量词重叠表示周遍性或逐指，如"个个"、"件件"、"年年"。这种重叠可以类推，随需要自由使用；这种重叠不改变原词的基本词义和词性，不造成新词，只产生原型（基本式）的语法变体。还有其他的自由重叠，如动词"走走看看"、"看看走走"、"说说唱唱"、"跑跑跳跳"、"跑跑停停"、"说来说去"、"想来想去"之类，表示动作绵延或交替，但已不是一个动词本身的重叠。方言中的自由重叠有不同于普通话的形式。如厦门话中形容词可三叠："红"——"红红"——"红红红"，表示词义的程度递增，"红红红"是"极红"。潮阳话中形容词可以四叠："红红红红"形容浅红，"食着涩涩涩涩"（吃着发涩）；

动词也可四叠："号号号号"（哭着哭着）、"食食食食"（吃着吃着）。安徽当涂话中量词也可三叠表逐指，如"年年年"、"根根根"。重叠往往伴有其他语法手段，如轻声、变调，上举潮阳话四叠形式的第二、四个音节即与第一、三个音节不全同；重叠还可与附加法、复合法结合，前者如"好好儿（的）"、"慢慢儿（的）"，又如重庆话"锅锅儿"、"瓶瓶儿"、"杯杯儿"，兰州话"虫虫子"（小虫）、"树树子"（小树），后者如"步步高"、"毛毛雨"、"好好先生"、"头头是道"。

【内部屈折】又称"语音交替"、"内部变形"。指以语素内部的元音或辅音的变化表示一定语法意义的方法。有人认为只是词根内部的语音交替，有人认为也包含词缀内部的语音交替。例如：英语"man"（男人。单数）——"men"（复数），"teeth"（牙齿。单数）——"tooth"（复数），是通过元音变化表示"数"的语法意义的变化；"send"（送。现在时）——"sent"（过去时），"build"（建造。现在时）——"built"（过去时），是通过辅音变化表示"时"的语法意义的改变；有的内部屈折还伴随着增加词缀，如"say"（说。现在时）——"said"，（过去时）。内部屈折不同于区别个别词义的音位变化，而是指使语法意义改变的语音变化，有一定的类推性，而且语音交替前后的形式和意义都有对立。现代汉语没有真正的内部屈折，有些类似现象是由语缀弱化造成的。有的方言用变韵的办法表示语缀"们"或"子"、"儿"的意义。如闽南方言厦门话人称代词"我"、"你"、"伊"分别是 [gua]、[li]、[i]，而"我们"、"你们"、"伊们"则分别是 [gu（a）n]、[lin]、[in]；潮州话与此类似，不过韵尾是 -ŋ。北京话"咱们"、"你们"、"他们"可读作 [tsan]（偺）、[nin]（您）、[tʻan]（偺），"您"、"偺"又用于敬称，有人认为也属内部屈折现象。吴方言中浙江义乌话在词根韵母上加韵尾"-n"使韵母改变以表示"儿"尾，如"盖" [ke]，"盖儿"则是 [keːn]；平阳则加韵尾"-ŋ"，如"刀" [tœ]，"刀儿"则是 [tœŋːŋ]，元音亦变长。有的韵尾消失，元音鼻化，如金华话"梨" [li]，"梨儿"则是 [lĩ]。又如山西和顺以变词根元音为长元音的办法表示"子"尾，如"刀" [tɔu]，"刀子"则是 [tɔːu]；"领" [liŋ]，"领子"则是 [liː

ŋ]。河南获嘉以变韵母表示"子"尾,如"茄"〔tɕ'ie〕,"茄子"则是〔tɕ'iau〕;"扇"〔ʂan〕,"扇子"则是〔ʂã〕。广西横县话中单音形容词重叠式加中缀可表示词义的程度和感情色彩,中缀的韵母有整齐的屈折变化,如"嫩 nuk 嫩"、"嫩 nəp 嫩"、"嫩 nat 嫩"、"嫩 net 嫩"的不同中缀表示不同程度的"嫩",交替的元音〔u〕、〔ə〕、〔a〕、〔e〕在其他形容词的中缀里同样出现。这是发生在词缀上的屈折变化。总的说来,汉语的屈折变化不普遍也不典型;不过,方块汉字不能如实反映实际读音,可能掩盖了一些屈折现象,有待今后陆续发现。

【音变】专指以声调、轻声、词重音、语调等方面的变化表示一定的语法意义的方法。作为一种语法手段,有人认为这也属内部屈折的一种。重音作为语法手段不很普遍。英语有一部分名动两属的词靠重音位置区别词性,重音在前的是名词,如,'import(输入),'permit(许可,许可证);重音在后的是动词,如 im'port,per'mit。但汉语一般不以重音作为语法手段。语调可以表示句子的类型,例如平降调表示陈述句,升调表示疑问句,急降调表示命令句等等,可是汉语的语调常跟字调纠结在一起,调型复杂,不易提选。声调在汉语里有区别字义(语素的词汇义)的作用,在普通话里不作为语法手段。有人认为古代汉语声调不仅区别词汇意义,还区别语法意义,即区别词性,如"衣"、"冠"去声则为动词。但是,对四声别义的性质和功能还存在不同看法,有些学者认为最好看作词汇现象,因为例字缺乏规律性,但这在现代汉语里也早已成为遗迹。在现代汉语的某些方言里,声调有时作为一种语法手段表示在普通话里由语缀所体现的语法意义。如陕西商县的人称代词"我"、"你"、"他"的调值为53,变为21时,表示"我们"、"你们"、"他们"。山西运城也有类似现象。山西晋城有所谓"子"尾变调,某些单音名词变调表示带有"子"尾,这种变调具有规律性,如阴平字调值由33变35,阳平字调值由113变为354,入声字调值由22变为43。"箱"〔ɕi D̃³³〕,"箱子"〔ɕi D̃³⁵〕;"孩"〔XE¹¹³〕,"孩子"〔XD³⁵⁴〕;"盒"〔XAʔ²²〕,"盒子"〔XAʔ⁴³〕。吴方言有些地区有所谓小称变调,即某些名词性语素作单音词或作多音词词末字时,不读本调而读变调，表示"小称"。例如温岭话平声字的小称变调的调值是 15，仄声字的小称调值是 51。平声字"桃"读 15 调，意为"桃儿"；仄声字"洞"读 51 调，意为"小洞"。小称变调在温州地区也存在，都有一定规律性。汉语的轻声有多方面的功用，除了可区别词汇意义外，还可区别句法结构和句义。如"我说不好"，其中"不"字读轻声时，"说不好"是述补结构；"不"不读轻声时，则是述宾结构。轻声重要的功用是作为虚语素的标志之一，如语气词、助词、词缀、方位词、趋向动词等后置者都常读轻声。有少数名词兼属的复合词也凭轻声区别词性。如"报告"、"记录"，后一字读轻声时为动词。又如"烙饼"、"劈柴"读轻声时为名词，不读轻声时为述宾词组。但这类现象不普遍。

【自由形式】能够单说的语言形式。与黏着形式相对。自由语素*是其中的一种。语素以外的语言形式也有自由与黏着之分。例如（a）"中国"、"我的"、"脾气"、"作业做好了"、"花儿很红"；（b）"除非"、"为了"、"照着"、"公共"、"把作业（做好了）"、"花儿红，（叶儿绿）"、"既然他不同意，（就别跟他说了）"。（a）可以单说，是自由形式；（b）不单说，是黏着形式。由自由形式组合的复杂形式不一定仍是自由的。如"花儿红"的"花儿"、"红"是自由形式，但"花儿红"不单说，除非在对举情况下。自由形式和黏着形式是美国结构主义语言学提出的术语，它们常用以作为给词和句子下定义的条件，但实际上语素、词、词组、句子都分自由的和黏着的。参看"自由语素"。

【黏着形式】不能单说的语言形式。现代汉语里作为整类的黏着形式有词缀、各类虚词、单音方位词、量词、非谓形容词、介词词组等。黏着形式（bound form）和自由形式（free form）可以分别用"B"和"F"表示。参看"自由形式"、"自由语素"、"黏着语素"。

【静态单位】现成的、备用的、没有取得交际功能的语法单位，如词、词组。与动态单位*相对。静态单位可以重复出现，重复使用。当它投入使用时即成为动态单位，未使用时即处于备用状态。关于静态单位有哪些，现有不同的看法。或认为词与词组是静态单位，或认为语素、词、词组都是静态单位，或认为词、固定词组、固定句子（如熟语）才是静态单位，而自由词组是在使用中才临时组合的，不是备用的、现成的单位。共同的意见是：句子不属于静态单位。把词组划为静态单位，是因为它不具备句子的特征；它不像词是语言里现成的单位，但它与词的相同处在于它也是造句的原料。语素不能独立转为动态单位。如果一个语素单独成为句子时，它本身已经取得了词的资格。所以，静态单位应以词为基本单位。此外，还有人认为词、词组、句子三者的结构模式也是现成的、备用的、可重复使用的语言单位。但这与词、词组等实体不同，它们本身无法独立转为动态单位，所以最好不列为静态单位。参看"动态单位"。

【动态单位】又称使用单位。体现了交际功能的语法单位。指句子或句群。静态单位*单独进入使用阶段便转为动态单位。例如，词或词组取得一定语调，传递特定信息，便成为句子。"火"作为静态单位，只是词汇的一个成员，只有字调；但是，"火？""火。""火！"却有不同的语调，表示不同的信息，就是动态单位。"苹果好吃"作为一个词组，只有一种念法，但当它成为句子时，就有不同的语调——"苹果好吃。""苹果好吃！""苹果好吃？"这就是动态单位。句群或段落，是句子的序列，也是动态单位。传统的语法分析是把语素、词、词组、句子作为不同级别但同性质的语法单位。把它们划为静态单位和动态单位，则是将其当作不同性质、不同平面的两种单位，是把语用因素带进语法分析所作的分类。这有利于研究它们的特征。

【开放的类和封闭的类】一种语法形式（如语素或词）类的成员如果数量多，不断增加，不能列举，就是开放的类。反之，如果数量少，很少或不增加新成员，可以列举，就是封闭的类。一个语法形式类的成员的多少在一定程度上反映了语法功能的差异。相对地说，封闭类的成员出现频率高，如虚语素、虚词多属封闭类；开放类的成员出现频率低，如实词、实语素多属开放类。但是，通常被认为是实词的数词、量词、代词、方位名词、助动词属于封闭类；副词也有被认为是虚词的，却是较开放的类。这正是它们各自具有某些虚词性或实词性的表现。开放类和封闭类的区别除了有助于划分实语素和虚语素、实词和虚词外，还可给实词再分类提供条件，因封闭类便于列举和研究，便可作为基础，给词类再划分和下定义时提供分布框架。如以"不"为基础，凡能填入"X 不 X"的 X 位置的是形容词或动词；以数量词为基础，凡能位于数量词之后并受它修饰的是名词等等。

【语素】Morpheme 的译名，也称"词素"、"形素"。①最小的音义结合体。或：最小的、有意义的单位。即语素必须有一定的语音形式和一定的意义，并且不能再分出更小的音义结合体。如汉语 rén（人）、huā（花）都不能再分出有意义的更小的单位；húlu（葫芦）、chóu chú（踌躇）可以分为 hú、lú、chóu、chú，但葫、芦、踌、躇都只是没有意义的音节。因此，决定是否为一个语素不在于音节的数目，而在于是否能再切分出更小的、有意义的单位。在语法系统里，语素是最基本的语法单位。任何复杂的语段都由语素构成，因而都可分析为一个个语素。它的存在不以词的存在为前提，它既可以成为词的组成部分，也可以独立成词。20 世纪 60 年代以前，我国语法学界普遍称为词素*。朱德熙建议称为"语素"，以与词素的另一含义分开，后即逐渐普遍使用。掌握语素的各种类别便于描写语素的配列和各种结构的类别、各种结构关系，这对描写一种语言的语法系统和形态特征至关重要。传统语言学对语素描写不够重视，结构主义语言学提高了语素的地位。语素可以从语音形式、意义、位置、功能等多方面分类。以汉语语素为例，就可分为：（1）音段语素和非音段语素；（2）实语素和虚语素；（3）定位语素和不定位语素；（4）自由语素和黏着语素；（5）成词语素和不成词语素；（6）结合面宽的语素和结合面窄的语素。根据语素的功能，还可以分为"名（词性）语素"、"动（词性）语素"等类别。汉语的语素绝大多数是由一个音节构成的，写下来用一个汉字代表。一般地说，汉字是汉语语素的书面记号。语言学把语素看成一种抽象的单位，其具体表现形式是语子*和语素变体*。汉语语法学一般都称"语素"。高名凯称语素为"形位"。②构词的成分。即一般说的"词素"。为"语素"一词早期的含义。20 世纪 30 年代，陈望道等将"词"称作"语"，语素即指构成语的词素。

【词素】即语素*。①构词的要素。最小的词汇单位。一个词可以只有一个词素，也可包含数个词素。如"雷达"、"兵"分别包含一个词素，"皎洁"

包含"皎"、"洁"两个词素，"老虎"包含"老"、"虎"两个词素。词素都是由语素*（指义项①）担任的，但语素是独立一级的最小语法单位，只有当它作为构词成分时才称为词素，即词素的存在是以词的存在为前提的。此外，有人还提出"复合词素"的名称，指有两个以上层次的合成词内的词素复合体，如"摄影机"、"老虎钳"里的"摄影"、"老虎"，这种复合体就不能称为语素。所以，有人建议"词素"和"语素"两个术语各司其职。此外，还有人将"词素"用于专指不能独立成词的、只能作构词成分的语素，如上举"皎"、"洁"。但是，因为语素本是词素的原料，同时汉语合成词跟词组的界限常不易划清，以致两个术语仍常混用。近年来，"语素"已逐渐取代"词素"。但在需要特地区别不同的概念时，"词素"仍是有用的术语。词素又可分为词根词素*和附加词素*两大类。②即语素①。详见"语素"。

【自由语素】严格的定义是能单说的语素，或能单独成句的语素。与黏着语素相对。是按语素活动能力所作的分类之一。自由语素两端都可以有停顿，即两端都是自由的，不与别的语素固定地黏附在一起，如汉语"好"、"去"、"家"、"葡萄"。但自由语素不是永远自由，大多数自由语素都能跟别的语素组合成复合词，此时即不再是自由语素。所以，自由语素有时自由，有时不自由。叹词是经常单说的，可以说是经常自由的语素。自由语素不严格的定义是能单用的语素，或能单独成词的语素。单用不一定都能单说，但不与别的语素固定地黏附在一起；汉语的词并非都能单说，所以单独成词的语素也并非都能单说，如虚词"又"、"吗"，但它们与别的语素或语素组合间的关系也是自由的；又如有些不单说的语素在特殊条件下也能自由活动，像"（新华社五日）讯"、"春"、"夏"、"秋"、"冬"。这些位置自由的语素都是单用语素。有的语法书也称它们为自由语素或半自由语素。

【黏着语素】也称黏附语素。不能单说或不能单独成句的语素。按语素的活动能力所作的分类之一。与自由语素相对。有人也称"不自由语素"。黏着语素总是跟别的语素黏附在一起，如"椅"、"脑"、"民"、"鲤"、"涤"、"究"、"于"、"第"、"被"等。有的语法著作只把定位语素*称为不自由语素，如前缀"第"、"初"、"老"，后缀"子"、"儿"、"头"等。

【单音节语素】由一个音节构成的语素。从语素的长度或音节数目的角度划分的语素类别，如"英"、"雄"、"的"、"了"、"去"。单音节性是汉语语素的主要特征之一，也是汉语特征之一，表现为：（1）单音节语素在全部语素中数量占压倒多数；（2）构词能力远较多音节语素强。汉语语素的单音节性与汉语语音系统有关。现代汉语普通话的音段、音位组成 400 多个音节，加上声调，就有约 1300 个音节。这些音节不必再延长长度便足以表现一定的意义，即声调起了提高单音节表义的效率的作用。语素长度短，使用起来经济省力；但现代汉语单音节语素同音异义的很多，因而语素和语素往往组成合成词，致使双音节词大量孳生，以适应交际需要。汉语语素不论是词根还是附加成分，往往都是单音节的，这与印欧语系主要语言的词根的平均长度超过附加成分不同。汉语有少数语素不足一个音节，如儿化音节里的后缀"－儿"以及合音字里包含的两个语素；但从语源和读书音来看，仍是单音节的语素。参看"音段语素"。

【多音节语素】由两个或两个以上的音节构成的语素。其中每个音节不单独表示任何意义。根据语素的长度和音节数目划分的语素类别之一。依音节的数目又可分为双音节语素、三音节语素等。汉语双音节语素远较单音节语素为少，三音节以上的更少。有人统计，双音节语素只占整个语素的 3% 左右。多音节语素大多是由联绵词、叠音词、译音词构成的语素，如"玫瑰、徘徊、吩咐、猩猩、飕飕、葡萄、沙发、歇斯底里、布尔什维克"等。多音节语素一般都独立成词，构成合成词的能力比单音节语素弱得多，有构词能力的，如"葡萄"（葡萄糖、葡萄酒、葡萄干、葡萄球菌等），只有很少一些。有些多音节语素作为构词成分时，往往以单音节形式出现，如"蚂蚁、蜘蛛、螳螂、蝴蝶、骆驼、鹦鹉、玻璃、苏维埃、奥林匹克"等在合成词或简称中为"蚁穴、蛛网、螳臂、粉蝶、驼绒、鹦舌、玻板、苏区、奥运会"。这里的"蚁、蛛、螳……"已不是原来的无意义的音节，而是新的单音节语素。也有些单音节语素在一些方言口语里以多音节形式出现，如山西、河南一带普遍存在的"嵌 l 词"："刨"叫"薄捞"，"秆"叫"圪懒"，"串"叫"出乱"。福州话的"切脚词"也与此相似。对这种现象的解释不一，但都认为是多音节语素构成的词。

【结合面窄的语素】与其他语素结合的能力弱的语素。例如构词能力弱的语素，如"瑜"、"瑕"、"汰"、"惕"、"昙"、"萨"、"履"等；又如句法搭配能力弱的语素，如"龇（牙）"、"擤（鼻涕）"、"眨"（眼）"等；又如孤语素*，如"苹（果）"。结合面窄的成类的语素是叹词，几乎不与别的语素结合。大多数实语素的结合面都不是很宽，结合面窄或较窄的语素的数量最大。结合面窄跟是否常用有一定关系，但没有必然联系，如叹词的常用率并不算低。

【孤语素】又称"独一语素"、"不二语素"。一种结合面最窄的语素。只跟一个别的语素构成合成词，既不独用，也不在别的合成词里出现，例如"苹果"、"菠菜"、"啤酒"、"酒巴"。

【结合面宽的语素】指与其他语素结合能力强的语素。结合能力可以表现在构词方面，即语素与语素结合为合成词；也可表现在句法方面，即语素与语素结合为词组。总的来说，虚词素*结合面宽，实语素结合面窄。例如"了"、"着"可与绝大多数动词性语素结合，"很"、"太"几乎可以跟所有形容词性语素结合，"子"、"儿"、"头"的构词能力也较宽。实语素如"打"、"作"、"搞"、"弄"、"人"、"门"、"事"、"说"、"看"、"好"、"我"、"你"、"这"、"那"等的结合面宽。大多数语素的结合面在中间状态。有些语素的结合能力是有变化的，如现代汉语有些语素结合能力在增强："热"（经商热、出国热、理论热）、"型"（管理型、学者型、能产型）以及"度"、"性"、"化"等。结合面宽的语素一般出现频率高，也可以说是常用语素；但是结合面宽的语素所构成的合成词不一定是常用的，如"人"结合面宽，构成的"人类"、"人家"、"人生"、"工人"、"人手"等也是常用词，但"人鱼"、"人种"、"超人"等并不是常用词。因此，常用字和常用词是不同的概念，常用字典和常用词典的内容也有区别。有的语法著作把结合面宽作为词缀的一个主要标志，因此把"好"（好看、好吃、好做）、"自"（自由、自治、自动）、"单"（单方面、单细胞、单向路）一类语素也看作词缀。

【定位语素】在最小的语素组合（如合成词或最小词组）里，位置固定的语素。可分三种：（1）前置定位语素。位置总在别的语素（包括语素组合）前面，后面必有其他语素。如"老鼠"、"阿姨"、"第一"、"更美"、"把他"、"最先进"。（2）后置定位语素。位置总在别的语素后面，前面必有其他语素。如"果子"、"块儿"、"木头"、"拿着"、"好啊"、"朋友们"。（3）中置定位语素。位置总在别的语素中间，两端必有其他语素。如"看得见"、"看不见"。如果定位语素出现的语素组合不止一个层次，那么，其中定位语素的位置就可能有变化，如"李阿姨"、"果子露"，前置语素"阿"和后置语素"子"好像改变了性质。但是，前置语素后面必定没有停顿，从不在语段末尾出现；后置语素前面必定没有停顿，从不在语段开头出现，所以它们仍是定位语素。定位语素都是黏着语素，但是黏着语素不一定是定位语素。定位语素大多数是虚语素，只有个别实语素是定位的，即孤语素。它们只有一个分布环境，别无选择，如"啤酒"、"酒巴"。作为整类的定位语素的例子是词缀和助词，它们都有前置、中置、后置的小类；介词和副词是前置的类；连词有中置的和前置的，没有后置的。参看"不定位语素"。

【不定位语素】语素与语素组合时，在最小的组合形式（如合成词或最小词组）里，位置不固定的语素。它们的位置可前可后，例如"伟大"、"雄伟"、"语言"、"话语"、"奔跑"、"跑道"、"决定"、"定向"、"来人"、"走来"。大多数语素都是不定位的。自由语素都是不定位语素，但是不定位语素有自由语素，也有黏着语素。参看"定位语素"。

【成词语素】能单独成词的语素。与不成词语素相对。包括能单说的，或虽不能单说但能单用的语素。如"书"、"看"、"走"、"香"、"我"可以单说；有些语素不能单说，但并不与别的语素固定地组合在一起，如"温暖如春"、"春夏常绿"的"春"以及"啊"、"呢"、"了"、"着"等虚词。自由语素都是成词语素。成词语素不一定是自由语素，还有黏着语素。

【不成词语素】不能单独成词的语素。它们只能与别的语素组合成词。如"－子"、"－儿"、"－头"、"洪"、"冠"、"畴"。不成词语素固然都是黏着语素，但两者并不相等。例如助词和词缀都是黏着语素，但助词是成词语素，词缀是不成词语素。参看"成词语素"。

【实语素】又称"实素"、"实字"。与虚词素*相对。特点是：（1）可以是黏着语素，也可以是自由语素；（2）为不定位语素，单独成词与别的词组合时或在合成词内作构词成分时，位置都不固定；（3）属于开放类，在语素总数里占绝大多数，难以列举；（4）结合面较虚语素窄，出现频率不如虚语素高；（5）每个实语素自身都表示一定的词汇意义，而虚语素要靠与实语素结合才能表现出它的语法意义。实语素可以作构词成分，此时就是词根；实语素也可独立成词，但与实词的概念不同。

【虚语素】又称"虚素"、"虚字"。主要根据语法特点划分的语素类。现代汉语虚语素的语法特性是：（1）都是黏着语素，除了个别例外，不单说；（2）是定位语素，无论是成词的（虚词）还是不成词的（语缀），位置都相对固定；（3）属于封闭类，在语素总数里占小部分，容易穷尽列举；（4）结合面宽，出现频率较实语素高；（5）一般不读重音；（6）虚语素总的来说都表示语法意义，不表示个别的、具体的词汇意义，但有时界限难于掌握。意义的虚实有程度问题，例如有的语法书把一些构词能力增强而又保留词汇意义的语素称为"新兴词缀"，说它们的意义"在虚化过程中"，实际上把它们划归词缀主要是立足于结合面宽的语法特点。汉语语法著作多划分实词和虚词，较少划分实语素和虚语素。虚语素的特点与虚词不完全相同。虚语素也不等于词缀，它可以构成词缀，还可以构成虚词。

【音段语素】也称"音质语素"、"线性语素"。由音段音位即音质音位*构成的（或表示的）语素。分为三种：（1）音节语素。由包含辅音和元音在内的音素序列即音节构成，至少是一个元音。单音节是汉语语素的主要语音形式，也有少数语素是多音节的。此外，口语里有些语素是自成音节的辅音构成的，如普通话"唔"［m］、"嗯"［n］或［ŋ］、"他们"［t'am］等。汉语方言这类语素不少见，如吴方言［l］（"儿"、"二"、"尔"的读书音）、［m］（"姆"、"亩"）、［ŋ］（"吴"、"鱼"、"五"的口语音）；客家方言［n］或［ŋ］（"五"）、［m］（"唔"）；湘方言［n］（"你"）等。（2）非音节语素。不以一个独立的音节构成的语素。主要指一个音节包含两个语素从而一个语素不足一个音节形式的现象。多为口语中的虚语素，慢读时也可恢复为音节语素。

普通话里最典型的非音节语素是以儿化韵韵尾〔ɚ〕为语音形式的"儿"，如"小孩儿"、"冰棍儿"、"五分儿"的"儿"不念作单独的音节。此外"他们"、"你们"、"我们"、"这么"、"怎么"的末字也有读为〔m〕而依附在前字后面，也是非音节语素；"你们"、"咱们"也有读〔nin〕、〔tsan〕的，末字"们"则读〔-n〕。其他方言也有以非音节形式表示语素的。如厦门话"你"〔li〕、"伊"〔i〕，可"你们"、"伊们"是〔lin〕、〔in〕。吴方言、晋方言还有用〔-n〕或〔-ŋ〕表示"儿"、"子"的。这些形式附加在词根词素后面，好像是鼻韵尾，造成"假韵尾真语素"现象。此外，还有零星的合音词，如"甭"之类，也包含非音节语素。（3）非连续性语素。以上语素都是连续性的语素，表现为：如该语素的形式不止一个音位，则其序列连续不断。非连续性语素的音位序列则有其他语素隔开。汉语的音段语素几乎都是连续性的，个别的特例也许是不连续语素，如双音节语素"恍忽"、"荒唐"、"堂皇"、"马虎"在下列格式"恍兮忽兮"、"荒乎其唐"、"堂而皇之"、"马里马虎"中，但都没有能产性。山西平定方言以卷舌边音〔ɭ〕表示语素"儿"，插在词根语素的声母和韵母中间，因此，原来的词根就成了不连续语素，如"兔"〔tʻu〕，而"兔儿"是〔tʻɭu〕，致使"兔"成为〔tʻ…u〕。

【非音段语素】也称"非音质语素"、"超音质语素"、"非线性语素"。以非音段音位即非音质音位*构成的（或表示的）语素。音段语素常同时带有音高、音强、音长等变化，形成语调*、声调*、重音*、停顿等，它们具有表义作用时，也可被视为语素。例如音段语素"来"加上不同的语调可以表示不同的意义，语调一并作为句子的标记："来。""来?""来!"不同的语调就是不同的语素。有人认为语调可与句中的词或词组切分开，句子切除语调就还原为词或词组，因此，语调也是语素。但是，一般语法书不作这样的处理，汉语的语调常跟字的声调纠结在一起，调型复杂，尚待研究。声调也是语素的一种形式。汉藏语系的语言利用声调区别词汇意义或表示语法意义。汉语的单字调有区别词汇意义的功能，但字调已是音节语素自身不可缺少的部分，所以不另作非音段语素处理。有些方言则借改变字调表示某些意义，与原字调对立，这种变调单独具有表义功能。例如陕西商县人称代词"我"

[ŋɤ⁵³]、"你"[ni⁵³]、"他"[tʻa⁵³]，本调为高降调，但变为低降调时，则表示复数，即"我们"[ŋɤ²¹]、"你们"[ni²¹]、他们 [tʻa²¹]。又如晋方言区有用变调表示名词后缀"子"的现象，如"梯" [tʻi³³]，但"梯子"是[tʻi³⁵]。吴方言、粤方言也有改变声调表示后缀"儿"。如浙江温岭"桃"[dɔ] 低降调，"桃儿"[dɔ] 高升调；广州"桃"[[tʻou] 低降调，"桃儿"[tʻou] 高升调。这些变调在理论上都可分析为语素。有些方言在连续发音时，有的音段语素有时因快速而失落，但它的声调却留下来依附在邻近的音段语素上，与后者的声调相连，此时可观察到只有声调表示的语素。如重庆话"没得"[mei⁵⁵ te²¹] 可以说成 [mei⁵⁵²¹]，"得"的音节形式失去，只留下声调附在"没"上面，这应是非音段语素。有的语素是以负形式来表现的，是语素变体*里特殊的一种。例如河南获嘉、原阳等地用变韵的办法表示词缀"子"，如"鼻"[ˌpi]，"鼻子"则为 [ˌpiou]，如果原韵母有韵尾－n，则在变韵表示"子"时，只减去韵尾－n，如盘 [ˌpian]，"盘子"的形式反而更短，为 [ˌpia]。普通话的"俩"（两个）、"仨"（三个）的形式分别为 [lia]、[sa]，也较"两"和"三"的形式 [liang]、[san] 短，这种形式的语素可以称为负语素，也是非音段语素。一般语法著作不把非音段语素作为正式的语素，因为对它的分解和描写还需要研究。现代汉语的语素以音段语素*里的单音节语素为主要的、基本的形式，其他语素形式，包括非音段语素，多半是语素变体的形式，但它也能说明语素形式的多样化，尤其是方言的语素形式。

【语子】也叫"语形"。美国描写语言学术语 Morph 的译名。与语素（Morpheme）相对。有人把 Morpheme 译作"形位"，把 Morph 相应地译作"形素"。是语素的实际表现形式。语法学把语素看作抽象的、概括的单位，但语素在实际话语中都有表现形式，或是口头的，即语音的，或是书面的（后于口头的）。例如"人"、"民"的语子是 [ʐən³⁵]、[min³⁵]。同一语素可以不止一个形式，如"那"有 [na⁵¹]、[nei⁵¹]，就是两个语子。不同的语素即使形式相同，也是不同的语子，如"人"和"仁"的形式都是 [ʐən³⁵]，但为两个语子。汉语语法学较少使用语子这个术语，有时用语素变体*代替，有时就叫语素。

【语素变体】Allomorh 的译名。同一语素在不同环境中出现时的不同表现形式。语素作为语言系统中的抽象单位，是常体；在实际话语中出现时常因语言环境不同而有变异，这些形式对常体而言就是它的变体。其原理同音位与音位变体的关系相似。语素变体有：（1）语音变体，受语音条件影响产生的变体。如"啊"受前一音节的语音同化作用的影响而有［A］、［ia］、［na］、［ua］、［ŋa］等变体。普通话的儿化韵和轻声音节里，语素变体较多。（2）语法变体。如"血"在单独成词时是［ɕie²¹⁴］，在合成词里是［ɕye⁵¹］；"剥"单独成词时是［pau⁵⁵］，在合成词里是［po⁵⁵］。（3）词汇变体。如"指"，在"指甲"、"指头"、"手指"里分别是［tʂʅ⁵⁵］、［tʂʅ³⁵］、［tʂʅ²¹⁴］。根据分布情况，语素变体有的是自由变体，如"谁"可以是［ʂuei³⁵］，也可以是［ʂei³⁵］；有的是条件变体，如上举各例的变体各自有一定的出现环境，不能互相代替。语素变体和语子不同，语子仅指语素的表现形式，是对抽象的语素而言；语素变体是对常体而言，是同一个常体的不同表现形式，涉及语素的同一性*问题。语素变体的概念对描写语素是很方便的。

【零语素】表示某种语法意义而其语法形式又为零（缺如）时，这个没有语音表征的形式就是零语素。因多发生在附加成分位置上，所以又称"零附加成分"、"零形态"。说这个不具语音表征的形式能表示某种语法意义，是因为它和某些实际存在的语素即有语音表征的语素形成对应。例如英语名词表示复数时，大都附加词尾"－s"于名词后面；而"sheep"（羊）、"deer"（鹿）既表示单数也可表示复数，表复数时没有"－s"粘附其后，但它的功能与有"－s"的名词表示复数一样，这样就可以说"sheep"、"deer"表复数时有零语素，即"sheep＋Ø"、"deer＋Ø"。但如果没有对应的形式，就无从谈到零语素。例如英语名词单数从无特殊的标记，因此不能说它以零语素作为单数的形态。不过，不同的著作有不同的处理意见，也有人认为英语名词单数有零形态，与名词复数带"－s"形成对应。零语素虽然没有语音形式，但它可代表一个位置，这与音韵学里的零声母的作用一样。有了零语素，在描写一种语言的形态成分时，就能做得整齐、方便。汉语语法学较少运用零语素的概念，有些现象归为省略*或隐含*。

【形态音位】又称"语素音位"。结构主义语言学术语 Morphophoneme 或 Morphoneme 的译名。也有人曾译为"构造音位"、"词素音素"。指同一语素的各个变体里彼此替换的音位（有的著作也把音位序列包括在内）所归纳的代表形式（Type）。如普通话后缀"儿"在不同的儿化韵里可有不同变体，如在"根儿"、"歌儿"、"把儿"、"缸儿"……里分别为［ər］、［ɤə］、［ar］、［ãr］……元音音位出现多种交替（r 只表示卷舌作用），这些不同的语音形式可以归纳为一个形态音位，用一个基本形式来代表，写在花括弧内。又如"不"在去声字前念高升调，在其他调类的字前面和单念时则念高降调，这声调的替换也可形成形态音位。替换的音位处于互补地位，但只能在某个语素的不同变体里才能如此，所以不是一般的音位；形态音位是介于音位和语素间的一个层次。形态音位的名称由波兰语言学家乌拉辛首先提出，后来由结构主义语言学布拉格学派的特鲁别茨柯依和美国学派的特雷杰、布洛赫、霍凯特等先后发展。霍凯特和赵元任都用它的原理对北京话的语素形式进行描写，如赵元任描写儿化韵，因儿化词的词根有丰富复杂的形态音位。

【形态音位学】研究语素变体*的语音形式的学科，语言学的分支。Morphophonetics 或 Morphonetics 的译名，也译为"形态音素学"、"语素音位学"。是对语素的形式作进一步分析而产生的学科。语素是结构主义语言学着重研究的对象。当代以语素描写为中心的趋势已让位给句法结构的研究，但形态音位学的有关概念还是有价值的，尤其对汉语语素的各种语音形式的发掘有启发作用。参看"语素变体"、"形态音位"。

【词】比语素高一级的语法单位。就现代汉语而言，一般认为，词是代表一定意义、具有固定语音形式、可以独立运用的最小的语言片段，或者说，是最小的能独立运用的音义结合体。这个定义说明了词的多重性质，综合了意义、形式、功能多方面的特性，而又以形式和功能为主。所谓"有意义"，区别于纯粹的语音形式；所谓"最小的"，区别于词组，词组也有意义，但还可再分出能独立运用的单位；所谓"能独立运用"，区别于语素，一个语素能独立运用时，就成了词。"独立运用"是指能单说，如"火车"；

还指不能单说但能单用，在句中独立于其他的词，如"你明天还来吗?"中的"还"和"吗"。"美丽"、"玻璃"中的"丽"、"玻"、"璃"既不能单说也不能单用，就不是词。说词是"最小的"单位，是指一个词内部不能扩展，不能有停顿，但词的两头可以停顿。如"美丽"、"语言"不能扩展，都是词；"回家"、"大树"可以扩展，不是词。词不仅是语法单位，也是词汇成员，是词汇单位。词还具有如下两个特点：（1）复现性。即能以整体的形式在言语里反复出现，不同于自由词组临时组成。（2）选择性。即供使用者自由选择使用，与其他词组合，不同于词素只参与固定组合。一个语言单位是不是词，有时还同语言环境（一定的上下文、一定的语体等）有关，如"父"、"兄"、"恩"、"悉"等在口语中不能单说，但在某些书面语中都可以单说，因此，在这种情况下，它们又是词。汉语缺少丰富的形态，词没有明显的外在标记，一个语言片段不一定同时具备词的全部条件，因此，判断一个语言片段是不是词，是不容易的事。应该承认，在词与语素、词与词组之间没有截然分明的界限。但是，词无可怀疑地是独立的语法单位。从传统语法以来，语法学大都把词视为基本语法单位，以它为枢纽，把语法分为词法和句法两大部门。

【词的分离性】即词的切分。指从语段里切分出词单位，也就是划分词与词素、词与词组的界限问题。词是具有语音、语义、语法多重性质的语言单位，语言学家试图从不同的方面分离词，主要的方法有：（1）传统语法学家多倾向于从意义给词下定义，认为词是"表示一个观念的"，或"词是最小的意义单位"。但意义本身没有清晰的界限可言，而且同一意义也可由词素或词组表示，所以意义标准对分离词无效。但是否有专指义有时可作为区别复合词和词组的参考标准，如"黄油"不是"黄色的油"，"火车"不是一般"点火的车"，二者有专指义，所以尽管"黄"、"油"、"火"、"车"分开来是可以单说的成分，但"黄油"、"火车"不是词组，而是词。（2）从句法方面划分词的界限。有的语法学家认为词是能单独成句的语法单位。即指能单说。但这个标准太严，不但绝大多数虚词不能单说，不少实词也不能单说。（3）用插入法*即扩展法划分词的界限。即认为凡两个成分之间能插入别的成分就是词组，如"读报"可以说"读了报"，"读报"就是词组；不能在中间插入别的成分就是词，如"马车"不能说"马的车"、"马拉的车"，"马车"就是词。但插入法不能概括有的述宾式和述补式复合词，如"登陆"、"说清"是复合词，却能扩展。对扩展的方法加以限制，是鉴别汉语词界限的比较有效的方法。参看"插入法"。（4）从语音方面划分词。如利用有无重音、轻声、可能的停顿等判别词的界限。但是，有停顿、重音、轻声的片段不一定是词，因此，这些条件也有局限性。（5）其他标准。如利用类比法和剩余法划分词。例如"离过家"与"搬过家"类比，"搬"可单说，是词；"离"虽不单说，但也是词。剩余法是把语段中能独立的成分提选开后，余下的成分虽无独立性，但也不是别的成分的一部分，所以也是词。参看"剩余词"。以上方法都有局限性，但可以综合起来分离词。词的分离性是很棘手的问题，但词与非词的单位之间的界限有一定模糊性也是客观事实。词的分离性不但在语法理论上很重要，而且很有现实意义，如编纂词典、为拼音文字设计分词连写规则等，都必须确定词的界限。

【临时词】非现成的、临时组成的词。词是现成的语言单位，可收入词典，但说话时有些黏着语素可以与别的语素（自由的或黏着的）临时组合，在语法上具有一个词的功能，中间不扩展，整个组合的意义可以由其组成成分推知，不具有专化意义。这就是临时词。如某些词缀可广泛地与别的语素或语素序列组合："老张"、"老王"、"小张"、"小王"、"李老师"、"李阿姨"、"看了"、"去了"、"看着"、"守着"。又如指示代词或数词与量词的组合："这个"、"三块"。这样的词可以无限制地产生，不需列入词典。

【短语词】兼有复合词和短语的性质的组合，由多个自由形式构成。一般以能否单用作为区别词和词素的重要条件，以能否随意扩展作为区别词和短语的重要条件。短语词的组成部分都能单用，所以都是词，整个组合就是短语；但它内部不能随意扩展，所以整个组合又有复合词性质。如"大雪"、"怪事"、"四川人"、"新衣服"、"快走"、"老实说"、"说清楚"、"笑起来"，不能随意加进某些成分，如不说"大的雪"、"老实地说"、"说得清楚"，除非在一定条件下才能扩展，如"很大的雪"、"老老实实地说"、"说得清楚说不清楚"、"说得清清楚楚"之类。短语词说明词和词组的界限是模糊的，其实也并非汉语才如此。短语词常为临时组合，但与临时词*有所不同。临时词含黏着语素，短语词内部都是自由形式。短语词实质上就是一种基本词组。

【文字词】又称"形式词"、"书写词"。拼音文字按分词连写原则写下的词汇单位。凡是拼音时必须联起来写，并可收入词典的字母群，就是一个文字词。文字词比较符合一般人划分词的语感，往往音节不太多，跟词汇词*大体一致，而跟语法词*有时有较大的差异，例如"袖珍英汉词典"可算一个语法词，组成成分不能易位，中间不能扩展，但一般人用拼音文字书写时可能是三个或四个文字词："袖珍—英汉—词典"或"袖珍—英—汉—词典"。又如"四川大学"是一个语法词，但写下来可能是两个文字词："四川—大学"。文字词受传统书写习惯影响较大，也比较保守，书写的分合有时无定准。例如使用拼音文字历史长久的语言中，同类型的组合，在书写上不一定都相同，如英语 highway（公路）连写，但 high seas（公海）则分写。方块汉字不能反映文字词的界限。使用拼音文字或汉语拼音方案就涉及文字词的问题，需要一个规范的、完善的分词连写条例。

【词汇词】词汇的基本单位，即一般所谓的词*。因与语法词*相对而言，故名。词汇单位符合使用本族语的人的语感，它不但有独立的词汇意义，有独自的搭配能力，而且大致有一定的长度。不同的语言的语素有一定的平均长度，因此也影响词的平均长度。例如操汉语的人通常认为汉语的词多半不超过两个音节。词汇词这一术语是语言学家在分析词的界限时鉴于有的语素组合的词汇原则和语法原则不一致而提出的。从词汇原则看，词符合人们的语感，音节不太多，结构不太复杂，例如汉语的"完成"、"经济"、"改革"、"纤维"都是词；而四个音节以上的组合常被认为是几个词，如"超额完成"、"经济改革"、"人造纤维"、"大百科全书"、"大型彩色纪录片"、"袖珍英汉词典"等。可是从语法原则看，它们不能拆开或扩展，有的包含了不单用的成分，虽然不符合人们语感上的词汇单位的界限，但在语法理论上也应当是词而不是词组。这种单位也可以称为语法词。但大多数的情况下，词汇原则和语法原则是统一的，即大多数复合词都同时既是词汇词又是语法词。它们的平均长度符合人的语感，结构不太复杂，同时也不能拆开和扩展，例如"田地"、"钢笔"、"爱好"、"旅行"以及不单说的"超额"、"彩色"、"大型"之类。

【语法词】①又称"理论词"。从语法原则分析语素组合而提出的术语。与词汇词*和文字词*相对。从语法理论上说具备词的资格，如不能拆开、不能随意扩展；有的在形态上有整体成形性，不论长短，不论是否与人们语感相符，是否用拼音文字连写在一起，都叫"语法词"。例如英语"The king of England's hat"（英国国王的帽子）里的"－'s"是粘附于整个"The king of England"而不是只黏附在"England"上面的，因此，"The king of England's"具有整体成形性，是一个长的单词，而不是几个词。但是，汉语的语缀不仅可黏附于词根，有的还可黏附于词组，所以汉语的语法词不以此为标志。汉语的语法词指"袖珍英汉词典"、"同步稳相回旋加速器"这一类不能拆开和扩展的组合。参看词汇词*。②指有相同语法形式和相同语法功能的项目，不论其词汇项目是否相同。例如"接待了"、"接待着"、"接待过"是同一个词汇词，但各是一个语法词。"接收了"、"接待了"、"接触了"是不同的词汇词，却是同一个语法词。③即虚词*。

【剩余词】切分语段时先将能单说的成分提选开而剩余下的成分，它们既不能单说，也不属于前面或后面的部分，即不跟别的语素组合成词。这样的成分叫剩余词。例如"我就来"，把"我"、"来"提选开，剩下"就"，它不单说，但也不跟"我"或"来"组成词，而是一个单用的词。又如"纸和笔"，把"纸"、"笔"提选开，剩下"和"，也是剩余词。汉语虚词大多不能单说，可是不同于只能构词的词缀，而是剩余词。有些不单说但能单用的实词也是剩余词。剩余词是给词下定义时提到的术语。语言学家常以能否单说作为词的一个条件，但词的独立性有不同等级，有的虽不单说，却不固定地依附于别的成分，也有一定的独立性。剩余词的概念对确定这种具有弱独立性的词有一定作用。

【离合词】也叫"可分词"、"分离合成语"。可以有限扩展的复合词。一般复合词具有结构上的不可分离性和意义上的完整性，但是有些复合词却可以有限地即非自由地扩展，扩展后两个词素仍在相邻的上下文里出现，如"洗澡"可以扩展为"洗一次澡"；还可变动词素的位置，如"澡都没洗"。它们扩展时，被认为是词组，未扩展时被认为是词。这种可离可合的组合叫"离合词"。汉语的述宾式和述补式的组合里，这类可离可合的现象最多，如"发愁"、"担心"、"吵架"、"打仗"、"洗澡"、"鞠躬"、"起草"、"造谣"、"分红"、"打赌"、"冒名"、"打倒"、"推翻"、"看破"、"稳住"、"看见"、"提高"、"收回"等。扩展的成分一般为"了"、"着"、"过"、数量词、"什么"、"点儿"、"得"、"不"等，如"发了愁"、"鞠一个躬"、"发什么愁"、"打得倒"、"打不倒"等。离合词的存在说明现代汉语有些词和词组的界限不分明。但对离合词的分析有不同看法：有人认为无论这种复合词是离是合都是复合词；有人认为分与合都是词组；有人认为述宾式"鞠躬"、"吵架"等能有限扩展者是离合词，而述补式则是词组；还有人提出离合词在理论上不能成立，认为未扩展的形式（如"打倒"）和已扩展的形式（如"打得倒"）并非具有同一性，前者的"打"、"倒"是词素，后者的"打"、"倒"是词，不能说是同一形式。这种意见认为所谓离合词（述补式和述宾式）是一种粘连短语。

【同形替代法】鉴别词的界限的一种方法。根据词有自由活动能力的原理，在一系列同形式的格式里，一个成分能为同类型的其他成分所替换，这个成分就是词；不能被替换的成分就不是词。例如："吃饭"的"吃"可以被"盛"、"买"、"煮"等替换，如"盛饭"、"买饭"、"煮饭"等；另一方面，"饭"也可以被"面"、"糖"、"饼"等替换，如"吃面"、"吃糖"、"吃饼"等。同形替代法以此说明"吃"和"饭"不是两个总连在一起的、而是各自独立的成分，即两个词。汉语语法学里最早提出此法的是陆志韦的《北京话单音词词汇》（1938 年完成，1951 年初版）。同形替代法与结构主义语言学切分语素的原则有共通处。它比起纯粹用词义给词下定义有科学性，但是，同形替代的结果也可以是复合词内部的词素，例如"电灯"的"电"可以与一系列词素替换，构成"油灯"、"日光灯"、"霓虹灯"等；"灯"也可以与一系列语素替换，构成"电影"、"电视"、"电话"、"电缆"等。所以，用同形替代法鉴定词是失败的方法。

【插入法】也叫"扩展法"、"隔开法"。在一个语素组合的内部增加某些成分而不改变该组合的结构关系以划分词与非词的界限的一种方法。一个语素组合"AB"如内部能扩展，则 A 和 B 都是词，"AB"即是词组；如内部不能插入别的成分，则"AB"是合成词。插入法是以词的内部结合紧密为根据而提出的方法。王力《中国现代语法》（1943）提出以插入法区别"双音词"和仂语*，即复合词和词组。如"说话"可以插进一个字，如"说大话"、"说好话"，"说话"即是仂语；"故意"的中间不能插进任何一个字，就是词。陆志韦《汉语的构词法》（1957）用扩展法系统地研究汉语的词和构词法，并指出运用扩展法应有一定限制，即：（1）扩展前后的结构必须相同。（2）扩展前后的组合应都能在更长的片段里出现，才是词组。如"羊肉"虽可扩展为"羊的肉"，但"买一斤羊肉"不能说成"买一斤羊的肉"。"羊肉"就不是词组，只是词。（3）分别有限的扩展和自由的扩展，能自由扩展的是词组，能有限扩展的不一定是词组。但是，不能扩展的组合并非无条件地一律是词，因此，以扩展法区别词与非词时应结合其他条件。

【字】①文字体系的单个符号，即书写单位。如汉字。②指汉语音节。因一个汉字表示一个音节而得名。③汉语语素的代称或俗称。因汉语语素多为单音节而得名。④词的代称或俗称。因古代汉语的词多为单音节而得名。多用于早期语法书。如"名字"、"动字"即"名词"、"动词"。赵元任称"字"是"社会学的词"。"字"作为语法术语已渐不用，偶尔说"实字"、"虚字"，可指语素，或指词。

【语】①语言。如"汉语"、"英语"。②句法单位的名称，即句子成分。如胡以鲁《国语学草创》称"主语"、"说语"、"目的语"，即今之"主语"、"谓语"、"宾语"。③指"词"。如 20 世纪 30 年代"外来语"、"派生语"、"语头"、"语尾"等名称的"语"即"词"。陈望道等称"词类"为"语部"。④短语的简称。黎锦熙《新著国语文法》："凡是两个以上词类不同的词的组合，而不成句的，都可以称'语'（即'短语'的简称）。"如"名词语"、

"形容语"。

【语词】①指词汇；或词汇单位，即词。胡以鲁《国语学草创》："吾国语之语词，自晚近发展附属形式外，独立而不变。故集个个语词连结配置之足以表完全思想者，即完成为语言。"黎锦熙《新著国语文法》将"词"称为"'语词'的简称"。②指谓语。与"主词"相对。刘复《中国文法讲话》的术语。分"动语词"、"静语词"两种，不仅指作谓语的动词和形容词，还包括动词后的"宾词"（宾语）或"是词"（"是"后面的名词）。如"犬逐兔"的"逐兔"就是语词。

【单音词】全称"单音节词"。以词的语音形式所包含音节的多少为依据划分的词的两个类别之一。与多音词相对。语音形式为一个音节的词就是单音节词。例如："风"、"动"、"新"、"二"、"次"、"我"、"刚"、"和"、"吧"等。由于受到现代汉语音节数量的制约，单音词的数量不可能无限增加，因而是一个相对稳定的量。据《现代汉语频率词典》（北京语言学院语言教学研究所编，1986）统计，现代汉语单音节词有 3000 多个，占现代汉语总词数的 12％，总词次的 64.2％。这一方面表明了现代汉语不是单音节语，一方面也表明了现代汉语是单音节性强的语言。单音词并不都是单纯词。一些儿化了的单音节词，因为"儿"并不自成音节，与词根合为单音词，但不是单纯词，如"花儿、瓶儿、棍儿"等。还有一些合音词是单音词，但也不是单纯词，如"甭"、"仨"。单音词和多音词*在语法、词汇、修辞方面都有某些差异。例如，在语法方面单音词的活动更受限制，如很少单说，最普通的例子是人名、地名。数字单说时常是双音节，可单说"欧阳！""英国。""一十。"，而不说"杨！""英。""十。"又如双音节的词要求在它后面跟它搭配的词也是双音节，如可说"进行学习"、"共同使用"，但不说"进行学"、"共同用"。口语里的单音词尤其单音动词，比书面语多。

【多音词】全称"多音节词"。以词的语音形式所包含音节的多少为依据划分的词的两个类别之一。与单音词相对。语音形式为两个或两个以上音节的词就是多音词。现代汉语多音词中以两个音节的为数最多，特称"双音词"（或"双音节词"）。例如"语言、逻辑、绿化、讨论、丰富、彷徨、刚才、常常、不但、而且、为了、按照"等。超出两个音节的多音词有"热腾腾、嘉陵江、稳固性、灰黄霉素、高山反应、西双版纳、阿尔及利亚"等。多音词的发展不受音节数量的制约，具有无限增加的可能性，因而是一个无定量。现代汉语正是以多音词为主，总词数的 80% 以上是多音词，导致了现代汉语词汇的丰富、发达，并且构成了有别于古代汉语以单音节词为主的特点。多音词并不都是合成词，也有单纯词，如上举"彷徨"、"阿尔及利亚"等。现代汉语的多音词又以双音词为主，常把单音节的词补充成双音节，把超过两个音节的减缩为双音节。例如"虎"、"鼠"、"柳"、"芹"、"蒜"增为"老虎"、"老鼠"、"柳树"、"芹菜"、"大蒜"，"落花生"、"大曲酒"、"科学技术"、"财政经济"缩减为"花生"、"大曲"、"科技"、"财经"。双音节化是现代汉语的主要节奏倾向，这种倾向在双音词里有明显的反映。

【单纯词】以包含词素的多少为依据划分的词的两个类别之一。与合成词相对。由一个词素构成的词就是单纯词。按照这个词的语音形式中音节的多少，又可以进一步划分为单音节单纯词（如"人"、"走"、"绿"、"二"、"不"等）和多音节单纯词（如"蝙蝠"、"犹豫"、"猩猩"、"麦克风"、"乌鲁木齐"等）两类。

【合成词】以包含词素的多少为依据划分的词的两个类别之一。与单纯词相对。由两个以上的词素构成的词就是合成词。按照这两个以上词素性质的异同，又可以进一步划分为复合式合成词（如"道路"、"提高"、"雪白"等，简称复合词）、附加式合成词（如"老乡"、"甜头"、"胡里胡涂"等）、重叠式合成词（如"姐姐"、"弟弟"、"常常"等）三类。三个以上词素构成的合成词，大都具有一定的层次性。如：

录　音　机　　　　大　包　干　　　　抗　坏血酸

【词根】也叫"词根词素"、"根素"、"实词素"。作为构词成分的实语素*，是从构词的角度划分的最小音义结合体。是体现词的基本词汇意义的词素。能独立成词，或虽不能独立成词，但能与别的词素合起来构成词。位置可在别的词素前，也可在别的词素后。能与词缀合成词，也可以相互组合成词。是构词的主要材料。例如：现代汉语中的"人"、"走"、"绿"、"这"、"很"，可以独立成词；"研"、"芜"、"阶"通常不独立成词，但可构成"钻研"、"研究"、"荒芜"、"芜杂"、"阶梯"、"军阶"等。这些实词素都是词根。有的语法著作认为词根只能是从合成词里划分出来的，而且只能是黏着语素，不能单独成词，单独成词的叫根词，但一般通称为词根。现代汉语的词大部分由一个词根或两个词根组合而成，汉语被视为"词根语"的代表。词根是实语素，不能再往小里分。近来有人把多层次的合成词里的词素序列称为复合词素*，如"保温杯"的"保温"、"国际法"的"国际"，这样，词素就不限于指最小的构词成分，但词根是最小的词素，并且是实语素。

【复合词素】也称"合成词素"。是一个词中所包含的由两个以上词素组成而作为直接成分的词素复合体。例如"词汇学"中的"词汇"、"摄影机"中的"摄影"、"老虎钳"中的"老虎"、"山顶洞人"中的"山顶洞"、"无后坐力炮"中的"无后坐力"等都是复合词素。复合词素在别的场合往往是合成词，甚至可能是词组，但在其参与构成的词中则只是构词成分。而复合词素中也还可以包含复合词素。如上举"山顶洞"中的"山顶"、"无后坐力"中的"后坐力"等，便仍是复合词素。词素本是最小的音义结合体，但是通常给合成词下定义时，难以包括复杂的合成词的层次关系，有的语法书把"说明书"、"创造性"、"宽银幕"、"人造丝"里的"说明"、"创造"、"银幕"、"人造"或笼统地称为"词素"或"词根"，或称为"实词"，甚至称为"词组"、"句子"。"复合词素"的提法只是对说明构词法的层次比较方便，比以上各种术语合理。

【词缀】又称"语缀"、"附加成分"、"附加词素"、"衬素"，简称"附加"。是黏附于词根的虚语素。特点是：（1）表示词的语法意义，有时也表示附加词汇意义，但不体现词的基本的词汇意义；（2）结合面宽，可与多个词根组合；（3）在合成词里位置固定。例如："刷子"、"剪子"、"箱子"的"子"是词缀，表示名词的语法意义；"小鸡儿"、"老头儿"、"宝贝儿"的"儿"是词缀，既表示名词的语法意义，又表示"小称"、"爱称"的附加意义。它们都位于词根之后，可以与很多词根结合并且表示相同的语法意义。根据词缀在合成词里的位置，可分为前缀*、中缀*、后缀*；根据不同的语法功能和不同的语法意义，可分为构词词缀和构形词缀。狭义的词缀仅指构词词缀。构词词缀和构形词缀除以上共同特点外，还有各自的特点：（1）构词词缀与词根一起构成新词，可以使词根的意义和词性改变，如"尖儿"、"看头"、"剪子"的意义、词性与词根"尖"、"看"、"剪"都不同；有时只改变词根的意义，如"信儿"和"信"的意义不同；有时只标志词性，如"鸡儿"、"刀子"。构形词缀则不构成新词，只是给词添加语法意义，如"看着"、"坐着"、"唱着"的"着"使动词有"动作在持续状态中"的意义，但不改变动词的词汇意义。（2）构词词缀可附着于成词语素，也可附着于不成词语素，前者如"字儿"、"刀儿"的"字"、"刀"，后者如"木头"、"桃儿"的"木"、"桃"。构形词缀都附着于成词语素，如"照着"、"去了"、"人们"，不说"耀着"、"往了"、"师们"。构形词缀还可附着于词组，如"设计和建成了"、"学生和老师们"。（3）构词词缀与词根固定黏附在一起，构形词缀则用与不用不很严格，如"学生和老师"也可以表示多数。以上（2）、（3）两点说明汉语构形词缀不算是严格的词缀。现行语法书大体上有三种处理办法，一是把构词词缀与构形词缀都称为词缀或语缀；一是只把构词词缀称为词缀，把构形词缀划归助词；一是把构形词缀看作虚词和词缀中间的成分。关于构词词缀，不同的语法学家强调的特征不同，划分范围广狭不等，有的分为五六十个，有的只有十来个。现代汉语有强烈的整类孳生同格式的新词的趋势，有人强调词缀结合面宽的特点，认为一批构词力强的实语素已发展为新兴词缀，如"度"（可见度、透明度）、"派"（实力派、中间派）、"超"（超音速、超声波）、"反"（反间谍、反法西斯）等等。但有人则强调词缀的定位性，认为不定位语素不应划为词缀，如"派"在"派别"、"派系"、"派性"里又是前置；"理论热"、"留学热"、"淘金热"的"热"是后置语素，但在"热门"、"热点"里又是前置，这些都不是词缀。真正的词缀跟词根之间没有意义上的关系，只有位置上的关系。事实上，汉语的词根造词有相当的自由性，有的实语素构词力极强，如姓氏；又如"树"、"人"、

"病"等概念外延很宽的语素常与别的语素构成偏正式复合词，但都不叫词缀。也有人采取折中的办法，分出类语缀[*]。

【语缀】词缀[*]的又称。汉语有些词缀不仅附着于词根，还附着于词组，如"老师和同学们"、"第一千五百四十二"、"学习及研究者"。吕叔湘《汉语语法分析问题》建议使用"语缀"以便概括这类成分的特点。此外，还包括一般语法书没有明确性质的成分，如"似的"、"的话"等。参看"附加成分"。

【类语缀】吕叔湘《汉语语法分析问题》提出的术语。指介于词根和地道的语缀（词缀）之间的语素。特点是：（1）构词力强，常构成很多结构类型相同的词；位置显得比较固定。如"气"（脾气、才气、勇气、运气、习气），"可"（可爱、可怜、可靠、可笑、可疑），"自"（自治、自动、自转）。（2）意义还没有完全虚化，有时仍以词根的面貌出现，位置也不固定，如"可不可爱"、"气功"、"独自"。有人把这类语素划为词根，有人则划为词缀。吕叔湘认为这种类语缀是汉语语缀的一个特点。根据在合成词里位置的前后，又分为（1）类前缀。如"可"、"好"、"难"、"准"、"类"、"亚"、"次"、"超"、"半"、"单"、"多"、"不"、"无"、"非"、"反"、"自"、"前"、"代"等。（2）类后缀。如"员"、"家"、"人"、"民"、"界"、"物"、"品"、"件"、"种"、"类"、"别"、"度"、"率"、"法"、"学"、"体"、"质"、"气"、"性"、"化"、"热"等。

【前缀】又称"词头"、"接头部"、"前附加成分"、"前加成分"、"前置成分"、"前附加"、"前附"、"前加"。位置在词根前的词缀。现代汉语普通话里地道的前缀很少，常见的有：（1）"老"，如"老乡、老师、老表、老百姓、老婆、老虎、老鼠"；"老李、老大、老二"。前一种不能产，后一种能产，造成称谓词。（2）"小"，如"小赵儿、小三儿"，造成称谓词。（3）"阿"，主要通行于南方方言，如"阿五、阿毛"，普通话里常用的只有"阿姨"。（4）"初"，如"初一、初十"。（5）"第"，如"第三、第一百一十五"。有的语法书把"初"、"第"划为助词。前缀不读重音，跟词根一起读中重型。表称谓词和序数词的前缀还保留了一些词汇意义，如"老李"、"小王儿"多少还有一些年龄大小的限制。

【后缀】又称"词尾"、"语尾"、"接尾部"、"后附加成分"、"后置成分"、"后附加"、"后附"、"后加"。位置在词根后面的词缀，也能位于词根序列（复合词素*）的后面。现代汉语的后缀主要有几种类型：（1）构词后缀。常见的有（a）"子"。如"房子"、"果子、麦子、扇子"，"脑子、票子、鬼子、面子"、"剪子、拍子、辣子、乱子"，"个子、本子、条子"。（b）"儿"。如"花儿、绳儿、鸟儿"，"块儿、眼儿、嘴儿"，"活儿、画儿、弯儿、围脖儿"，"这儿、那儿"，"玩儿、嗤儿、火儿（了）、颠儿（了）、票儿（了一出戏）"、"慢慢儿、好好儿"。（c）"头"。如"骨头、舌头、木头"，"甜头、苦头"，"看头儿、想头儿"，"钟头、罐头、楦头"，"前头、外头、上头"。（d）"巴"。如"尾巴、泥巴"。这类后缀大都有能产性，只有"巴"不能产。后缀与词根结合构成新词，帮助词根产生新的词义，如"面"和"面子"、"眼"和"眼儿"意义不同；或增加词的感情色彩，如"花"和"花儿"、"老头儿"和"老头子"感情色彩不同；能作词类的标记，如以上后缀主要作名词标记，其中"儿"又可作少数动词和重叠式形容词的标记。有的语法著作认为汉语后缀很多，不限于以上几个。参看"类语缀"、"词缀"。（2）广义的后缀。有的语法书把"了"、"着"、"过"、"们"等也称作后缀。"了、着、过"是动词后缀，表示时态；"们"是名词和人称代词的后缀，表示复数，如"同学们、人们"。有的语法书还包括：表示状态的述补词组里的"得"，如"写得（很好）、洗得（干干净净）"；状态形容词后面的"的"，如"小小的、甜甜的"；副词后面的"的"，如"渐渐的、非常的"。这类后缀和（1）类后缀不同，只表示语法意义而不构成新词，有的只是纯粹的标记；它们和词根结合不如（1）类后缀紧密，中间可以扩展，如"同学们"和"同学和老师们"，所以有的语法书将其划为助词。参看"词缀"、"助词"。（3）形容词生动式后缀；或叫"情态后缀"。类型很多，如"洋洋"："懒洋洋、暖洋洋、喜洋洋"；"生生"："活生生、怯生生、脆生生"；"溜溜"："酸溜溜、圆溜溜"；"不哩唧"："酸不哩唧"等等。情态后缀能产性弱，有的只跟个别词根结合，如"黑黢黢"。同一个词根也可与几个后缀结合，如"乐悠悠、乐滋滋、乐呵呵"。这类后缀能把性质形容词*改变为状态形容词*，音节在两个以上。汉语方言的后缀也比较丰富，形式不限于音节性的。参看"音段语素"、"非音段语素"。

【中缀】又称"词嵌"、"词腰"、"间缀"、"中置成分"、"中附加成分"、"中附加"、"中加"。位置在两个词根中间的词缀。现代汉语有无中缀是一个有争议的问题。有人认为动补结构中的"得"、"不"是中缀，能产性强，如"看得见、看不见、买得起、买不起、拿得动、拿不动、信得过、信不过"。这样，"看得见"、"看不见"就是词而非词组。有人也把这个"得"、"不"看作中置的助词。还有人把"酸不溜溜"的"不"、"胡里胡涂"的"里"、"荒乎其唐、微乎其微"的"乎其"看作中缀。这样，中缀实际包含了为补足音节而增加的衬字，它也不一定在两个词根之间，只因它们既不附属于前面的部分，又不附属于后面的部分，才统称为"中缀"。汉语缺少中缀，跟汉语的词很少超过两个音节有关，也跟词缀的单音节性有关。普通话以外的方言区有中缀。如山西平定的"儿"是一个由卷舌边音形成的中缀，插在词根的声母和韵母中间，如"本"是［pɤŋ］，但"本儿"则是［pḷɤŋ］。又如广西横县单音形容词重叠式加中缀，形成"AxA"，的格式，中缀又有屈折变化，以表示词义的轻重或爱憎色彩的改变，如"嫩 nuk 嫩"是表爱、较重级，"嫩 nəp 嫩"是表爱、较轻级，"嫩 nat 嫩"是表憎、较重级，"嫩 net 嫩"是表憎、较轻级。每个形容词都有相应的中缀。四川方言也有在单音形容词重叠式中间加"啊"的用法，表示词义轻微的程度，如"红啊红的"、"黄啊黄的"指"有点儿红"、"有点儿黄"。"啊"也类似中缀。

【形态】又称"形态变化"、"词形变化"。词以词根为基础产生一定的声音变化以表达语法意义，各种词形变化的形式总称为形态。形态多指通过附加*、内部屈折*、重叠*、音变*等手段来表示的语法形式。形态依其作用分为两类：（1）构形形态。同一个词通过不同的词形变化表示不同的语法意义，这些不同的词形的聚合就是构形形态。例如英语名词通过附加词尾表示"复数"，动词通过附加词尾或通过内部屈折表示"时"的语法意义，这些形式都是构形形态。（2）构词形态。即一个词或词根通过词形变化产生新的词。构形形态如"boy"—"boys"；"work"—"worked"；"sing"—"sang"、"sung"。构词形态如"work"—"work－er"、"beauty"—"beautiful"。语言学对"形态"的范围有不同的看法，有的把（1）、（2）都称为形态，有的认为只有（1）才是形态。较通行的意见是把构形形态和构词形态都称为形态。这两种形态都限于词本身的语法形式，符合"形态"的传统含义，或称"内部形态"。因此，"形态"有时与"词法"（包括构词法、构形法、词类）同义。还有学者认为"形态"还包括词本身以外的有关语法形式，又分两种：（1）指以虚词（或辅助词）与实词相结合表示某种语法意义的方式，并须与相关的内部形态平行。例如英语、俄语采用"助动词＋动词不定式"的方式表示动词的"将来时"，这种方式与采用内部形态方式（附加或内部屈折）表示"现在时"、"过去时"平行。不过，也有人认为不必强调有内部形态平行，因为虚词也是外部形态标志。这种形态称为"分析形态"、"外部形态"。（2）指实词与实词的结合。如"墨"、"铁"可与"一块"结合，表示名词与数量词结合的语法功能，说明词类的语法特征，有功能即有形态。这种"广义的形态"论为我国一部分语法学家所主张和赞同，如方光焘、胡附、文炼等。但"广义的形态"这一术语现已不通行。与印欧语系诸语言比较，汉语缺乏狭义的形态变化，尤指以内部屈折和附加为主要形式的构形形态。这是汉语的语法特征所在。因此，我国现代汉语语法学重视句法。但对狭义的形态也有研究与发现。就北京话而言，关于哪些语法形式可纳入形态范围，有不同意见。有的认为包括重叠、附加，如赵元任；有的指出重叠是很重要的形态变化，如俞敏、陆宗达。方言中，形态手段丰富得多，有待开发。形态还对划分词类有重要参照价值，更重要的是可提供语言类型比较研究的资料。

【形态变化】详见"形态"。

【广义的形态】详见"形态"。

【附加成分】也称"附着形式"、"辅助成分"。①最狭义的解释即构词词缀*。②特指不仅能附着在词根上而且能附着在词组上的虚语素或语素序列。如"第"、"所"、"了"、"着"、"过"、"们"、"似的"、"的话"之类。它们黏附性强，没有独立性，大都读轻声。有人划为词缀，有人划为助词，有人认为不同于典型的词缀，又不像有的虚词有一定独立性，是词缀和虚词之间的黏附成分，相当于 clitic。后置者称"后附成分"（enclitic），前置者称"前附成分"（proclitic）。后附成分除上举各例外，还有附着于句末的"吧"、"吗"、"呢"、"云云"、"等等"、"就是了"（"随便说一声就是了"）、"也好"（"你不来也好"）、"罢了"（"不过说说罢了"）、"而已"（"说说而已，并不实行"）、"不成"（"难道我怕你不成？"）等。赵元任《中国话的文法》指出前附的还有"恐怕"（"恐怕是炉子灭了"）、"难道"（"难道我非去不成？"）、"当……（的时候）"、"在……（的时候）"之类。黎锦熙《新著国语文法》的"前附"指今天的助动词，"后附"也包括"了"、"着"、"起来"、"得"、"来着"等，并认为这些后附"实在可说是动词语尾"。王力的"前附号"、"后附号"包括的范围也较宽（参看记号*）。③即"修饰语"。参看该条。

【记号】王力的术语。指黏附于词或词组的前面或后面表示语法意义的语法成分，相当于现在所指的词缀和助词，亦即附加成分*。王力将记号分为三类：（1）十足的记号。如"第"可加在一切数词之前，"的"可加在一切修饰语之后。其他有"了"、"着"、"所"、"得"、"们"等。（2）将近完成的记号。结合面不如（1）类，如"子"、"儿"、"头"（"吃头"、"逛头"）、"阿"。（3）非正式的记号。偶尔使用，如"打"（"打扫"、"打发"）、"头"（"舌头"、"馒头"）。王力注意到记号的特征：黏附性；所黏附的成分的语法性质；黏附的位置，分"前附号"和"后附号"；语法意义的独立性。

【语素或词的同一性】某个语言单位在不同的运用场合出现时，表现为不同的个体或实例。这些不同的个体或实例是否是同一个语言单位，即为"同一性"问题。语素作为最小的语法单位是抽象的、概括的"型"。在言语中出现时，每个语素表现为不同的"实例"，可能在语音、语义、用法方面有某些差异，但仍是同一语素（型）的不同变体，即具有同一性；但也可能不是同一语素，而是不同的语素，即不具有同一性。如："梅₁喜欢梅₂，她的屋里常有梅₃花。"探讨句里出现的三个"梅"是同一个语素还是不同的语素？即探讨同一性问题。语素的同一性的提出，基于语素的音、义、功能间错综的关系。大体上说，以下情况不具同一性：（1）音义都完全不同。如"梅"和"花"。（2）音同，义完全不同。如上例中"梅₁"（人名）和"梅₂"（花名）。（3）义同，音完全不同。如"道"和"路"。如果两个单位音和义都完全相同，不用说，是同一语素。但是，在下列情况下也可能是同一语素：（1）音同义近。如"花₁"（花朵）和"花₂"（花纹）。这是同一语素有不同的语义变体。意义相同、相近是同一性的重要条件。但语义差异到何种程度即不具同一性，有时难以判断。（2）义同音近。如"谁"shuí、shéi，是同一语素有不同语音变体。（3）音、义相同或相近，用法不同。如"血"xiè，口语音，多单用；血 xuè，读书音，多用于复合词。这是同一语素有不同的语域变体，从另一角度看也是语法变体。（4）音同，意义有联系，用法不同。如"锁₁"（锁门）、"锁₂"（铁锁）。对此有不同分析，或说是同一语素有不同语法变体，或说是不同的语素。以上原理也可用以说明词的同一性，但词还有形态变化，与语素不同。如"看"、"看看"、"看了"、"看着"等，语法学在探讨它们是否为同一个词时也有不同意见。参看"形态"、"语素变体"。

【词法】又称"词法学"、"形态学"。传统语法以词为语法的枢纽单位，把语法学分为词法和句法*两大部门。词法研究词的范围内的语法形式和语法意义，是关于词的构成、变化和分类的学科。西方语言学称为"形态学"。狭义的形态学本指研究一个词通过声音变化而表现不同语法范畴的学问，即构形法。广义的形态学还包括构词法。西方语言也借助词的声音变化构造新词，所以构词法也属形态学。我国习惯称为词法（学），指广义的形态学，包括构词法、构形法；词类方面的学问；因研究词的结构和变化，也把语素的研究纳入词法。我国语法学在萌芽阶段以研究虚字（虚词）为主。从《马氏文通》开始，早期语法著作大都以讲词类为主。20 世纪 20 年代以后逐渐重视句法，如黎锦熙主张词"离句无品"，王力认为"汉语没有屈折的作用，于是形态的部分也可取消"。20 世纪 50 年代以后又逐渐开展词法研究，如讨论汉语词的界限、词儿连写等问题。1953—1954 年词类问题的讨论，加深了对汉语词法的认识。陆宗达、俞敏《现代汉语语法》（上册，1954）以词类为纲，细致描写了北京口语的构形法和构词法。《汉语知识》（以"暂拟汉语教学语法系统"为基础，1959）中词类和构词法占有相当地位。词的形式往往更能表现一种语言的语法特点，因此，至今汉语语法学尤其是方言语法和汉外比较语法仍较多地注重词法研究。形态丰富的语言，其词法和句法的关系是明显的、直接的，词的形态就标志着词在句子里的职务和跟其他词的关系。汉语的词法和句法的关系则常常是隐性的、间接的。例如赵元任举的例："上海"、"王家"、"摇椅"、"你"都是体词，都可以放在"喜欢"后头，即"喜欢上海"、"喜欢王家"、"喜欢摇椅"、"喜欢你"，它们似乎都一样；然而"上海"、"王家"可以放在"到"后头，即"到上海"、"到王家"，它们是名词里的处所词；而"摇椅"、"你"却不能放在"到"后头，它们不是处所词。这些词都没有特殊的标记，它们的区别是隐藏着的。汉语语法研究的重要内容之一就是探索这种隐藏的关系，并尽可能地寻找形式特征。例如单音的（也是单纯的）方位词和合成的方位词、简单的形容词和复杂的形容词（重叠或附加）、单纯的动词和述宾式动词等，它们的句法功能就有差异。现代语言学不作词法和句法的划分。二者本没有分明的界限，汉语尤其如此。如汉语复合词和词组并非都有清楚的区别。又如词类本属词法范围，但汉语划分词类主要靠句法标准，而不是形态变化，因此汉语词类不纯粹属词法范围。再如构形法里所谓"外部形态"也是跨于词法和句法之间的现象。因此，有人主张词法和句法的划分没有必要，但一般教学语法体系仍利用词法和句法的传统间架。

【句法】又称"句法学"、"造句法"。传统语法以词为界，把语法分为词法* 和句法两大部门。句法是研究词与词的组合，分析词组和句子的结构、类别、功能等的学科。古典传统语法以词法为重。近百年来，句法已取代词法居于主要地位，现代语言学更以句法为中心。我国语法学开创期多模仿西方传统语法，主要讲词法（词类）；但语法学家逐渐认识到汉语缺少严格意义的形态变化，语法意义主要靠大小语言单位互相结合的次序和虚词来表达，因此汉语语法学的重点转移到句法，对汉语句法特征多有发现。尤其是20 世纪 40 年代出现了一些有影响的代表作，如王力《中国现代语法》、吕叔湘《中国文法要略》、高名凯《汉语语法论》等。近 30 年来，尤其是近 10 年来，语法学家借鉴现代语言学的理论和方法，并引入语义、语用的因素，研究句法结构的变化、转换，研究同义和多义结构，使汉语句法学上升到新的水平。同时，对汉语虚词、句型、析句理论、复句等的研究，初步形成了所谓"对语法研究的主攻目标"的"战略包抄的局面"。20 世纪 80 年代重要的专著除朱德熙《现代汉语语法研究》外，还有陆俭明、马真《现代汉语虚词散论》、李临定《现代汉语句型》、陈建民《现代汉语句型论》、吴竞存、侯学超《现代汉语句法分析》、邢福义《语法问题探讨集》等。汉语句法学过去对词组一级语法单位不甚重视，近年来词组在句法研究中也占有重要位置。此外，还有人主张把句群作为句法学研究的内容。

【形态学】Morphology 的译名。①即词法*。狭义的形态学即构形法；广义的形态学包括构形法、构词法。构形法与构词法都跟词类有关，因此形态学也包括词类。参看"词法学"。②最广义的解释。少数学者认为除构形法、构词法、词类外，还包括词与词的结合能力。在这个意义上，"形态学"一词不能代之以"词法学"。但这个概念未再使用。见"广义的形态"。

【构形法】①同一个词通过形态变化（如屈折、附加、音变、重叠等）以形成不同语法变体、表现不同语法范畴的方法。有的语言如俄语有丰富的构形法，例如它的动词可以根据主语的不同人称、数、性而改变词尾而形成各种变体。"писать"（写。动词原形）现在时的各种形式是："пишу"（我写）、"пимет"（他写）、"пишете"（你们写、您写）、"пишешъ"（你写）、"пишем"（我们写）、"пишут"（他们写）。词根"пиш"后面分别加词尾 у、ет、ете、ешъ、ем、ут 成为一个词的语法聚合体。它们的语法意义不同，但是词汇意义未变。又如英语动词通过形态变化有现在时、过去时、过去分词等，也形成同一个词的语法聚合体。也可通过加辅助词而实行构形变化，如俄语"Я буду писать"（我将写）、英语"I am walking"（我正在走），即所谓"外部形态"的方法，或称为"分析的构形法"。构形法和形态构词法都有相同的语法手段，但二者的区别很明显：第一，构形法只变词，不同的语法变体仍是同一个词，词义不变，词性也不改变；而构词法则构成不同的词，词义改变，词性也可能改变。第二，构形法与句法有关，词的构形变化常随句中其他词的语法意义而变化，如上引俄语例；构词形态则只是自身发生变化以构成新词，不受句中其他词的影响。对于汉语有没有构形法，语法界意见不一致。通常认为"了"、"着"、"过"、"们"等虚语素接近构形成分，它们与西方语言严格意义上的形态不同。一是不与句中其他词有直接关系，例如无论句中主语如何，谓语动词都没有特殊变化，"我读"、"你读"、"他读"、"你们读"、"我们读"、"他们读"都可以是同一个形式"读"。二是这种构形成分运用比较自由，不是非用不可，如"读着书"和"正在读书"、"男孩们"和"很多男孩"。三是这种构形成分不仅可以附着于一个词，还可附着于一个词组，如"细心而又认真地阅读和研究了……"。此外，汉语有些词里的"了"、"着"等不能去掉，否则将改变词义或词性，如"为了"、"罢了"、"本着"、"觉着"、"意味着"、"标志着"、"我们"、"你们"、"哥们（儿）"、"娘们（儿）"，这些又应算是构词成分。以上说明汉语没有严格的、全面的、系统的构形法。因此，有的语法著作把"了"、"着"、"过"、"们"等划为虚词，有的划为构词词缀，与"子"、"儿"、"头"等并列，或只称为词缀，不说明是构词还是构形的。重叠也有构形和构词的不同，有的语法书也不加区别。总的倾向是认为汉语缺乏构形法。不过，对构形法和构词法应当有所区别。因为构词法构成的词一般可进入词典，而构形法所构成的语法变体一般是临时词*或语法词*，一般不进入词典。②研究构形法（规则）的学科。词法学的一个分支。即狭义的形态学。参看"词法"、"形态学"。

【构词法】也称"造词法"。①利用构词原料、按照一定规则构成新词的方法。狭义的构词法指合成词*的构造方法，或称可以分解的词的构造方法。现代汉语有三种主要的狭义构词法：（1）复合法；（2）附加法；（3）重叠法。广义的构词法除以上三种外，还包括（4）语音构词法，主要为单纯词*的构词法。语音构词法纯粹利用语音手段但不增加词素，主要有以下几种：（a）双声构词，如"伶俐"、"参差"、"仿佛"；（b）叠韵构词，如"逍遥"、"唠叨"、"徘徊"；（c）叠字构词，如"猩猩"、"狒狒"、"潺潺"；（d）音译，如"雷达"、"麦克风"；（e）轻声构词，如"自然"和"自·然"（用轻声区别不同的合成词）；（f）变读构词，如"长短"的"长"和"生长"的"长"，"传递"的"传"和"传记"的"传"，"好坏"的"好"和"爱好"的"好"，"脊背"的"背"和"背物"的"背"。语音构词法在现代汉语里不是普遍能产的方式，变读构词在方言里还有构词能力。双声、叠韵、叠字构词多用于拟声词，而且变化很多，如"丁东"、"滴哒"双声；"轰隆"、"匡当"叠韵；"哗哗"、"呼呼"叠字；"唧里咕噜"、"劈里叭啦"、"唧里呱啦"则是两组叠韵，且一、三字与二、四字又是双声；"轰隆隆"、"呼噜噜"既有叠韵又有叠字。有的语法著作认为构词法还应包括（5）功能构词法。即因词类转化而形成新词，如"锁"名词和动词两用，"丰富"、"密切"形容词和动词两用，"机械"名词和形容词两用。（6）词义构词法。由词义引申而分化出新词，如"月"由"月亮"分化出"年月"的"月"，"茅台"由地名分化出酒名。（7）简称。即由词组简缩构成的词，如"外贸"、"冠心病"。有的学者把词内成分间的语义分析也纳入构词法范围，如（8）称为"化合语"、"对立语"、"并合语"的类型。化合语如"请教"、"请示"、"得罪"；对立语如"东西"、"利害"、"好歹"；并合语即偏义词*，如"兄弟"、"国家"、"窗户"。这类复合词的意义都不能从词素的意义简单推测。还有学者认为构词法还应包括（9）形态音位学。如高名凯《语法理论》认为"研究词素之如何构成词或词的变体的，可以称为构词法"，他还称为"词素分析法"。因此，语法学对构词法的理解很不一致，狭义的只是上述（1）、（2）、（3）种，广义的还包括（4），更广义的还包括其他几种；分类的条件也不同，有的不仅是构词的方法，还有词的内部形式*，即得名之由，以及构词的过程，有的是词汇学研究的内容。作为语法学分支的构词法，应以（1）、（2）、（3）、（4）这几种方法为主。②研究构词规律的科学。也称"构词学"。传统语法学两大部门之一的词法*里的分支。如上所述，不同语法著作对构词法的理解不一，因此构词法作为学科分支的范围也大小不一。有的仅研究合成词构词法；有的还包括语音的、词义的、修辞的构词手法，别称为"造词学"；有的把构形法*也纳入构词法范围。我国早期语法著作对构词法只有零星论述，20世纪50年代以后比较重视构词法的研究。例如赵元任

《北京口语语法》（1952，李荣据《国语入门》编译）、张志公《汉语语法常识》（1952）对汉语构词法的分析都比较全面。陆志韦等《汉语的构词法》是研究汉语构词法的重要专著。丁声树等《现代汉语语法讲话》（1961）提出"构词法主要是讲可以分析的复音词的构词方式"，把现代汉语构词方式列为七种，即并列式、偏正式、动宾式、动补式、主谓式、附加式、重叠式。这是比较严格的语法分类。任学良《汉语造词法》（1981）是最广义的构词学的代表著作。

【造词法】①即狭义的构词法。指合成词的构造方式。②指最广义的构词法，包括合成词和单纯词的一切构造方式。有些学者认为造词法不同于构词法，前者统指词如何造成，后者只分析词的内部结构方式。③相当于词法*，包括构形法和构词法。这是陆宗达、俞敏《现代汉语语法》（上册）、赵元任《北京口语语法》的用语。

【复合法】也称"造句法的构词法"、"结构学的构词法"，是两个或两个以上的词根依靠语序构词的方式，是汉语合成词*最常用的构词法。主要的类型有：（1）主谓式；（2）并列式；（3）偏正式；（4）述宾式；（5）述补式。复合法与句法结构的类型很相似，但不是后者的简单再现，二者的区别除表现为词组与复合词的界限（参看"词的分离性"）外，还表现为：第一，复合词的组成成分可能是自由语素，也可能是黏着语素，如"小看"、"坚决"；词组的组成成分（指实语素）则一般都是自由语素。第二，词组与复合词除有相似的结构方式外，各有一些特有格式，如复合法有"名词素＋量词素"的结构，如"车辆"、"纸张"、"马匹"，现代汉语词组则没有"名词＋量词"的结构；复合法还有"名词素＋动词素"组成的偏正式结构，如"瓜分"、"粉碎"、"席卷"，现代汉语词组则没有类似的句法结构；词组里的连谓结构、兼语结构等，复合法一般也没有。第三，复合词的背心结构*比词组多，即整个结构的语法功能跟它的主要组成成分功能不一致，如"枕头"、"围腰"、"烧饼"、"买卖"、"教授"的主要成分是动词性的，但作为复合词时，整个结构却是名词性的，而且可能有轻声作标志，作为词组则不然。第四，词组的构造可以有虚词参加，特别是动词性成分作修饰语时，往往加"的"，并列结构可以加"和"，如"耕的田"、"蒸的肉"、"探照的灯"、"切菜的刀"、"上和下"、"长和短"、"是与非"，但复合法一般不能如此，如"耕牛"、"蒸肉"、"探照灯"、"切菜刀"、"上下"、"长短"、"是非"。

【复合词】用复合法*构成的合成词。与附加式合成词*、重叠式合成词*相对。由两个或两个以上的不同的词根构成，如"花园"、"矛盾"、"地理"、"游击队"、"淡青色"。有的语法著作把复合词限制为仅由自由词根构成的词，如"铁路"、"电话"、"小看"，而凡有黏着词根的词都不在内，如"香蕉"、"作品"。这是狭义的复合词。也有人把复音词称为复合词，包括复音的单纯词和有语缀的词，如"鹦鹉"、"老头子"。现在通行的说法是指仅由词根（不问自由还是黏着）构成的词。复合词可以从不同角度作多种分类，主要有：（1）根据成分间的结构关系分为主谓式、偏正式等。这是最常用的分类。（2）根据成分自由与否，又分小类：（a）FF，如"火车"、"小看"；（b）FB，如"飞机"、"选购"；（c）BF，如"哨兵"、"厮打"；（d）BB，如"思索"、"顽固"。（3）根据成分的结合面宽窄与否。如"水管"、"电话"、"公路"两个成分的结合面都宽，"魔障"、"冥顽"、"奉承"两个成分的结合面都窄，"商榷"、"矫情"、"考核"两个成分的结合面一宽一窄。（4）根据成分的语法性质。（5）根据复合词结构的简单或复杂。参看"复杂的合成词"。复合词的内部结构大都是可以分析的，但有的不能肯定其是什么结构。陆志韦《汉语的构词法》在4万多条合成词中发现有100多条无法归类，如"刀尺"（打扮）、"便宜"、"知道"等。

【主谓式复合词】也称"表述式复合词"。由一个表示被陈述者的词根和一个表示陈述的词根顺次组成，有时后面还有类似宾语的词根，整个结构是主谓式。主谓结构是典型的句法结构，但在现代汉语里也可作为构词法。主谓式复合词常是背心结构*，它的功能既不同于第一个词根，也不同于第二个词根。主谓式在现代汉语中不是最能产的格式。这种复合词大致有以下几种：（1）名词。如"地震"、"海啸"、"兵变"、"花生"、"落花生"、"夏至"、"霜降"、"老头儿乐"（棉鞋的一种）、"脑溢血"、"肺积水"。（2）动词。如"声张"、"神往"。（3）形容词。如"眼红"、"嘴硬"、"面熟"、"胆怯"、"肉麻"、"性急"、"年青"、"命薄"、"头疼"、"心痛"、"民主"。有的主谓式复合词跟词组形式一样，如"地震了"和"发生了地震"，"突然脑溢血"和"患了脑溢血"。这往往要凭句法功能和能否扩展来区别，还要看是否有专指意义。

【偏正式复合词】也称"主从式复合词"、"向心格复合词"。由一个表示修饰作用的词根和一个表示中心成分的词根依次组成。复杂式还可以有更多的词素。是现代汉语中数量最多的复合词，其中又以名词素作中心成分的占多数，主要的类型有：（1）名词素修饰名词素，如"雨衣"、"电灯"、"后台"、"内地"；（2）形容性词素修饰名词素，如"红茶"、"大蒜"、"密码"、"贱价"；（3）动词素修饰名词素，如"奖金"、"燃料"、"飞机"、"包厢"；（4）其他词素修饰名词素，如"半夏"、"半天"、"此刻"、"个性"、"一口钟"（斗篷）。中心成分为动词素和形容词素的，如"步行"、"电烫"、"口试"、"近视"、"速成"、"粉红"、"冰冷"、"滚热"、"飞快"等。偏正式复合词还包括名词素与量词素的组合，如"布匹"、"稿件"、"事项"、"钟点"、"花朵"等。有人认为其中量词素是抽象的名词素，而且例子极少见，所以应并入偏正式复合词。

【并列式复合词】也称"联合式复合词"、"并立式复合词"。由两个在意义上并列的词根构成，也可以有两个以上的词根。并列是汉语构词的重要特征，这类复合词在现代汉语里数量很多。可以有各种分类，主要有（1）按词根的语法性质和整个复合词的语法性质分：（a）两个名词性词根，如"灯火"、"泥沙"、"矛盾"、"势利"、"牺牲"、"意味（着）"；（b）两个形容词性词根，如"英雄"、"空白"、"圆滑"、"虚假"、"满足"、"温暖"；（c）两个动词性词根，如"观感"、"尊敬"、"兴奋"、"通顺"、"收留"、"依靠"；（d）两个量词性词根组成名词，如"行列"、"片段"、"分寸"；（e）其他，如"刚才"、"稍微"、"再三"、"自从"、"反正"等。（2）按词根的意义关系分类：（a）同义复合，如"声音"、"平静"、"攻击"；（b）反义复合，如"赏罚"、"彼此"、"出入"；（c）相关复合，如"事物"、"感觉"、"骨肉"。这类复合词内有少数例子中的一个词根的意义在整个词里已不起作用，但该词根在构词上仍有位置，称为"偏义复词"。如"国家"、"忘记"、"干净"、"质量"。并列式复合词内词根的顺序固定，这跟并列词组不同。有少数并列式复合词内部词根可改变顺序，意义、风格可能有差异，称为"同素异序复合词"。如"热闹"、"闹热"；"力气"、"气力"；"感情"、"情感"；"开展"、"展开"；"刚才"、"才刚"；"安慰"、"慰安"等。并列式不止两个组成成分时，如果中间可停顿，没有引申义，虽然成分的顺序不能改变，也不作为普通的复合词，而是词组。如"春夏秋冬"、"农林牧副渔"、"老中青"、"数理化"。对于无停顿，又有引申义者，如"之乎者也"（指文言）、"油盐柴米"（指日常生活），则有人析为复合词，也有人析为词组。

【偏义复词】见"并列式复合词"。

【同素异序复合词】见"并列式复合词"。

【述宾式复合词】也称"动宾式复合词"、"支配式复合词"。由一个动词性的词根和一个在意义上受它支配的词根组合而成的复合词。根据词根的语法性质，可分小类：（1）动词性词根和名词性词根的组合，如"知心"、"航空"、"毕业"。也包括由形容词性词根或名词性词根变来的动词性词根作前一成分的例子，如"松劲"、"善后"、"灰心"。（2）动词性词根和动词性词根的组合，如"告别"、"同学"、"提议"。（3）动词性词根和形容词性词根的组合，如"着凉"、"发昏"、"耐烦"、"举重"。（4）原来不是述宾式复合词，但是当述宾式用，如"咳嗽"、"鞠躬"、"洗澡"。述宾式复合词一般仍作动词用，比起其他类型的复合词，它内部的结构往往不很紧凑，能作限制性扩展，称为离合词*，如"起了一次早"、"留点儿神"、"列了席"。但它的两个成分不能完全脱离，所以不同于一般词组。述宾式复合词也可以是名词，如"同学"、"同志"、"理事"、"司令"、"抬肩"、"披风"、"盖火"、"背心"、"拉手"、"顶针"、"靠背"、"围腰"。这类词在北京话里常有轻声或儿化，或二者兼有，如"抬·肩"、"盖·火"、"顶针儿"、"靠背儿"。在其他方言里不一定有儿化，仍是述宾式复合词。

【述补式复合词】也称"动补式复合词"、"后补格复合词"。由表示中心成分的词根和一个对它起补充作用的词根组合而成的复合词。常见的分类有：（1）按组成成分的语法功能分：（a）动词性词根带动词性词根，如"涌现"、"调动"、"扭转"、"认得"、"看见"。（b）动词性词根带形容词性词根，如"注重"、"延长"、"说明"、"推迟"。（2）按结构内部结合紧密程度分：（a）凝固性的、不自由的组合，不能扩展。如"挫败"、"碰巧"、"革新"、"扩大"、"改善"等。（b）只能用"得"或"不"作限制性扩展。如"打倒"、"推翻"、"说清"、"看见"、"收回"、"关上"，可以说"说得清、说不清"，"看得见、看不见"等。相当一部分述补式词内部结构较松，能作这样的扩展。但是，"来得及"、"来不及"、"对得起"、"对不起"、"经得起"、"经不起"不是"来及"、"对起"、"经起"的扩展。（c）能自由扩展。如，"作好"、"吃饱"、"跑快"等，可以扩展为"作得好"、"作得比较好"、"作得不大好"，"吃不饱"、"吃得太饱"、"吃得有八分饱"，"跑得很快"、"跑得不很快"等。这类述补式的非扩展式往往也是自由组合。大约有三种不同的分析：（1）最严格的一种。认为只有不能扩展的，即（a）类才是复合词；凡能扩展的即（b）、（c）类都是词组。（2）最宽的一种。认为不但（a）类是复合词，（b）的未扩展式是复合词，而且（b）类用以扩展的"得"、"不"是中缀，因此"A得B"、"A不B"也是复合词；（c）类未扩展时也是复合词，但扩展时是词组。（3）处于中间的一种分析。认为（a）类是复合词；（b）类是离合词，未扩展时是词，扩展后是词组；（c）类未扩展时也是自由组合，无论扩展与否都是词组。

【重叠式合成词】重叠词根构成的合成词。不同于叠字构成的单纯词（"猩猩"）、叠字构成的词素（"脏稀稀"的"稀稀"），也不同于句法上的重叠（如"好好好"）。但重叠式合成词是否包括构形的重叠*产生的词，却有不同的意见：（1）认为只有构词重叠产生的词才算重叠式合成词，这种重叠式改变词根的意义或语法功能，或改变附加意义，如"星星"、"姑姑"、"爷爷"、"往往"。（2）认为构形重叠式也是合成词，如"想想"、"慢慢（儿）"、"个个"、"人人"。（3）认为"星星"、"妈妈"等也不是合成词，而是叠字单词，始终是一个整体单位，重叠不增加或改变词根意义。第（1）种意见比较通行，因为构形重叠式在理论上也是合成词，但是自由组成，不构成新词，只造成原词的语法变体，不是词典收列的条目。重叠式合成词较集中在名词和副词。（1）名词。（a）表称呼：如"爷爷"、"姥姥"、"舅舅"、"妹妹"；（b）其他名词：如"宝宝"、"星星"、"兜兜"、"乖乖"。有的方言中这类词不少，如四川方言："本本"（书或本子）、"面面"（粉末）、"夹夹"（夹子）、"弯弯"（弯儿）、"尖尖"（尖儿）。（2）副词。如"渐渐"、"刚刚"、"偷偷"、"每每"、"偏偏"。（3）其他。如"嚷嚷"、"痒痒"。重叠式合成词常同时有音变现象，如以上各例北京话大多兼有轻声、变调，四川方言也有变调现象。参看"重叠"。

【附加式合成词】用附加法构成的合成词。一般把构词附加式称为合成词，但构形附加式是否也算合成词，意见不一致。有的认为构形附加式也是词，但因是自由构成，一般作为临时词*，词典不列为条目收入；有的把构形语缀划为助词。通行的意见指构词附加式。现代汉语附加式合成词集中在名词和形容词，其他词类也有少数，例如动词"折腾"、"翻腾"、"闹腾"、"捣腾"、"颠儿"、"玩儿"、"楞儿"、"火儿"，副词"果然"、"忽然"、"公然"、"几乎"、"确乎"，代词"这么"、"那么"、"这么着"、"那么着"，不过都不是能产型。附加式合成词的词根可以是单个的，也可以是词根组合，如"五味子"、"耳挖子"、"夜游子"、"当家子"。参看"附加"、"语缀"、"前缀"、"中缀"、"后缀"各条。

【复杂的合成词】指内部结构多于一个层次的合成词。利用各类构词法交互组成。其组成成分本身又有一个或多个合成式。整个词属于哪种类型取决于第一层次。类型很多，以下举例：（1）多重复合式。如"自行车"、"独奏曲"、"图书馆学"、"星火计划"。（2）复合式，内含附加式。如"花儿匠"、"片儿汤"、"狮子狗"、"亭子间"、"小孩子"、"树林子"、"新娘子"、"杏仁儿"、"瓜子儿"。（3）附加式，内含复合式。如"酒窝儿"、"脑袋瓜子"。（4）多重附加式。如"小三儿"、"小赵儿"。（5）复合式，内含重叠式。如"毛毛雨"、"婆婆嘴"、"娃娃脸"、"姑奶奶"、"堂哥哥"。（6）附加式，内含重叠式。如"星星儿"，又如四川方言"娃娃家"、"斤斤子"、"两两子"。如果把构形重叠式算作合成词，则普通此种类型很多，如"慢慢儿"、"好好儿"、"回回儿"等。绝大部分复杂的合成词就其整体而言都是复合式，这是汉语构词特点。复杂的合成词一般不超过三个音节，四个音节的多为熟语。复杂的合成词的组成成分可以是一个词素，也可以是词素的组合，可以借用构词法称为"复合式"、"附加式"、"重叠式"，也有人称为复合词素*。

【词类】根据词的语法特点所划分的类别。词类是词法*的内容之一，是一种语法范畴。词类不是词的概念的分类。虽然语法特点相同的词，也常有共同的、概括的意义，例如具有名词或动词语法特点的词，大多表现"事物"或"动作行为"的类义，但词类并非以意义而是以语法特征划分的结果。词类是客观存在而被人们发现并划分的，不是主观设立的。划分词类有助于说明语法构造并正确使用语言。不同的语言，词类不一定相同，划分的依据也不一定相同。印欧语多以形态划分词类。形态是词类外在的、显性的标记，也是词的语法功能的标记，词类归根到底是反映语法功能的类别。汉语没有丰富的形态，词类的特征较隐蔽，主要靠词在句法里的位置的总和划分词类，也尽量利用其他语法形式，如附加、重叠、轻重音等。词类是多层次的系统。同类的词有相对的共性，异类的词有相对的个性，可以分出大小不同层次的不同的类。例如，汉语第一层次可以划分出实词和虚词等；各自再分出第二层次的词类，如实词有名词、动词、形容词等，虚词有副词、介词、连词等；每个词类可以再根据内部不同的特点分出第三层次的小类。有的第二层次是把实词分为体词、谓词等。不同的语法学家划类的依据和方法不同，分的词类也不同；即使数目相同，类别也不一定同；即使类别相同，所概括的范围也不一定相同。但总的来说，分类大同小异。类和类之间也有不能截然分开的中间现象。把具体的词划到某个词类中去，或把小类划到大类中去，叫做归类；某个词属于某个词类，叫做词性，如"语言"、"字典"的词性是名词。

【词类划分的标准】汉语划分词类没有单一的依据或标准。语法学家提到的标准主要有以下三种：（1）意义。早期语法学家常常主要以词义划类。如说名词是表示事物的词，动词是表示动作行为的词，形容词是表示事物的状态、性质的词。有学者认为既然汉语没有区分词类的形态标志，就只能凭意义分类。有的学者主张以句法功能分类，但也认为词未入句前也是依意义分类。意义论无视词类是语法的类别，以逻辑代替语法。如按意义分类，则世界各语言的词类应一致，事实上却不然；按意义也无法分词类，意义本身有模糊性，掌握意义也有任意性。意义标准也无法解释"一词多类"现象。现在很少有人主张纯依意义分词类，但因语法特征上有共性的词，在意义上也往往有共性，所以意义成为分类的参考标准。如在划分实词与虚词时，意义的实在与否是标准之一，在给具体的词归类时也常考虑意义。在理论上，意义对分类不能发挥作用。（2）功能。（a）一指词担任何种句子成分的能力。如动词、形容词常作谓语，名词则不然。这样便把三类词划分开来。但汉语词类和句子成分没有一一对应的关系，一种词类可以担任多种句子成分，一种句子成分可由多种词类担任，而且虚词大多不作句子成分，因此，这个功能缺乏有效性和普遍性。但是，分清哪类词作哪种句子成分是主要的、经常的，还是次要的、不经常的，有哪些限制，这对分类还是有积极意义的。例如名词作谓语便受限制。又如名词、动词、形容词都能作定语，但动词作定语常常必须带"的"，这是与名词、形容词不同之处。（b）一指词与词相结合的能力。这个标准比（a）适应性强，词不必担任一定的句子成分便可分类。例如，看其能否直接与数词结合，可把名词和量词分开；看能否与副词结合，能把名词和动词、形容词分开。这个标准还可划分大类中的小类，例如名词与不同的量词结合，可分为不同的小类。这个标准对划分虚词也有效。（a）、（b）都是句法功能的不同表现，说明词的句法分布是现在分类所使用的最广的标准。早期提出以（a）为分类依据的学者以黎锦熙为代表，但他把功能论推向极端，过分强调汉语词类和句子成分的对当关系。较早提出以（b）为分类依据的学者以方光焘为代表，他认为词与词结合的能力是一种"广义的形态"*。（3）形态。鉴别不同词类的形态是广义的，包括构词和构形的形式，如附加、重叠等。例如，以是否带"了"、"着"、"过"等词缀、是否能重叠，可把名词跟形容词、动词区别开，重叠的不同方式又可帮助鉴别一部分动词和形容词。汉语形态不丰富，不是分类的主要标准，但是可以尽量利用。高名凯是强调形态标志的代表学者，但他不同意兼用其他标准划类，导致了汉语实词无定类的主张。俞敏、陆宗达强调重叠对划类的重要性，但能重叠的词不是很多。不同的语法书强调的标准各异，但具体分类时实际上都兼采各种标准。

【词汇·语法范畴】"暂拟汉语教学语法系统"（1956）采用的划分词类的标准的总称。其精神是：词类是根据词的意义和词的语法特点来划分的。内容包括：（1）词义标准。有相同的语法特点的词，在意义上大都有共同之处；在意义上有共同之处的词，也大致具有相同或相近的语法特点。（2）句法标准。词的组合能力，以及组合起来表示什么关系等；也包括词在句中是否担任及担任何种句子成分的能力。（3）形态标准。词本身的语法手段，如加辅助成分（词缀）、重叠等。这个内容实际上包括了当时语法界开展词类问题讨论时共同提出的主要划类标准，采用这个综合标准的还有别的语法著作。"词汇·语法范畴"的名称来自苏联语言学。它的理论是：划分词类不但要重视语法结构，而且要重视词义，应把二者视为有机的整体。但是，这个理论很难贯彻实行，实际上划分词类时主要采用句法标准。1981年公布的《〈暂拟汉语教学语法系统〉修订说明和修订要点》已取消这个名称。

【实词】词的两大语法类别之一。与虚词*相对。特点是：（1）具有词汇意义，表示事物、动作、行为、性质、状态等，有称名作用。（2）绝大多数是自由的，能单说。因此，有的学者称为"自主词"，与"他依词"（虚词）相对。（3）绝大多数能独立作句子成分；有的语法著作进一步限定为能作主语、谓语、宾语。（4）在语段里位置不固定，可在句子最前面，也可在后面。（5）属于开放类，词的数目可不断增加，不能一一列举。（6）现代汉语的实词可以有复杂的构词法，有不少三音节以上的词。实词内除名词、动词、形容词大都符合以上条件外，其他实词类只符合部分条件，包括名词里的方位词，动词里的助动词、趋向动词。例如，代词、数词、方位词、助动词、趋向动词都是封闭类词，不符合条件（5），但符合条件（2）、（3）；量词、非谓形容词、单音方位词不单说，不符合条件（2），但符合条件（3）、（4）；副词不符合条件（2）、（4），但符合条件（3）。因此，不同的著作划分的实词范围和内部类别，常不尽一致。有的在大类之中另分出"附类"，即多少有虚词特点的小类。有的还分出"半实词"（指副词）和"半虚词"（指指代词）。有的认为实词和虚词两类的划分，实用意义不很大，也不易有明确的结论。

【虚词】又称"语法词"、"辅助词"、"形式词"、"功能词"、"他依词"。词的两大语法类别之一，与实词*相对。特点是：（1）不表示具体的词汇意义。主要帮助实词组合。但不能说虚词都没有词汇意义，即如连词"和"、"或"、"以及"词义也有不同。（2）不能单说，除少数例外。即几乎都是黏着词。（3）大多数不能独立作句子成分。（4）在语段里位置大多固定。即有的虚词从不在语段最前面，如"的"、"了"、"吧"；有的从不在语段最后面，如"从"、"把"、"因为"；有的总在语段中间，如"和"。（5）数量少，很少产生新词，是封闭的类。关于汉语虚词的范围和类别，历来有不同的主张。比较一致的是把介词、连词、助词划为虚词，不一致的主要是感叹词、拟声词、副词的归属。它们按照上述条件归类有很大的矛盾，所以有的语法著作将其划为虚词，有的划为实词，有的划在虚词和实词之间。虚词表示各种语法关系，所以是重要语法手段之一。

【体词】①又称"实体词"。根据实词语法功能的相对的共性划分的大类之一，与谓词*相对。体词包括名词（含处所词、时间词、方位词）、数词、量词及一部分代词；根据朱德熙的意见，还包括区别词*（即非谓形容词）。体词的语法特点与名词相近，但不具备名词的全部特征。体词主要作主语、宾语，一般不作谓语，不受副词修饰。"体词"译自英语 substantive words（来自拉丁语 substan-tivum，相当于古印欧语的"名词"），即表实体的名称。早期的汉语语法著作多以"表示观念中的实体"、"称举事物"解释"体词"，所以其范围包括名词、代（名）词。黎锦熙、陈望道等的著作即如此解释。后来语法学多以语法功能解释，故范围扩大，不限于"表示实体"的词。"体词"这个术语代替"名词性的词"，便于称引，如"体词宾语"、"体词谓语句"、"体宾动词"等。②高名凯的术语。指表示动词的"体"（aspect）的虚词。如表进行体或持续体的"着"、"正在"、"在"、"方"，表完成体或完全体的"了"、"过"，表起动体的"刚"、"才"、"恰"，表结果体的"着"、"住"、"到"、"中"。把动词的重叠式划为叠动体的体词，把某些复合动词划为加强体的体词，则是把实词也划为体词。这个术语未见通行。

【谓词】又称"用词"、"相词"。根据实词的语法功能划分的大类之一。与体词*相对。包含动词（含助动词）、形容词和一部分代词。共同特点是主要作谓语，也能作主语、宾语，能受副词修饰。早期汉语语法著作即把相当于动词和形容词的词统称为"相词"，如金兆梓《国文法之研究》。说明汉语动词和形容词性质相近，与西方语言不同，语法学家早已注意到此。"谓词"这个术语便于称引，如说"谓词性宾语"、"谓宾动词"等。

【半实词】指副词。早期语法学以是否表示概念来区分实词和虚词，副词不能单独指称事物、行为、性状等，所以应属虚词，但能表示程度、范围、时间、可能性、否定作用等，又偏于实词，所以称为半实词。现代的语法学从语法功能划分词类，也认为副词介于实词和虚词之间，它不单说，不作主语、谓语、宾语等句子成分，与典型的实词不同；但它又能作状语，又与典型的虚词不同。有的语法著作将其划为虚词，有的划为实词。

【半虚词】指代词和判断词"是"。早期语法学家如王力认为代词和"是"（也叫"系词"）本身没有意义，因此是虚词；但是，它们又有实词的作用，代词可以代替实词，系词也可代替叙述词（谓语）和加语（修饰语），所以称为"半虚词"。

【名词】是实词里最大的开放类，数量最多。在意义上大多表示具体的或抽象的事物。有些名词有形态标记，如附加词缀，但普遍性不很大。名词最突出的语法特点是：（1）可受数量词修饰。如"一位朋友"、"两把剪刀"、"两种关系"。（2）不受副词修饰。不说"不学生"、"也老张"。"两种老实"的"老实"似乎是名词，但也可说"两种不老实"，"老实"仍可受副词修饰，可知不是名词。但名词作谓语时，可受副词修饰，如"屋里净书"、"今天已经星期六"。（3）名词一般不单独作谓语。表示日期、姓名、籍贯的名词才可单独作谓语。名词性偏正词组也可作谓语，如"今天星期六"、"我李文"（打电话）、"每人一支笔"、"这小孩大耳朵"。（4）名词经常作主语、宾语。但也有人认为这也是动词、形容词具有的功能，不是名词的专利，所以不如（3）重要。根据能否受数量词修饰以及受哪些数量词修饰，名词还可分一些小类：（1）专有名词。一般不受数量词修饰，只在特殊情况下可以，如"三个臭皮匠，合成一个诸葛亮"、"西班牙出了一个毕加索"、"只有一个中国"。（2）抽象名词。不受个体量词（根、个、粒等）和度量量词（尺、斤、米等）的修饰，只受种类量词（种、类、派等）、不定量词（些、点儿、片等）、动量词（次、遍、番等）的修饰，如"一种思潮"、"一阵风气"、"一点儿心意"、"一场祸"、"一片热情"。但是，如果受个体量词修饰，则在语法上成为可数名词，如"一个梦"、"两个观点"。（3）可数名词。或称"个体名词"。可受个体量词修饰，一定的可数名词常有选择搭配的量词，如"一位客人"、"一盘棋"、"一条鱼"。（4）不可数名词。或称"物质名词"。没有适用的个体量词，可受度量量词修饰，如"一斤牛奶"、"一尺布"、"一亩地"；或受不定量词修饰，如"一些纸"、"一点儿盐"；或受临时量词修饰，如"三瓶药水"、"一碗饭"。但是，"一张纸"、"一粒饭"的"纸"、"饭"在语法上则是可数名词。（5）集合名词。只受集合量词（对、捆、批等）或不定量词的修饰，不受个体量词修饰，如"一对夫妇"、"一群师生"、"一批军火"、"一些图书"。此外，指人名词另有特点。指人名词也是可数名词，可受个体量词"个"、"位"，不定量词"些"，集合量词"批"、"群"等的修饰，还可以与"们"结合，但不同时受数量词修饰，如"同学们"、"姐妹们"。名词与量词的结合，有人认为是通过造句法表现了"量"的语法范畴。名词还可另分出方位词*、处所词*、时间词*，但也有人划为单独的词类。

【专有名词】见"名词"。

【抽象名词】见"名词"。

【可数名词】见"名词"。

【不可数名词】见"名词"。

【集合名词】见"名词"。

【指人名词】见"名词"。

【方位词】表示方位的体词。有的语法著作列为单独的词类，有的作为名词的小类或附类。附类多少带有虚词性。方位词是可以列举而结合面很宽的类。分为单纯的与合成的两种。单纯方位词有"上"、"下"、"前"、"后"、"左"、"右"、"里"、"外"、"中"、"内"、"旁"、"间"、"东"、"南"、"西"、"北"。合成方位词是单纯方位词跟"以"、"之"、"边"、"面"、"头"等组合而成的，如"以上"、"以下"、"之内"、"之外"、"前边"、"左面"、"后头"、"东边"、"西边"、"南面"等等。单纯方位词都不能单说，合成方位词大都能单说。方位词的基本用法是跟名词结合表示处所，如"山上"、"屋前"、"柜子里"、"路南"、"公园里头"、"学校之外"。有人认为方位词在名词之后，近于辅助成分，因有时念轻声，结合面宽。但方位词不总念轻声，且合成方位词与名词之间还可加"的"，如"屋子的外头"、"公园的中间"。一般称名词与方位词的组合为"方位词组"。方位词也可单独作句子成分，如"东边是山，西边是河"。方位词主要表现空间和时间的位置，因此与处所词*、时间词*关系密切。这三类词又都可置于谓语动词之前，如"里边坐"、"以后谈"、"北京见"、"星期一回来"。有人把它们分析为状语，则与一般名词不同；有人分析为主语，但也认为是语义上给谓语提供背景的主语。这也是把这三类词另列为小类的一个因素。参看"时间词"、"处所词"。

【处所词】表示地方、地点、处所的体词。具有名词的一般语法特征，又有独自的特点，可以直接作"在"或"到"的宾语，或放在"从……起"、"到……止"的位置上，如"在成都"、"到湖北"、"从地中海起"、"到公园止"。一般名词则不能这样说，"在门"、"到房子"都不成话。处所词包括：（1）地名。如"中国"、"亚洲"、"基辅"；也包括有地方、位置意义的一般名词和代词，如"图书馆"、"学校"、"公司"、"邮局"、"商店"、"塞外"、"江南"、"郊区"、"乡下"、"周围"、"附近"、"这里"、"那儿"、"哪里"等。（2）合成方位。如"前面"、"外头"、"东边儿"等。（3）方位词组及其他，多有临时词性质。如"心里"、"楼下"、"屋前"、"书上"、"窗户那儿"、"我这儿"、"你那里"等。参看"方位词"。

【时间词】表示时间的体词。有的语法著作作为名词的小类，也作为单独的词类。与一般名词的不同之处是可以直接作"在"或"到"、"等到"的宾语，或放在"从……起"、"到……为止"的位置上。如"在中午"、"到明天"、"等到现在"。一般名词则不能这样说，如"在时候"、"到光阴"、"等到年月"都不成话。"马上"、"忽然"、"已经"等也不能放在上述位置上，它们不是时间词，而是表示时间的副词。时间词主要包括：（1）时间名称。如朝代名、年月日时的名称、四季名称等。（2）相对时间名称。以说话人当时的时间为语义所指。如"今天"、"下月"、"明年"、"前年"、"这会儿"、"那会儿"、"从前"、"过去"、"将来"等。（3）方位词组、数量词及其他，作为临时词。如"一星期前"、"三天后"、"一年里"、"两个钟头"、"半天"、"一上午"、"我们那会儿"、"革命那会儿"等。参看"方位词"。

【数词】表示数目的体词。简单数词是可以列举的封闭类，如系数词"一"、"二"、"三"、"四"、"五""六"、"七"、"八"、"九"、"零"、"两"；位数词"十"、"百"、"千"、"万"、"亿"；表概数的数词也可列举，如"几"、"半"、"好些"、"若干"等。合成的数词由"一"、"二"、"三"等系数和"十"、"百"、"千"、"万"、"亿"等位数词临时组成，称为"系位构造"。复杂的系位构造可以有很长的数字。数词也可与"第"、"初"等组成表示序数的合成词。合成词都属开放类，如"二十五"、"三千六百"、"第一"、"初五"。早期汉语语法学习惯把数词作为形容词的一个小类，从王力开始独立为一类。形容词不与量词结合，数词常与量词结合；形容词可重叠，数词不重叠。"二二得四"不是语法重叠，而是表示乘法。数词不受副词修饰，"不三不四"是特殊说法；数词作主语、宾语比作谓语自由，单音数词不单独作谓语，如不说"桃花三"，合成数词可作谓语，如"他十九（岁）"、"今天十九（号）"、"成绩第一"。这些特点使数词的体词性多于谓词性，主要属于体词。

【量词】也称"单位名词"、"副名词"。是表示事物或动作的数量单位的词。汉语语法学过去多作为名词的小类或附类，认为量词多由名词变来，如"尺"、"升"、"头"、"颗"、"块"等；临时量词也多为名词，如"一脸泥"、"一地水"。丁声树等《现代汉语语法讲话》另立量词类，因量词与名词的特点不同：（1）名词不直接与数词结合，"一人"、"五羊"不是现代汉语的通行格式，而量词经常与数词结合；（2）量词可重叠表示逐指或周遍性，名词一般不能，如"个个人都很高兴"、"间间教室都看过了"。量词都是黏着词，都后置，重叠式除外；但方言里量词可前置或单独作句子成分，如四川话"个人都没得"、"白菜角钱斤"（"白菜一角钱一斤"）。量词可分为不同小类：（1）个体量词。如"个"、"根"、"条"、"只"、"件"、"匹"、"粒"。跟个体名词之间的搭配有习惯性，也是汉语最具特性的量词。（2）集合量词。如"对"、"双"、"套"、"群"、"伙"、"帮"。可用于集合名词。（3）不定量词。也称部分量词。如"些"、"点儿"、"片"、"份儿"等。（4）度量量词。也称"度量衡量词"、"标准量词"。如"寸"、"尺"、"米"、"里"、"斤"、"公分"等。（5）临时量词。或称"借用量词"，借用名词当量词用。如"杯"、"缸"、"车"、"口袋"、"手"、"桌子"、"身"、"头"。（6）准量词。也称"自主量词"。如"国"、"省"、"区"、"年"、"月"、"星期"、"天"、"辈子"、"世纪"等。本是名词，但可直接与数词结合，具有量词特点。可以修饰别的名词，如"三省经济"、"一年工夫"、"一星期时间"；也可以不修饰别的名词而语义上自足，如"三省"、"一年"，又与一般量词不同。（7）动量词。如"下"、"趟"、"次"、"顿"。也可借用名词，如"踢一脚"、"打一掌"。（8）复合量词。如"人次"、"架次"、"立方米秒"、"千米小时"、"吨公里"。由两个量词复合而成。一般不修饰名词，间或可加"的"作定语，如"三人次的运输量"。可作主语或宾语，如"达到十吨公里"。复合量词跟一般量词不像同一个语法类别。除临时量词和准量词外，其他都是专用量词。

【数量词】量词是黏着词，常跟数词一起作句子成分，相当于一个词，常称"数量词"；有人也称量词为数词词尾。但数量词不是真正的词，数词和量词并非不可分用：（1）量词还可与指示代词结合，如"这群"、"那件"、"哪个"。（2）量词重叠后可单用，如"层层梯田"、"条条大路"。或只与数词"一"结合，如"一座座高山"。（3）数词是"一"时，有时可省去，如"来了（一）只狼"。（4）数词、量词之间可插进形容词，如"一大块肉"、"一厚本小说"、"一小张纸"。因此，数量词也称为"数量词组"、"数量结构"。数量词有体词性的语法功能，不受副词修饰，有时也可受别的数量词修饰，如"来两个五斤"。但数量词常可直接作谓语，与一般体词不同，如"每人三个"、"他三岁"。

【物量词】量词的一种，常与数词组成数量词修饰名词，表示事物的数量单位。包括个体量词、集合量词、不定量词、度量量词、准量词、临时物量词。见"量词"。

【动量词】量词的一种。常与数词结合，组成数量词，多放在动词后面，说明动作的次数。如"跑三趟"、"笑一下"、"打一拳"、"踢两脚"。包括：(1) 专用动量词。如"次"、"趟"、"遍"、"顿"等。(2) 临时动量词。如"脚"、"巴掌"、"枪"、"刀"，多是借用表示动作工具的名词。有的语法书还包括：(3) 重复动词。如"想一想"、"笑一笑"、"滚两滚"的后一动词。(4) 离合词*的后一成分。如"睡一觉"、"打两仗"、"吵一架"，类似准量词*。但"睡一个觉"、"打两场仗"、"吵一阵架"的后一成分则不是动量词。专用动量词也可以与数词结合后修饰名词，如"一次电影也没看"。从结构上看，此时已不是动量词。

【个体量词】见"量词"。

【集合量词】见"量词"。

【不定量词】见"量词"。

【度量量词】见"量词"。

【临时量词】见"量词"。

【准量词】见"量词"。

【复合量词】见"量词"。

【专用量词】见"量词"。

【区别词】①即"非谓形容词"。一种在传统词类系统中地位特殊的黏着词。如"金"、"银"、"男"、"女"、"彩色"、"袖珍"、"大型"、"中型"、"旧式"、"新式"、"多年生"、"多弹头"、"国营"、"私营"、"双边"、"多边"。这类词只能在名词前面或助词"的"前面出现，如"慢性疾病"、"彩色头巾"、"大型的"、"新式的"。它不是形容词，因不受副词"很"修饰，不单独作谓语；也不是名词，因不受数量词修饰，也不作主语、宾语。因主要作定语，吕叔湘、饶长溶认为是特殊的形容词，称"非谓形容词"。朱德熙认为这是名词和形容词之外的一个独立的实词词类，属于体词，这类词在语义上多体现分类标准，称为"区别词"。还有人因为这类词不单说，认为不是独立的词。②早期语法著作中称常作附加语以表示区别或限制的词类。包括形容词、副词、数量词等。如黎锦熙把"一座很长的桥"的"一座"、"很"、"长"都称为区别词。③赵元任《中国话的文法》所用术语 Determinatives 的中译名，指经常置于别的词前面尤其是量词前面，表示限制区别作用的黏着词。包括：（a）指示区别词。如"这"、"那"、"哪"。（b）分疏区别词。如"每"、"各"、"别"、"某"、"上"、"下"、"今"、"明"。（c）数目区别词。即数词。（d）量度区别词。表不确切数目或概数的词。如"满"、"整"、"半"、"好多"、"许多"。

【非谓形容词】见"区别词"①。

【动词】在意义上主要表示动作、行为、变化、发展的词。与名词的语法特点相对，能受副词"不"等的修饰，能自由作谓语，不能受指量词组"这个"、"那件"之类的修饰。但动词与形容词的区别更能体现它的语法特征，即：（1）动词不能受"很"修饰。不说"很玩儿"、"很吹"。（2）能带宾语。如"唱歌"、"分析问题"。（3）动词重叠方式与形容词不同。如单音词重叠式后一成分有轻声，如"想·想"、"醒·醒"；双音词重叠是"ABAB 式"，如"分析分析问题"、"关心关心大家"。单音形容词重叠式后一成分无轻声，而是变为阴平并儿化，如"慢慢儿"、"小小儿"；双音词重叠式是"AABB"，如"漂漂亮亮"、"别别扭扭"。动词并非绝对不能前加"很"，但有限制，一是只有表示心理活动的动词可以受"很"修饰，如"很爱"、"很赞成"、"很害怕"；二是有的动词受"很"修饰时，须同时带有宾语，如"很有办法"、"很解决问题"、"很念了几年书"、"很说了一些空话"。表示心理活动的动词也可同时加宾语，如"很爱孩子"、"很赞成这个意见"、"很害怕打架"。而形容词受"很"修饰时则不能同时带宾语，如"很渴"、"很饿"、"很红"、"很结实"。动词与形容词有许多共同处，从词义上很难分界，有不少边缘地带，从语法形式上区分是很重要的。动词在句子里担任的角色很重要，与宾语、补语以及主语的关系很复杂，因此语法学很注意研究动词的分类。动词按照语法特点可有几种类别：（1）及物动词和不及物动词；（2）体宾动词、谓宾动词、双宾动词；（3）助动词、趋向动词、判断词；（4）动作动词和非动作动词。

【及物动词】也称"他动词"、"外动词"。根据能否带真宾语而划分的动词小类之一，与不及物动词＊相对。真宾语是表示动作对象、结果、工具等的宾语。及物动词带真宾语，如"写小说"、"买车票"、"做好事"、"选举代表"、"欠债"、"感到满意"、"回答问题"等。汉语及物动词不是任何条件下都非带宾语不可，很多及物动词在句子里都可不带宾语，如："写不写？""写。""请回答！""回答了。"但也有少部分动词非带宾语不可，如"具有"、"加以"、"企图"、"给予"、"属于"、"着眼"、"姓"、"懒得"等。及物动词内还有可同时带两个真宾语的动词，称为"双宾动词"，多有"给予"、"拿取"、"称谓"等意义，如"送他一件礼物"、"给你一个教训"、"教我们外语"、"借小王十元钱"、"费我一个钟头"、"欠人家情分"、"称他小霸王"、"叫我姑姑"。见"双宾语"。

【双宾动词】见"及物动词"。

【不及物动词】也称"自动词"、"内动词"。根据能否带真宾语而划分的动词小类之一。与及物动词＊相对。及物动词能带真宾语，也能带准宾语；不及物动词不能带真宾语，只可以带准宾语。真宾语是表示动作的对象、结果、工具等的宾语，准宾语是真宾语以外的某些数量宾语、存现宾语、处所宾语。例如："坐了一会儿"、"飞过三次"、"走了两天"是不及物动词带表示时量或动量的数量宾语；"飞了一只鸟、"来了一个人"有存现宾语；"坐椅上"、"去了北京"、"来四川"有表示动作终点的处所宾语。有的动词兼属及物动词和不及物动词，如"他笑了"、"他哭了"、"他来了"的动词是不及物动词，但"他笑你"、"他哭他的命运"、"来碗热汤"的动词是及物动词。有的不及物动词带补语后成为及物动词（临时词），如"走大了脚"、"哭哑了嗓子"、"笑痛了肚子"。常见的不及物动词有"咳嗽"、"游行"、"让步"、

"地震"、"游泳"、"休息"、"飞扬"、"崩溃"、"看齐"、"着想"、"指正"、"到来"、"罢休"、"相反"、"来"、"去"、"走"、"飞"、"睡"、"醉"、"醒"等。

【体宾动词】根据宾语语法性质所分的动词小类之一。与谓宾动词*相对。即只能带体词性宾语的动词。如"煮（鸡蛋）"、"买（化肥）"、"来（两个人）"、"住（集体宿舍）"、"乘（汽车）"、"培养（人才）"、"喝（一杯）"。既能带体词性宾语又能带谓语性宾语的动词不是体宾动词。如"安排"，既可说"安排住处"，又可说"安排学习文件"，不叫体宾动词。能带名动词*宾语的动词也不是体宾动词，如"予以（照顾）"、"进行（研究）"，尽管名动词具有体词性，但这些都是谓宾动词。"体宾动词"的术语暗示汉语动词不限于带体词性宾语，还有带非体词性宾语的动词。参看"谓宾动词"。

【谓宾动词】根据宾语语法性质所分的动词小类之一。与体宾动词*相对。即能带谓词性宾语的动词，包括既能带谓词性宾语又能带体词性宾语的动词。谓词性宾语是谓词*和谓词性词组充任的宾语。谓宾动词可分三种：（1）只能带谓词性宾语的动词。（a）助动词*。如"能"、"可以"。（b）一般动词。如"感到（新鲜）"、"觉得（不舒服）"、"主张（大家都去）"、"打算（夏天回国）"、"以为（是客人）"、"企图"、"断定"、"希望"、"认为"、"提议"、"声明"等。这类动词不能带体词性宾语，如不能说"以为他"、"主张大家"之类。（2）既能带谓词性宾语，又能带体词性宾语的动词。如"爱（孩子/画画）"、"帮助（同学/克服困难）"、"担心（你/不安全）"、"拒绝（他/邀请他）"、"反对（那个方案/破坏森林）"、"表示（一点心意/不愿干）"、"看（电视/猴子表演车技）"、"知道（你的消息/你走了）"、"闹（情绪/调工作）"。（3）准谓宾动词。即能带名动词*及以它为中心的偏正词组充任的宾语的动词。名动词是有名词性的双音节动词。带名动词充任的宾语的动词如："加以（注意）"、"进行（改革）"、"予以（关怀）"、"给以（积极支持）"、"有（增加/减少）"等。这类动词不能带一般动词或一般名词充任的宾语，如不能说"加以书写"、"进行花费"、"给以诗歌"，也不带谓词性词组作的宾语，如不能说"进行做生意"、"加以朗诵诗歌"、"予以照顾孩子"。

准谓宾动词"有"既能带名动词或名形词宾语,如"屋里有危险"、"经费有减少",也能带名词宾语,如"屋里有电话"、"经费有漏洞",但不能带一般动词或形容词充任的宾语,如不能说"有走"、"有哭泣"、"有干净"。因名动词有不完全的谓词性,能带名动词宾语的动词被称为"准谓宾动词",其余能带真正谓语性宾语的动词被称为"真谓宾动词"。有的语法著作把"加以"、"进行"等称为"形式动词",则是鉴于这类动词在宾语之前不增加新意义,"进行讨论"就是"讨论","加以注意"就是"注意"。参看"体宾动词"。

【名动词】也称"动名词"。同时具有名词功能的一种双音节动词。如"调查"、"分析"、"出版"、"表演"、"改革"、"联系"、"讨论"、"决定"、"支持"等。这类词和一般动词的一致之处在于:(1)可带宾语。如"调查情况"、"改革经济"、"出版学术刊物"、"联系工作"。(2)可受副词修饰。如"不调查"、"经分析"。但是,这类词又具有名词的功能而与一般动词相异:(1)能受数(物)量词修饰,或直接受名词修饰。如"一个分析"、"一项改革"、"学术讨论"、"经济改革"、"案例分析"、"时装表演"。(2)可直接修饰名词。如"改革前景"、"讨论气氛"、"出版刊物"、"增加数量"、"研究程序"、"演出节目"。后四例也可以看作述宾词组。这里是名词性偏正词组,名动词作定语不带"的",具有名词特征。(3)作特殊动词即谓宾动词*的宾语。如"进行讨论"、"予以研究"。一般动词如"喜欢"、"跳跃"等都不具有以上特点。这类词具有名词特征和动词特征时,意义没有变化,因此不是不同的词。名动词因可作主语、宾语,一部分语法学家因而认为它是名词,或"名物化"的词。朱德熙认为这类词具有名词性,关键不是因为它能作一般的主语或宾语,而是因为它具有以上各项名词的句法特征,跟一般动词的语法特征有对立。也有人认为这类词已成为完全的名词。

【助动词】又称"能愿动词"。及物动词带谓词性宾语的一种。常表示可能性、必要性、意愿等意义。常见的如"可能"、"会"、"可以"、"应当"、"应该"、"该"、"得"(dé)、"得"(děi)、"愿意"、"肯"、"要"、"敢"等。语法特点是:(1)通常放在别的动词或动词性词组前面,如"会唱"、"可以商量了再作决定"；但不能放在名词前面。（2）可以单说，可以受"不"修饰，可以以"V不V"方式重叠，如"能"、"不能"、"能不能"，"应该"、"不应该"、"应该不应该"或"应不应该"。这跟一般动词相同。但跟一般动词也有相异处：（1）不能带"了"、"着"、"过"；（2）不能以"VV"方式重叠；（3）有些助动词可受"很"修饰，如"很会"、"很可能"、"很可以"、"很应该"。关于助动词的性质和范围，语法界的看法有分歧。早期也有语法著作称为"前附的助动词"，并把"了"、"着""来"、"去"、"上去"、"起来"等称为"后附的助动词"，认为是辅助动词的词。有人将其归入副词。有些著作将其作为动词中的附类，认为有一定虚词性质。助动词的范围，除以上所举外，有的著作也把"乐意"、"情愿"、"配"、"值得"、"来得及"、"来不及"、"好意思"、"别"、"甭"等包括在内，而另一些著作则归入动词或副词。助动词跟它后面所带动词性词语的关系，一说是"述宾＋宾语"；一说是"状语＋中心语"；一说是"能愿合成谓语"；还有称作"判断双谓语"的，由"判断谓语＋后谓语"构成，把此种条件下的助动词分析为判断谓语，是因它表示对可能性、必要性、意愿、估价等意义的判断。但助动词后面带动词性词语和一般动词带宾语的格式一致，如"应该说"、"不应该说"、"应该不应该说"或"应不应该说"、"应该说不应该说"等，析为述宾关系解释力最强。

【趋向动词】即"来""去"、"上"、"下"、"进"、"出"、"过"、"开"、"起"、"回"，以及"来"、"去"与其余的词组成的复合词"上来"、"上去"、"下来"、"下去"、"进来"、"进去"、"出来"、"出去"、"过来"、"过去"、"开来"、"开去"、"起来"、"回来"、"回去"。这类词语义上表示动作趋向。语法功能与一般动词相同，可单独作谓语；但它们经常在别的动词后面，组成短语词*，如"走来"、"送去"、"说起来"、"讲下去"，常读轻声，可以表示趋向义，也可以表示抽象意义，因此有助词性质；但它与前面的动词黏合不紧，可插进"得"、"不"，如"说得起来"、"说不起来"。所以，一般划为动词中的一个特殊小类。

【判断词】即动词"是"。作用之一是联系主语和另一些体词性词语，表示主语等于什么或属于什么，所以有人也称为"系词"；因为没有具体的词义，有人列为半虚词。早期语法著作还归为"同动词"*。判断词能单说，不同于虚词；能受"不"修饰，以"V不V"方式重叠；但不能带"了"、"着"、"过"，不能以"VV"式重叠。它的语法特点与非动作动词"像"、"有"、"在"等相似。有的语法书从语法特点而不从词义着眼，把它归入动词。"是"可与体词性词语结合，不仅表示判断，如"这是你的责任"、"我是一片好意"、"我是两张"；也可与谓词性词语包括主谓词组结合，如"他是来了"、"是他去"、"我是教，不是学"、"他是老实，不是笨"、"是太美了"、"是管得太死"。有人认为谓词性词语前的"是"是副词，重读，表示强调；但体词性谓语前的"是"也可随强调的需要而重读，如"我是学生"。也有人曾把"是"作为动词附类之一，肯定它有虚词性。现一般归入动词。"是"与它后面词语的关系，有的称为"系词+谓语"，或"系词+表语"；有的称为"同动词作述语+补足语"；有的一起称为"判断合成谓语"；还有的称为"前谓语+后谓语"。如果从语法形式着眼，并承认谓词性词语也有作宾语的功能，那就可以把"是"和它后面所带的词语的关系分析为述宾关系。它的形式和普通述宾关系很一致，如"是（灯光/上课）"、"不是（灯光/上课）"、"是不是（灯光/上课）"、"是（灯光/上课）不是"、"是（灯光/上课）不是（灯光/上课）"，和一般述宾词组格式一样。这也证明"是"应当归入动词。

【系词】见"判断词"。

【同动词】早期语法著作从概念出发划分词类，认为动词是叙述事物的动作或变化的词，常作句子的述语。而"是"、"似"、"作"、"为"等词不表示动作或变化，只说明事物是什么或有什么属性，但和动词"造"、"出来"等一样作述语，所以特称为"同动词"。同动词后面的词语，如"这桥是铁的"里的"铁的"、"太阳似火"的"火"，是同动词的连带成分，是"补足语"，与"工人造桥"的"桥"作宾语不同。黎锦熙《新著国语文法》是这种说法的代表。

【散动词】早期现代汉语语法著作有认为汉语词类与句子成分有对当关

系，动词的本职是作述语（谓语），不作述语的动词，即为"散在"句子其他成分上，称散动词。不作述语的动词词组也当散动词看。有下列情况：（1）动词或动词词组作主语、宾语。如"'坐'、'立'都不是"、"他们看'耍狗熊'"。（2）动词或动词词组作附加语即修饰成分。如"'来'的人是谁"、"武松'使劲'打虎"。"散动词"论把（1）中单引号内的词语当作名词和名词语（名词性词组），把（2）中单引号内的词语分别当作形容词和形容语（形容词性词组）、副词和副词语。"散动词"的术语充分体现了句本位*的观点，它对汉语动词可出现于多种句法位置的事实的解释已不为后来的语法学所吸取，但仍有潜在影响。代表作是黎锦熙《新著国语文法》。

【体】传统语法学指动词借形态变化表示动作行为实现的过程或状态。汉语语法学有称为"情貌"、"貌"、"时态"、"动态"、"态"的。汉语表示"体"的语法手段为（1）助词或称词缀的成分；（2）重叠。有的语法学家也把句法手段作为体的形式，但不算是真正的语法范畴的形式。"体"（aspect）与"时"（tense）不同，汉语的"体"除少数情况外，与"时"无直接关系，体可以发生于说话时的过去、现在和未来。一般认为汉语有（1）进行体*、（2）持续体*、（3）完成体*、（4）经历体*、（5）短时体*。还有人提出"开始体（貌）"，指动词后面带"起来"表示动作开始状态，如"突然笑起来"、"七嘴八舌争（了）起来"。这是用句法手段表示的意义，不应算是体的一项。汉语的"体"不限于在句子的谓语位置上的动词才有，这和印欧语不同，有"体"的标记的动词可出现于各种句法位置，如"穿着红色风衣的人"、"我不想老这么坐着"、"说说容易"、"改了就好"。

【进行体】用动词后面带"着"的方式表示的动作行为已经开始、尚未结束、正在进行的过程。如"他跳着，唱着，高兴极了"。动词前面可加副词"正"、"在"、"正在"，句末可加"呢"。如"他们正说着话呢"。"着"是表示进行体的标志，但汉语表示动作进行过程，却不是非用"着"不可。如"他们正说话呢"，或"他们正在说话"，或"他们说话呢"。表示进行体的动词，多是语义上有进行性的动作动词，如"跳"、"跑"、"说"、"唱"、"切"、"打"、"行驶"、"燃烧"。

【持续体】用动词后面带"着"的方式表示的动作行为的静止延续状态，或说动作主体（或客体）在动作结束后的状态。如"门外站着一个人"、"门开着呢"、"屋里点着灯"、"身上穿着棉衣"。动词前面不用"正"、"在"、"正在"。"着"用于持续体比用于进行体更常见。能带"着"表示持续体的动词常为有姿态、静止的语义的动词，如"坐"、"立"、"等"、"睡"、"醒"、"病"、"抬"、"拿"等。有的动词兼有持续和进行的语义，如"穿（衣服）"、"写（字）"、"种（树）"、"开（门）"、"点（灯）"，因此加"着"后可能表示进行体，如"他写着字呢"；也可能表示持续体，如"书上写着字呢"。从带"着"着眼，进行体与持续体可合并，有的语法书合称为"进行持续体"或"持续体"；从所表范畴的意义着眼，进行体与持续体则不相同，实际上形式也不尽相同。

【完成体】用动词后面带"了"的方式表示动作已完成、结束的状态。如"买了车票"、"回了家"、"减少了损失"、"扩大了范围"。完成体与说话时的时间没有关系，可以发生于说话时的过去、现在和将来，如"我吃了晚饭就去找他"，可以在句首加上"昨天"，或"现在"，或"明天"。不含动作持续意义的动词带"了"所表示的完成意义最清楚，如"丢了东西"、"退了票"、"脱了衣服"、"提高了效率"、"缩短了航程"。但是，含有动作持续意义的动词带"了"后，一方面表示动作已结束，一方面也可以表示动作的结果还将持续下去，例如"穿"、"写"、"挂"、"种"、"开（门）"、"点（灯）"等词带"了"，在一定句型里也可表示持续意义，与加"着"相近。如"今天他穿了新衣服"和"今天他穿着新衣服"，"屋里点了灯"和"屋里点着灯"，意思都相近，都有持续语义，动作已经完成，但动作的结果并未结束。

【经历体】也称"过去体"。与进行体、持续体、完成体不同，总是与时间相联系，表示过去曾发生过或未发生过某事，或曾有过某种经历。动词前可加"已经"、"曾经"，主要以动词或动词性词组后面加"过"（轻声）为标志。如"上过当"、"出过国"、"当过教练"、"《水浒》我曾经读过"、"这事儿曾提起过"、"这支笔从来没有修好过"。形容词带"过"也能表示经历体，如"前几天冷过一阵"、"人从来没少过"。表示经历体的"过"与动词"过"

不同，后者不读轻声，并能带"了"，如"走过了大桥"。

【短时体】也叫"尝试体"。动词以重叠式表示的动作行为的量的变化。单音节动词以"AA"、"A—A"式重叠，也有"A了A"、"A了一A"式；双音节动词以"ABAB"方式重叠。量的变化是或指动作行为反复次数少，如"向售货员问问价钱"、"对我笑笑"；或指延续时间短，如"这里走走，那里看看"、"你等等，我马上来"；或指动作强度小，如"摇摇头"、"敲敲玻璃"。但这些意义常常交叉，同时兼有，如"奶奶做广播操，伸伸腿，举举手，点点头，弯弯腰"。通称为短时体。短时体也可表尝试的意思，动词重叠式后面带助词"看"，尝试意义即显性化，如"穿穿看"、"问问看"、"想想看"、"试试看"。短时体还可以表示缓和、轻松的口气，如"大家认真谈谈"、"经常跑跑广州"，并不一定真是短时少量，更多含有修辞色彩。

【开始体】见"体"。

【形容词】谓词*的一类。语法特点是：（1）可受副词修饰，尤其是可受程度副词如"很"、"太"的修饰。（2）可直接作谓语，不借助"是"。这是汉语形容词的特点。如"这张画儿很好看"、"大家安静"。（3）不带真宾语*，能带数量宾语。如"小一点儿"、"长了一寸"。但在双宾语里可以同时有真宾语和数量宾语，如"姐姐大弟弟三岁"。带真宾语的少数形容词被认为是动词，如"热了饭"、"坏了事"。（4）以"A·A儿"和"AABB"的方式重叠。（5）作名词修饰语时可以不带"的"。如"新书包"、"大饭碗"、"漂亮围巾"。（6）能带"了"，较少带"过"和"着"。带"了"可表示完成体，如"天气曾经冷了几天"，但常常表示性质或状态的程度超过了某个限度，如"菜咸了（一点儿）"、"东西贵了（好多）"、"衣服长了（一寸）"。带"过"表示经历体，如"她也曾年轻过，漂亮过"。带"着"表示性质或状态的持续，如"红着脸"、"脸红着"、"神情呆滞着"。口头上常说"着呢"，如"这花儿香着呢"、"汤热着呢"。"着呢"是表程度的助词，不是"着＋呢"。形容词从总体上说很接近动词，以上（1）、（3）、（4）、（5）几项则使形容词有别于动词。有的动词也能受"很"修饰，但能带真宾语，因此仍与形容词不同。有人把形容词归入动词，称为"不及物性质动词"和"不及物状态动词"。但一般语法著作都单列一类。形容词根据语法特点又可分为性质形容词*和状态形容词*。

【性质形容词】形容词根据语法特点划分的小类之一。跟状态形容词*相对。包括单音形容词和一般双音形容词，如"长"、"短"、"冷"、"绿"、"快"、"慢"、"好"、"干净"、"美丽"、"糊涂"、"勇猛"等。语法特点是：(1) 可受程度副词修饰。(2) 作修饰语不如状态形容词自由，如不能说"脏杯子"、"冷手"、"香饭"，不能说"好谈"、"冷说"、"重批评"，但能说"稀脏的杯子"、"冰冷的手"、"香喷喷的饭"、"好好地谈"、"冷冷地说"、"重重地批评"。在表达上，性质形容词作谓语、补语和修饰语时，多表示性质、属性，不具描写性，如"人老实，心眼儿好"、"桔子甜，广柑酸"、"皮鞋擦得亮"、"正确措施"、"胖孩子"。参看"状态形容词"。

【状态形容词】形容词根据语法特点划分的小类之一。跟性质形容词*相对。这类形容词在形式上有特点，不同于性质形容词。包括：(1) 带后缀的形容词。如"红通通"、"热腾腾"、"干巴巴"、"灰不溜秋"、"傻里呱唧"、"花里胡哨"。(2) 带描写性的合成词。如"冰凉"、"雪白"、"漆黑"、"稀烂"、"喷香"。(3) 形容词重叠式，如"细细（的）"、"小小儿（的）"、"绿绿儿（的）"、"老老实实"、"干干净净"、"清清楚楚"、"冰凉冰凉"、"通红通红"等。(4) 有的语法著作认为还应包括程度副词作修饰语、带后缀"的"的词，如"挺好的"、"很小的"、"怪可怜的"等临时词。这类形容词的语法特点是：(1) 不再受程度副词修饰。如不能说"很冰凉"、"太老老实实"。(2) 作修饰语比性质形容词自由。如可说"绿油油的庄稼"、"慢腾腾的样子"、"很沉的口袋"、"短短一段路"，但不说"绿庄稼"、"慢样子"、"沉口袋"、"短一段路"；可说"笑嘻嘻地说"、"热热闹闹过个年"，但不说"笑说"、"热闹过个年"。(3) 经常带"的（地）"。性质形容词则可以不带"的（地）"。在表达上，这类形容词不是单纯表示性质，而是表示状态，并常带有说话人对状态的主观评价色彩，具有描写性，与性质形容词不同。状态形容词与性质形容词以意义特征命名，但作为语法类，主要以语法特点相区别。

【名形词】具有名词语法特点的形容词。有些形容词一方面可以受"很"修饰，可以作谓语，但又可以作"有"的宾语，可以受数量词和"很多"修饰，如"很困难"、"处境困难"、"一种困难"、"很多困难"、"有困难"。具有名词特点的"困难"和具有形容词特点的"困难"的词义没有什么不同，是同一个词。有的语法著作则认为其已是名词。参看"名动词"。

【代词】也称"指代词"、"替代词"、"代名词"。具有称代作用和指示作用的一个特殊的词类。数目少，用法复杂，可以替代多种词类的词，因此具有多种语法功能，大体上可分为体词性代词和谓词性代词。前者与名词、数量词功能接近，后者和动词、形容词以及副词功能接近。早期语法学者将代词局限为"代替名词的"，称为"代名词"，将其他代词列入形容词和副词。现在一般根据代词的意义和作用分为三种：（1）人称代词。如"我"、"你"、"他"、"我们"、"你们"、"他们"、"大家"、"别人"、"自己"。（2）指示代词。如"这"、"那"、"这里"、"那里"、"这会儿"、"那会儿"、"这么"、"那么"、"这样"、"那样"、"这么样"、"那么样"等。（3）疑问代词。如"谁"、"什么"、"哪"、"哪里"、"多会儿"、"怎么"、"怎样"、"怎么样"等。人称代词和一部分指示代词（这、那、这里、这会儿、那里、那会儿）、一部分疑问代词（谁、什么、哪、哪里、多会儿）具有体词功能，是体词性代词；另一部分指示代词（这么、这样、这么样、那么、那样、那么样）和疑问代词（"怎么"、"怎样"、"怎么样"）具有谓词功能，是谓词性代词。以上仅就大体而言，实际上"什么"、"这"、"那"也能代替谓词，如："你喜欢什么？""喜欢游泳。""喜欢游泳，这是好事。"前一句"什么"代替"游泳"；后一句"这"代替"喜欢游泳"。代词与所替代的词功能相近，但也有自己的特点，如人称代词不受修饰语修饰，与名词不同。代词本身没有具体的特定的意义，有的学者曾将其划为半虚词或虚词。因它具有实词的语法功能，现一般归为实词。代词所替代的不仅是词，还可以是词组、长句或段；有很多活用。

【人称代词】主要代替指人名词*的代词。传统语法分为：（1）第一人称代词。即说话人自称用的代词。如"我"、"我们"、"咱们"。（2）第二人称代词。即说话人称听话人所用的代词。如"你"、"您"、"你们"。（3）第三人称代词。即说话人称第三者所用的代词。如"他"、"他们"、"它"、"别人"、"人家"。汉语表示人称没有特别的标记。人称代词的复数形式以"们"表示，与指人名词同。第二人称和第三人称代词有敬称"您"（nín）和"怹"（tān），后者少用。第三人称代词"它"指代人以外的生物和非生物。"自己"、"大家"可指代所有人称，如"我自己"、"你们自己"、"我们大家"、"他们大家"。

【指别词】即指示代词*。代词中表示指示和区别的词。即"这"、"那"和以"这"、"那"组成的合成词"这里"、"那里"、"这会儿"、"那会儿"、"这么"、"那么"、"这样"、"那样"等。指别词可以表示相对的区别作用，"这"类词在意义上表示近指，即指称在空间、时间方面与说话人相近的事物；"那"类词表示远指，指称在空间、时间上与说话人相对较远的事物。汉语中有的方言还有中指，但大部分地区只有近指和远指。指别词因表示区别作用而与一般代词有所不同，但广义地说，也是替代作用，语法功能也与其他代词一致。

【指示代词】见"指别词"。

【疑问代词】表示疑问的代词。"谁"用于问人。"什么"用于问事物，也用于问人，如："他是什么人？""哪位"、"哪个"、"哪种"用于问人或事物；"哪里"、"哪儿"问地方；"多会儿"问时间；"怎么"、"怎样"、"怎么样"等问作为、方式、状态、原因等。疑问代词有时并不表示疑问，一是表示周遍性，多与"都"、"也"之类副词联用，如"什么都不知道"、"谁也不认识"；一是指称不能说或不必说的事物，如"我想喝点儿什么"、"那封信在哪本书里夹着"。此时，疑问代词读轻声。

【副词】一种有实词功能的虚词。一般认为是能修饰动词、形容词但不修饰名词的词；但修饰动词、形容词的不限于副词，副词也不仅修饰动词和形容词，所以有人进一步定义为只能作状语的虚词。副词在早期语法书中范围很广，凡能修饰动词、形容词及其他副词的词都被列入副词，如时间词、方位词、形容词、动词、数量词等。王力缩小了副词的范围，认为副词是仅能表示程度、范围、时间、可能性、否定作用等而不能单独指称事物的词。吕叔湘再缩小副词范围，把表示可能性的词抽出，并认为副词是能附加于动词、形容词而不能附加在名词上的词。副词不同于实词，除少数例外（如"不"、"也许"、"当然"、"马上"等），不能单说，因此也与能作状语的动词、形容词相区别。副词只能作状语，但汉语能作状语的不仅是副词。一般根据语义把副词分为若干小类，主要有：（1）程度副词。如"更"、"很"、"最"、"太"、"顶"、"非常"、"十分"、"特别"、"稍微"、"略"、"比较"、"起码"、"特别"等。这类词的语法特点是能修饰性质形容词*及少数动词、述宾结构，如"十分好"、"十分想念"、"十分想念亲人"、"很有出息"。（2）时间副词。如"已经"、"曾经"、"正在"、"在"、"将要"、"将"、"常常"、"一向"、"刚刚"、"立刻"、"终于"、"偶然"、"又"、"再"、"才"、"就"、"还"等。表示时间的名词，如"将来"、"现在"、"过去"，不是副词。（3）范围副词。如"都"、"全"、"总共"、"光"、"净"、"只"、"仅仅"、"也"、"不过"等。有些范围副词可以直接放在名词前面，如"光学生，没有老师"、"就厂长没走"，有的语法著作认为应该将其看作副词后面省略了"是"，即"光是学生"、"就是厂长没走"的省略形式。（4）语气副词。如"难道"、"岂"、"究竟"、"简直"、"偏偏"、"竟然"等。（5）否定副词。如"不"、"未"、"没"、"没有"。但也有人认为"没"、"没有"是动词。此外，还有语法著作根据语法功能把只能作状语的形容词重叠式划归副词，如"快快（跑）"、"早早（起来）"、"大大（请一次客）"。副词因语义较其他虚词具体，又能作句子成分，不同于只帮助实词组合的其他虚词，所以有人将其归为半实词或实词；但是副词大多为黏着词，除少数几个能单说，"很"、"极"可后置（"好得很"、"坏极了"）外，其他都是定位词，所以一般列为虚词。

【程度副词】见"副词"。

【时间副词】见"副词"。

【范围副词】见"副词"。

【语气副词】见"副词"。

【否定副词】见"副词"。

【介词】也称"次动词"、"副动词"，很少称为"前置词"。组成介词词组，把跟动词有关的语义对象介绍给动词的虚词。如"从"、"自"、"向"、"在"、"到"、"对于"、"对"、"关于"、"把"、"被"、"叫"、"让"、"比"、"当"、"同"、"跟"等。语法特点是：（1）不能单独作谓语及其他句子成分，不能单说；（2）不能带表示体的"了"、"着"、"过"；（3）总是前置。（1）、（2）、（3）项使介词不同于动词，（3）项使介词不同于连词*。"送到家里"、"坐在椅上"中的"到"、"在"如果分析为前面动词的补语，则最好视为动词，因不合（1）、（3）两项特点。介词多由动词发展而来，有的还保留有动词特征，因此有的语法著作将其划为动词中的小类，称为次动词或副动词。早期语法书中介词范围很广，如《新著国语文法》将"因为"、"与"、"和"、"的"也列为介词。《汉语课本》（1956）比较明确地划分了介词的范围，将连词划出，又定为虚词中独立的一类，不附属于动词。一部分介词兼有动词特点，"在"、"到"、"比"、"向"等作谓语时，不是介词，是动词。纯粹的介词实际上只有"把"、"被"、"对于"、"关于"、"以"、"于"等几个。

【连词】连接词、词组和分句的虚词。狭义的连词只指起连接作用但不作句子成分的虚词，因而与副词不同，如"和"、"跟"、"同"、"与"、"及"、"以及"、"并"、"并且"、"而且"、"而"、"或者"等；连接复句的分句的连词多有成套的，如"一来……一来……"、"或者……或者……"、"因为……所以……"、"虽然……但是……"等。广义的连词即关联词语，包括起关联作用的副词，如"又……又……"、"也……也……"、"不……不……"、"越……越……"、"既然……就……"、"如果……那就……"。汉语中有些连词与介词不易区别，如"和"、"跟"、"同"既可作连词，又可作介词；"虽然"、"但是"等是连词，但是处于和副词相似的位置。

【助词】独立性最差的一种虚词。除少数前置助词外，都读轻声，近于词缀*。但助词不仅附着于词，而且附着于词组，可以作为剩余词*，因此称为助词。关于助词的范围和类别，大约有三种意见：一种仅限于通常处于句末表示语气的助词，即"啊"、"吧"等；一种包括表语气的助词和"的"、"地"、"得"、"了"、"着"、"过"等，即所谓结构助词和时态助词；一种意见是把语气助词独立为语气词一类，把"了"、"着"、"过"列为词缀，大体上把"的"、"地"、"得"等划为助词。各书中划为助词的主要有以下几类：（1）结构助词。即"的"、"地"、"得"、"所"、"似的"等。一种分析认为"的（地）"是定语和状语的标志，"的"还构成"的"字词组，"得"是补语的标志，虽然它们并不一定出现。一种分析认为，"的"包含三个不同的语素：（a）副词后缀。如"渐渐的（地）"、"微微的"。（b）状态形容词后缀。如"小小儿的"、"挺好的"。（c）助词。构成"的"字词组。如"我的"、"刚买的"、"卖花的"。"得"也有两个语素：（a）助词。用于述语与可能补语之间。如"说得清"、"谈得成"，助词不属前也不属后。（b）动词后缀。用于状态补语前的述语之后，如"说得很清楚"、"长得漂亮"，"得"附于动词之后。也有人认为上述"的"分为两个，副词、形容词后面的"的"是一个助词，组成"的"字词组的"的"是另一个助词。"所"是构成"所"字词组的前置助词。有的语法书称"似的"为"比况助词"，构成比况词组，如"花儿似的"、"生了病似的"。（2）动态助词。也称"时态助词"、"情貌助词"。主要有"了"、"着"、"过"，有人认为还包括"来着"（"我刚才找他来着"）、"来"等。不少语法书划为动词后缀。参看"体"。（3）语气助词。又称"语助词"。一般置于句末表示句子语气。有的语法书认为不同于其他助词，单列一类，称"语气词"。粗略地说，可分：（a）表陈述语气的。如"的"、"了"、"呢"、"罢了"。（b）表疑问语气的。如"吗"、"么"、"呢"。（c）表祈使语气的。如"吧"、"了"、"啊"。（d）表感叹语气的。如"啊"、"呀"。赵元任认为最好把句末的语调尾音（上升调和下降调）也作为语气助词处理。语气助词可细分更多的类，与其他助词也有某些交叉，如表陈述语气的"的"、"了"、"呢"也有表示动态的因素。有的助词一身兼数任。（4）停顿助词。语气助词的一种，出现在句中可停顿的位置。如"吧"、"么"、"呢"、"啊"。可表示列举，如"花啊，草啊，什么都有"；可引起听话人注意，如"这事儿呢，就甭提了"、"他这个人哪，从来不爱听音乐"。广义地说，语气助词都是停顿助词，表示句末停顿。

【结构助词】见"助词"。

【动态助词】见"助词"、"体"。

【语气助词】见"助词"。

【停顿助词】见"助词"。

【语气词】见"助词"。

【助词的连用与变读】不同的助词紧靠着相继出现，就产生助词连用现象。如"你不去了吧"的"了"和"吧"连用；"他醒着呢"的"着"和"呢"连用；"他醒着呐"的"着"和"呐"连用，"呐"又是"呢"和"啊"的合音，实际上是三个助词连用。助词连用是结构分析应注意的地方，连用的助词不一定属于同一层次。句末助词一般属于整个句子，如"你不去了吧"应为"你不去了＋吧"，而不应分析为"你不去＋了吧"；有时仅属于句中一部分，如"他＋醒着呢"，"呢"仅属于"醒着"。助词连用前后的顺序大体是：（1）最前面是表示动态（时态）的助词，包括也称为动词词缀的"了₂"、"着"、"过"和有动态意义的语气助词"了₂"、"来着"、"呢"等；（2）其次是表示疑问或祈使的语气助词，如"吗"、"吧"、"呢"等；（3）最后是表示感叹语气的助词，如"啊"、"欸"、"呕"等。如"他这就走了唄"，"唄"即"吧"、"欸"的合音，排列顺序即"了吧欸"。但助词不一定连用。连用的助词如属同一层次，有单一的功能，即为合成助词，如"这花儿香着呢"的"着呢"，以及"罢了"、"似的"、"来着"等。助词读轻声，声调不固定，与别的实词或助词相连易产生变读。变读有两种：（1）两个连用的助词融合为一个音节，如"了＋呕"——"喽"，"了＋啊"——"啦"，"呢＋啊"——"哪"（"呐"），"么＋啊"——"嘛"，"吧＋欸"——"唄"。"开会啦"即"开会了啊"。表示动态（完成体*）的"了₁"和语气助词的"了₂"连用时也合为一个"了"。如"我听说他来了"，可以是"我听说（他来了₁）"，也可以是"我听说（他来了₁）了₂"，后一情况即合为"了"。（2）"啊 a"、"呕 ou"、"欸 ei"受前面音节的同化影响而变音。如"天啊"——"天哪"，"来啊"——"来呀"，"走啊"——"走哇"、"是啊"——"是 ra"等。

【叹词】一种总是独立成句的词，多表示感叹、应答、呼唤等，也称

"感叹词"。如"嗯"、"喂"、"哦"、"啊"、"哟"、"哎呀"、"哼"等。叹词经常是自由的，有时也作句子成分，如"他哎呀了一声"。没有固定的声调，但有语调，语调不同可表不同意思，如"啊"ā表示征询意见或希望别人重复说过的话；啊á可表示不满或追问；啊ǎ表惊讶；啊à表示恍然大悟或赞叹。因为没有具体的词义，有的语法著作将其列为虚词，但又无一般虚词的黏着性，所以也有人列为既不属实词又不属虚词的特殊词类。有的语法书将叹词合并于象声词。参看"象声词"。

【象声词】也叫"拟声词"。模拟实物的声音的词。如"叮当"、"呼噜"、"哗啦啦"、"呼"等。语法特征是可以单独成句，也可作句子成分，如"窗外有呼呼的响声"、"门嘭嘭地响"、"雨哗哗个不停"。因不表示具体的意义，有人列为虚词；但常作句子成分，所以又与实词相近，有人建议列为形容词的一个小类；还有人列为实词、虚词以外的特殊词类。象声词与叹词的特点接近，有的语法书又把象声词和叹词归为一类。

【词的兼类】或称"一词多类"。指一个词兼有多类词的语法特点而词义没有显著不同的现象。如"端正"、"清楚"、"密切"、"丰富"可受程度副词修饰，有的可按 AABB 式重叠，是形容词；但也能带宾语，有的可按 ABAB 式重叠，是动词。又如"批评"、"指示"、"报告"、"发明"可带宾语，是动词；可受数量词修饰，直接修饰名词，是名词。两种用法都经常化，意义上都相近，是兼类词。以下情况不属兼类：（1）词义不同。如"老说话"和"老同志"里的"老"；"一把锁"和"锁门"的"锁"。（2）偶然借用为他类词，即词的活用*。有的语法书基本上否定词的兼类，认为真正属于不同词类的词，便是不同的词。有的则认为在词类活用与兼类之间还有中间状态，指某些词有时取得他类词的部分特点，但还没有取得全部特点，如"暖和"是形容词，但又可照动词重叠方式重叠，可带"了"、"过"、"起来"，但不带宾语。汉语缺少形态变化，词的兼类反映了词类划分的交叉地带。语义和语法特点变化到何种程度算是兼类，很难决定。不同的人对兼类词的分析难免相异。兼类词多产生在动词、形容词、抽象意义的名词之间。某词类的兼类词只能是少数，否则说明该词类划分原则不够科学。

【词的活用】指某些词临时地、偶然地用为他类词的现象，多见于口语。如"'老孙'、'老孙'，别一天到晚'老孙'下去了"，"你太英雄豪杰了"。词的活用不同于词的兼类*，但活用现象经常化以后就可转为兼类，如"这太官僚主义了"，"官僚主义"已经常用为形容词；"别废话"，"废话"经常用为动词，已不是偶尔活用。参看"词的兼类"。

【名物化论】也称名词化论。是一种关于动词、形容词的特殊语法功能的看法。主要论点是：动词、形容词作主语或作宾语而又受名词或代词充任的定语修饰时，便失去自己的一部分语法特点，取得名词的一部分语法特点，而转变为名词，即是动词、形容词的"名物化"或"名词化"。名物化论旨在说明作主语或宾语是名词的专利，但是动词、形容词作主语或宾语还可带有原来的语法特点，如受副词修饰："不来是可以的"；带宾语："分析问题是必要的"；重叠："分析分析问题是必要的"。名物化论者此时不否定动词、形容词可作主、宾语，但称为"特殊用法"。但是，主、宾语位置上的动词、形容词受定语修饰，如"他的分析问题是必要的"、"我们重视他的分析问题"、"他的不诚实受到批评"、"大家批评他的不诚实"。此时动词"分析"、形容词"诚实"仍保留部分原有特点，即受副词修饰，带宾语（动词）；但又失去部分原有特点，即不能重叠，不能作谓语；并取得部分名词特点，即既作主、宾语，又受定语修饰。此即名物化。名物化论还认为，主、宾语位置上的动词或形容词可用名词或代词复指，如"他的不来这件事是必要的"，因此说明名物化的动词或形容词在意义上已不表示实在的行动或性状，而是把行动或性状当作一种事物。主张名物化论的代表著作是《汉语课本》（《暂拟汉语教学语法系统》）。名物化论反映了在汉语词类划分问题上所受狭义的功能论的影响，即模仿英语语法，把主、宾语位置上的动词、形容词和谓语位置上的动词、形容词强作区别；名物化论在理论上也没有把抽象的动词和形容词与出现于具体句子里的动词和形容词区别开，前者具有动词和形容词的全部语法特征，而后者只能部分实现。认为主、宾语位置上的动词或形容词不再作谓语就是失去原有部分特点，这个论点是不科学的。朱德熙曾著文（1961）评论名物化论，表达不同的观点。

【词无定类说】一种认为汉语实词不能分类的主张。论者以高名凯为代表。他在 1953 年开始的汉语词类讨论中提出，汉语有虚词和实词的分别，但不同意实词内部划分名词、动词、形容词、副词；理论根据是：词类划分应以构形形态为唯一标准，如名词应有表示性、数、格的形态标志，动词应有身、式、态等形态标志，汉语没有这类形态，实词无从分类。他还认为辅助词"了"、"着"、"过"、"们"以及句法职能、词与词的结合能力都不足以划分汉语词类。这便导致了汉语词无定类的主张。句本位论*虽然主张词有定类，但提出以句法职能划分词类，即"依句辨品"。这又导致"离句无品"，句子以外无词类，实际上也是词无定类说。主张仅依构形形态或仅依句法职能划分汉语词类，虽然重视语法形式在词类划分中的作用，但因未能切合汉语实际，以印欧语语法硬套汉语，得出了汉语词无定类的共同结论。现在的汉语语法学大都认为汉语词有定类，划类标准不是单一的，而是综合的。词类区分是汉语语法分析的基础。

【"句本位"说】黎锦熙《新著国语文法》提出的术语，代表汉语早期的语法学说。主张从句子分析入手，再分析词在句中的用法，从而进一步研究词类，即所谓"先理会综合的宏纲，再从事于分析的细目"。因不同于西洋语法一开始即讲词类的"词类本位"，故称为"句本位"。以句法功能决定词类是句本位的重要内容。它仿照英语语法，认为汉语词类和句子成分有一一对应的关系：凡作主语、宾语者是名词，凡作述语（谓语）者是动词，凡作形附（名词的附加语）者是形容词，作副附（动词、形容词、副词的附加语）者是副词。如"他坐车"的"坐"是述语，为动词；"坐、立都不是"的"坐、立"是主语，故可当做名词；"玻璃窗"、"铁桥"的附加语是由名词转成的形容词；"落花"、"飞鸟"的附加语是由动词转成的形容词。这就是"因句辨品"。离开句子即没有词类，即"离句无品"。虽然也可按意义给未入句的词分类，但客观上同样导致词无定类、取消词类。在析句方法上，句本位说主张采用中心词分析法，要求一举找出全句的中心词（即主语、述语），让其他成分依附于中心词；其他成分又分连带成分（包括宾语、补足语）、附加成分（形容性附加语、副词性附加语）。词组进入句子后都被分解到词，因此，词组在句法中一般没有地位，不承认词组可作句子成分。但"种花是乐事"、"打虎的人来了"中的"种花"和"打虎"不便分解，才承认它们是句子成分。"句本位"说代表了早期汉语语法体系和语法观，影响深远，后来被有的著作作为旧有的语法体系的代称，而不限于《新著国语文法》。

【三品说】一种根据词在句中职务的地位而制定的句法分析原则。来源于丹麦语言学家奥托·叶斯丕孙的 three ranks。王力《中国现代语法》、吕叔湘《中国文法要略》、何容《中国文法论》等借以说明汉语词类。三品说的内容是：汉语词类是词入句前根据概念的种类和有无而分的类；词入句后与其他词结合，即产生词品，词品即词与词的关系的表现。词在句中依地位之首要、次要而分为首品、次品、末品，即三种级别。汉语词类与词品有大致相应的关系，如名词、代（名）词以用于首品为常，例如"狗叫"、"白纸"、"念书"；数词、形容词、动词以用于次品为常，如"大树"、"狗叫"；副词以用于末品为常，如"很大"。但是，各词类也有非常用情况，如动词也可作首品，如"挨了打"。其他各种词组也有三品之分。这实际上是认为在主语、宾语位置上的词为首品，在谓语、定语位置上的词为次品，在状语、补语位置上的词为末品。主张三品说的学者鉴于有的语法学家以句法职务作为划分汉语词类的根据，导致离句无类，因此在词类与句子成分之间加一桥梁，即词品。词品属功能范畴，与句子成分联系；词类属概念范畴。词在句中担任的职务改变了，词品也可能改变，但所属词类不变。如"打狗"、"挨了打"，"打"一为次品，一为首品，但都是动词。这样就以词品保护词类的存在，不使离句无品。但三品说确定品级缺乏科学依据。例如：认为述宾词组中的动词是次品，作宾语的词是首品；认为主谓词组中作主语的词是首品，作谓语的词是次品，都有主观性且陷于循环论证。三品说后被取消。

【"一线制"说】一种认为汉语语法体系应只讲句法而取消词类的主张。20世纪30年代末至40年代初，以上海为中心开展的"中国文法革新讨论"涉及汉语语法体系、研究方法、语法的"国化"和"欧化"、模仿与革新、语法的普遍性与特殊性等理论问题，讨论主要围绕语法体系和词类划分的标准及原则。傅东华主张汉语语法以句法为主，汉语无形体变化，词本身不能分类，只有在句中才能分类；认为西方语言有"分部"（词类）和"析句"两部分，汉语的分部只能依附于析句。这种合词类于句子分析的主张，当时被称为"一线制"。这种主张为"双轴制"论者所反对。参看"双轴制"说。

【"双轴制"说】一种认为汉语语法体系应兼有"语部"与"析句"的主张。20 世纪 30 年代末至 40 年代初"中国文法革新讨论"中由陈望道、金兆梓等提出，以反驳"一线制"。陈望道等认为"语部"（词类）研究语言的纵的关系，即"会同关系"，"析句"（句法）研究语言的横的关系，即"配置关系"，纵、横两方面都有详尽研究，才能彻底了解词的经常性质和临时职务的关系。这种主张同时也反映了当时汉语语言学家试图运用瑞士语言学家德·索绪尔的组合关系和聚合关系学说来说明汉语语法的体系。参看"一线制"说。

【句法结构】①词与词组合的规则或模式。包括词组和句子的结构模式。汉语词组平面的句法结构和句子平面的句法结构的基本类型有很强的一致性，这是汉语句法结构的重要特点。句法结构包含下列因素：（1）结构成分。也称结构项或结构元。即组成句法结构的词或词组，它们属于一定的语法类别。（2）结构手段。如词序、虚词、停顿、轻重音、层次等。（3）结构关系。即结构内按一定层次组合的直接成分间的概括的关系意义。（4）整个句法结构的功能。一般语法著作划分汉语句法结构的类别主要有：（1）根据内部结构方式和结构关系分为：（a）基本句法结构。包括主谓结构、偏正结构、联合结构、述宾结构、述补结构。基本句法结构的延伸和交叉可以造成复杂的结构，但只要总体的直接成分关系属于以上类型，仍是基本结构。（b）复杂句法结构。包括连谓结构、兼语结构、双宾语结构、紧缩复句结构等。其直接成分的关系非基本句法结构所能概括。有的语法学者也列入基本句法结构。（c）有一个虚词作为结构项的句法结构。如介词结构、助词结构。方位结构也可列入此类。（d）复句的分句之间的结构。（2）根据句法结构的外部功能主要分为：（a）体词性结构。包括以名词为中心的偏正结构、以名词或代词组成的联合结构、方位结构、数量结构、指量结构、"的"字结构、"所"字结构等等。（b）谓词性结构。包括以动词或形容词为中心的偏正结构、联合结构、述宾结构、述补结构、主谓结构等，介词结构也可列入此类。句子的句调模式现在尚未列入句法结构项目。②指句法结构的实体。

【句法关系】指句法结构的组成成分间产生的关系意义，即句法的结构关系。句法关系与层次一样，同是句法结构本身的属性，仅对句法结构作层次切分而不指明其句法关系便不能说明该结构的特征。如"参考材料"只能作一次切分，但有两种结构关系：偏正关系和述宾关系。基本句法关系一般分为：（1）主谓关系；（2）偏正关系；（3）联合关系；（4）述宾关系；（5）述补关系。广义的句法关系还包括虚词与实词的组合关系，称为"附属关系"，如介宾关系（如"把屋子"）、连词与所连词的关系（如"（他）和我"）、实词和助词的关系（如"急得（说不出话）"）。复句的分句之间有联合与主从关系，常通过句子的位置和关联词语表示出来，这也是一种句法关系。有的学者认为基本句法关系还可以有下位句法关系，例如联合关系又分并列关系和连续关系，并列关系又有加合关系和选择关系等。对此进行分析可以说明同一种表层句法结构可以表现多种结构关系。

【词组】①又称"短语"、"（句法）结构"、"仂语"、"兼词"。静态的、备用的句法结构体。词与词组合而未成句者。特点是：（1）内部至少有两个词。理论上词组内词的项数可为1，即只有一个词，是词组的最小形式。（2）按照一定的语法规则结合，有一定的结构关系，如"哥哥着"、"去又"就不是词组。（3）能在更大的组合里作直接组成成分；因此词组是按层次分析切分下来的片段。如"他哥哥昨天来得太晚"的第一层次的直接成分是"他哥哥"和"昨天来得太晚"两个词组，而跨段切分的"哥哥昨天来"则不是此语段的词组。汉语词组与复合词的界限有时难于划分，但词组一般都是临时组合而成，与复合词之为现成单位不同；但词组尚不是句子，只是句子的预制品，这又与复合词相同，所以词组和词同是语言的备用单位、静态单位。传统语法对词组的解释常立足于句子，表现为：一是把词组视为句子的一部分，比句子长度小，即在结构上一定是句子的下级单位；一是把主谓词组划在词组之外，主谓词组是与句子同型的单位。现在的语法学不把词组仅仅看作句子的片段，认为词组也可独立成句，并认为主谓词组也是普通词组的一种。传统语法学多不重视词组作为句法单位的作用，或虽承认词组能作句子成分，但分析时也给以限制条件。现在则日益重视词组在汉语语法结构中的重要性。有些语法书对词组的范围的解释不完全一致。有的认为词组仅指实词与实词的组合，不包括虚词与实词的组合，后者另称"××结构"，如"介词结构"；有的一概称为"××词组"，有的一概称为"××结构"。参看"词组本位说"、"句法结构"、"短语"、"仂语"。②吕叔湘《中国文法要略》的术语。专指有"组合关系"即"附加关系"的词组，亦即偏正词组。如"薄薄的青雾"、"父亲的差使"、"暗笑"、"明说"。

【短语】"词组"的又名。始见于早期的语法著作。指主谓词组以外的词组。如黎锦熙《新著国语文法》："两个以上的词组合起来，还没有成句的，叫做'短语'，简称'语'，旧时叫'顿'或'读'。""短语也有很长的……相当于英语的 phrase。因为它不成一句，又不止一词，故亦名'兼词'。"如"卖花"、"打虎"、"上海黄浦江里边的船"。现在短语的范围也包括主谓短语。因"短语"不一定"短"，故不及"词组"名称流行。转换语法术语译名"短语结构语法"、"名词短语"（NP）、"动词短语"（VP）流行后，"短语"一词又常见用。参看"词组"。

【仂语】某些语法学家对词组的称谓。见于王力《中国现代语法》、吕叔湘《语法学习》、张志公《汉语语法常识》等。"仂"是"数之余"，"仂语"指不成句的语段之意。王、吕二氏的"仂语"都包括"联合仂语"、"主从仂语"两大类，不包括主谓仂语，反映了早期语法著作把主谓仂语与句子等同起来的观念；张氏则列有主谓仂语。"仂语"一名因生僻后渐不用。参看"词组"。

【句子】语言运用的最小单位，或称为最小的表述单位。一个词或词组，只要在一定的语境中能独立表达相对完整的意义，都叫做句子。句子在结构上是独立的，即不被包含在一个更大的结构中。例如："枫叶红了。"是一个句子；在"枫叶红了的时候"里，"枫叶红了"就不是句子。句子两端都有较大的停顿，有一定的句调，句末可以有语气助词，如："我是中国人。""去吧！""他呢？""多好的人哪！"书面上句子有句号，但汉语的句子之间常有可断可连的现象，句子的标点不很严格。句子的定义常用以指单句*。其实，复句*也叫一个句子。传统语法认为句子既然是表述单位，就必须同时具有主语和谓语两部分，还认为句子是比词和词组大的单位，不太注意句子的语音标志，同时把句子内部的主谓结构看作"小句"、"子句"、"句子形式"。现在语法学认为，句子不一定是主谓结构，非主谓句也很常见；主谓结构也不一定是句子。语法学认为词和词组是备用单位，句子是使用单位，备用单位和使用单位不是部分和整体、大和小的关系，而是"未实现"和"实现"的关系。句子总是有所指的，即与特定的现实相联系，在这个意义上，句子属于言语；但是句子的结构模式是抽象的，在这个意义上，句子又属于语言，所以句子是语法学研究的对象。

【句子成分】句子很少由一个词构成，按照一定句法规则在句子中起结构作用的语言成分（词或词组）就是句子成分。传统语法认为句子是一个完整的表义单位，至少有主语和谓语两个句子成分，此外有连带成分和附加成分，一般认为句子共有六大基本句子成分：主语*、谓语*、宾语*、补语*、定语*、状语*。还有人把复指*和插说*作为特殊句子成分。传统语法以词为句法单位，认为句子成分都由词构成，一个句子如果有主语、谓语、宾语、补语、状语、定语，则认为它们同样都是句子的组成成分；现在的语法学承认词组也有构成句子成分的能力，因此在具体的句子里，只有第一层次切分的结果才是句子的成分，亦即它的直接成分才是句子成分，其他组成成分只是句子成分内部的成分，例如"健康的体魄带来蓬勃的朝气"只有主语"健康的体魄"和谓语"带来蓬勃的朝气"是句子成分；宾语"蓬勃的朝气"只是谓语内部的成分；定语"健康的"和"蓬勃的"又分别是主语和宾语内部的成分。但是，"来（一）杯牛奶！"里的宾语"（一）杯牛奶"就是句子的成分。因此，六种句子成分是作为抽象的概念才平列起来，在具体句子里则处于不同平面、不同层次，所谓句子成分并不都直接属于句子。句子成分是在句法结构里才产生的，它跟充任句子成分的词或词组的类别、语义关系、词序有一定关系，但不跟它们相等。句子成分与词类不同。一个词根据所有的语法特点归属某种词类，其词性一般来说是固定的；句子成分则是甲词（词组）与乙词（词组）发生某种结构关系时才产生的，因而某类词担任何种句子成分不是固定不变的，汉语尤其如此。句子成分也不同于词与词之间的语义关系，如主语不是施事，宾语不是受事，状语不是时间、处所等意义；句子成分跟词序有关，但也不能完全由词序来决定。句子成分是一种基本语法概念，难以单独给予准确定义。句子成分只有在句法结构里相对识别，如主语对谓语而言，述语对补语或宾语而言，定语或状语对中心语而言，没有甲方就没有乙方。从这个角度看，传统的基本句子成分还缺少述语和中心语，述语是补语和宾语的对立面，中心语是定语和状语的对立面。

【句法成分】指通常说的"句子成分"。朱德熙提出的术语。"句子成分"出于传统语法，后者以句子为基点分析句法结构，不重视词组在语法结构中的地位。实际上，汉语词组结构与句子结构有很大的一致性，词组是抽象化的句子，一切句子都可看成是由词组形成。句法结构的分析应建立在词组分析的基点上。这种语法观把主语、谓语、宾语、补语、定语、状语都一律看作词组的成分，因此不主张采用"句子成分"的术语而采用"句法成分"。

【主谓词组】也称"主谓结构（短语）"、"句子形式"、"小句"。由主语和谓语两部分构成的词组。就说话人的表达方式或从语用角度看，主语是说话人关切的内容，即说明的对象或话题，谓语是对主语的陈述或说明。汉语的主语在前，谓语在后，只在易位句*里谓语在前，主语后出，此时主语有追补意味，难以说是话题。主谓词组内部关系较松，主语后可以有停顿，可带停顿助词*如"啊"、"呢"、"吧"、"么"等，如："你啊，真是个大忙人！""这种病么，不难治。"如果主谓词组内另有主谓词组作句子成分，主谓词组内部也可能有停顿，如"你写的那本小说我们几个人全都读过"可以说成："你写那本小说嘛，我们几个人啊，全都读过。"谓语部分可以变换为反复问句的形式，如："你是不是一个大忙人？""这种病（，）难治不难治？""山桃花是不是开得正好？"主语可以由体词性词语担任，也可由谓词性词语担任，谓语大多由谓词性词语担任。在语义上，主语与谓语远不止是施事与动作的关系，在形态丰富的印欧语里由不同的句子成分表现的各种语义关系（如施事、受事、与事、工具、时间、处所等）在汉语里都可由主语表示。主谓词组一般被看作背心结构*，其整体功能不同于主语，也不同于谓语。但是，汉语的主谓词组的功能与其中的谓语一致，作谓宾动词宾语时，整个主谓词组与其中的谓语可以互换。例如："建议每个学生都穿蓝色运动服"可以说"建议都穿蓝色运动服"，但不说"建议每个学生"；"觉得这件事有点离奇"可以说"觉得有点离奇"，但不能说"觉得这件事"。因此，有的学者认为汉语主谓词组和动词词组可以相通，可以把后者看作省去主语的主谓词组。有的学者又认为主谓词组是名词性的，因为可以作主语、宾语，但是谓词性词语本来可以作主语、宾语，因此不能由此证明主谓词组具有名词性。传统语法向来重视主谓词组独立成句的功能，认为它就是句子；对主谓词组作各种句子成分的功能，特别是作谓语的功能，是逐渐认识到的。汉语主谓词组无论独立成句还是作句子成分，其中谓语的形式都无须改变。参看"主语"、"谓语"。

【偏正词组】也称"偏正短语（结构）"、"主从短语（结构）"。由修饰语和中心语两部分构成的词组。修饰语在前，中心语在后。如（a）"紫色的玫瑰"、"衣服的袖子"；（b）"飞快地跑"、"不去"；（c）"才星期一"、"刚五斤"；（d）"坚决回击"、"认真考虑"。修饰语可以带"的（地）"。整个词组的语法功能和中心语相同，中心语和整个词组可以互相替代而功能不变，如"灯光照射着小树"和"汽车的灯光直直地照射着路边的小树"是同样的结构。中心语不仅在结构上而且在语义上都是词组的重心，但不等于说修饰语不重要，如"去"和"不去"语义上的区别决定于修饰语。有些偏正词组的整体功能与中心语不一致。如（c）的中心语是体词性的，但整个词组可作谓语。如"今天才星期一"、"苹果刚五斤"。这种偏正词组是谓词性的。（d）组偏正词组的中心语是兼有名词功能的动词，即名动词*，整个词组的功能依词组所在的语法位置而定。作谓语或带宾语时，是谓词性的，如"他坚决回击了别人的中伤"；作"进行"、"予以"、"给以"等的宾语时，是体词性的，如"进行坚决回击"。偏正词组总的分为体词性偏正词组和谓词性偏正词组两种。根据内部修饰语与中心语结合的紧密程度，又分为黏合式偏正词组与组合式偏正词组。黏合式由中心语与修饰语直接组成，修饰语不带"的"、"地"，如"酸苹果"、"小剪刀"、"厚书"、"定期刊物"、"幼儿园阿姨"、"学生宿舍"、"乱扔"、"慢跑"、"大笑"、"很紧张"、"急忙说"。黏合式偏正词组在功能上相当于一个单词，意义上多表示某种属性而不表示领属或状态的描写，有时有专化义，因而有熟语性，如"四川人民出版社"不同于"四川人民的出版社"；"幼儿园阿姨"不同于"幼儿园的阿姨"；"慢跑"不同于"慢慢地跑"。组合式偏正词组的修饰语后面一般带"的"或"地"，与中心语结合比黏合式词组的修饰语自由，可以有复杂的结构，如"很酸的苹果"、"最小的剪刀"、"省委直属机关的幼儿园的阿姨"、"慢慢地跑"、"急急忙忙地说"。这类偏正结构的意义可以从字面上理解；体词性词组的修饰语可以表领属关系或描写状态，谓词性词组的修饰语可表示描写。复杂的偏正词组或修饰语本身也是偏正词组，如"南京雨花台的石头"；或中心语本身是偏正词组，如"桌上的绿色台灯"；或修饰语和中心语都是偏正词组，如"这家公司的新来的雇员"。修饰语和中心语都可以由别的词组充任，只要整个词组的直接成分是修饰语和中心语两部分，就是偏正词组。

【联合词组】也称"联合短语（结构）"、"并列词组"。两个或多个在结构上处于平等地位的词语构成的词组。所有的实词和词组都可以构成联合词组。一般地说，整个词组的语法功能跟其中每个成分的功能一致，是多中心的向心结构*。如"油盐柴米酱醋茶"、"一三五"、"赤橙黄绿青蓝紫"、"又跑又跳"、"普通工作和特殊任务"、"考大学、找工作"、"好得很或糟得很"、"小猫钓鱼还是乌鸦喝水"。别的句法结构只有两个直接成分，联合词组的直接成分可以不止两个，在理论上可以无限多。联合词组有体词性的，也有谓词性的；可以独立成句，也可作句子成分。有些联合词组的直接成分虽然是体词性的，但是在某些句法位置上，整体功能却是非体词性的，如"'三个五个'地站在那里"、"'老张老王'地称呼别人"、"你别再'你呀我的'了"。这是一种比况性的联合词组，多少有虚指义。联合词组各成分间可以不停顿，也可以停顿，也可带停顿助词*，如"'纸啊，笔啊'，什么都有"、

"'儿女啦，孙子啦'，都回来了"；可以有连词"和"、"跟"、"同"、"以及"、"或"、"或者"、"还是"等。各成分的位置可以挪动，如"柴米油盐"与"油盐柴米"。有些顺序不能改动是出于语义上、风格上或习惯上的原因，如"爸爸妈妈和孩子"、"有吃有穿"、"东西南北"。联合词组充当句子成分时，可表示出不同的语义类型：（1）兼有关系。或称加合关系。常用连词"和"、"跟"等。又分两种：（a）加而不合的关系。如"老李和老王是上海人"，即"老李是上海人"，"老王（也）是上海人"；"他爱看京戏和川戏"，即"他爱看京戏"，"他（也）爱看川戏"。（b）加而且合的关系。如"老李和老王是朋友（搭档；夫妻；同学）"，则"老李和老王"不能分开指称"朋友"。（2）选择关系。常用连词"或"、"还是"等。又分两种：（a）不相容的选择关系。如："小谢是从河南来的还是从山东来的？""吴华今年考中文系或外文系。"A、B两项只能选择A，或只能选择B。（b）相容的选择关系。如："他们平时吃大米或（和）面粉。""长大衣或（和）短大衣都可以买。"AB两项可以只取A或只取B，也不排除A、B两项都取，所以可用"或"也可用"和"联接。有的语法书还把一部分相连的复指成分*归为联合词组，如"长江我国第一大河"、"我的朋友江一"，因为这种词组前后部分可以互换位置；但不能用连词联接，跟一般联合词组不同。

【述宾词组】也称"动宾词组（短语；结构）"、"支配词组（短语；结构）"。由述语和宾语两部分组成的词组。述语在前，宾语在后。述语与宾语间联系紧凑，一般没有停顿，不能说"走了，很多路"，可以说"走啊，走啊，走了很多路"；但谓宾动词如"希望"、"建议"等的宾语为较长的词组充任时，述语之后也可停顿。述语主要由动词或动词性词组充任；宾语主要为体词和体词性词组，也有谓词与谓词性词组充任的。整个述宾词组语法上的中心在述语，整体功能是动词性的。述宾词组根据述语和宾语的繁简可分为两类：（1）黏合式述宾词组。由单个动词跟单个名词直接组成，如"说话"、"上课"、"看报"、"领奖"、"修建房屋"、"保护动物"。这类述宾词组与一般动词不同，常可不用"的"而直接作定语，如"上课时间"、"说话速度"、"领奖名单"、"修建房屋计划"、"保护动物组织"。有的有专指义，如

"吃饭"、"上学"、"走路"、"说话",有时仅指"生活"、"学习"、"行走"、"说"。(2)组合式述宾词组。作述语的动词如带"了"、"着"、"过",或重叠,或带有状语、补语,或宾语是偏正词组,即为组合式述宾词组。如"上过学"、"念了书"、"想想这个问题"、"打开窗户"、"不打电话"、"走大路"。这类词组作定语时必须加"的",如"不打电话的原因"、"打开窗户的时候"。述宾词组在形式上跟述补词组不同,述宾词组中间可以加"的"转换为偏正词组,如"说的话"、"走的路"、"保护的动物";述补词组则不能。述宾词组的述语可带"了"、"着"、"过";述补词组除趋向补语前的述语可带"了"外(如"唱了起来"),都不能带"了"、"着"、"过";述补词组中间可以加"得"、"不",述宾词组则不能,"认得我"、"值得买"的"得"是构词词素。

【述补词组】也称"动补词组(短语;结构)"、"使成式",也有人称为"后加式偏正词组"。由述语和补语两部分构成的词组。述语在前,补语在后。述语由动词、动词性词组或形容词、形容词性词组充任,补语也由同类词语充任,个别副词也能作补语。整个词组的语法中心在述语,整体功能是谓词性的。述补词组一个重要的形式标志是述语和补语之间可以带"得",如"说得好"、"画得栩栩如生"。根据是否带"得",述补词组分为两类:(1)黏合式述补词组。述语、补语间不带"得",如"做完"、"写好"、"踢翻"、"打穿"、"拿起来"、"变大"、"染红"、"摆整齐"、"弄糊涂"。这类词组在语法作用上相当于一个单词,"了"、"过"不是置于述语之后而是整个词组之后,如"染红了天空"、"打穿过墙壁"。有的动词带某种宾语时还非带述语不可,如"哭哑了嗓子"、"走大了脚"、"笑破了肚皮"、"说漏了嘴"。有的语法书认为黏合式述补词组是临时性的复合词,与"规定"、"革新"等普通复合词同型不同类。(2)组合式述补词组。即带"得"的述补词组,如"做得完"、"踢得翻"、"摆得整齐"、"亮得耀眼"、"蓝得像大海"、"高兴得跳起来"、"笑得两眼眯成缝"。也可以带"不",如"做不完"、"踢不翻"、"看不清楚"。这类词组的结构可以比黏合式复杂得多。述补词组可作多种句子成分,也可独立成句,如:"站起来!""坐好。"述补词组是否应包括下列结构，语法学有不同意见：（1）动词后有介词结构。如"坐在椅上"、"走到学校"。一种看法认为介词词组"在椅上"、"到学校"是补语，它们还可前置作状语，如"在椅上坐"、"到学校去"。一种看法认为动词后面不是介词词组，因为可以说"坐在了椅上"、"走到了学校"；"在"、"到"读轻声，结构上属于述语，"坐在"、"走到"是述补词组，整个词组是述宾词组。也有人认为两种分析都成立。（2）动词后有表动量或时量的数量词。如"跑一趟"、"走一天"。有的认为是述补词组，有的认为是述宾词组。参看"宾语"、"准宾语"、"补语"。

【同位词组】语义上指同一事物的词或词组，结构上紧靠在一起。对它的语法性质有不同的解释。一种解释是：同位词组是并列词组的一种，前后两个词语意义上表同一事物，有的可以互换位置，如"我们的首都北京"、"北京我们的首都"，"小韩同志"、"同志小韩"。有的不能互换位置，如"他自己"、"老李这个人"。一种解释是：同位词组是偏正词组的一种，其语法特点是它的定语可以指代整个偏正词组，如"小韩同志"的"小韩"是定语，可以指代"小韩同志"，"老李"可以指代"老李这个人"。因此，这类同位词组的范围比前一种宽，包括许多一般认为是偏正词组的结构，如"五元钱"、"这本书"、"木头的房子"、"开车的人"、"装书的箱子"。参看"复指"。

【方位词组】也叫"方位短语（结构）"。由方位词*和名词语（以及动词语）构成的词组。中心词是方位词，整个词组是体词性的偏正词组。但方位词特别是单纯方位词独立性弱，有一定虚词性，有人称为"后置词"，方位词组常作为一个整体，类似合成词。如"台上"、"地下"、"屋前"、"山后"、"河里"、"校外"、"市场东边"、"宿舍南面"、"车站旁"、"窗户外头"、"打球以外"、"把信写完以后"等。单纯方位词组成的方位词组内部结构紧密，中间不能加"的"；合成方位词构成的方位词组中间可加"的"，如"中国的南边"。以"上"、"中"、"下"与名词语组成的方位词组不一定表示实在的空间或时间意义，可以有引申义，如"（在）这种形势之下"、"某种意义上"、"历史上"、"舆论中"；而且可与谓词性词语组合，如"慌乱中"、"前进中"、"危急中"、"直接参与下"、"精心策划下"。

【介词词组】也称"介词短语（结构）"、"介宾词组（短语；结构）"、"介名短语"。由介词和它的宾语组成的词组。如"'把零食'当正餐"、"'被风沙'迷住眼"、"'在墙上'乱画"、"'比蚂蚁'还小"、"'对形势'作出估计"、"关于期末考试"、"'从东北'到西南"、"'用文火'烧鱼"。介词的作用是引出跟动作有关的语义对象，不同的介词引出不同的语义对象，如施事、受事、与事、工具、时间、处所等。介词的宾语大多是体词性词语，但也有谓词性词语，如"大家'对他突然出现'感到十分惊讶"、"'把打台球'当作娱乐"。有些介词与动词界限不明，因而有些介词词组与述宾词组界限不明。一般认为，"在"、"到"、"给"、"比"、"跟（着）"、"按（照）"等词带宾语如单独作谓语，则是述宾词组，如"画儿'在墙上'"；如不单独作谓语，则是介词词组，如"'在墙上'挂着"；带"了"等是动词，否则是介词，如"到了家里"、"跟了他"、"比了比大小"都是述宾词组，不是介词词组。但是，即使典型的介词构成的介词词组有时也可以单说，如："你对谁说话?"——"对你。""你说的关于谁的事?"——"关于诸葛亮斩马谡。"介词甚至也与动词一样可以有正反问形式，如："今天'在不在家'吃饭?""'把不把钱包'带上?""'对不对他'讲一声?"因此，介词词组带有谓词性。

【连谓词组】或称"连谓结构"、"连动式"、"连动句"、"谓语的连续"。为数个谓词或谓词性词组连用的格式。如"去看看"、"看看去"、"出门开会"、"笑着说"、"花儿'太红不好看'"、"这书'拿着怪重'"、"去打电话叫车"、"打电话叫车上南方饭店找人谈话"。几个谓词或谓词性词组在语义上都指向同一个事物，例如"出门"、"开会"都指向同一个人。在结构上，各个部分的顺序不能改变，也不能用连词联接，否则句义改变，因而不同于联合词组；但也不同于偏正词组，因连谓词组在结构上或语义上的中心并不总在后面，要视具体上下文而定，如"坐着谈话"，有人说"坐着"是状语，有人说"谈话"是补语。实际上，连谓词组内部各部分的关系不能用任何基本句法结构关系来说明。朱德熙认为连谓结构本身就是一种单独的基本句法结构，与主谓、联合、偏正、述宾、述补等结构并列。连谓词组可独立成句，也可作句子成分，如"我不喜欢'上街买东西'"，"'出门开会'的时候"。连谓词组各部分间的意义关系多种多样，有表先后顺序的，如"脱了鞋进屋"；有表同时进行的，如"坐着看书"；有表行为和目的的，如"去问问他"等等。连谓词组的范围，语法学界有不同的意见。有的语法书认为介词是动词的一个小类，称"前动词"或"次动词"，介词词组应算作连谓词组的一个部分，如"把这首诗抄下来"、"用笔写字"也是连谓词组。一般语法书则将其看作偏正词组。有的语法书主张把兼语词组合并到连谓词组中来。连谓词组并不仅作谓语，所以"连谓词组"不应指"谓语的连用"而是取"谓词性成分的连用"之意。参看"兼语词组"。

【**兼语词组**】或称"递系结构"、"递系式"、"递谓式"、"谓语的延伸"。一般的解释是：一个述宾词组和一个主谓词组套在一起，述宾词组的宾语和主谓词组的主语为同一成分的结构。如"请他来"，"他"兼作"请"的宾语和"来"的主语。又如"是谁来了"、"有人答应"、"使人兴奋"、"劝大家冷静点"、"喜欢那孩子大眼睛"、"原谅他太淘气"。也可以有复杂的结构，如"（他）怪我惹你生气"、"请你叫他找人教孩子学外文"。兼语词组内部没有停顿或连词，不同于联合词组，如"（你）叫他来"不能说成"（你）叫，他来"。兼语词组也不同于主谓词组充任宾语的结构，如"希望他来"的"他来"是主谓宾语，可以说"希望明天他来"；兼语词组"请他来"不能说"请明天他来"。连谓词组里充任第一谓语的动词没有限制，兼语词组充任第一谓语的动词一般含有"使令"、"陪送"等意义，或表示心理活动。如"使"、"叫"、"让"、"请"、"劝"、"引"、"派"、"打发"、"托"、"帮"、"要求"、"告诉"、"提醒"、"号召"、"带"、"领"、"扶"、"找"、"怨怪"、"称赞"、"原谅"等。朱德熙认为兼语词组是连谓词组的一类，理由是（1）"兼语"说把兼语看作后面动词（或形容词等）的主语，如把"请他来"的"他"看作"来"的主语，是从语义上考虑，实际上因为兼语是施事；如非施事，如"买把刀切菜"的"刀"表工具，"买一份儿报看"的"一份儿报"表受事，又将整个词组分析为连谓词组。这是以语义关系代替句法成分。

(2) 汉语中有的方言的人称代词作主语或宾语时有不同的形式，所谓"兼语"具有宾语的形式，因此兼语词组和连谓词组是同一性质的结构。参看"连谓词组"。

【"的"字词组】也称"'的'字结构"、"'的'字短语"。由体词性词语或谓词性词语后面带助词"的"构成的句法结构。内容复杂，不同的语法著作划分的范围和所作的解释很不一致。主要的意见有：（1）认为"的"字词组是体词性的结构。"的"使它前面的谓词性词语体词化，改变了语法功能并改变意义；也使它前面的体词性词语改变意义。如：（a）"买的"、"送信的"、"他昨天写的"、"红的"、"便宜的"、"木头的"、"我的"。"的"字词组和名词的语法功能很接近，可作主语、宾语。作谓语时是省略"是"的判断句，如"这封信（是）他昨天写的"。这种意见认为"的"字词组不包括下列结构，即（b）"忽然的"、"慢慢的"、"有说有笑的"；（c）"挺好的"、"红通通的"、"干干净净的"，而认为（b）是副词，（c）是状态形容词，"的"是它们的后缀。（2）另一种意见认为以上（a）、（b）、（c）都是"的"字词组，它们既有体词的功能，如（a），也有谓词的功能，如（b）、（c）。如果要分小类，可将（a）作为一类，其中的"的"不能去掉；（b）、（c）可为一类，如去掉"的"不影响意义和语法功能。（3）再一种意见认为"的"字词组是定语带助词"的"的名词词组省去中心语而构成的，如"打拳的（人）"、"我的（笔）"。这种意见认为"的"字词组可以代替其中心词（名词），"的"字词组也是名词性的。三种意见都共同认为"的"字词组有名词性功能，不过，有人认为还包括谓词性的，有人认为仅限于名词性的。"的"不是定语的标志，"的"字词组不限于作定语，还能作别的句子成分，而且并不是总能补出其中心语，如："这些孩子，有的（　）七岁，有的（　）五岁。""这些花，有红的（　　），有黄的（　　）。"

【"所"字词组】由助词"所"与及物动词性词语组合又加"的"构成的名词性的句法结构。如"所看到的"、"所了解的"、"所用的"、"所说的"。"所"的前面也可以有名词性词语，如"我所认识的"、"该厂所生产的"。"所见"、"所闻"、"（不出）所料"不是现代汉语的格式。"所"字词组能作定语修饰名词，它的中心语在语义上是"所"字后面及物动词的受事，如"我所认识的人"、"所说的话"、"所用的碗"。"所"字词组常指代的就是它的中心语，"所发表的"可以指代"文章"，"所说的"可以指代"话"。"所"字词组也可作主语、宾语。严格地说，"所"字词组是一种"的"字词组。不过，"所"字词组在语义上一定指代词组中动词的受事。"的"字词组所指代的可以是动词的受事，也可以是施事，如"说的（话）"、"说的（人）"。也有人认为"所"字词组不包括"的"。

【向心结构】或称"内向结构"、"内中心结构"。整体功能跟直接成分的（一个或多个）功能一致的句法结构。与离心结构*相对。译自布龙菲尔德的术语 Endocentric construction。例如："小欣的帽子"的功能与"帽子"一致，都是名词性的；"快快跑"的功能与"跑"一致，都是动词性的。"小欣的帽子"、"快快跑"都是向心结构。与整体功能一致的直接成分叫做这个向心结构的"核心"。汉语的偏正结构、述宾结构、述补结构、联合结构都是向心结构。其中，述宾结构、述补结构的功能与述语功能一致，是谓词性的。联合结构是多核心的，整体功能与多个直接成分功能一致，如："开发与扩大"的整体功能同于"开发"、"扩大"，是动词性的；"白猫和黑猫"的整体功能同于"白猫"、"黑猫"，是名词性的。但有些谓词性的联合结构，其核心却是名词性的，如："他老跟别人'哥呀弟的'。""'哥呀弟的'叫得很亲热。"这不是向心结构。偏正结构的功能一般与其中心语功能一致。但是，汉语中有些偏正结构不在以上定义范围内，如"技术的进步"、"他的不长进"的中心语是谓词性的，但整体功能是名词性的，对这类句法结构的性质如何分析还有不同的意见。向心结构的概念说明句法结构一样有功能的类别，并且与直接成分的功能类别有关。这个概念也适用于分析复合词，复合词的整体功能有时与其中一个直接成分（词素）的功能一致，如"圆桌"的功能同于"桌"，"重视"的功能同于"视"，但有些不一致，如"买办"的功能不同于"买"和"办"。

【背心结构】也叫"外向结构"、"离心结构"、"外中心结构"。译自布龙菲尔德的术语 Exocentric construction。整个结构的语法功能与它的任何一个直接成分的语法功能都不一致时，这个句法结构叫做离心结构。与向心结构＊相对。例如："洗衣服的"，整个"的"字词组的功能既不同于"洗衣服"，也不同于"的"；"把饼干"，整个介词结构的功能既不同于"把"，也不同于"饼干"。离心结构没有核心。介词词组、"的"字词组、"所"字词组等有附属句法关系＊的句法结构都是离心结构。关于主谓结构是否为离心结构，汉语语法界有不同的意见。一种意见认为是离心结构，其整体功能既不同于常作主语的体词，也不同于常作谓语的谓词；但是，不少语法学者认为汉语的主谓结构是以谓语为核心的谓词性向心结构。例如，可作谓宾动词的宾语，如"希望他当代表"、"认为这个办法很好"，与谓词性词组作宾语一样，如"希望当代表"、"认为很好"；主谓结构也可受某些副词修饰，如"大概你哥哥来了"、"忽然他哭了"。

【句子形式】①有些语法学者对主谓词组的称谓。见于王力《中国现代语法》、吕叔湘《语法学习》等。以有主谓关系的结构一般即句子而得名。王力同书又叫"连系式"，吕叔湘另书又叫"词结"，陈望道《文法简论》叫"词串"。名称反映了将主谓词组作为特殊词组处理的主张。句子形式可以独立成句，如"张先生教书"。但早期语法著作所指句子形式是作某个句子成分的、作用等于一个词的主谓词组，如"张先生教书的学校在重庆"里的定语。②有的语法著作把主谓词组与复句形式＊合称为句子形式。参看"复句形式"。③指通常所说的复句里的分句。复句是一个句子，理论上句内不能再包含句，因此分句不应是句子，但又非词组，因分句之间的关系不能用词组间的关系来概括。朱德熙认为分句比词组高一个层次，可看作去掉作为一个独立句子时的停顿和句调的抽象化了的句子，称为句子形式。

【复句形式】又称"复句词组"、"复合小句"。在词组中作组成成分的"复句"。如鲁迅《为了忘却的纪念》："但那时我在上海，也有一个唯一的'不但敢于随便谈笑，而且还敢于托他办点私事'的人，那就是送书去给白莽的柔石。"吕叔湘《中国文法要略》也称下列句子包含有复句。冰心《寄小读者》："我常喜欢'挨坐在母亲的旁边，挽住她的衣袖，央求她诉说我幼年的事'。"但句子是自足的语法单位，在结构上不能被包含，因此有人称为复句形式。复句形式本质上是一种复杂的特殊的词组，可独立为句，也可作句子成分。有的学者认为，词组的结构关系不能概括复句的分句与分句间的关系，分句不同于词组；照此，复句形式也不是复杂词组。复句形式属于何种层次的语法单位，有待研究。参看"句子形式"。

【谓语形式】王力的术语。指以动词为中心的词组，如动词性偏正词组、述宾词组、述补词组。因经常作谓语而得名。特称为"谓语形式"是因为除作谓语外还可作其他成分，此时只具谓语的形式，而不是真正的谓语。作谓语，如："他'赌钱'。"不作谓语，如："'赌钱'的习惯不好。""他不喜欢'赌钱'。"传统语法认为谓语形式作谓语时应进一步分析其结构，析出述语、宾语、补语、状语等；不作谓语时只有一个单词的用途，析句时作为一个整体，不再细分。实际上，谓语形式无论作谓语还是其他成分都没有区别的形式标志，没有本质的不同。现在一般都分别称为偏正词组、述宾词组等，不称为"谓语形式"。

【词组本位论】朱德熙提出的一种语法体系。主张在词组基础上描述汉语语法，把句子看作词组的"实现"。与传统语法的"句本位"相对。传统语法的句法结构分析以句子为基点，句子又以"主语—谓语"为模型，其他句子成分都分别属于主语和谓语的连带成分和附属成分。但是，汉语词组的构造和句子的构造有很大的一致性，例如主谓结构不但可以是句子，也可以是句子的一部分。汉语的谓语在句子的任何位置上其语法形式都没有变化，具有语法上的同一性，这与印欧语作句子的谓语有形式特征（如形态变化）不同。例如："小欣上学"可以独立为句子；"小欣上学"也可作句子的一部分，如"小欣上学的时间是早上七点"、"妈妈希望小欣上学"、"小欣上学是件好事"等等。这样就可以把词组作为句法描写的基础，把各类词组作为未进入具体句子的抽象的句法结构进行分析，把词组看作由词与词组成的，把句子看作是由抽象的词组"实现"而成的，句子是独立的词组。这种建立在词组基础上描述句法的体系具有简洁、严谨、自然的长处：它把句子分析纳入词组分析，简化了分析程序；避免了句本位在某些理论上的矛盾，例如谓词性结构无论是否在句子的谓语位置上都只看作同一的结构，不作不同的分析；这个体系同时符合汉语本身的特点。词组本位论并不企图以词组分析完全代替句子的分析。汉语词组与句子的构造原则虽很一致，但是两种语法单位不能等同，不是一切词组都能独立为句子，也不是一切句子都可以还原为词组，例如句子的语气系统就不包括在词组本位论里。

【主语】 与谓语* 有结构关系、位于谓语前面的句子成分。从表达角度看，通常被谓语所陈述、说明，一般称为"谓语的陈述对象"或"话题"、"主题"，即说话人要提到的事物或关切的对象。汉语主语本身没有特殊的形式标志。但汉语表示话题的一个突出特点是常把它放在句首。如"我喝光了桔子水"、"桔子水我喝光了"的意义大体相同，但话题一为"我"，一为"桔子水"，它们都是主语。"话题"是一个笼统、宽泛的概念。主语可以直接为谓语所陈述，表示判断、描写、叙述等，如"1989 年是中国农历蛇年"、"这条河很宽"、"时钟已敲响"；也可以跟谓语没有直接的语义联系，如："今天的午饭，咱们就在外面买两个烧饼凑和吧。""这一百里地把我的脚都跑大了。""你要的旅游鞋，几个商店我都看了。"汉语主语不仅可由体词或体词性词组充任，也可由谓词或谓词性词语充任。传统语法常把主语和动作的发出者即施事等同起来，其实主语可以表现多种语义关系。一般语法书根据主语与谓语的语义关系把主语分为不同类型，其中值得注意的有：（1）施事主语。表示谓语动词所表动作的发出者或动作者，语法上的施事主语不一定代表有生命的事物。常由体词性词语担任，是最常见的主语。如："两个小孩在玩土。""大树遮住了屋顶。""风筝飞得很高。""祖国向你们致意。"谓词性的主语如："死读书使他成了一个书呆子。""到太空旅行迷住了很多探险家。"这类句子有的可换为"把"字句，主语不变。（2）受事主语。表示动作的受动者。常表示有定的或带周遍性的事物。多出现于被动句*，谓语必须是复杂的，即不能是一个简单的动词。如："衣服被钉子挂了一下。""他被任命为驻外大使。""葡萄买来了。""你的论文我看完了。""什么东西都没看见。""谁他都不理。""哪儿都去过。"汉语的受事主语也很常见。它们不是倒装的宾语。（3）与事主语。或对象主语。表示谓语动词的"给予"意义的对象。如："每人都给一本。""那个青年我打过交道。"谓语部分也可用代词复指。如："这个人我给他打过电话。""小王我给他寄了五十元。"
(4) 工具主语。表示动作使用的工具或材料。跟（2）、（3）一样，谓语的结
构必须是复杂的。如："中草药治蛇咬伤。""金箍棒打妖怪。""大豆可以做
豆腐。""这块料子裁西服裙。""西边的礼堂放电影。"也可在谓语里用代词
复指，如："这块料子用它裁西服裙。"主语前也可加"用"，如："用这块料
子裁西服裙。"但"这块料子"不再是主语，而是"用"的宾语。（5）处所
主语和时间主语。由位于句首的处所词语和时间词语充任的主语。语法学界
对这类句首词语是否为主语有不同意见。可分两类：（a）处所词语和时间词
语是谓语直接陈述的对象。如："'八月十五'是中秋节。""'今天'又过去
了。""'昨儿'很冷。""'这儿'是我的家。""'街上'很热闹。""'屋里'
能住八个人。"一般语法书都把它们分析为主语。（b）处所词语和时间词语
不是谓语直接讨论、说明的对象，而是在语义上为谓语所表示的事件提供某
种地点或时间背景。如："'今天'有事。""'八月十五'家家吃月饼。""'三
天'看完一本书。""'前面'来了一个卖西瓜的。""'半路上'我碰见了一个
熟人。""'屋里'坐。"一种意见认为这类时地词语是状语，认为它们在意义
上是修饰谓语，并可加介词转为介词词组，如："'在屋里'坐。""'从前面'
来了一个卖西瓜的。"一种意见认为这些时地词语都表示话题，居于句首，
是主语，"今天开会"和"我们开会"有同样的反复问句形式，是同样的结
构。如："今天开不开会？""我们开不开会？"因此，"今天我们开会"和
"我们今天开会"句首词都是主语，全句都是主谓谓语句。还有一种意见认
为，如果句中另有主语，则时地词语是状语，如"今天我们开会"和"我们
今天开会"里的"今天"；如果句中另外没有主语，则句首的时地词语即可
"提升"为主语，或称"背景主语"、"假主语"，如："'屋里'坐。""'今天'
有事。"第一种意见主要从意义出发分析句法结构；第二种意见注意语法形
式，分析方法容易掌握，但用以分析的句法结构不尽符合"话题"的意旨；
第三种意见的分析太灵活，不便掌握。这个问题有待研究。（6）谓词性主
语。汉语的谓词和谓词性词组作主语时并没有标志说明它已变为体词性词
语，因此，作主语不是体词性词语的专利。谓词性主语大多出现于形容词谓

语句和"是"字句。如："去好，不去也好。""躺着看书对眼睛有害。""我们来这里一趟不容易。""吃荔枝蜜，倒是时候。""待人宽厚是他的特点。""他发脾气是冲着我。""慢一点不碍事，太快容易出事。"参看"名物化论"。由于汉语主语在表达、语法、语义几方面多有不一致处，所以缺乏较明确的含义，以至有些语法学者认为汉语的主语在语法理论上比起印欧语来并非必要的概念。

【施事主语】见"主语"。

【受事主语】见"主语"。

【与事主语】见"主语"。

【工具主语】见"主语"。

【处所主语】见"主语"。

【时间主语】见"主语"。

【谓词性主语】见"主语"。

【谓语】也有人称为"述语"。是陈述、说明主语的部分。谓语跟主语相对，在主谓词组中居主语之后。主语可以省略，余下的仍叫谓语；但根本没有主语的部分不能叫谓语，如："是谁？""有人来了。"按照谓语在句子里的作用可分为判断性谓语、描写性谓语、叙述性谓语，并相应将句子分为判断句、描写句、叙述句。但按照构成谓语的词语的语法性质分类更易有形式依据。谓语大都由各类谓词和谓词性词组充任，体词和体词性词组在一定条件下也可作谓语。根据谓语的语法性质可分为四类，其中后三种有特点。（1）动词性谓语。由单个动词、或动词带助词、或动词性词组构成。如："我'去'。""你'说'！""汽车'来了'。""你'别打扰我'。""东西'搬进来了'。""咱们'快去找老李来商量'。"还包括以"是"、"有"、"像"、"姓"、"在"等动词构成的述宾词组充任的谓语，如："小刘'是老师'。""我'有很多唱片'。"（2）形容词性谓语。汉语形容词可直接作谓语而不须用"是"联系。如："天气'好'。"性质形容词*作谓语不是很自由，往往含比较意味或肯定意味，或在回答问题时说。如："今天的天气'好'"暗示昨天的天气不好；"这个菜'咸'"暗示那个菜不咸。状态形容词*和形容词词组作谓语则很自由。如："他的身体'棒着呢'。""铁蚕豆'硬得像石头似的'。"形容词性谓语如加上"是"即成为动词性谓语，如："这菜'是咸'。"（3）体词性谓语。由名词、数量词及以它们为中心的偏正词组直接充任的谓语。如："今天'元旦'。""我'王刚'。"（自我介绍）"那孩子'坏脾气'。""她'一个儿子一个女儿'。""你们'几个人'？""他'二十岁'。""一斤'一元五'。""洗'两元'，修'五元'。"（整修手表）有的语法书也把"的"字词组充任的谓语包括在内，如："这小孩'去年生的'。""我'八点到的'。"这类谓语大都可加"是"或"有"，否定形式为"不是"或"没有"，则成为动词性谓语。体词性谓语的前面也可加上副词，如："今天'已经元旦'。""他'才二十岁'。"（4）主谓谓语。由主谓词组充任的谓语。有几种类型：（a）大主语和小主语之间常有领属关系或部分与整体的关系。如："他'记性好'。""重庆'雾多'。""十个桃子'九个烂'。"有人分析为偏正词组作主语，如把"他记性好"分析为"他的记性好"。但小主语前可以有状语，可以证明是主谓谓语句，如："他的确记性好。"（b）大主语在语义上是小谓语动词的受事。如："电影票'我买来了'。""什么事儿'她都要管'。""这个人'我从来没见过'。"（c）小主语在语义上是小谓语动词的（广义的）受事。如："我'酒不喝了'。""她'北京话说得很好'。""他'上海也去过，北京也去过'。"（b）的大主语和（c）的小主语不是倒装的宾语。（d）大主语和小主语的关系是间接的。如："这间屋子，'你用糊墙纸装饰一下墙壁'。""这支笔'我觉得写字很流畅'。"（e）大主语或小主语是时间词语或处所词语。如："三月五日，'大会正式开幕'。""如今'国家是人民当家作主'。""窗外'人声嘈杂'。""远处'山峦起伏'。"一般语法书承认这类句子为主谓词组作谓语，但对下列句子是否为主谓谓语句却持不同意见，如："今天'我们开会'。""我们'今天开会'。"实际上，以上句子的时地词语都同样是"背景主语"，应有相同的分析。（f）主语和谓语都由主谓词组充任，称为"双主谓句"。如："他管理企业'方法很好'。""小欢学外语'进步很快'。""赵良看问题'眼光敏锐'。"这类句子的大谓语前面也可加"的确"、"简直"等作状语，如："他管理企业的确方法很好。"

【形容词性谓语】见"谓语"。

【体词性谓语】见"谓语"。

【主谓谓语】见"谓语"。

【述语】①即谓语*。见于早期语法著作，如黎锦熙《新著国语文法》。②与宾语或补语相对的谓词性成分。宾语本与动词相对，补语与动词或形容词相对，有的语法书分别称为"动宾词组"、"动补词组"。但是"宾语"、"补语"是句法结构成分名称，"动词"是词类名称，二者不属同一范畴，而且补语也不仅与动词相对，所以有人改称"述宾词组"、"述补词组"。"述语"即指带宾语或补语的那个谓词。不称为"谓宾词组"和"谓补词组"，是因为从层次分析出发，谓语本身即是包括有宾语、补语在内的谓词性词组，不仅指其中的动词或形容词。但也有人认为"述语"增加了语法术语，名目繁多，建议恢复旧名，仍称"动宾词组"、"动补词组"。

【修饰语】也称"修饰成分"、"附加成分"、"附加语"，旧亦称"加语"、"加词"。偏正词组*中位于中心语*前面、对中心语起限制或描写作用的成分，在语法结构上和语义上都处于整个词组的从属地位。是定语*和状语*的统称，在行文里也可仅指定语或状语。

【附加语】即修饰语*。

【中心语】或称"中心词"、"被修饰语"。偏正词组*中位于修饰语*后面、受修饰语限制或描写的成分，在整个词组的结构上和语义上都处于中心地位，是偏正词组的核心。中心语是句法结构的概念，但在基本句子成分中没有正式名目。所谓"主语的定语"、"宾语的定语"、"谓语的状语"之类是不严格的说法。

【定语】体词性偏正词组*的修饰语。汉语定语的性质决定于以下几个方面：（1）中心语的语法性质。一般来说，定语的中心语是名词和其他体词性的词语，如"白轮船"、"早晨的公园"、"山那边'、"红的这个"、"一个练气功的"。但不限于名词类词语，如"国家的大和穷"、"质量的下降"、"表演的出色"、"扮相的漂亮"。（2）修饰语的语法性质。汉语的一切实词和各种词组都可作定语，其中名词、人称代词、数（物）量词充任的修饰语一定是定语，即使中心语是谓词，如"他的迂"、"国家的穷"、"三种漂亮"。副词不能作定语，即使中心语是体词，如"已经国庆节"、"才三天"。（3）整个偏正词组的语法功能。一般来说，中心语是体词性词语，整个偏正词组也是体词性的，但有的偏正词组凭中心语和修饰语的性质都无法确定修饰语是定语还是状语，须看整个词组的句法位置而定。如"反复 de 讨论"，如果作谓语、受副词修饰，或带宾语，则为谓词性词组，修饰语"反复"则为状语而非定语，如"我们反复地讨论住房问题。"如果这个偏正词组不作谓语，而作"进行"、"经过"等的宾语，则为体词性词组，"反复"则为定语，如"我们进行了反复的讨论。"定语在语义上对中心语而言可表示多种修饰关系，如表领属（"我的书包"）、表范围（"那所学校"、"所有的人"）、表属性（"薄书"、"红布"）、表用途（"喝酒的杯子"、"化妆的镜子"）、表动作与动作者的关系（"指导的学生"、"刚来的人"）、表描写（"高高兴兴的样子"）等。总括起来大致有两大类：（1）限制性定语。对中心语的属性、性质、范围、领属关系等加以限制，有区别或分类作用。如"我的车"区别于"别人的车"，"新书"区别于"旧书"。这类定语常由代词、名词、数量词、动词、性质形容词充任。（2）描写性定语。对中心语的状态作出描写，不具区别作用。如"红红的脸儿"不与"白白的脸儿"相区别，"高高兴兴的样子"不与"不高兴的样子"相区别。这类定语多由状态形容词充任。有定语的形式但实际上对中心语无修饰作用的词语，叫准定语*。参看"偏正词组"。

【准定语】有定语的形式，即处于定语位置、常带"的"，但跟中心语没有一般修饰语和被修饰关系的词语。常见的有以下几种：（1）"帮'我的'忙"、"请'他的'客"、"打'别人的'算盘"、"挑'谁的'眼儿"、"开'谁的'玩笑"、"造'你的'谣言"、"拆'人家的'台"等。述宾式词语"帮忙"、"请客"、"挑眼儿"等带宾语即构成双宾语，如"请他客"、"帮他忙"；在间接宾语后加"的"便使间接宾语成为准定语，如："今天你得请'他的'客。"这种准定语在语义上是动词"请"的受事。赵元任称为"领格宾语"。（2）"今天开会'老吴的'主席"、"旅游团十人，'小高的'导游"等。修饰语在语义上表示某一事物（人物）在某方面的作用，整个偏正词组可转换为主谓词组，如"主席是老吴"、"导游是小高"等。（3）"'谁买的'票"、"'我开的'灯"等。与（2）类相近，但定语是主谓词组带"的"，也可换为"票是谁买的"、"灯是我开的"等。（4）"'他的'舞跳得很好"、"'小姚的'普通话讲得不错"等。去掉定语后的"的"，全句就成为主谓谓语句"他舞跳得很好"、"小姚普通话讲得不错"等。有的语法书把以上准定语形式称为"'的'的特殊用法"。

【状语】谓词性偏正词组的修饰语。与中心语相对，位于中心语前面。状语的性质决定于以下条件：（1）中心语的语法性质。一般地说，状语的中心语是谓词性词语，即动词、形容词、谓词性代词和以它们为中心的词组。如"悄悄说"、"不会"、"太甜"、"真难看"、"不怎么样"、"更加长高了"、"经常打电话"、"大概心情不好"。既能修饰体词性词语又能修饰谓词性词语的修饰语，根据中心语性质可以决定是定语还是状语，如"花儿似的好看"、"花儿似的容貌"，前一"花儿似的"为状语，后面的为定语。下面的例子也一样："说说笑笑地走了"和"说说笑笑的样子"、"手牵手地出去了"和"手牵手的姿态"。（2）状语的语法性质。形容词、副词、介词词组、代词"怎么"和"怎样"等可作状语。有的语法书认为时间词、处所词、数（动）量词也能作状语。副词和状态形容词作状语最自由，其中副词作修饰语必是状语，即使中心语是体词性词语，如"就两支笔"、"已经八点钟"、"尽馒头"、"光学生"。（3）整个偏正词组的语法性质。一般地说，符合（1）、（2）所说条件的修饰语，它所在的偏正词组就是谓词性的，但是有的偏正词组仅就本身而论无法判断其语法性质，也即不能确定其修饰语的性质。如"认真讨论"、"仔细研究"，作"进行"、"给予"、"加以"等的宾语时，该词组是体词性的，其中修饰语为定语；作谓语、或受副词修饰、或带宾语时，该词组则是谓词性的，如"我们认真讨论了你的建议"、"曾经认真讨论"，此时，"认真"是状语。状语在语义上大都说明中心语所表动作行为或性质状态的方式、程度、范围、时间、处所、肯定、否定、有关事物（由介词引进）等，不能尽列。各语法书对状语所划范围多不一致，有把下列成分划为状语的：（1）补语*。称"后置的状语"。根据修饰作用相近立论，但二者语法形式很不相同。（2）动词前的助动词＊。（3）某些一般称为"插说"＊或"独立成分"的词语，如"首先"、"最后"、"同样"、"此外"、"特别是"、"据说"、"看起来"、"老实说"等。（4）连谓词组＊的前项，如"'坐着'说"。状语的位置较其他句子成分灵活自由，可以从它直接修饰的中心语提前到句首，如"他忽然回来了"也可说"忽然他回来了"。此时，原来的主谓结构成为偏正结构，"忽然"在结构上是"他回来了"的状语。参看"偏正词组"。

【补语】述补词组＊里述语后面的谓词性成分。在语义上并不限于补充说明述语，还可以与别的成分有语义关系。如："他长胖了"，补语"胖"指向施事主语"他"；"放大了照片"，补语"大"指向受事宾语"照片"；"风景美极了"，补语"极"指向述语"美"。因此，补语不受与述语的语义搭配的限制，可以与述语自由组合，不但可以说"写完"、"写好"，而且可以说"写活"、"写死"（"把那位作家写死了"）、"写得很痛快"等等。根据结构和意义上的特点，一般语法书大体上把补语分为以下几类：（1）结果补语。表示述语动词的动作导致的结果。多与述语直接黏合，有的语法书称为"动结式动词"；也有与带"得"的述语组合的，如"晒干"、"拧紧"、"打跑"、"花光"、"花得精光"、"（把罪犯）追得无处藏身"、"（把大家）逗得大笑"。（2）程度补语。说明述语所表性质或动作的程度。如"好极了"、"暖和多了"、"薄得像纱"、"恨透了"、"想念得很"、"走得更快"、"记得不太清楚"。（3）趋向补语。表示动作行为的趋向，也表示抽象的引申义。由趋向动词＊充任，直接与述语结合。如"拿来"、"领去"、"升起"、"提上"、"放下"、"带回"、"走过"、"热起来"、"冷下去"、"唱起来"、"说下去"。因与述语间结构紧凑，也有人称为"动趋式动词"。（4）数量补语。也有人分析为宾语。由数量词充任的表示动量和时量的补语。如"敲一下"、"去一次"、"学三年"、"走一天"。也有人把形容词述语后的表物量的数量词分析为补语，如"长五尺"、"高半头"。参看"准宾语"。（5）可能补语。有两种形式：（a）述语和补语之间有助词"得"或"不"。表示动作行为取得结果或实现某种趋向的可能性。如"作得好"、"作不好"、"学得会"、"学不会"、"拿得出来"、"拿不出来"。"得"、"不"分别表示可能补语的肯定形式和否定形式，但它们本身既非述语的后置成分，也非补语。也有人分析为中缀。这个"得"不同于状态补语、程度补语等的述语的后置成分"得"。（b）述语后面带"得"、"不得"作补语。如"吃得"、"吃不得"、"看得"、"看不得"。"得"是动词，不同于其他述补词组中的助词"得"。可以把"吃得"、"看得"看作"吃得得"、"看得得"的另一形式，"吃（得）得"与"吃不得"正好跟（a）式"吃得完"、"吃不完"相配。可能补语的结构一般都比较简单，由动词（含趋向动词）和形容词充任。（6）状态补语。述语都带后置成分"得"。补语的结构可简单也可复杂，如"写得好"、"说得清楚"、"幻想得太天真"、"冷得全身发抖"、"脸蛋长得圆圆的"。简单的状态补语形式上与可能补语一样，如"写得好"表可能意义时是指"能写好"；表状态时指"写得不错"。可能补语可用"x 得 y，x 不 y"的方式提问，如"写得好写不好?"状态补语用"x 得怎么样"方式提问，如"写得怎么样?"否定式不是"x 不 y"，而是"x 得不 y"，如"写得不好"。除表趋向、可能的述补词组有较明显的外在形式以外，其他的述补词组常不能有清晰的界限，须在上下文里区别补语属何种性质。

【结果补语】见"补语"。

【程度补语】见"补语"。

【趋向补语】见"补语"。

【数量补语】见"补语"。

【可能补语】见"补语"。

【状态补语】见"补语"。

【补足语】早期语法著作中的术语。见于黎锦熙《新著国语文法》。不同于补语。相当于现在多种语法成分。分为两类：（1）主语补足语。（a）"是"、"像"、"有"一类动词的连带成分。如"我是'学生'。""他更像'工人'。""书有'重量'。"（b）不及物动词的连带成分。如："人民变了'主人'。""他成了'学者'。"（2）宾语补足语。（a）兼语式里"兼语"的谓语。如"主人让客人'坐'。""工人请我'报告'。""我爱他们'诚实'。"（b）兼语式里"兼语"的补足语。如："工人推举他作'代表'。"（1）类补足语相当于宾语，（2）类补足语为兼语词组后面部分的体词或谓词。

【宾语】述宾词组*中述语后面的句子成分。语义上多表示受动作行为支配的或有关的事物。宾语与述语相对，而不与主语相对。有些主语能跟宾语互相转换，如"人来了"和"来了人"、"茶沏好了"和"沏好了茶"、"一锅饭吃三十个人"和"三十个人吃一锅饭"，但宾语和主语的句法位置却不在同一平面上。宾语是语法结构的概念，不同于语义概念。宾语常表示受事，但不限于表示受事。不能把在不同句法位置上的受事词语都当作宾语。一般地说，宾语在述语后面，除易位句*以外。原来充任宾语的词语如果移位到述语前就不是宾语了。如"不用火柴了"，"火柴"是宾语；"火柴不用了"，"火柴"则是主语；"把火柴弄熄"的"火柴"是"把"的宾语，不是"弄熄"的宾语。"哪儿都去过"、"什么都不知道"、"谁（他）都不认识"的"哪儿"、"什么"、"谁"同理也不是宾语。不过有的语法书仍将其作为宾语看待。宾语可有不同分类。根据充任宾语的词语的语法性质，宾语可分两种：（1）体词性宾语。大多数宾语都属此类。（2）谓词性宾语。由谓词性词语充任。述语是谓宾动词*，如"喜欢'看电视'"、"打算'回家'"、"准备'开工厂'"、"能'打开'"、"决定'每人出十元钱'"、"同意'立刻办理'"。根据同一述语所带宾语的数目，可分单宾语和双宾语*。根据宾语或述语的某些特点，可分真宾语和准宾语*。宾语所表示的语义关系远非受事一项，难以列举。同一动词有不同的宾语，即可能有不同的语义关系。这说明汉语的宾语有广泛的表达作用。一般语法书根据语义关系把宾语主要分为以下几类，其中有的具备一定语法特征：（1）受事宾语。表示直接受述语所表动作行为支配、涉及的事物。是最常见的宾语。如"喝水"、"领工资"、"安排工作"、"修汽车"、"切菜"。一般可以用"把"将充任宾语的词语提到述语前面去，但此时不再是原述语的宾语而是"把"的宾语。也可以直接转换为受事主语，如"水喝了"。（2）施事宾语。表示动作行为的发出者、行动者。如"楼下坐着一个怪老头"、"对面来了一个人"、"跑了一个犯人"、"死了一只羊"。施事宾语常是不定指的，用数量词而不用指量词作定语，不说"来了这个人"。又如"一锅饭吃三十个人"、"北屋住人"、"便道走行人"的动词有"供……作什么"的意思，其宾语不是动作行为的主动者，但可看作广义的施事宾语。（3）与事宾语。或叫"对象宾语"。表示动作行为为（对；向）之发出的对象。可用介词"为"、"对"、"给"、"向"、"与"等将与事宾语提到述语前面。如"帮助他"、"送他（一本书）"、"托他（一件事）"、"感谢他"等。（4）工具宾语。表示动作行为凭借或使用的工具或材料。可用"用"把表示工具的词语提到述语之前。如"吃大碗"、"捆绳子"、"打棍子"、"涂颜色"、"洗冷水"。（5）结果宾语。表示动作行为产生的结果。动词可带"成"作补语。如"写文章"、"造飞机"、"盖房子"、"养成良好习惯"、"培养成学者"。（6）存现宾语。表示存在、出现和消失的事物。施事宾语多属此类，也有其他宾语，如"长着杂草"、"挂着照片"、"流出了眼泪"、"冒出特大新闻"、"传来喜讯"、"出了麻疹"、"丢了钱包"。（7）处所宾语。表示行为动作的位置或去向。多由处所词语充当。如"吃馆子"、"住旅馆"、"睡小床"、"飞北京"。但是，"开馆子"、"修旅馆"不是处所宾语。述语常为趋向动词或带趋向补语的动词，以及"在"、"到"等动词。如"去海南"、"过黄河"、"回四川"、"送回学校"。"加入"、"参加"、"退出"等动词后面也是广义的处所宾语，如"参加组织"、"退出会议"。"走向世界"、"放到桌上"、"留在家里"有两种分析，一种是把"走向"、"放到"、"留在"看作述补词组，后面是处所宾语；另一种分析为动词"走"、"放"、"留"后面带介词词组作补语。参看"述补词组"。（8）时间宾语。表示时点的时间宾语，如"在五点钟"、"到了元旦"。"等到星期天"、"玩到晚上"也有两种分析，或认为述补词组带时间宾语，或认为述语带介词词组充任的补语。表示时量的时间宾语，如"守了两夜"、"熬了一天"，有的语法书也认为是补语。参看"准宾语"。（9）判断宾语。或称"等同宾语"。表示跟主语有等同关系或类属关系的宾语。述语主要为"是"、"等于"、"当"、"担任"等。如"小健是中学生"、"白不等于不黑"。（10）虚指宾语。没有实指对象的宾语。用代词充任，如："闹什么？""好什么！（一点也不好。）"也可表示不定指的事物，如："（你）买点什么？"双宾语的间接宾语也有虚指的，如"走他一趟"、"喝他一杯"。又如："你看你的，（别理他）。"宾语也不限于代词，如

"喝他娘一杯"、"去你奶奶的"。从语义来给宾语分类，伸缩性很大，类别差异很大。仅此可见，汉语宾语的含义和范围很复杂。语法学着重研究的是发现不同类型的宾语的语法特征，以及带不同宾语的动词的语法特征。

【施事宾语】见"宾语"。

【受事宾语】见"宾语"。

【与事宾语】见"宾语"。

【工具宾语】见"宾语"。

【结果宾语】见"宾语"。

【处所宾语】见"宾语"。

【时间宾语】见"宾语"、"准宾语"。

【存现宾语】见"宾语"。

【判断宾语】见"宾语"。

【虚指宾语】见"宾语"。

【准宾语】也称"自身宾语"、"数量宾语"。表示动作自身的动量、时量或幅度等的宾语。主要有以下几类：（1）表示动作的次数。如"来一趟"、"打一顿"、"看一遍"、"想一想"、"找一找"、"问一问"、"叫一声"、"看一眼"、"踢一脚"。此类宾语由数（动）量词充任。（2）表示动作延续的时间。如"哭了半天"、"睡一会儿"、"找了一阵"、"去多久"。（3）表示变化的幅度。如"小了一点儿"、"长了三尺"、"好一点"、"高多少"。这几类宾语的述语可以是及物动词，如"打"、"找"，也可以是不及物动词和形容词，因此与一般宾语不同，称为准宾语。准宾语在语法功能上和及物动词所带的真宾语有共同之处，它们的句法位置和变化都一样，例如（1）"吃一个"、"去一趟"、"住一天"；（2）"吃了一个"、"去了一趟"、"住了一天"；（3）"吃他一个"、"去他一趟"、"住他一天"；（4）"吃一个梨"、"去一趟成都"、"住一天旅馆"；（5）"吃了一个又一个"、"去了一趟又一趟"、"住了一天又一天"；（6）"一个梨也没吃"、"一趟成都也没去"、"一天旅馆也没住"。有的语法书把它们分析为补语，但它们跟补语的语法性质并不相近。有的语法书所指的准宾语包括所有不及物动词和形容词充任述语所带的宾语，如存现宾语

（"来了客人"）、处所宾语（"飞昆明"）以及"红了脸"、"横着心"之类。

【谓词性宾语】见"宾语"。

【双宾语】同一述语后面所带的两个宾语的结构。分两种类型：（1）两个真宾语构成的双宾语。（a）述语动词有"获取"的意义，如"收"、"赚"、"赢"、"占"、"抢"、"借"、"拿"、"分"、"麻烦"；或有"给与"的意义，如"送"、"教"、"赏"、"还"、"托"、"寄"、"卖"、"输"、"交"。例如："借图书馆三本书"、"买他一个旧钟"、"偷人家一部自行车"、"告诉你一个秘密"、"教孩子一门手艺"、"问老师一个问题"。靠近述语的叫"近宾语"或"间接宾语"，多指人，但也可指物；离述语远的叫"远宾语"或"直接宾语"，多指物，但也可指人，如"交给他一个孩子"，也可指事，由谓词性词语充任，如"教他怎么打太极拳"、"问老师我能不能去"。表示"给与"对象的近宾语和远宾语都可单独与述语结合，如"教孩子"、"教一门手艺"、"问老师"、"问我能不能去"。表示"获取"对象的近宾语一般不能单独与述语结合，但远宾语可以，如可说"借三本书"，但不说"借图书馆"；可说"买一个旧钟"，但不说"买他"。（b）"叫"、"称""封"、"骂"、"当"等动词所带的双宾语，二者指同一事（人）物。如"封他七品官"、"叫他蓝贵龙"、"称他们英雄好汉"。近宾语多为人称代词。（2）由真宾语和准宾语*组成的双宾语。真宾语指人或事物，准宾语表示动量、时量或变化幅度。如"敲一下桌子"、"睡一会儿午觉"、"洗一洗衣服"。真宾语指人时，常作近宾语，如"叫老李一下"、"等弟弟一会儿"、"弟弟高妹妹三公分"。一般语法书都承认（1）是双宾语结构，但对（2）有不同的分析，有人也认为（2）是述语带补语和宾语，或是述语带宾语和补语。双宾语跟单宾语和兼语词组的界限也不易划清。如"睡一会儿午觉"和"当了三天好媳妇"里的"一会儿"和"三天"是近宾语还是定语，"教他怎样打太极拳"是述语带双宾语还是兼语词组，都有不同的分析。近宾语和远宾语各自与述语发生结构关系，但它们彼此没有结构关系。有的语法学者认为，可以理解为"'述语＋近宾语'＋远宾语"。

【宾踞句首】见"倒装句"。

【反主为宾】见"倒装句"。

【句型】也叫"句式"、"句模"。句子结构的模式。在句法结构*的基础上对语言里可能出现的句子模型加以归纳而成，多为基本句法结构的交错、变化模式，远比基本句法结构丰富和复杂，有的还综合了语气、语义等因素。句型的分类有很大的相对性和灵活性，根据不同的目的和标准，可归纳出层次不同、种类不同、数目不同的句型，因此不必要求有一致的标准句型。一般语法著作多从不同层次分类，通常分为：（1）单句和复句。（2）单句多根据主语的有无分为主谓句和非主谓句；复句又分为联合复句和主从复句两大类。（3）主谓句又根据谓语的性质分为名词谓语句、形容词谓语句、动词谓语句、主谓谓语句等；非主谓句又分无主句、名词句等。（4）动词谓语句又分为"把"字句、"被"字句、存在句、连谓句、兼语句等。句型的特征与动词的分类有密切的关系，因此句型多依作谓语的动词的性质而分。有的语法书的句型也包括依语气而分的句类*。

【句类】狭义的句类指按表达功能划分的句子种类，即陈述句*、疑问句*、祈使句*、感叹句*等。广义的句类指按不同标准划分的句子类别，包括句型*和按在语流中出现的位置而分的类别。参看"句型"、"始发句"、"后续句"等。

【小句】指主谓词组*。尤指不独立成句的主谓词组。刘复《中国文法讲话》："每一小句的职务，相当于大句中的一个词。"现在的汉语语法著作仍在使用此术语，如将主谓谓语句称为"小句谓语句"。有的学者扩大了"小句"的范围，包括成句的动词性词组和名词性词组，如："快来!""一个脚印!"

【子句】早期语法著作的术语。是属于包孕句*的概念。指作句子成分的主谓词组，与作分句*的或独立成句的主谓词组不同。参看"包孕句"。

【母句】早期语法著作的术语。是属于包孕句*的概念。指内部有主谓词组充任句子成分的句子。即包孕句除去子句*的部分。参看"包孕句"。

【零句】Minor sentence 的译名。见于赵元任《汉语口语语法》（《中国话的文法》吕叔湘中译本）。即非主谓句。与整句*相对。"零"是畸零、零碎的意思。包括谓词性词组、体词性词组、叹词充任的句子。如："有人。"

"想起来了。""走吧。""三点钟。""李先生。""啊!"赵元任认为"零句是根本",在日常对话中是常见的句型;整句都由零句组成,零句各式各样,所以整句的主语和谓语的结构形式也多种多样。

【整句】又称"完全句"。即主谓句。Full sentence 的译名。与零句*相对。赵元任《汉语口语语法》称整句是连续话语中最常见的句型。参看"零句"。

【包孕句】又称"子母句"。早期语法著作认为主谓词组就是句子,因此把含有主谓词组作句子成分的句子称为包孕句,并看作复句中的一种。黎锦熙《新著国语文法》:"两个以上的单句,只是一个'母句'包孕着其余的'子句',这种复句,叫'包孕句',又名'子母句'。被包孕的'子句',只当母句里边的一个'词'看待。"例如:(a)"'他不来'是一件怪事。"(b)"我不知道'他往哪里去了'。"(c)"'品质优良'的学生很不少。"以上各是一个包孕句。(a)的主语、(b)的宾语、(c)的定语都是子句。(d)"三个人'你一句,我一句'说个不停。"(d)的状语是个子句。(a)、(b)的子句用作名词,称"名词句";(c)的子句用作形容词,称"形容句";(d)的子句用作副词,称"副词句"。这种处理是受英语语法的影响。别的学者则不把包孕句划为复句,如吕叔湘《中国文法要略》称其为"繁句"(即结构复杂的单句)的一种,既不同于简句(只有一个主谓词组),也不同于"复句"(有两个或两个以上的主谓词组,但中间有停顿者)。

【独词句】指由一个叹词或一个名词或一个名词性偏正词组构成的句子。为单部句*的一类。如:"票!""老师!""唉!""嗨!""一瓶葡萄酒。""大兴安岭的早晨。"为《暂拟汉语教学语法系统》中的术语,现已不常使用。这类句型一般归入非主谓句。

【无主句】单部句*的一类。指动词或动词性词组或形容词构成的句子。如:(a)"下雨了。""开会了。""可以。""不准喧哗。""快!""好。"(b)"家里来了客人。""今天刮大风。"这类句子好像主谓句的谓语部分,但又不能补出确切的主语来,所以称为"无主句",而不是省去主语的简略句。现在一般把(a)类归入非主谓句*,把(b)类归为由时间词、处所词作主语的主谓句*。

【单部句】即一般所说的非主谓句*。由相当于谓语的部分或不能断定是主语还是谓语的部分构成的句子，包括无主句*、独词句*。

【双部句】指有主语和谓语两部分的句子，包括省略了主语或谓语的句子。如："那火接近了，（那火）果然是渔火。"前后两句都是双部句。又如："你有几个苹果?""（我有）三个（苹果）。"现在一般称为主谓句。

【主谓句】由一个主谓词组独立形成的句子。如："你会开车吗?""他得到了奖赏。""到泰山看日出很有意思。"在没有上下文的情况下，主谓句是最完全的句子。主谓句的谓语是表示句子述谓性的主要部分，也是句子结构变化最多的部分。因此，语法学常根据谓语的性质给主谓句分出下列句型："动词谓语句"、"名词谓语句"、"形容词谓语句"、"主谓谓语句"。

【非主谓句】由主谓词组以外的词组或单个的词构成的句子。如："飞机!""星期三。""哎!""上课了。""有人来了。""是谁把我的笔弄坏了?"有的句子能确切补出主语或谓语，不是非主谓句，如："（我）马上就来。""我（马上就来）。"也有人把时间词、处所词居句首的句子列为非主谓句，如"午后走了一批客人"、"台上坐着主席团"。

【"把"字句】也称"'把'字结构"、"把字式"、"处置式"。以"把"（书面语也用"将"）构成的介词词组作状语与中心语构成的句法结构。如"把毛巾拧干"、"把汗擦擦"、"把头一抬"、"把水喝了"、"把拳头敲了敲桌子"、"把苹果去了皮儿"。"'把'字句"是习惯称呼，实际上不仅可单独成句，也可作句子成分，如"把小说看完的时候"、"主张把房子卖掉"。一般把有主语的"把"字句也称为"把"字句。"把"字句的特点是：（1）语法形式方面，作中心语的动词不是简单形式，须带补语或宾语，或状语，或动词重叠，或带"了"、"着"，至少是一个述补式复合词。（2）语义上，动词常表示"处置"、"作为"；"把"的宾语大多是动词的受事，并通常是已知的、确定的。有的句子里"把"的宾语是动词的施事，如"别把小猪跑了"、"把她哭坏了"、"把我冷得发抖"，动词常为不及物性，或是形容词，并且不表示有意"处置"。但（1）、（2）两个特点仅就一般"把"字句而言。研究表明："把"字句的类型多样，关于"把"的宾语是否都是有定的、动词是否都表示"处置"，还有不同意见。口语中一些"把"字句还不能用一般特点来概括，如"桑葚把孩子的舌头都吃紫了"、"这一百里路把我的脚都跑大了"。通常认为"把"字句和"被"字句*有转换关系。"把"字句（"把"的宾语非代词者）与受事主语句关系密切，去掉"把"字以后，后面的结构仍能独立，如"把衣服洗干净了"——"衣服洗干净了"。

【"被"字句】主语表示动作受事，谓语动词前有介词"被"引出施事的句法结构。如："自行车被他骑走了。""饭被小妹煮焦了。""被"字句的谓语不能是一个简单的动词，常带补语，或带"了"，也可带宾语。"被"的宾语也可以是无定的，如："自行车被谁骑走了。""书被人偷了。""被"的宾语甚至可以不出现，如："书被偷了。""房屋被烧了。"汉语受事主语句也常不用"被"，口语常说："饭煮焦了。""菜买回来了。""墨水用完了。"在易引起误解时才用"被"，如："他被打了。""学生被召集去了。"口语里常用"叫"或"让"代替"被"，如："闹钟叫小孩儿弄坏了。"还可以在动词前加"给"，如："闹钟叫（让）小孩儿给弄坏了。"书面语还有"被……所……"式，如："这意见被全体与会者所采纳。""被"字句的谓语动词如另有受事宾语，则与全句主语有领属关系，如："他被小刀划破了手指。""头发被人家剪了一绺。"汉语"被"字句对主语说来多少有不如意或遭受不幸的意味，不过书面语没有这个限制，如："他被选为先进代表。""被"字句和"把"字句的主语和介词宾语的语义关系正好相反，两种句式有变换关系。

【被动句】主语表示受事，谓语表示被动意义的句子。汉语的被动句有的有语法标志，即"被"字句*；有的没有标志，只是语义上的被动句，形式上与一般主动句基本没有区别，即受事主语句，只是其谓语不能是一个单独的动词，如："大家的名字写在这儿。""东西搬走了。""鸡吃了，鱼也吃了。"不能说："名字写。""东西搬。""鱼吃。"所以，汉语没有完全不同于主动句形式的严格的被动句。有的学者进一步认为不是任何受事主语句都是被动句，被动句应是叙述性的；有的句子的谓语是描写性的，被动语气很弱，不应划为被动句，如："字写得很好。""老百姓的话都听不懂。""话说得倒好听。"参看"'被'字句"。

【"比"字句】也称"比较句"。以介词"比"组成的介词词组作状语与中心语组成的句法结构。谓语一般是形容词性的,"比"字前后有两项相比的成分,语义上常常相配,能直接相比较。如:"北方比南方冷。""站着比坐着舒服。""我的年纪比他的年纪大。""我找他比你找他方便。"但有时"比"字前后两项在语义上不相配,如:"我(的)年纪比他大。""我找他比你方便。""你比以前胖了。"一种解释是:"比"字前后两项在结构和语义上都相配的是完全式,不相配的是简略式,简略式是完全式省略某成分而来。简略式比完全式更常见,完全式甚至不见于口语。另一种解释是:所谓简略式不是由完全式省略而来,而是主谓谓语句,如:"我啊,年纪比他大。"在语义上不是"我年纪"与"他"相比,而是"我"和"他"比,因"我年纪比他大"可变换为"年纪我比他大"、"我比他年纪大"。有的句子有歧义,如"我孩子比他大",可解释为"我的孩子"与"他的孩子"相比,也可解释为"我的孩子"与"他"相比。这是通过变换分析说明句法结构与语义表面上不协调实际上协调的一例。但另外一些"比"字句尚不能用同样方法分析,如:"你比以前胖了。"

【"是"字句】由动词"是"与其宾语组成述宾结构作谓语的句子。"是"带体词性宾语时表示判断、分类、存在、联系等意义;带谓词性宾语时表示强调、对比、让步等。如:(1)"走在前头的是小陈。""水是凉的。""杜甫是一位诗人。""路旁是梧桐树。""他是黑龙江,她是云南。"(2)"张三是找李四。""他是老实,不是笨。""好是好(太贵了)。""是"字句也可以没有主语,如:"是张三找李四,不是李四找张三。"有的语法书把(1)类的"是"字后面的部分称为"表语",有的称"判断宾语";有的将"是"和后面的体词性成分称为"判断合成谓语",现大都分析为述宾词组。有些语法书把(2)类句里的"是"分析为表强调的副词,理由是:"是"不应带谓词性词语,"是"可读重音,与(1)的"是"读轻声不同。实际上(1)和(2)的"是"都可重读,可轻读,随是否强调而定。如果承认"是"既可带体词性宾语,又可带谓词性宾语,则可作统一分析。吕叔湘认为可以把

"是"后面的部分称为谓语，把"是"称为"前谓语"，即把"是"作为谓语的非主要的部分看待。

【存在句】句首有处所词语、谓语动词表示"存在"意义、宾语表示存在的事物的句子。例如：（1）"黑板上有字。""窗外是一棵大树。""地上横着一根木头。""教室里放着一排排课桌。"（2）"隔壁住着一位老人。""车上坐着很多乘客。"（2）类句子的宾语表示施事，不同于（1）类句。有的语法书认为还包括句首有时间词语的句子。例如：（3）"从前有个故事。""古代曾经有过一个勇士。"存在句除句型特点外，动词还表静止状态义，常带"了"或"着"；宾语常常是无定的，常带不定数量词；宾语可以是施事宾语，也可以是非施事宾语。有的语法书认为这种句型不仅表静态，还可表动态，如："地上滚动着铁环。""井上转动着大辘轳。"

【隐现句】句首有处所词语、谓语动词表示"出现"或"消失"的意义、宾语表示出现或消失的事物的句子。如："屏幕上现出了播音员的图像。""地里长出了麦苗。""门口驶过一辆红色轿车。""院子里丢了一只鸡。"动词常带"了"或"过"，或有趋向补语。一般主谓句虽有"出现"或"消失"意义，也不是隐现句。如："她去年生了个孩子。""小敏丢了一只鞋。"隐现句和存在句的句型结构相似，也合称为"存现句"。

【易位句】又叫"倒装句"、"变式句"、"变次句"。指改变句子成分的正常位置但不改变结构关系和语义关系的句子。通常出现于口语，有不同于原句的修辞效果。分为几种类型：（1）主谓易位。如："走了吗，你哥哥？"（2）述宾易位。如："啤酒吧，喝点儿。"（3）述补易位。如："吓死人了，说得！"（4）偏正易位。如："你们来了，都？"（5）复杂谓语易位。如："咱们走吧，吃晚饭了。""快走，叫他。"易位句的特点是：（1）语义重心在前置部分。后移部分是语义上非强调所在，往往有把前置部分说完后又追补的意味，所以有人也把这种句型叫"追加"。（2）语句重音在前置部分，后移部分轻读。快说时两部分之间没有停顿，慢说时可停顿。（3）句末语气词一定在前移部分。（4）前后两部分位置可还原，还原后意思不变。（2）、（3）两个特点使易位句有别于其他同形式的结构。例如："我看过了，这电影。"

它有（2）、（3）的特点，是"这电影我看过了"的易位句；语音上不具特点时，是一般主谓句，如："我看过了这电影。"易位句属句子平面，只单独成句，不作句子成分。关于下列句子是否为易位句，有不同意见。"他走过来，悄悄地，慢慢地。""河边上有许多好看的石子儿，红的，黄的，白的。"有人说这是书面语的欧化句式，有人说是修饰语后置的易位句。

【倒装句】狭义的倒装句即易位句*。早期传统语法所谓的倒装句范围很宽，在语法学里涉及析句原则并曾引起讨论的是所谓"宾踞句首"、"反主为宾"的倒装句。这种倒装句理论根据语义关系决定主语和宾语，把施事视为主语，受事视为宾语。正常次序的句子（或称"顺装句"、"常式句"）是主语（施事）在谓语动词前，宾语（受事）在谓语动词后；如果位置颠倒，就是倒装句，或叫"变式句"、"变次句"。例如：（a）"刮'风'了。""前面来了一个'和尚'。""午后走了一帮'客人'。"（b）"我把一本'书'送给张先生。"（c）"'车'他骑走了。""'这个意思'我懂。"（a）就是倒主为宾的倒装句；（b）、（c）就是宾语倒装句，其中（c）的宾语占据了主语的位置即句首，称为"宾踞句首"。这种句法观把大量符合汉语句法规则的常见句看作非正常句，在理论上和实际分析中都遇到了困难。例如"眼睛快要闭上了"，很难用施事或受事的观念规定"眼睛"是主语还是宾语，也就难以说明这是常式句还是变式句。这种句法观也无法解释被动句主语的存在。如"德国（被盟国）打败了"，"德国"却不是宾语。又如"这个意思我懂"是"宾踞句首"，但"这个意思我懂，你也懂，只有他不懂"中，"这个意思"以下的词语都说明"这个意思"，只得变通地说"这个意思"由宾语变为主语。语法学界经过关于汉语主宾语问题的讨论（1955—1956）之后，认为倒装句的含义和范围应予修改，提出：（1）语义关系和结构关系的概念不同，而且很多句子的主语、宾语都不能仅以施事、受事说明；（2）真正的倒装句应该无条件地还原为常式句，凡结构上不能无条件地还原，或虽能还原但句义有变化的，不是倒装句；（3）倒装句有一定的形式标志。但是，下列句子的类型现在仍有人分析为倒装句，如"我'哪儿'都去过"、"'什么'他都不知道"、"我'上海'也到过，'天津'也到过"。这类句子被分析为"宾语提前"。参看"易位句"。

【复指】两个成分（词或词组）语义上指同一事物的格式，语法上有某些特点。分两种：（1）相连的复指。两个成分组成复指词组，即通常说的"同位词组"*。如"国庆节那天"、"科学家竺可桢"、"科学与反科学两种势力"。（2）不相连的复指。如："世界冠军，这是多么崇高的荣誉！""你的孩子，你把他也带来了吧？"以句中代词复指句首成分，为"称代复指"。又如："这儿的楼房有的是宿舍，有的是办公楼。""两座大山，一座叫做太行山，一座叫做王屋山。"前者以两个"有的"分别复指"这儿的楼房"，后者以两个"一座"复指"两座大山"，为"总分复指"。现在一些语法著作中的所谓"复指"不包括（2）的情况，而把整句话析为主谓谓语句。参看"同位词组"、"外位语"。

【外位语】或称"外位成分"。有的语法书把不连续的复指*中处于结构以外的成分叫"外位语"。如"护理病人，这是她的职责"，"护理病人"与"这"形成复指。"护理病人"在结构以外，叫"外位语"；"这"在结构以内，称为"本位语"。本位语不一定靠近外位语，如："我那本书，你把它看完了吗？""它"是"我那本书"的本位语。现在一般不用"外位语"的概念，以上句子的外位语在结构上一般分析为主谓谓语句的主语；或只在语义上称为复指成分。

【独立成分】也称"独立语"。不与句子里别的成分有结构关系但又不独立成句的成分。即"插说"。有的语法著作也把单个名词、叹词、象声词构成的句子看作独立成分，叫做"称呼语"、"感叹语"、"象声语"，如："妈妈！""喂！""叮当！"

【插说】也叫"插入语"、"独立成分"。插在句中而不与其他句子成分有结构上的关系、位置较自由的语言成分，可以是词，也可以是词组；前后可以停顿，也可以没有停顿；语调常低而快；语义上常带评注、推测、招呼等意味。如："这天色'看起来'要晴了。""他的责任心，'老实说'是不强的。""这布'摸起来'挺厚实。""他'不知道'上哪儿去了。""他们一不小心，'阿呀，阿弥陀佛'，她就一头撞在香案角上。"常作插说的有"老实说"、"不瞒你说"、"俗话说"、"我以为"、"看起来"、"请看"、"你听听"、"好家伙"、"老天爷"等。有的语法著作把在语义上跟前后联接不紧、不便于分析的词组都称为插说，如："几十斤重的煤气罐，'我使了把劲儿'，从一楼搬上了四楼。"不少插说是在独立成分与半独立成分之间。插说的内容和范围还有待研究。

【始发句】也叫"发端句"、"先行句"。指在一组句子里首先说出的句子。与后续句*相对。不是把句子作为孤立的语法单位而是作为更大的句群中的一个语法单位而提出的概念，是根据句子的位置或功能所分的类别。始发句常常不省略主语。它可以是自足的，也可以不是自足的，例如："她和我握过手，（坐在炕沿上。）""你要走，（你就走。）""你已经写完了，（我还没写完呢。）"提问句是始发句的一种。

【后续句】根据句子在一组句子里的功能或位置所分的类别之一。与始发句*相对。始发句之后都是后续句。对答句是后续句的一种。可以是自足的，也可以是不自足的。常有"从而"、"因此"、"才能"、"就"、"而且"等关联词语；后续句不但承上，有时后面可能还有后续句，如："（他们在韩老家吃过了饭，）又看了电视，才道别回家。"

【陈述句】根据表达功能区分的句类之一。与祈使句*、感叹句*、疑问句*相对。表示对事实的判断、描写、叙述的句子。是运用最广泛的句类，句式也最多。例如："她是日本人。""菲律宾不在欧洲。""十五的月亮很圆。""火车进了站。"也可以是其他各种结构，如："有人。""快到了。""电灯。"陈述句没有高扬的句调，否则就变为疑问句了，如："有人？"

【祈使句】根据表达功能区分的句类之一。与陈述句*、疑问句*、感叹句*相对。表示命令、请求、建议的句子。如："快来！""去请他来参加。""帮帮忙吧！""咱们去看看。""别走哇！""禁止抽烟。"祈使句的主语可出现也可省略，常常是第二人称或泛指的第二人称代词，也可以是包括第二人称在内的"咱们"、"我们"。句子主语改变，就不是祈使句，如"我去请他来参加。""小松去请他来参加。"（除非"小松"是听话人。）祈使句大都以表示动作行为的动词或动词性词组作谓语，但也可以是名词性词语，如：

"票!"（"拿票来!"）"两斤!"（"称两斤给我!"）"别"、"甭"、"不要"等词语常用于祈使句谓语，但下面的句子不是祈使句，如"我劝他别来。""小李叫小王甭生气。"

【感叹句】根据表达功能区分的句类之一。与陈述句*、疑问句*、祈使句*相对。表示喜怒哀乐感情语气的句子。在结构上多为非主谓句，也有主谓句。句调可高升高降，句子简短，常用叹词和"真"、"多"、"好"等程度副词，如："啊呀! 好久不见了!""气死我了!""天气真热!""好大的雪!"有的语法书把由叹词构成的感叹句称为感叹语，作为插说或独立成分的一种。

【疑问句】根据表达功能划分的句类之一。与陈述句*、祈使句*、感叹句*相对。提出问题、表示疑问的句子。结构上有一定的形式标志，如疑问词语、语气词、疑问格式、句调等。根据结构上的特点和不同的答问方式，疑问句通常分为四小类：（1）是非问句*；（2）特指问句*；（3）选择问句*；（4）反复问句*。有时分为三类，把（4）纳入（3）；有时分为两类，即是非问句和非是非问句，把（3）、（4）纳入（1）。反问句是一种特殊的疑问句，有疑问句形式但不要求回答，只表示说话人肯定或否定的态度，如："谁知道她在哪儿呢?"是用特指问句形式表示否定意义；"她不是你的妹妹?"是用是非问句形式表示肯定意义。此外，疑问句形式作句子成分则叫"间接问句"，如："你知道谁来了?""你知道谁来了。"它们可表疑问，也可不表疑问，其界限和功能有待研究。语法学者注意从转换关系研究疑问句，有人认为疑问句从陈述句经过增删、替换某些标志转换而来；有人认为选择问句、反复问句由是非问句派生而来；有人认为反复问句与特指问句有联系。

【是非问句】疑问句*的一种。把陈述句*的句调改为句尾调上升的疑问句调，或再加上表示疑问的语气助词，就是是非问句。如："这是泰山吗?""你这就走?""她是你女儿?""我没有说错吧?"是非问句的回答为"是"、"对"或"不"、"不是"、"不对"，单纯表示肯定或否定。

【特指问句】疑问句*的一种。在相应的陈述句*里代入疑问词语"谁"、

"什么"、"为什么"、"什么时候"、"哪儿"、"怎么"、"几"、"多少"等，或加上疑问句调，也可有语气词"呢"、"啊"。如："哪儿是泰山（呢）？""你什么时候动身呢？""谁是你的女儿（啊）？""今天星期几？""到北京干什么？"有时也可以没有疑问词，如："我的书包呢？"（我的书包在哪儿呢？）特指问句要求针对疑问词语回答指定的内容。

【选择问句】疑问句*的一种。把陈述句的谓语或整个句子换成并列的几项，让听话人选择回答的句子。常用"还是"联接，也可加上疑问句调或语气词"呢"。例如："咱们去游泳"或"咱们去钓鱼"变为选择问句："咱们去游泳还是钓鱼？""你去还是我去？""你喜欢小提琴呢，还是喜欢钢琴呢，还是吉它？"

【反复问句】也叫"正反问句"。疑问句*的一类。其实，也是选择问句的一类。有的语法书将其单列一类。是把谓语里的一部分或整个谓语表示肯定和否定意义的项目并列起来表示选择提问。如："你去游泳不去游泳？""你喜欢大提琴不喜欢大提琴？""住得下住不下？""这块花布你认为好看不好看？"选择提问的格式可以有变化，如："你去游泳不去？""你去不去游泳？""你去游泳不？"

【反问句】见"疑问句"。

【间接问句】见"疑问句"。

【歧义句】又称"多义句"、"同形结构"。通常指有不同意义的句法结构体，即有歧义的具体的句子；也可指有歧义的句法结构模式。具体的歧义句是指包含的词相同、词序相同、但不止一个意思的句子。造成歧义的因素主要是结构层次、结构关系、语义关系等。主要有下列类型：（1）结构层次不同、切分不同的歧义句。如"他——知道不要紧"和"他知道——不要紧"、"新——职工宿舍"和"新职工——宿舍"，切分不同，但结构关系都一样，前一组都是主谓结构，后一组都是偏正结构。又如"称赞——孩子的老师"和"称赞孩子的——老师"、"没有——做不好的事情"和"没有做——不好的事情"，切分不同，结构关系也不同。（2）结构层次相同、结构关系不同的歧义句。如"研究资料"、"学习文件"、"红烧牛肉"可以是述宾结构，也可以是偏正结构。(3) 结构层次和结构关系都相同，但语义关系不同的歧义句。如"财务科应该清查"、"关心的是少数人"，主语可以为施事，也可以为受事；又如"这些书他们都喜欢"，"都"可以指向"这些书"，也可指向"他们"。句中如有多义成分或同音成分，往往也会引起结构层次或结构关系的改变。如"我看这本书——很合适"，"看"有"阅读"义；"我看——这本书很合适"，"看"有"认为"义。"给我看看"作为兼语式，"给"是动词；作为介词词组作状语的偏正词组，"给"是介词。抽象的歧义句也叫"歧义句式"，没有具体的词，但根据它可产生一系列具体的歧义句。例如：根据句式"在＋名₁上＋动＋名₂"能产生具体的句子：(a) "在锅里炒菜。""在眼睛里点药。"(b) "在飞机上看海。""在墙上写字。"(a) 类表示动作的受事所在的位置；(b) 类表示动作施事所在的位置。有的句子既有 (a) 类的意义，又有 (b) 类的意义，因此成为歧义句，如"在椅子上写字"、"在屋顶上洒水"、"在火车上画画"等等。"在……上"既可理解为动作施事所在的位置，如人坐在椅子上写字；又可理解为受事所在的位置，如把字写在椅子上。具体的歧义句是歧义句式的体现，歧义句式是歧义句的抽象模型。

【多义句】见"歧义句"。

【同义句】指语义相同或相近但句法结构不同的一组句子。彼此有变换 * 关系。同义句包含的实词相同，但通过词序的变动和虚词的增删代入相互转换。例如："他已经打扫干净了楼梯"可以有以下同义句："楼梯他已经打扫干净了"（移位）、"他楼梯已经打扫干净了"（移位）、"他已经把楼梯打扫干净了"（增加"把"并移位）、"楼梯已经被他打扫干净了"（增加并移位，或从"把"字句经过替代虚词并移位）。同义句的句法模式称为"同义句式"，彼此有变换关系，能产生出一系列的同义句，如施事主语句、受事主语句、主谓谓语句、"把"字句、"被"字句即可为同义句式。参看"变换"。

【扩展】也叫"扩充"。语法分析的一种手段。指在语段中增加某些成分，实即以较长语段代替较短语段以帮助切分语法单位，或推导结构关系，分化歧义结构的方法。扩展可在语段内部进行，即"插入法" *，如"新书"可扩展为"新的书"；也可在语段两端进行，如"我看"可扩展为"我看书"，"看书"可扩展为"不看书"。即以"新的"代替"新"、"看书"代替"看"。扩展的条件是：（1）扩展前后整个语段基本结构关系不变；（2）扩展以后，除增加的成分的意义以外，语段的基本意义不变。如"爱看书"就不是"看书"的扩展，"社会的青年"也不是"社会青年"的扩展，因这样的语段不会出现于同一语法环境。可扩展的地方就是可切分的地方，因此扩展是鉴定复合词、固定词组与自由词组的重要手段。歧义结构可用扩展让其歧义显露、分化，如"我们种的花生"既是偏正结构，也是主谓结构，后者可以扩展为"我们种的是花生"、"我们是种的花生"。扩展也可以指抽象的相同结构（非具体的同一语段）内的扩展，如说 A 与 B 同结构，但 A 包含的词的数目大于或等于 B 的词的数目，也可以说 A 是 B 的扩展，如"一本新书"（四个词）是"一所房子"（三个词）的扩展，"一本"（两个词）是"一所"（两个词）的扩展。这个概念对于鉴别不同的语法形式是否是同一结构很重要。扩展多用于句法分析，也用于研究词法。参看"构词法"、"插入法"。

【变换】也叫"转换"。一种语法分析的手段。用变动句法成分的位置、增减词语、替代词语等方法，使一种句法结构变换为另一种相关的句法结构，变换后，句法成分间的语义关系*基本不变。例如主动句和被动句、肯定句和否定句、陈述句与疑问句，以及各种基本句法结构之间，都可互相变换。变换是句法研究常用的重要方法，通过基本句和相关的变换句的比较，有助于挖掘层次分析所不能发现的深层结构，可以帮助分化句法结构的同中之异，或归纳异中之同。如表面结构相同的句法结构 A，其中一部分可变换为句式 B，另一部分可变换为句式 C，则可以把 A 分化为两种不同的句式。例如：（a）"台上唱着戏"、"屋里开着会"；（b）"台上坐着主席团"、"树上结着苹果"。（a）、（b）两组句式表面结构相同，但是有不同的变换。（a）组可以变换为"台上正在唱着戏"、"屋里正在开着会"，而（b）组不能如此变换；（b）组可以变换为"主席团坐在台上"、"苹果结在树上"，（a）组不能如此变换。同时，（a）组有表示、说明动作行为持续时间的语法意义，（b）组有说明事物位置的语法意义。所以，（a）、（b）共有的结构原式实际上是不同的结构。又如有的结构有不同处，但有共同的平行的变换与共同的功能，则在结构上可能具有同一性。例如：（a）"喜欢去"、"赞成去"；（b）"应该去"、"可以去"。（a）、（b）两组的构成成分不完全相同。一般认为（a）是述宾结构，而（b）组则有不同的分析，有认为是偏正结构或合成谓语结构的。但是，（a）、（b）都有相同的变换，比如都有相似的正反疑问句式——"应该不应该去"、"喜欢不喜欢去"、"应该去不应该"、"喜欢去不喜欢"，也可以共有双重否定句式——"不应该不去"、"不喜欢不去"。这可以证明（b）与（a）属于同类的结构。变换也有助于语言运用，如串连同义句式，用多种结构表示一种语义，又如在传统语言教学中也常用变换方法作句法练习。变换分析立足于句法结构非孤立存在而是与其他结构有内在联系这一观念，因此，变换分析超出了单个句法结构范围。可以说，层次分析是结构内的分析，变换是结构外的分析。汉语句法结构缺少形式标志，因此，变换分析对于汉语语法研究是一种重要的、很有潜力的方法。

【省略】语法结构上应有的或不可少的成分在一定条件下未出现以求表达简洁的现象。省略的条件是：（1）是在一定语境中所省，离开语境含义即不清楚；（2）省去的成分可以补出，而且只有一种可能；（3）补出后原语段意义不变。例如："（书店卖《西游记》，）去买一本。"离开语境，"去买一本"含义不清楚，这是省略。"去吃一顿"则语义上自足，能补出的成分有若干种，则不是省略。语法学对"省略"有不同的解释：（1）语用的省略，或称交际省略。如复句中分句的句子成分有承上省、蒙下省，对话中某些成分的省略等。语境补充了省略成分的意思，所以语用省略最常见，如："（你们）都来了吗？""谁去？""我（去）。"有人称这种句子为省略句。省略的成分可随语用需要补出。（2）语法结构成分在口语快速变体中省略。如"只来了一（个）人"、"手里拿一（个）瓶儿"、"书放（在/到）桌上"、"果皮扔（到）垃圾箱里去"。省略的多为单音节或黏着成分，正式说话时都要补上。有人认为这是严格意义的省略，有人则称为是"脱落"。（3）语义上的省略。只是按情理上应有某种成分但结构上通常不出现。例如："请坐"有人认为应是"我请你坐"的省略，"下雨了"是"天下雨了"的省略，"我的年纪比他小"是"我的年纪比他的年纪小"的省略。（4）理论上的省略。指结构上不出现但从语法理论上分析应存在某种成分。例如："卖菜的篮子"作"卖菜的人的篮子"时，应是"卖菜的（的）篮子"。这种省略不能补出来，有人也称为"隐含"。以上几种省略互有交叉，例如语用省略的承上省、对话省也含有语义省。早期语法学多把第（3）种看作省略，现在的语法学多把第（1）、（2）两种看作语法上的省略，其变化表现在结构上。省略是对非省略而言，如果省略成为常见格式，则不应叫省略。因此，（3）、（4）都不是通常意义的"省略"。

【隐含】指语义上或理论上应有某个成分但在表层结构缺如的现象。与省略*不同的是，隐含的成分不须补出或不能补出。例如："这个问题我考虑过了。""这个问题"前面隐含了"对于"或"关于"。"这件事我花了很大的力气。""这件事"前隐含了"为了"。"他要求参加。""参加"前面隐含着"他"（要求者自己）。"他要求放他走。""放他走"前面隐含着"别人"。但这些都是很正常的句子，不须或不能将隐含的成分补出来。"隐含"的概念有助于辨析同形结构，有助于语法分析，但不能把隐含成分当作实际存在的成分。例如不能因为"桌上放着一瓶花"的"桌上"隐含"在"，就认为"桌上"一定与"在桌上"功能相同。隐含与省略的具体界限不易划清。参看"省略"。

【简缩法】或称"紧缩法"。传统语法常用的"突出主干，去掉枝叶"的句子分析法，为中心词分析法*的实际运用。常用以分析层次复杂的结构。先找出基本成分即主语、谓语，也可保留宾语，去掉其他连带成分即定语、状语、补语，也可以去掉宾语，使句子格局显现得更清楚，并有助于检查和发现句子的错误。如"世界是一个永远不停地运动、变化和转化的过程"，主干是"世界是过程"，即可发现主语"世界"和宾语"过程"在语义上搭配不当。简缩法对于语法教学、帮助理解句义有明显的用处。简缩法与层次分析并不矛盾。可以说，简缩是扩展的反面，是用较短的语段代替长的语段但不改变原来的结构关系和语义关系。如"修水管的工人刚才来了"，用"工人"代替"修水管的工人"，用"来了"代替"刚才来了"，就简缩为

"工人来了"。但传统简缩法认为句子成分只能由词而不由词组担任，所以总把句子主干简缩到最小限度，有时导致简缩式无法成立或与原式语义相去甚远的情况。如"抱着科学的态度"、"走痛了脚"简缩为"抱着态度"、"走了脚"，无法成立；"他的表姐是他母亲的侄女"简缩为"表姐是侄女"、"打球是锻炼"简缩为"打是锻炼"，语义与原式不同。简缩法应该在层次分析的基础上进行，承认结构的主干可以是词，也可以是词组，才能更好地发挥简缩法的作用。

【中心词分析法】传统语法理论指导下的句法结构分析法。也称"句子成分分析法"。其特点是：（1）在主语和谓语两部分的格局上分析句子。从逻辑出发，认为句子必有主语和谓语两部分（可省略）。主语和谓语是基本成分和中心成分；其他成分是中心成分的附加成分和连带成分，如宾语、补语是谓语的连带成分，状语是谓语的附加成分，定语是主语和宾语的附加成分等。早期语法著作认为凡是有主语和谓语的结构都是句子。（2）认为只有词才是句法基本单位，只有词才能充任句子成分。这是中心词分析法的实质。凡偏正词组、述宾词组、述补词组在句子里都必须分析出其中心词，即偏正词组中的"正"、述宾词组和述补词组中的述语才能作句子成分。例如"这个老头儿种花"只有"这个老头儿"的中心词"老头儿"才作主语，"种花"的中心词"种"才作谓语；它们又各有自己的附加成分或连带成分。早期语法著作认为联合词组以每个词作为句子成分，如称为"复主语"、"复述（谓）语"等；主谓词组在句中则被称为子句*，与母句合称为包孕句，如："'他来'是好事。"后来的传统语法则认为联合词组和主谓词组可作为整体充任句子成分，但其他词组仍一样要提取其中心词作句子成分。按照中心词分析法，如"很多工人在河上造铁桥"，即首先找中心成分"工人"和"造"，再依次分析"很多"是"工人"的附加成分；"在河上"是"造"的附加成分；"桥"是"造"的连带成分；"铁"又是"桥"的附加成分。整个句子的分析步骤不依层次进行。后来的传统语法体系如《暂拟汉语教学语法系统》也采取变通或改进的办法，如把整句先分为主语部分和谓语部分，承认联合词组与主谓词组可作句子成分，但主要精神不外乎此。中心词分析法的局限性主要是：（1）不承认词组可以作句子成分，没有自觉的层次观念，与语言自身客观存在的层次性不符合。（2）理论上有矛盾，认为词才能作句子成分，但又不能不承认有的词组能作句子成分；即使同类词组在不同的句法位置上分析也不一致，如谓词性偏正词组、述宾词组、述补词组在主语、宾语位置上就不再进一步分析。（3）所提取的中心词有的虽符合原句法结构，但常不符合原句语义，如"我不走"提取中心词后是"我走"；有的不能成立，如"郭沫若四川乐山人"提取中心词后是"郭沫若人"。参看"简缩法"。

【句子成分分析法】见"中心词分析法"。

【层次分析法】又称"直接成分分析法"。俗称"二分法"。一种在结构主义理论指导下产生的语言结构分析方法。可用于从音位组合到句法组合的一切语言单位的分析，在汉语语法学里通常用于分析句法结构，并常被视为与中心词分析法*相对的分析方法。层次分析法的理论根据是：语言结构并非孤立的要素简单相加，而是分层组合而成，如 ABC 可能是"A＋（B＋C)"、"（A+B）＋C"、"A+B+C"；因此，语言结构可以采取逐层切分的方法找出其直接组成的成分，即直接成分。切分的步骤是一次切分为两个直接成分，再依次一分为二，句法结构分析一般是到词（实词）为止，但也可以灵活处理；词以下的合成词结构分析不属句法范围。如"这个老头儿种花"，第一步切分为"这个老头儿"和"种花"；第二步"这个老头儿"又可切分为"这个"和"老头儿"；第三步"种花"可切分为"种"和"花"。因每次都是二分，又称为"二分法"。但联合结构有不止两项的，也可一次多分，如"红黄白"分为"红"、"黄"、"白"。切分的界限是在可以为一个较短的结构替换之处。如"一个航模学校的学生"可以有两种切分：一种是可用"学生"替换"航模学校的学生"，即切分为"一个（航模学校的）学生"；一种是可用"学校"替换"一个航模学校"，即切分为"（一个航模）学校的学生"。实际上，人们对句义的理解，语感常起到作用，因语感也说明了人们对句子本身层次性的理解。切分的两部分须符合原句义。如"关键在于人力和物力"，切分为"关键在于人力"、"和物力"则不正确；直接成分也必须符合汉语语法规则，如"看了看"不能切分为"看"、"了看"，因"了看"不成立。层次分析法因符合语言本身的层次性，所以不是一种人为的而是一种自觉的分析方法，而且简便，易于掌握，也有助于分解由于层次不同造成的歧义结构。层次分析法本身并不包含直接成分间的结构关系，即层次分析不等于自发发现结构关系，所以，汉语语法学运用层次分析法时，同时也分析直接成分间的结构关系。层次分析法一般把一个句法结构分析为两部分，因此，一个句子的句子成分一般只有两个，其他的成分都不与第一层次的成分处于同一层次上。这跟传统语法的中心词分析法有很大差异。层次分析法的局限是无法对付如双宾语、兼语词组等类结构，但有的语法学家认为也可以作出处理，包括一些在结构上不连续的成分。

【直接成分】也叫"直接组成成分"。英文缩写为 IC（Immediate constituents）。层次分析法*每次切分得到的成分。一个直接成分还可再切分为直接成分。最后的直接成分也叫最终成分。句法层次的最终成分是实词，合成词的最终成分是词素。参看"层次分析法"。

成都方言语法研究四题

本书编者："成都方言语法研究四题"（体貌、代词、介词、半拷贝结构）选自《成都方言语法研究》（张一舟、张清源、邓英树著，巴蜀书社，2001 年）。该书在第一章"绪论"中写道：本书的描定对象是成都方言口语语法，但目的不在全面展示成都方言语法的面貌，细致描写它的全部规律，而是重点描写其中带地方特色的部分，以揭示出其不同于普通话的规律性的东西，但另一方面，如果把本书的描写严格局限于此，那又有可能无法显示所描写的规律在成都方言语法的整个体系中的地位。因此，本书在重点描写具有地方特色的语法的同时，有时也要勾勒该规律所从属的子系统的主要轮廓。

"成都方言语法研究四题"是《成都方言语法研究》一书的第四、九、十一、十五章，均由张清源撰写。文内编号悉依原书。

体　貌

4.0 关于汉语的"体貌"范畴，一直有许多尚在争论中的理论问题。例如：一、"体貌"的定义是什么？汉语有没有"时"的范畴？汉语的"体貌"与"时"有没有关系？二、汉语的"体貌"有哪些类别、项目？三、哪些形式才算是"体貌"的形式标志？

理论的探讨要建立在语言事实描写的基础上。20 世纪 80 年代以来，语法学界不仅对普通话，而且对不少方言中的相关事实进行了发掘和研究，这对于探讨汉语的体貌范畴之重要，自不待言。

为了较为全面地把成都话的"体貌"揭示出来，我们首先从宽泛而非严格的角度描写语言事实。具体说来，第一，不拘泥于术语的称呼。前人命名的"时体"、"情貌"、"动相"、"时态"、"动态"、"体"、"态"等，都各有道理，随着科学的发展，不同的术语有不同的内涵和外延，例如"体"、"貌"、"态"含义就不同，我们暂不在上面细究。为了与当前一些学术论著的提法保持一致，所以采取较常用的"体貌"作为总称。为方便叙述，内部分类时，我们用"体"，实际上既指狭义的"体"，也指狭义的"貌"。第二，"进程"、"状态"是一种概念范畴，但作为一种语法范畴，必须有语法形式作为标志；而什么是语法形式，我们也采取比较开放的标准，即，除了一般公认的体助词以外，VP（包括 V）的重叠也是一种体标记。目前语法学界还在争论：某些语气词、副词，某些补语（如趋向补语、状态补语、时量补语等），某些句法形式，也可体现某些"体"的意义，那它们算不算体标记？我们认为，为了充分发掘语言事实，以便提供较丰富的资料作进一步研究，凡能说明"体"范畴的，都可以有选择地列出来。因为，首先，汉语里表现某一语法范畴的语法形式并不是整齐的，哪些是真正的、虚化的形式，哪些是半虚化的，哪些又是隐蔽的，都有待研究；其次，我们认为，汉语表现体貌的手段，有的有直接表现体貌的功能，如"了"、"着"、"过"，有的是间接表现的，如不少文章都指出状态补语间接地表示了"已然"义；再其次，汉语的语法形式和语法意义之间的对应关系特别复杂，不但有一对多，还常有多对多。基于此，我们这里不追求描写的系统性、框架的完整性、理论的合理性，而是先介绍语言事实，把下列语言成分都看作体貌标记或次标记：体貌助词；某些副词、助动词、语气词；动词、形容词及其短语的重叠形式；部分补语。当然，对这些手段我们不是一视同仁，着重介绍的乃是有较严格意义的语法形式，有的则从略，纯粹的词汇手段则不能作为体标记。事实上，近年来不少描写方言体貌的文章就采取了宽松的标准，这样做的益处之一是有利于方言之间的相互比较参照，看同一种意义在不同的方言里有哪些表现手段。

"体"主要指动作行为的进程，例如开始、进行、完成，涉及事件出现、消失等情况；"貌"主要指动作行为所处的特定状态，例如短时、反复等。但这种分界并非绝对的，例如："持续"（静态，如普通话"门开着呢"）应该归为"体"还是"貌"？它是一种状态，应归为"貌"；但它又是进程中的一部分，也可归为"体"。因而"体"、"貌"只是一种大致的分界。"体貌"跟空间的移动有关，但实际上也跟"时"有关，从相对的角度看，常有参照时间。本文中的"××体"，也用以指"××貌"；跟"时"有关的内容，只随文说明。

成都话的"体"有起始体、将然体、先行体、持续体、已然体、经历体、反复体、短时体、尝试体。

4.1　起始体

表示行为动作、事件开始启动，发生。常用以下三种句法结构：

一、"V+起来"

（1）娃娃哭起来了。

（2）雨下起来了｜下起雨来了。

（3）等下儿人多了，挤起来就买不到票了。

二、"V+开+了"

（4）外头闹开了。

（5）我们干开了再说，不必等他。

三、"开+V"

（6）那条狗见了生人就开咬。

（7）老师说："开始！"学生一齐开写。

（8）你听哨子一吹就开跑，不要分神。

一、二、三三种结构在普通话里也常见。一、二两式，成都话跟普通话一样，都表示"开始并继续"的意义。这里只讨论第三式"开+V"。

普通话的"开+V"主要见于一些复合词，如"开学"、"开演"、"开讲"、"开赛"，有的可离可合，如"开了学"。而成都话的"开+V"纯粹是一种句法结构，可以自由组成很多短语。在语义上，成都话的"开+V"不是简单的"开始 V"，而是"瞬间开始 V"的意思。从语用上来看，成都话的"开+V"常有一种预设，即另有一行为、事件先发生，接着才有后一行为、事件立刻开始发生，因而成都话的"开+V"常用于"……就……"或"一……就……"这样的框架里，如"抬起脚就开走｜话都没听清楚就开骂｜你一逗她就开笑｜锣鼓一响就开演①"。此外，一、二两式的事件、行为不限于生物的自主行为，例如也可以说"雨下起来了｜雨下开了"，三式则总是表示生物的自主行为，所以可以说"孙悟空举棒就开打"，但不能说"天上一闪，雷就开打"。凡能进入"开+V"结构的动词都是表示动作的自主动词，如"拿"、"推"、"翻"、"打"、"搬"、"跑"、"跳"、"写"、"笑"、"哭"等，包括瞬间动词；而非自主动词（如"懂"、"忘"、"醒"、"病"等）和自主动词里只有延续义的动词（如"住"、"想"等）就不能进入该结构。

一、二、三三式的否定式都用副词"没有"；二式"V+开+了"的否定式是"没有 V"，即不保留"开"；三式的否定式是"没有开 V"，可以保留"开"。

虽然"开+V"里的 V 都是动词（一般是单音节），但"开"在这里是一个黏着成分，类似一个半虚化的语法词。"开+V"也是黏合式结构，中间不能嵌入别的成分。这一点比一式的语法化程度高。

4.2 将然体

将然体是动作行为将要开始但尚未开始的状态。表示"将然"义，成都话和普通话一样，可以借助词汇手段和句法结构。例如借助某些动词（如"来"、"去"）、副词（如"就"、"快"）可以表示即将开始，如"我去寄封信｜你来讲｜就走｜快写完了"之类都是词汇手段。表示"可能、将要"义的

---

① 这里的"开演"不同于"《茶馆》今日开演"的"开演"。

助动词和 VP 结合，如"得 V"、"不得 V"也是成都话常用的表示即将开始的句法结构。例如："明天得下雨。"这部分此处不详谈。这里介绍成都话的两种句法结构。

4.2.1　"要 V 要 V"

表示某种动作或状态即将发生而尚未发生。如：

（1）那座房子要倒要倒的，干脆拆了算了。

（2）她要笑要笑的样子。

（3）文竹要死要死了，赶快浇点水嘛！

（4）桃子都要熟要熟了，再过两天就吃得了。

"要 V 要 V"，是由"要 V"重叠而来。"要 V"只有将要开始的意思，至于何时开始，并不曾说明；而"要 V 要 V"却表示动作开始前那种临界状态，进入这种结构的 V 都是可以有变化义、过程义的单音节动词或形容词。例如，可以说"这朵花要开要开的"，但不能说"这个商店要开要开的"。

4.2.2　"要 V 不 V"

这种结构表示即将开始但又未开始，或不会开始，实际上表示动作行为的犹豫、迟疑或是某种中间状态，和普通话的"待/带理不理"的"待/带……不……"相近。如：

（5）你看他要说不说的样子。

（6）她要笑不笑的，不晓得她究竟想的啥子。

这种结构也可以说成"倒……不……"，意思相同。不过，"倒……不……"里也可以是形容词，如"倒好不好的｜倒红不红的"，这完全表示一种静止的状态，和体貌没有什么联系。本节的"要……不……/倒……不……"里的 V，一般也是单音节的动词，而且都具有动作、变化义，包括表示心理状态的意义，如"要想不想的"[①]。

---

① "要……不……"、"倒……不……"里的 v 也可以是反义词，如"要死不活"、"倒早不晚"。我们认为跟体貌没有直接关系，这里便不谈。

4.3　先行体

先行体表示一个行为、事件的发生，须以另一行为、事件作为先决条件，或在另一行为、事件完成之后。简言之，语义上是先有 b 出现，再有 a 出现，这跟时间的先后有关。句法上常有 a、b 两句，对于 a 句而言，b 句表示的是先行意义，所以称为"先行体"。

成都话先行体的标记是语气词"哆"〔to¹〕和"来"〔nai²〕，它们都用于 b 句之末。下面分别介绍。

4.3.1　"VP 哆"

（1）你不要着急，你听我先说完了哆。

（2）我不想这阵就走，我等他（先）来了哆。

（3）你要想提职称，就要发表几篇论文哆。

（4）二娃，好好做作业！

　　——你先给我讲个故事哆。

（5）你好久去看病？

　　——下星期哆。

（6）我想下哆再告诉你。

（7）你莫催，我看下哆。

"哆"在有些方言里写为"着"（如武汉方言和山西、江西某些方言），本有"……再说"的意思，但已虚化，而且在成都话里可以既用"哆"，同时又用"再说"或"再……"，如："我问一下哆再说/我尝下哆再买。"所以，"哆"和"再说"不是等值的成分。

例（1）、（2）说明，b 句的语义（表示先行行为）在时间上须先于 a 句（表示后续行为）。例（3）、（4）说明 a 句以 b 句为先决条件，当然其中也有时间先后的问题。一般地说，"哆"都在 VP 后面，但例（5）说明"哆"也可在谓语位置上的 NP 后面，这里的意思是"到那时再说"。例（6）说明 b 句的顺序也可在 a 句之前。例（7）说明 a 句可省去不说，它的含义由语境补充了，意思是："我现在不做某事，让我看看再说，你别催我。"在话语里，a句不出现的情况很常见，b句的"哆"就暗示了先行行为或先决条件的存在，这时，语用环境很重要。

另一种"VP哆"的先行体意义并不显著，只表示"暂且做……"的意思，至于后续行为或事件则不去注意甚至根本不存在。武汉话有此现象，成都话亦如此[①]。例如：

（8）你在做啥子？

——我看下儿报纸哆。

（9）你耍下（儿）哆嘛_{你玩一会儿吧}！

（10）你拿倒哆_{你暂且拿着}，我拿不动了。

（11）我们喝点儿饮料哆，太渴了。

这些句子多有表短时、少量的词语，如"（一）下儿"、"（一）点儿"，有了"哆"，便增加了"暂且"的意味。

成都话有习用语"莫忙哆"，即"先别忙"，是让听话人"等等"的意思，如："我走了。——莫忙哆，我请你带封信给你妈妈。"也可用于陈述自己不急于做某事，如："你快来吃饭嘛！——莫忙哆，我洗了衣服再说。"这个"哆"仍是先行体标记，可"莫忙"并不是表示先行行为的句子。在上面的句子里，表示先行行为的句子分别是"我请你带封信给你妈妈"和"我洗了衣服"，然而却可以不用"哆"。"莫忙哆"也可解释为"暂且别忙"、"暂且等一等"，并不强调先行体的意思。

4.3.2 "VP来"

成都话先行体还可以说"VP来"，意思跟"VP哆"大致相同。如：

（12）莫忙开钱_{付款}，吃了来。

（13）快去开门！

——等我打完了麻将来。

---

① 参看萧国政：《武汉方言助词"左"》，载胡明扬主编：《汉语方言体貌论文集》，江苏教育出版社，1996年；《武汉方言"着"字与"着"字句》，《方言》2000年第1期。

（14）你好久去买鞋子？

——旧鞋子穿烂_破了来。

"VP＋来"原是连动式，例如以上各例的"来"也可以理解为本义的"来"，但实际上是"再……"或"再说"的意思，是一个半虚化的词。这个"来"有时可换为"哆"，但有几点不同：第一，"VP哆"既可表示两事的先后顺序，还可表示 a 事以 b 事为先决条件，而"VP 来"只表示两事的先后顺序，所以例（3）、（4）的"哆"不能用"来"替换；第二，"哆"可以不表示显著的"先行体"意义，只表示"暂且……"，"来"无此作用，如例（8）、（9）、（10）、（11）的"哆"都不能换为"来"；第三，"哆"还可以用在谓语位置上的 NP 之后，如例（5），"来"不能这么用，否则就是别的意思；第四，更为重要的是，"来"本来是常用动词，有多种意思，"VP＋来"本身就是歧义结构，而"哆"的意思和功能都很单纯，所以成都话先行体的"VP 来"不如"VP 哆"常用（不过这不是绝对的条件，如重庆话"VP 来"就很常用）。可以说，"哆"是成都话先行体的标记，"来"算是次标记。

"先行体"的否定词可以是"不要_别"、"莫"或"不"，可以是对"VP 哆/来"的否定，如例（15）、 （16）；也可以是对"VP"的否定，如例（17）。

（15）早点儿去幼儿园接娃娃，不要等天黑了哆/来。

（16）不要等鞋子烂了哆/来，早点儿去买双合脚的。

（17）我答应给你买玩具，（但是）你不要哭哆。/你不要淘气哆。

（15）、（16）只表示两事先后，可以用"哆"或"来"；（17）则表示一事以他事为先决条件，只能用"哆"。

"VP 哆/来"的疑问句，是把"VP 哆/来"作为一个短语，放入疑问句框架，或前加"是不是……"，或后加疑问语气词。如：

（18）你是不是要等客人走了哆/来？

（19）你要先写完了信哆/来嗦？

4.4 **持续体**

持续体的含义有广有狭。狭义的持续体在汉语语法体系里指的是动作行为的某种静止状态。广义的持续体包括进行体、狭义的持续体、连续体。这几种体貌，成都话都具有，其体标记有同有异，下面分别介绍。

4.4.1 进行体 表示动作行为在进行中的动态。

4.4.1.1 成都话表示持续体（广义，即包括进行体和狭义持续体两类）有三种标记和次标记：

第一类 表示时间、进行意义的副词或其他短语：在、正、正在、在那儿、在这儿等。

第二类 体助词：倒 [tau³]、或 [to³]、起 [tɕʰi³]、倒起 [tau³tɕʰi³]。

第三类 语气词：在 [tsai⁴]、得 [te⁴] 或 [te²]、哩 [ni¹]。

第一类的用法跟普通话一样，其中介词短语"在那儿/在这儿"的意思已经虚化，是"在"、"正在"的同义成分，如："她尽倒老是在那儿啰嗦。"这组词语只用于表示进行体。

第三类用于句末，作用跟普通话"外面下雨呢"的"呢"相当。"在"、"得"、"哩"是同义语气词，既可作进行体的句末语气词，也可作持续体（静态）句末的语气词。"得"还可表别的语气（参看§12.3.2，§12.3.3），我们把这里的"得"记为"得₁"，例子中只写作"得"。"哩"和"的"，成都话都音 [ni¹]，所以有人把这个"哩"写为"的"，如"他写倒字哩"（他写着字呢），有人也写为"他写倒字的"。其实，从语法功能和语源看，应写为"哩"①。

第二类是成都话中重要的体助词，其作用大致相当于普通话的"着"[tʂə]。大体说来，进行体多用"倒"，持续体（静态）多用"起"；"倒起"两者都用。"倒"、"起"跟动词的类别很有关系，"倒"多跟动态动词结合，这类动词如"踢"、"滚"、"跑"、"走"、"说"、"唱"、"笑"、"做"、"吃"、

---

① 参看张清源：《成都话的语气助词"得（在、嘞）"》，《四川大学学报丛刊》第 22 辑，1984年。

"看"、"听"、"想"；"起"多跟静态动词（包括形容词）结合，这类动词如"斜"、"正"、"反"、"尖"、"光"、"亮"、"红"、"绿"、"醒"、"饿"、"醉"、"冷"、"热"。可是，"倒"和"起"跟动词的结合往往呈现出复杂的、不规则的局面，主要原因是：第一，不少动词兼有动态和静态的义项，如"开会"和"开茶馆"的"开"、"打铁"和"打个灯笼"的"打"，就与不同的体助词结合。第二，不少动词既可表示动作行为意义，也可表示动作结束后的状态，例如"正在穿衣服"和"穿着一件红衣服"的"穿"、"在画画儿"和"纸上画了一幅画儿"的"画"，意思是不同的，这类动词在成都话里也跟不同的体助词结合。第三，动词"倒"（只读［tau³］，不读［to³］）和"起"，跟体助词"倒"和"起"同音同形，前者同时常作为补语，例如"掀倒"、"碰倒"、"挡倒"、"撞倒"、"梦倒"、"借倒"、"向倒"、"抬起"、"说起"、"写起"、"补起"、"坐起"、"晒起"、"挂起"等等，它们在语义和用法上相当于普通话的"倒"、"下"、"住"、"着［tʂau²］"、"到"、"起"、"上"、"好"等。所以，如果只看"V＋倒"或"V＋起"，不可能判别"倒"、"起"的性质。这也给人一种错觉，认为成都话中大多数动词都既能跟"倒"也能跟"起"结合。事实上，只就体助词而言，我们可以说"倒"主要用于动态，"起"主要用于静态[①]。

以上三类，我们可以把第一类视为进行体的次标记，而把第二类、第三类视为进行体标记，它们已完全虚化。这三类标记分别位于动词前面、动词后面、句末。

4.4.1.2　以上的标记只供选择使用，并非每种必用，每种内部并列的同义成分也只提供选择。下面的句子都表示进行体。

（1）老刘在喝茶。

（2）老刘在喝茶得。

（3）老刘喝倒茶得。/茶，老刘喝倒得。

---

① 参看张清源：《成都话的动态助词"倒"和"起"》，《中国语言学报》第 4 期，商务印书馆，1991 年。

（4）老刘在喝倒茶得。

（5）老刘在做啥子？

——他喝茶得。

（6）手不停地做倒，嘴巴不歇气地_{不停地}说倒。

（1）只表示一般叙述，其余句子都有强调"正在进行"的意思。三种标记可以单独出现，也可以共现。如（1）有副词"在"，（5）有语气词"得₁"，（6）有助词"倒"，（2）有副词"在"和语气词"得"，（3）有助词"倒"和语气词"得₁"，（4）"在"、"倒"、"得"都共现。在一定的语境中，所有标记都可以不出现，也能表示进行体，如："老刘在做啥子？——喝茶。"但这时并不强调"进行"的过程。句末的语气词"得₁"，也可换为"在"或"哩"，意思相同。这组语气词除了表示进行体的功能外，还兼有足句的作用，它能把短语变为一个完全的句子，如"老刘在喝茶（的时候）｜老刘喝倒茶（的时候）"都可以说，但"老刘喝倒茶得"就不能再作句中的成分了。"V＋倒……得₁"的例子又如"诓倒娃娃得｜练倒字得｜扫倒地得｜推倒磨得｜浇倒花得｜跳倒迪斯科得"。句末的"得₁"也可换为"在"或"哩"。经常性的行为也可以看作放大了的进行体，也用"倒"，如"这种鱼我们经常吃倒得｜杜甫草堂经常去倒在｜天天来倒哩，啥子客哦｜他一天到晚都想倒这件事在"。可见，"V＋倒＋得₁"表示动作行为没有结束，而且可以经常反复或继续。

4.4.1.3　普通话的"V＋下去"表示继续进行，跟一般的进行体不同，它包含了动作行为在进行中有中断又再接着进行的过程。成都话也有此说法，但"V下去"常说"V起下去"，如"又在他家住起下去｜讨论起下去也没得用"。"起"是趋向补语前的助词，无义（参§14.3），但其否定式仍说"V不下去"，不说"V不起下去"，如"在他家住不下去了"。

4.4.1.4　成都话另有一个表示"继续进行"的述补结构"V起走"。这是一个多义结构，一是表示"V走"，不是表示进行体，如"蝴蝶飞起走了"是"飞走"的意思，"汽车开起走了"是"开走"或"启动"的意思；二是表示"继续 V"。二者可能的补语形式是"V 得/不起走"。此外,"V 起走"还可作为连谓式,如"我们不晓得她住的地方,一路问起走"是"一路上问着走"之意,但这不是这里说的述补结构。表"继续 V"的例子如下:

(1) 你不要歇气_{停止,休息},接倒_{继续}做起走。

(2) 小马底子_{基础}好,他考上研究生一定学得起走。

(3) ——你咋个不写了?

    ——我头有点晕,写不起走了。

(4) 今天的菜不好吃还是哪个的? 咋个吃不起走喃?

(5) 这个雨下不起走,风一吹又没得影子了。

"V 起走"与"V 起下去"有区别:第一,"V 起走"的 V 只限于少数非结束性的动词,如"做"、"整_干〔kan⁴〕"、"弄"、"用"、"学"、"读"、"写"、"说"、"吃"等,结束性动词一般不这么用,如"买"、"借"、"跌"、"拿"等(但可以说"卖不起走",指售货不景气,"卖"不指具体行为);第二,"V 起走"表示的主要是人的自主行为,但有时也用于自然现象,如例(5),但这些用法有一定的习惯性,如可以说"这个雨下不起走",但没有"这雨下起走了"的说法。

4.4.2 持续体 表示动作行为的静止状态或动作行为结束以后事物的存在状态。句型通常是"V+起……(+得/在/哩)",如:

(1) 他在屋头坐起得。

(2) 这个病人还活起得。

(3) 纸上写起字得。

(4) 桌子上摆起碗筷得。

(5) 街上开起铺子得。

(6) 缸头_{缸里}装起水。

(7) 床上铺起新床单。

其中,(3)—(7)是存在句,本身就表示静态。这种句子的宾语也可移至动词前,如(3)、(4)可说"字在纸上写起得|碗筷桌子上摆起得"。"V+

起……"也可以用于连谓结构中，如：

(8) 斜起眼睛看人。

(9) 红起脸吵架。

(10) 尖起耳朵听。

(11) 嘻_唰起嘴巴笑。

(12) 反起说，顺起听。

(13) 戴起眼镜儿找眼镜儿。

成都话表示静态的持续体，也可以在存在句里用助词"了"［no²］。这跟普通话一样，如（6）、（7）也可说："缸头装了水｜床上铺了新床单"，以"了"代替"起"。但是，用"了"以后，句末不再用语气词"得/在/哩"。

成都话"倒"和"起"还可用于某些动词、介词或副词后面，而并无显著的"体"的意思，实际上其作用已具有构词后缀性质，何者用"倒"，何者用"起"，并不说明动态或静态的区别。例如：

～倒：凭倒良心办事｜趁倒天晴出门｜搭倒_{顺带}把我的衣服也洗一下｜带倒_{顺带}做些杂事｜背倒翻闲话｜当倒说清楚｜估倒_{迫使}别人做｜对倒人发气｜照倒稿子念｜阴倒_{背地里}哭。

～起：稳起不动｜莽起_{用力,使劲}敲｜咋个起、啷个起、纵[△]个起、弄[△]个起（后四个词见"代词"）。

4.4.3 连续体 表示动作行为在进行中发生了某种变化。句型是"V倒V倒＋又/就……"。如：

(1) 哭倒哭倒又笑了。

(2) 跳倒跳倒就不见了。

(3) 他在角角头_{角落里}躲倒躲倒又跑出来了。

(4) 红萝卜，蜜蜜甜，看倒看倒要过年。

句中的"倒"正是表进行的体助词"倒"。值得注意的是，V不但是动态动词，还可以是静态动词，如（3）的"躲"，再如以下各例：

（5）花园里前几天还开起花在，但是开倒开倒就萎了。

（6）汽车在路上停起，停倒停倒，一下子又开起走了。

（7）饿起肚子上班，饿倒饿倒又不觉得饿了。

这几句的"开"、"停"、"饿"都是静态动词，所以在句子前面部分带"起"，但在句子后面部分，这些动词为连续体的句型所类化，成了动态动词，所以一律带"倒"。

连续体句子的语义重点在"又/就……"，"V倒V倒"是不能独立成句的。

"V倒V倒"也可以作状态状语，不表连续性的行为。如"钱要算倒算倒用｜你可以试倒试倒问他｜挨倒挨倒坐才坐得下"。

"V起V起"也可以作状态状语，也不表示连续。如"脑壳扯起扯起地痛｜你咋个哭起哭起地说话｜癞格宝癞蛤蟆拍马屁，跳起跳起（地）拍｜金山寺的水，涌起涌起（地）来"。

可是，以下句子似乎也表示连续体：

（8）那件事她想起想起就伤心。

其实，这个"起"是补语，意思是"那件事想起来就伤心"。如果表示连续行为，要说"她想倒想倒就伤心起来了"或"想倒想倒又不想了"。

4.5 已然体

已然体表示动作行为已经发生，也包括设想中的发生；可以有"完成"和"实现"两方面，"完成"指行为结束，"实现"指新情况出现，但二者常难以截然分开。例如："喝了水"是"完成"；"开了花"是完成，也是实现；"喝了水了"、"开了花了"也都有动作完成和实现的因素。成都话跟普通话一样，常用体助词"了"、"过"（表示动作完毕的助词）和语气词"了"表示已然体。以了₁、了₂为例，既可表示实际上的已然，也可表示将来的已然（"我写了信就去邮寄"）、假设的已然（"累了就休息下"）、祈使句里的已然（"把它甩了嘛"）。成都话也可用述补结构表示已然，如"碰倒遇见一个老乡｜

捡到一个包包｜鸡蛋打得稀巴烂｜说得个一清二楚"（参§13.2）。有人认为这种结果补语、情态补语实际上表示已然体①，而且也有人将其作为方言中的一种体貌加以描写②。

成都话表示已然体的较有特色的句式是"V 得有 O"、"V 都 V 了"、"V 了的了"。

4.5.1 "V 得有 O"

"V 得有"后面常常带宾语，表示动作行为已经实现，其结果或其影响也随之而产生或出现。如：

(1) 博物馆藏得有好些文物。

(2) 名片上印得有电话号码。

(3) 钱倒是带得有，就是不晓得买啥子好。

(4) 去年就收得有麦子，今年还没有吃完。

(5) 这个房间往回_{往日}住得有人，这阵空起在。

(6) 你骑得有车来哇？

(1)、(2)、(3) 各例，"藏"、"印"、"带"的行为已经实现，也就有了其结果"文物"、"电话号码"、"钱"；(4)、(5)、(6) 各例，原理亦同。细分之，(1)、(2)、(3) 各句，表示说话时动作行为不一定已结束，如（1）的"藏"、(3) 的"带"，其结果还继续存在；(4)、(5)、(6) 各句，表示说话时动作行为已结束，已成为过去的事件，而其结果可以仍然存在，如（4）的"麦子"；也可能已不存在，如（5）、(6) 的"人"、"车"。但就整个句式的语义来看，都是已然体，否定式只能是"没有 V 得有……"或"没有 V……"。这种结构也不能用于祈使句。

"V 得有 O"也是一种"述补＋O"结构。因为另有专章讨论"得"的虚化用法，所以将这种带"得"的结构也合并起来描写，这里只简略介绍而已

---

① 参看梅祖麟《现代汉语完成貌句式和词尾的来源》，载《语言研究》1981 年第 1 期；鲁健骥《状态补语的语境背景及其他》，载《语言教学与研究）1992 年第 2 期。

② 参看胡明扬主编《汉语方言体貌论文集》（江苏教育出版社，1996 年）和张双庆主编《动词的体》（香港中文大学中国文化研究所、吴多泰中国语文研究中心出版，1996 年）中的有关文章。

（参看本书《成都话里虚化的"得"》）。

4.5.2　"V 都 V 了"、"V 了的了"

成都话也说"V 了 O 了"，如"下了雨了"；也说"下都下了"、"下了的了"。后两个句式都表示动作、事件已经完成或发生，但二者又有所不同。前者也为普通话所用，但成都话说的范围更广，频率也更大；后者普通话不说。

一、"V 都 V 了"　"都"是"已经"义，V 的重复（或称"拷贝"）是对已然体的强调。如：

（1）客来都来了，来都来了好久了。

（2）饭熟都熟了，你吃了再走嘛。

（3）摘下来的桃子卖都卖了，一个都不剩。

（4）事情做都做了，你后悔有啥用？

（5）你把她得罪了，她走都走了，喊不转来了。

在语义上，"V 都 V 了"强调动作事件绝对的已然，有不容置疑的语气；在语用方面，可以表示说话双方或一方所预期或企望的事件行为已完成或实现，如（1）、（2）、（3），但也可表示非预期或非企望的事件行为，如（4）、（5）。

二、"V 了的了"

（6）甲：你的作业做好了没有？

乙：做了。

甲：做了哇？

乙：做了的。或：做了的了。

（7）甲：他妈叫他吃药，他不吃。

乙：他吃了。或：吃了的。或：吃了的了。

V 后面三个虚词依次递加，结构层次是 V 了的了。"V 了"是完成，"V 了的"是肯定已完成，"V 了的了"肯定"V 了的"这种状态是出现的新的变化。三个虚词的表意功能都体现了出来。"V了（O）的了"跟"V了O了"不同，如"吃了药的了"和"吃了药了"比较，前者更有确认行为已完成的意思，其语用背景含有对他人的疑问或否定表示申辩的成分，例如（6）、（7）中乙对甲的带申辩意味的回答。同时，与"V都V了"比较，"V了的了"一般都表示所说的事件行为是说话双方或一方预期的或企望的，如（9）中乙的回答，就可用"V了的了"；而（8）表示非预期或企望之事，说话人并不希望鸽子飞了或死了，就不用"V了的了"。

  （8）甲：你喂的鸽子喃？

    乙：飞都飞了｜死都死了。

    但不说：飞了的了｜死了的了。

  （9）甲：那只苍蝇喃？

    乙：飞都飞了｜死都死了。

    飞了的了｜死了的了。

  一、二两式，都表示已然体，同时又表示时间概念，即事件或行为已过去。由于两式之末的"了"也有成句作用，所以这两式都不出现在一句之首或中间。一、二两式的否定式都是"没有V"；疑问式都是"V了没有？""是不是V都V了？""是不是V了的了？""V都V了嗉/哇？""V了的了嗉/哇？"

  一、二两式都各有变式，V都可以有附加成分和连带成分。一式的连带成分出现在第二个V之后，如"做都做了——做都做完了——做都做了作业了——做都做完了作业了"。第一式的V，单音节和双音节词都常用。双音节动词的用法，参看第十五章"半拷贝结构"。第二式的变式，如"做了的了——做完了的了——做了作业的了——做完了作业的了"。"的、了₂"两个语气词一直紧靠着。第二式的V一般以单音节为主，但也有双音节动词，如："那个问题，我们已经讨论了的了。"

  "V了O了"中的O，如果是数量词语时，动作行为有继续、重复的可能（另有一种分析，认为有些数量词语是补语。这里为叙述简便，一律作为

O 处理），如："看了三天了，还没看完。"一、二两式也可以有数量词语作连带成分，如"看都看了三天了｜看都看了三本了｜看都看了三遍了"，"看了三天的了｜看了三本的了｜看了三遍的了"。这些句子都有"已经达到一定数量了"或"数量已够了"的意思，而不含有继续或重复行为、事件的意思。

4.6 经历体

经历体表示动作行为曾经发生。成都话多用体助词"过$_2$"以及"来"。

4.6.1 "V 过$_2$"、"VO 过$_2$"

体助词"过"通常分为"过$_1$"和"过$_2$"。前者表示动作完毕；后者表示曾经有这样的事情，所以也是经历体助词。这里只讨论过$_2$，以下只写作"过"。成都话也常说"V 过"，如有宾语时，是"V 过 O"，如"去过｜去过北京"。如有补语，也跟普通话一样，是"VC 过"，如"看完过（小说）"。

但成都话另有一种"VO 过"（含"VCO 过"），如：

（1）昨天下午我去找你过。

（2）刚才你就是骂他过，你不要赖账了。

（3）这个人好歪$_{凶,厉害}$，昨天还打老婆过。

（4）肯定有人打开门过，不然猫儿咋个跑出去了？

（5）他硬是再也没有害病$_{生病}$过。

（6）我从来没有打赢他过。

（7）我当真没有借他钱过。

（8）你昨天去人民商场过没有？那里东西在打折哦$_2$。

（9）我啥子时候说你坏话过？你不要冤枉人嘛。

成都话"VO 过"多用于强调肯定（如（1）、（2）、（3）、（4））、否定（如（5）、（6）、（7））、疑问（如（8）、（9））语气的句子，大都出现在"曾经……过"、"没有……过"、"再也没有……过"、"从来没有……过"、"好久……过？"这样一些格式里。

"VO 过"大多表示说话人辩解、反诘的语气，暗示说话对方先提出某个已知命题，说话人对此表态。这类句子里反问句、否定句最多，其次才是一般肯定句和疑问句，原因大约在此。反之，纯粹陈述事实的句子，则用"V 过 O"，如："我去过大连，你嗬？"

"VO 过"的语义重点是肯定或否定"V 过"，而 O 在语义上只是附属于 V 的成分，不是句义的焦点。这与"V 过 O"不同。后者的 O 也可以成为语义重点，如"我看见过你，但没有看见过他"。可是，"我从来没有看见你过"的语义重点则是"没有看见……过"，而不是"你"。这就决定了"VO 过"的一些特点：

第一，O 常为虚指、泛指的宾语，如"骂人过（"VO 过"前面的词语省去，下同）｜吃亏过｜吵架过｜生病过｜吃饱饭过"。述宾式离合词的宾语尤其常见。

第二，O 常为简单形式，很难有较长的形式。这是由于如果 O 为复杂结构时，常有修饰或限制成分，使 O 具有定指或特指的性质，容易成为句子的焦点。如"我从来没有看倒（看见）过你说的那个穿黄背心的义务交通员"，就不能用"VO 过"。

第三，疑问代词表虚指时，可以用作"VO 过"的 O，如："我从来没有惹哪个过。｜我哪儿说你啥子过？"可是，表疑问时，只能用于"V 过 O"，如："你找过哪个？｜你说过他啥子？"

代词"我"、"你"、"他"等并不表示虚指，也常作"VO 过"的 O。这是因为，这些词在一定语境中对说话人来说是已知或共知的成分，不是语义焦点，所以比其他词语更易处于"VO 过"的 O 的位置。

"VO 过"前面常有表示时间或否定的词语，如"曾经"、"没有"、"从来没有"、"好久"、"哪儿"、"啥子时候"等，它们与"过"前后呼应，形成固定格式。当 O 在语义上处于弱势而依附于 V 时，"VO"就被"关"在这些固定格式里，句重音常常落在这些表示时间或否定的词语上面。此外，"VO 过"只能处于结构上被包含的位置，而不能单说。如在回答问题时，可以单说"找过你｜吃过鱼"之类，但不能说"找你过｜吃鱼过"。

　　成都话"VO 过"虽然有以上语义、语用方面的特点，但不是凡有这些特点时都必须用"VO 过"。事实上，成都话常用的格式是"V 过 O"，"VO 过"是口语里一种弱势的形式，不如"V 过 O"活跃。可是，这种形式仍很有语言学上的价值：它是古代汉语"VO 过"的历史遗痕。前人多已研究出，现代汉语的语序"VCO"是从古代"VOC"发展而来，"V 过"本是述补结构。如吕叔湘曾举《隋唐嘉话》例句："当其在时，事有不是者，未尝放我过。"吕叔湘认为"放我过"是"VOC"，"过"是动词①。关于"VOC"的语序，成都话至今还存在"VO 不 C"的格式，如"说他不得｜离他不开｜打他不赢｜买它不起｜气他不过"等，但已没有"打他赢｜买它起"之类说法，而"气他过"的"过"虚化为助词时，这类格式才成立。因此，本节的"VO 过"留下了古代"VOC"的轨迹。据报道，吴语也有相似的情况。其次，成都话的"VO 过"增加了一个根据，说明汉语体助词不仅常附在单个动词之后，还可附在 VO 之后。有些方言（如陕西、甘肃、山西、福建的某些方言）有"VO 着"，即"V 着 O"；四川方言还有"VO 了"，即"V 了 O"（如"你吃饭了没有？"＝"你吃了饭没有？"）；成都话不仅有"V 过 O"，还有"VO 过"。这些现象，对于研究汉语体助词的功能都有参考价值。

　　4.6.2　"VP 来"

　　"来"和"来着"同功能，多用于句末，表示曾经发生过某事。因此，"来"也是表示经历体的标记，只是不一定紧靠 V 之后。北京话的"来着"在使用上限制较多。根据《现代汉语八百词》，用"来着"时，第一，句中动词不能带"了"、"过"；第二，没有否定句；第三，只能用于句中有"谁"、"什么"的特指问句，不能用于一般问句；第四，谓语动词不能用动结式、动趋式，动词前也不能有状态修饰语。而成都话的"来"没有这些限制。如：

　　（1）昨晚上下了雨来，地上焦湿。

---

　　① 参看吕叔湘《与动词后得与不有关之语序问题》，《汉语语法论文集》，科学出版社，1955年。

（2）三老爷的房间，我刚才看了来。（《死水微澜》）

（3）这话是说过来的。（川剧《鸳鸯谱》）

（4）我还不是当过掌柜娘来。（《死水微澜》）

（5）好像刚从灰堆里洗过澡来的鸡婆一样。（《沙汀选集》）

（6）你看他又喝醉来，走路偏偏倒倒的。

（7）车子他借起走_{借走}来，后来又还转来了。

（8）我刚绕进来来，屋头没得人我又出去了。

（9）阿秀，你哪里去来？好久没有见你了。（《艾芜短篇小说选》）

（10）我好久骂你来？

（11）你去耍来嗦？

（12）衣裳扯得稀烂，是不是又打了捶_{打架}来？（《死水微澜》）

（13）我不是去看电影来，是看戏来。

（14）没得人看倒_{看见}他哭来。

（15）你鬼鬼祟祟做啥子来？

以上例（1）、（2）动词带"了"。（3）、（4）、（5）动词带"过"，其中（5）的"洗过澡来"的"来"仍是这里说的体助词，不是趋向动词；这个例子还说明"VP 来"不仅出现于句末，有时也可以出现在句中。例（6）、（7）、（8）中的动词分别有结果补语、趋向补语，其中（8）不避两个"来"连在一起。（9）、（10）、（11）、（12）是疑问句，不限于特指问句。（13）、（14）是否定句。（15）动词前面有状态修饰语。

可见，北京话"来着"的限制，成都话"来"都没有。不过，北京话"来着"还可表示说话人一时想不起来某个信息，要求对方提醒或重复，或自己想起来了加以补充。成都话遇此不用"来"。如北京话："买房贷款叫什么来着？│你姓什么来着？"成都话通常用疑问语气词"唵"［æ¹］，如："买房贷款叫啥子唵？│你姓啥子唵？"当然，也有别的表示法。

成都话"来"的用法，跟近代汉语中"来"的用法相当一致。可以说，成都话保留了早期白话中的用法。如：

（16）适来什摩处去来？（《祖堂集》卷第十四）

（17）我不知为甚么，见这好伴当艰难着来，便与他作伴去了来。如今来了也。（《元朝秘史》）

（18）（美娘）又想一想道："我记得曾吐过的，又记得曾吃过茶来，难道做梦不成？"秦重方才说道："是曾吐来。"（《今古奇观》卷七）

（19）你在家中，我怎么分付你来？交_教你到人家休要多言多语，全不听我！（《快嘴李翠莲记》）

例（16）是"来"直接位于动词之后；（17）、（18）、（19）动词之后有"着"、"了"、"过"。尤其"过"与"来"都表示经历体，配合共现，成都话至今仍多见。（19）的"来"用于非特指问句。

成都话"来"与北京话"来着"都主要表示"近过去"体貌，但有时也可用于久远的事件，如："十多年前我就见过她来，现在还没有变化。"

4.7 反复体

反复体表示动作行为的重复。

成都话中用一些四字格表示反复体。如：

V 来 V 去：说来说去　想来想去

$V_1V_1V_2V_2$：来来去去　跑跑跳跳

V 了又 V：说了又说　买了又买

这些格式主要表示不计量的反复，形容一种状态。

成都话表示实际的动作重复，一是在 VP 前加"重新、单另、格外（另外）、再、又（也可有"再"的意思）"等副词；一是用"V 过"的结构。两种形式可以结合，即"Adv＋V 过"。这个体助词"过"不同于表示动作完毕的"过$_1$"，也不同于表示经历体的"过$_2$"，只用于表示同样的动作行为的重复，可以记为"过₃"，这里只写为"过"①。

(1) 衣服没有洗干净嗦？洗过就是了。

(2) 字写得太草，这篇文章单另_{另外}写过。

(3) 那个模特儿台步走得不标准，要重新走过。

(4) 今天招待得太简慢，改天格外_{另外}招待过才要得。

(5) 我把衣服重新洗过还给他了。

(6) 跟着又给她把眼泪揩干，把发辫给地梳过，叫她就坐在房里，不要出去。(《死水微澜》)

所谓同样的动作行为的重复，指以前的动作行为或其结果不理想，需要再来一次；如要求重复不止一次，可以加上副词"再三"。句子里如有动作行为的对象，也是同样的对象，如例(1)指同一件衣服，(2)指同样的文章内容，(4)的对象省去未说，指同样的客人。对不同的对象，即使同样的动作行为，也不用"V 过"。如先洗的是白衣服，再洗红衣服，虽都是"洗"，却不能说"重新洗过"。

"V 过"可用于祈使句，多用于未然，但是也可用于已然。如(5)、(6)，说话时，整个事件都已发生，因而"V 过"只跟相对的时间有联系，也不排除与"了"共现，但共现时，V 前面常有"重新"、"单另"等词，否则有歧义。如"这件衣服我重新洗过了"和"这件衣服我洗过了"是不同的，前一句的"过"可以是"过₁"或"过₃"，后一句只是"过₁"。

"V 过"在成都话里都是"单个动词＋过"，动词后不带补语或宾语，这和"V＋C＋过₁"、"V＋C＋过₂"、"V＋O＋过₂"(见§4.6.1)不同，也跟有的方言的同类用法不同，如福建连城客家话可以说"换过一只"，浙江金华汤溪吴语可以说"换支过｜算遍过"，这些都表示动作行为的重复；成都话的 V 后面如有连带成分，这个体标记"过"须去掉，如"另外换一支｜再算一遍"。

---

① 参看张一舟《四川话口语几个常用虚词的用法》，载《四川大学学报》(哲学社会科学版)1983 年第 1 期。

　　成都话"V 过"的否定式可以是"不要 V 过｜没必要 V 过｜不消 V过"，如"字已经写得很清楚了，不要重新写过｜没必要再写过"之类；也可以是"不 V 过｜没有 V 过"，但这两种否定式不单说，前后须有别的成分，如"字写得不清楚，不写过我不看｜没有单另写过不要拿来给我看"。如只说"没有 V 过"，这个"过"是"过₂"，如："南京，我没有去过。"

　　"V 过"的疑问句式可以是"要不要 V 过？｜要 V 过嗦/哇？｜可不可以 V 过？"之类，而不说"V 过没有？"因为这个"过"一般是"过₂"。但如加上"单另"、"重新"等副词，就可表示重复体，如："那篇文章格外₍另外₎写过没有？"

　　据报道，汉语方言中用"V 过"表示动作行为的重复，地域相当广泛，如粤语、客家话、赣语、吴语的某些小方言都出现了这种用法[①]；而在官话方言中，成都话这种"V 过"格式也许是一个代表。不少文章把这种表示重复的格式归到"经历体"中，是由于"过₃"与"过₂"有某种联系；但是，"过₃"与"过₂"的功能和语义都不同，"过₃"的虚化程度还超过"过₂"，因此有必要作为一种独立的体助词来处理。

4.8　短时体

　　从语义上说，"短时"可指整个行为、事件经历的时间短或顿时发生，如"一巴掌打死一个蚊子｜电灯一下就亮了"；也可指一次动作经历时间短，如"眼睛眨了几下"；但有时二者不易区分。"短时"又跟"少量"、"随意"和"委婉"语气有关。

　　普通话主要用动词重叠式表示短时体，成都话的动词重叠形式和语义都跟普通话不大一致，除受普通话影响也有单音节和双音节动词重叠形式外，双音节动词还可以按照 AABB 式重叠，跟双音形容词重叠式一样，表示描摹性状态，如"几个老太婆邀邀约约地去买菜｜你商商量量地说，不要吵｜收

---

　　① 　参看张双庆主编《动词的体》（江苏教育出版社，1996 年）中关于香港粤语、连城方言、安义方言、金华方言、苏言方言的有关文章。

收拾拾、打打扮扮地去做客｜呻呻唤唤的做啥子?"这种重叠不是短时体。

成都话表示短时体约有以下几类形式:

4.8.1　"V下"、"V一下子"、"V下子"、"V下"

"下"口语音〔xa⁴〕,动量词,也说"下子"〔xa⁴tsʅ³〕。"V一下(子)"本义表示动量,犹如"V一次",抽象化为短时体形式。此时,"下(子)"前的数词常为"一",可省,所以,"V下子"或"V下"更常说。如:

（1）小伙子斜起眼睛,看下打花鼓的姑娘。(《艾芜短篇小说选》)

（2）他靠着一根电线杆,稍微休息下子。(《艾芜短篇小说选》)

（3）我回去下就来。

（4）我想走珠海耍下子。

（5）你好好想下这个问题。

（6）你坐下嘛! 我们好好摆_{聊,谈}下嘛!

以上"V下"都可说"V下子｜V一下｜V一下子"。

例（1）、（2）、（3）是真正的短时行为;（4）有随意的语气,如果正式出差,就不说"出下差";（5）、（6）的"想"、"摆"都不是实际的短时行为,后面加"下",只是语气委婉一些。

V后面可以有"了、过","V下"后面可以有O,如"看了下相片｜想过下子这个问题"。如果O是人称代词,也可以在"下"前面,如"我来看下你｜我来看你下"。

"V一下"的衍生形式有"V两下｜V几下",如"走两下｜打几下",只表示动作的动量,不表示短时,但"一下"、"两下"、"几下"做状语时,可表示短时行为,也可算是一种准短时体形式,如"电灯（一）下就亮了｜吃了这服药,病两下就好了｜她手脚麻利,几下就做完了"。

4.8.2　"两V"、"几V"、"V两V"、"V几V"

成都话"两"、"几"也跟"一"一样,可修饰动词,"两"和"几"意思相同,是虚指。不过,"一V"常表示动作突然发生,而"两V"、"几V"表示动作频率。如:

（1）罗歪嘴把手一摆道…… （《死水微澜》）

（2）碗里的汤拿调羹_{汤匙}两搅就凉了。

（3）刘三金把脚几顿，一根指头直指到他鼻子上道…… （《死水微澜》）

"两搅"、"几顿"和"搅两下"、"顿几下"义近，但又有所不同，有快速动作的意思，所以，同时有短时义。

由"两 V"、"几 V"又产生了"V 两 V"、"V 几 V"的格式，不仅表示短时、少量，还有随意的意味。如：

（4）树上的果子熟了，你摇两摇就掉下来了。

（5）你扫地太不认真，拿扫把_{扫帚}舞两舞就算了？

（6）那两只羊子的角朝对方碰两碰，像要打架。

（7）她一边诅咒着，一边抹几抹胸口。（《嘉陵江边一条街》）

（8）罗歪嘴——其实他的嘴并不歪。因为他每每与女人调情时，不免要把嘴歪几歪，于是便博得了这个绰号。（《死水微澜》）

以上格式里的 V 都必须是自主性动词，而且一般是表示活动的动词，例如不能说"两病"、"病几病"、"脸红了两红"。有些心理动词也可用于这类格式，但不是主要的，如："他不爱动脑筋，凡事想两想就不想了。"

以上格式都可单独做谓语，如（3）、（6）、（7）、（8）。

4.8.3 "两 V 两 V"、"几 V 几 V"

这两种格式可看作是 4.8.2 的变式，即重叠"两 V"、"几 V"而来，更强调短时义，常表示动作行为的迅速和随意。

（1）你看他擦铜壶，两擦两擦，嗨！就亮铮铮的了。

（2）老刘打锅魁_{四川一种特制烧饼}，两打两打，两三分钟就打了一个，搁在炉膛里又几烤几烤，几翻几翻，一会儿就熟了。

（3）汽车在街上几拐几拐就到家了。

有时只是说话人心理上认为某种行为快速或轻而易举，也可用此式。如：

　　（4）骗子骗术高明，他把你两哄两哄就哄到手。

　　（5）那么大的火，几烧几烧就把一座山烧秃了。

　　（6）一个大企业，他几搞几搞就搞垮了。

如果代之以"两V"、"几V"、"V两V"、"V几V"，也可表示短时和随意，但没有以上例句中那种强调的语意。"两V两V"、"几V几V"一般不单独做谓语，大都有后续部分"就……"，表示前面动作行为形成某种结果，当然也可以有别的后续句，如（6）也可以说"……，他几搞几搞，啥子都没得了"。

　　附带说说，成都话还有"一V"、"V一V"、"一V一V"，表面上跟"两V"、"几V"、"V两V"、"V几V"、"两V两V"、"几V几V"平行，但除了"一V"表示动作突然发生从而也有短时义外，"V一V"、"一V一V"都不是短时体形式。"V一V"是一个歧义形式。一个是跟普通话相同的"V一V"，如"说一说｜问一问"，成都话更常说"V（一）下（子）"，如"说一下子｜问（一）下"；另一个是表示摹状的格式，与"一V一V"同义，看来这个"V一V"是从"一V一V"省去前面的"一"而来，如"脑壳_{脑袋}点一点的｜手里的扇子摇一摇的｜树影子晃一晃的"，也可以说"一点一点的｜一摇一摇的｜一晃一晃的"，都表示一种反复或断续的均匀状态，不表示短时，有时反而表示慢悠悠的样子。

　　"两"、"几"修饰动词，或与动词构成某些格式，并不是成都话所特有的。据报道，粤语也有"V两V"，被视为尝试体形式，这跟短时体也有密切的关系①。

　　以上几种短时体形式，只有"V（一）下（子）"有否定式和疑问式，§4.8.2和§4.8.3的两类都没有。例如可以说"不肯想下｜坐一下不？｜要不要坐一下？"，但不说"没有摇两摇｜摇两摇不？"之类，除非在否定对

---

　　① 参看郑定欧：《析广州话尝试貌"动ᵢ+两+动ᵢ"式》，载胡明扬主编：《汉语方言体貌论文集》，江苏教育出版社，1996年。

方意见时而重复别人的词语才如此说。

4.9 尝试体

尝试体跟短时体常相通，"V（一）下（子）"（见§4.8.1）也可以表达尝试体的意义，特别是当 V 是具有尝试、比量等语义的动词时，更为明显。如：

（1）你告_试下这件衣服，看穿不穿得。

（2）尝下我的手艺嘛！

（3）叫他们来称下子体重。

（4）我摸下子你的额脑_{额头}，看是不是发烧。

但是，成都话更常用句末语气词（或称助词）"看"或"看看"，这是尝试体的显性标记。约有以下几种格式：

4.9.1 "V（一）下（子）看/看看"

简单的形式如"你告下看｜我尝一下看看"，"V 下"后如有其他成分，可在句末加上"看/看看"。如以上（1）、（2）、（3）、（4）各例，都可在"V 下 O"之后缀以"看"或"看看"。

4.9.2 "V 看/看看"

V 只是简单的动词，但也可包括"VO"，与前一类都是"VP 看/看看"，只是这一类没有"（一）下（子）"。

（5）你为啥子缺课？你说看。

（6）我不晓得唱得好不，我来唱看看。

（7）其实他是隔了一层，乐得说硬话，叫他来做一任县官看看，敢硬不敢硬？（《死水微澜》）

成都话既常说"我听下看｜闻下看｜想下看"，也常说"我听看｜闻看｜想看"（"看"或"看看"均可）。而"你拿来看看"就是一个歧义句，"看看"可以是动词"看"的重叠式（受普通话影响），也可以是动词"看"连着语气词"看"，还可以是语气词"看看"（无论哪种情况，"看看"都读

［kan⁴kan⁴⁻¹］，后一字变调为阴平）。而"我看看"的第一个"看"必是动词，"看看"可能是动词重叠式，也可能是"动词＋语气词"。

4.9.3 "VV看/看看"、"V一V看/看看"

"VV"、"V一V"是受普通话影响的形式，所以"VV看/看看"和"V一V看/看看"多用于书面语中，口语中多用"V看/看看"或"V下看/看看"。

（8）二天_{以后}他来了，问问他看。（《死水微澜》）

（9）你闻闻看，这多香呵！（《艾芜短篇小说选》）

（10）站一站，等我听一听看。（《艾芜短篇小说选》）

"V（一）下（子）"可以在V的后面加"了"，表示已然，如"尝了（一）下"；可是，有"看/看看"的结构只能表示未然，没有"闻了看"之类的说法。

"看"虽是尝试体的标记，但"VP看"不一定都有尝试义。正如一些语法学家所说，尝试体和短时体有时不易区分，而短时体又可表示委婉语气，所以"VP看"有时只表示一种语气，避免直接、生硬，如："你想下看，我哪儿对不起你？""你想下看"就是"你想下"、"你想想"，语气比"你想"委婉得多。

代　词

9.0代词，有的语法书称为指代词，因为包括称代词和指别词两大类。称代词表示代替作用，指别词表示指示作用和区别作用。我们沿用一般的名称，统称为代词。

代词这个词类具有很强的封闭性，数目有限，但使用频率高；每个代词都有专职，但在代词系统内，可适当调整，不少专职代词可兼表其他意义。这是代词具有丰富的表义功能的一个原因，但同时也使代词的分类、排列难以做到周全、科学。另一个重要原因是，代词在语法功能上可以代替体词、谓词、副词等各种词类，亦即其整体语法功能复杂多样，在分类上不具排他性；甚至某一代词究竟属于哪种词类，也众说不一。因此，我们也按照语义和用法的特点来分类，包括人称代词、指示代词、疑问代词三大类，每大类的内部又分为数小类。

成都话的代词系统跟北方方言（官话）区各方言大体一致，但小有差异；在四川话内部，成都话的代词跟别的地区也小有差异，但这更主要的是在语音形式方面①。成都话内部，由于城区不同、外地方言影响等多种因素，也有错综复杂的情况。我们在列举成都话代词词表的同时，重点分析有特色的用法。

9.1 人称代词

第一人称：我、我们

第二人称：你、你们

第三人称：他（她、它）、他（她、它）们

自称：自己、自家、各人

他称：人家、别个、别人

　　　某、某人、本人、大家

9.1.1 成都话的人称代词总体上跟普通话相当一致，但有两点不同：第一，第一人称复数没有包括式，即没有类似"咱们"那样的代词，而一律用"我们"；第二，没有专门表示敬称的人称代词，即没有类似北京话"您"、"怹"那样的形式。需要表示敬称时，可以使用由名词和代词组成的同位短语，如"你先生｜他老人家"、"太婆你……｜大姐你们……"之类。但这种格式也可用于蔑称或谦称，如："你娃胆子那么大嗦？｜他老黄有啥本事？｜我老李做事清白。"可见，表示敬称与否不是由代词本身或这种同位结构形式来决定的，而是由词义或句义来决定的。

9.1.2 汉语的人称代词的复数形式有时可以表示单数，反之，单数形式有时也可表示复数，例如行文中常有的"我们认为"（＝我认为）、"我们

---

①　参看甄尚灵：《四川方言代词初探》，《方言》1983年第3期。

这样做……"（＝我这样做……）、"我校"（＝我们学校）、"你方"（＝你们方面），但这是书面语中的情况。而成都口语里，这些用法表现在别的方面。这又有两种情况。

一、在亲属称谓前作定语的代词是复数形式，实际上可以表示单数。例如：

（1）丁丁是个独儿，他们妈老汉_{父母}太惯适_{娇惯}他了。

（2）老吴，你们爱人回来没有？

（3）小华他们哥是个的哥_{出租汽车司机}。

例（1）、（2）的代词是假复数，真单数。例（1）的丁丁是独生子，父母当然是他一人的；例（2）的"爱人"当然只属于老吴一人。例（3）的"他们"既可表示真复数，也可表示真单数。这种用法在中小学生中相当普遍，特别在女学生中，常可听见"我们姐｜我们妹儿｜他们幺爸"等说法；有时还可以说"我们屋头_家"，这自然也可以指真复数，但也可仅指说话人自己，犹言"我的家"。在把"非人物"当作人物的话语里也有这类用法：

（4）你看到我们波斯猫儿没有？它跑不在_{跑不见}了。

这个"我们"可以表示波斯猫的主人是复数，但也可以指"我"。如果中心语是一般事物名称，作定语的"我们"、"你们"、"他们"则表示真复数，如"你们的书包｜我们的头发"。

细究起来，复数形式人称代词尤其是"我们"的上述用法，常表示说话人的亲切语气，犹如北方方言的"咱爹咱妈"、"俺娘"一样。不过，"咱"、"俺"之类的代词可兼表"我"或"我们"，成都话表示单数和复数的人称代词本是不同的词。

需要说明的是，"我们"、"你们"、"他们"作定语表单数时，后面通常不带"的"，否则，有突出这些代词本来的复数的作用。

这种用法的代词"～们"［mən¹］常弱化为［m̩］或［m］，甚至是［n］，如"我们"［ŋo³ mən¹］在听觉上可以变为［ŋo³ m̩］或［ŋom³］，甚至是［ŋən³］。不过，这些都是随意的语音变体，并不是规律性的音变。同样，这种用法的"你们"［ŋi³mən¹］可以读成［ŋi³m̩］［ŋim³］［ŋin³］，"他们"
［t‛a¹mən¹］可以读成［t‛a¹m］［t‛am¹］［t‛an¹］。但这一点可透露出说话人既
要用复数形式的代词同时又要削弱其复数意义的意图。有的方言，如山西汾
阳话，第一人称代词"俺"作亲属称谓的领格时则是"恩"①，成都话上述代
词用法似乎与此有点儿相似。

二、"我们"、"你们"作主语、宾语时，有时也可以代表"我"、
"你"。如：

（5）你们歪凶,厉害我们惹不起！

（6）我们也不是那么笨的人，你以为我们当真啥子都不懂嗦？

（7）你咋个怎么净拿我们逗起要寻开心？

这种用法，以"我们"为常见，是借缓和语气，把争辩化为自怜、自我解
嘲。有时，"我们"后面再加"这些人"，或者干脆只说"这些人"，实际上
只指说话者一人：

（8）我们这些人又不是吃不起饭！

（9）这些人不得不会怕你！

（10）你默倒以为这些人就这样穷么？（《艾芜短篇小说选》）

9.1.3　自称代词。成都话有"自己"、"自家"、"各人"。此外，"本人"
既可用于自称，也可用于他称，用法跟普通话相同，这里不谈。

9.1.3.1　"自家"和"自己"的意义和句法功能相同，用"自家"的
地方，都可以换为"自己"。但是，"自己"的使用范围比"自家"广泛，有
两种情况：

一、"自己"既可指人，也可指物；"自家"一般指人，很少指物。如：

（1）你不要喂他，他自家/自己晓得吃。

（2）衣服晾在外头，自己晓得干。

---

① 参看宋秀令：《汾阳方言的人称代词》，载《语文研究》1992年第1期；乔全生：《山西方言
人称代词的几个特点》，载《中国语文》1996年第1期。

（3）他自家/自己跑起来_{跑来}的，没得人喊他来。

（4）那草是自己燃起来的，没得人点它。

例（2）、（4）的"自己"多少有"自然而然地"的意思，这里不用"自家"①。

二、"自己"既可用于特指，也可用于泛指；"自家"较少用于泛指。如：

（5）耗子爬秤杆，自己称自己_{歇后语，自己称赞自己。}

（6）自己打锣自己唱戏_{自唱自演。}

（7）自己打自己的屁股打不痛_{自我批评 可能 不深刻。}

9.1.3.2　"各人"有两个意义：一个指某个范围内的所有个体，跟"每人"相近，但表示遍指，等于"各个人"，如例（8）、（9）；另一个指"自己"、"自家"，这是成都话的特殊用法，如例（10）、（11）。

（8）各人心头有个打米碗_{每个人心里都有数。}

（9）AA制就是各人付各人的账。

（10）是他各人找的麻烦，跟人家有啥子关系？

（11）你做你各人的事，不要在这儿挡路！

例（8）、（9）的"各人"，其潜在的先行词或说称代对象是大家、众人；（10）、（11）的称代对象可以是一个人，可以有先行词"你"、"我"、"他"。

表示"自己"义的"各人"，一般也用于指代人，不用于指代物。如：

（12）他是各人/自家/自己来的，不是请来的。

（13）门是自己开的，不是我打开的。

（14）她很欣赏各人/自家/自己的风度。

（15）这篇文章没有自己的特点。

---

① 有的人把"自家"理解为"自己的家"，如："他看见自家的大门没有关"、"自家的饭没有熟，先去买个包子吃。"应该说，这不是自称代词。

"自家"、"各人"虽只用于指代人,但在拟人化的语境中也可以指代事物。如:

(16) 你不动这个剪刀,它自家/各人/自己会跑到这儿来嗦?

9.1.4 成都话的他称代词也跟普通话大致相同。下面只说说"人家"、"别个"。

"人家"、"别个"都可以指说话人自己以外的人或某人以外的人,也可以泛指某些人,还可以指说话人自己。这跟普通话"别人"biéren、"人家"rénja一样。如:

(1) 人家/别个都捐了款,就是他一个人不捐。

(2) 人家/别个小黄心头有事,你不要去打搅他。

(3) 拿人家/别个的手短,吃人家/别个的嘴软_{接受了别人的好处自己腰板不硬}。

(4) 人家/别个等你半天了,你咋个这阵才回来?

(1)、(2)指某人以外的人,其中(1)表示称代,(2)有指别作用。(3)表泛指,(4)是说话人自指。

成都话"人家"比"别个"使用更普遍。例如以成都方言写的《死水微澜》中的句子:"人家好好地问他为啥同人打捶_{打架},他半句不说,只是要鸡,这样看不起人家,人家还有啥心肠顾他?"这里连用几个"人家",不用"别个"。"人家"〔zən² tɕia¹〕可以读为〔ŋia¹〕(音变加合音),可以用在句首、句中,有时也用于句末,但在句末更常用〔zən² tɕia¹〕,如:"你不懂就要问人家。"

"人家"、"别个"都指代人,不指代物,指代物时用指示代词"别的"。如:"只买这个,不要别的。"

成都话也说"别人",用于书面语色彩较浓的场合,也都可替换以上各例中的"人家/别个"。"别人"还有"另外的人"、"其他的人"的意思,普通话读 biérén,成都话的"别人"也可以有这个意思,但更常说"别的人"〔pie² ni¹ zən²〕。如:"我们先赶_乘汽车去,别的人后骑车子去。"

9.2 指示代词

	近指	远指
人物、事物指代词	这 这个、这些	那 那个、那些
地点指代词	这儿、这儿跟前	那儿、那儿跟前
时间指代词	这阵、这下儿	那阵、那下儿
方式、程度、状态、数量指代词	这么 纵△个、纵△个起 这样子、这个样子	那么 弄△个、弄△个起 那样子、那个样子
其他：个、各、每、别的、旁的		

指示代词"这"、"那"跟别的语素或词组合的时候，有时会产生音变。下面随文说明。

9.2.1 "这"、"那"（单念时音［tse⁴］、［na⁴］）

成都话"这"、"那"不常单用，或者说，跟北京话比较，单用的范围比后者小。这表现为：

一、不单独作宾语，后面总带量词，通常是"个"，也可以是别的量词。如：

（1）她摸下_{摸摸}这个，摸下那个，不晓得选哪个才好。

（2）你买那个做啥子？

（3）脸上擦那个，皮肤要过敏。

成都话不说"摸下这"、"摸下那"、"你买那做啥子"之类。

二、可以单独作主语，但也有限制。能单独作主语的情况大致是：第一，在判断句里能自由作主语，否则不太自由。如"这/这个是箱子｜那/那个不是我的责任"。第二，在对举情况下。如："这/这个也不好，那/那个也不好，究竟哪个才好？"第三，作复指成分。如："拿报纸包吃的，这/这个都要得嗦_{这都行吗}？"但成都话不说"这很便宜｜这最受欢迎｜这给你，那给他"。

三、"这"、"那"不单独作定语，作定语时后面常带量词。如：

（4）这支笔是单位上发的。

（5）你看见我那条小狗没有？

（6）那个小学生棋下得好得很。

而不说"这笔"、"我那小狗"、"那小学生"。

成都人说话迟疑、语塞的时候，也不说"这，这，这……"、"那，那，那……"，而说"这个，这个……"、"那个，那个……"。

9.2.1.1 由于"这个"、"那个"常常代替"这"、"那"，所以"这个"、"那个"的使用范围比普通话宽，不但可以指示、区别具体的人或事物，还可以有"这种/类"、"那种/类"的意思。如：

（7）这个鸡蛋还新鲜，个个都粉嘟嘟的，买两斤。

（8）这个自来水是消了毒的。

（9）这个话说得有点儿过分哟！

（10）他这个脾气不好惹。

（11）不吃他那个饭，不受他那个气。

被修饰的名词即使有专用量词，也可以用"这个"、"那个"作定语。如："那个事情黄了（＝那件事泡汤了）｜这个筷子不干净（＝这双筷子不干净）"。"这个"、"那个"的作用有点儿近乎西方语言的定冠词，突出的是"这"、"那"，"个"的个体量词的作用反而淡化了。（10）、（11）的"这个"、"那个"甚至近乎"的"的意义，指示的作用也淡化了。

"这个"、"那个"读为 [tse⁴ko⁴⁻¹] 和 [na⁴ko⁴⁻¹]，"个"常音变为阴平；"那"也另有 [ne⁴] 或 [nai⁴] 的读音①。这样一来，"这个"、"那个"可以有两组读音：

---

① 有人说"那"读 [nai⁴] 是受了外地方言的影响。但世居成都的老人确也有读 [nai⁴] 的。如近一百年前的《成都通览》（下）"成都之土语方语"部分说："赖个，那个也。"虽不能作为成都有此音的确证，但说明成都早有人这么读。

	A	B
这个	tse⁴ ko⁴	tse⁴ ko¹
那个	na⁴ ko⁴	na⁴ ko¹
那个	ne⁴ ko⁴	ne⁴ ko¹
那个	nai⁴ ko⁴	nai⁴ ko¹

大致说来，A组是读书音，"个"读本调；B组是口语音，"个"读变调。如果不强调指别作用，如例（7）—（11）那样的情况，读B组；如果要强调指别的意义，如说"这个鸡蛋比那个新鲜"，既可读B组，也可读A组；如果还要进一步强调指别的意义，还可以说"这一个鸡蛋比那一个新鲜"，这时"个"只读本调去声，不读阴平。

9.2.1.2　成都话的指示代词只有"近指"和"远指"，并没有"中指"。曾有人认为武汉的指示代词是三分的，即"这"［tsɤ⁴］、"那"［na⁴］、"□①"［nɤ⁴］，分别表示近指、远指、中指②；后有人否定这个说法，但同时认为成都话也有"□"［nɤ⁴］，亦即"那"③。事实上，成都话"那"并没有［nɤ⁴］这个音，而有［ne⁴］，如"那个"［ne⁴ko⁴⁻¹］，但它不表中指。不过，在实际表达中，又确有模棱两可的情况。如一位顾客对售货员说："我要这起［tse⁴ tɕi³］（这种）点心，不要那起［na⁴ tɕi³］。"在这句话里，"这"、"那"的近指、远指很明确。但是，如果顾客只说"我要［ne⁴ tɕi³］点心"，代词的发音既非［tse⁴］，也非［na⁴］，也没有上下文对照，假设也没有手势或眼色辅助，售货员的确不明白顾客所说的是近指还是远指。成都话"那"有［ne⁴］的读音，按理说顾客的意思很明确。然而，由于重庆等地把"这"读为［ne⁴］，把"这个"读为［ne⁴ko⁴⁻¹］，两地方言相互影响，因此，成都人的［ne⁴］有时竟或指"那"，又或指"这"。但是，不能说成都话有个表"中指"的指示代词，因为［ne⁴］和［na⁴］、［tse⁴］并没有对

---

①　□表示有音无字。

②　参看朱建颂：《武汉方言的指示代词也是三分的》，《中国语文》1986年第6期。

③　参看朱庆仪：《武汉方言的指示代词不是三分的》，《中国语文》1988年第5期。

立的关系。

9.2.1.3 "这些"、"那些"分别指较近或较远的人、物的复数，用法跟普通话相同。但成都话常有如下说法：

（1）我屋头_{家里}有姐姐、哥哥啊这些。

（2）萝卜、白菜、豆腐那些都很有营养。

（3）理发店做的是剪发啊、烫发啊、焗油啊这些。

（4）她还偷东西啊说谎那些。

"这些"、"那些"表示类别的意思，位置在列举的几个 NP 或几个 VP 后面。"啊"是表列举或停顿的语气词，可以在几个词语后面，或在每个词语后面，如例（3）；或在其中一个词语后面，如例（4）；或都不用，如例（2）。"这些"、"那些"本来有中心语，如"这些人"、"那些东西"、"那些事"之类，"这些……"、"那些……"和前面的词语本来是同位结构，中心语后省去，"这些"、"那些"就有了"……之类"或"……等等"的意思。而且，"这些"、"那些"不但可以附在列举的词语之后，甚至可以附在一个 NP 或一个 VP 后面。如：

（5）他给她送了花这些。

（6）我讨厌说谎那些。

（7）她只晓得哭那些。

口语也可以用"啥子的_{什么的}"代替"这些/那些"，也表示类别。如：

（8）今天买了铅笔、本子啥子的。

（9）她爱卡拉 OK 啥子啥子的。

但"啥子"可重叠，表示"等等，等等"，而"这些/那些"不能重叠。

"这些"、"那些"的读音是：

这些：［tse⁴ ɕie¹］／［tse⁴ ɕi¹］

那些：［na⁴ ɕie¹］／［na⁴ ɕi¹］

　　　［ne⁴ ɕie¹］／［ne⁴ ɕi¹］

$$[\text{nai}^4\text{çie}^1] / [\text{nai}^4\text{çi}^1]$$

本节的"这些/那些"都后置，而且有类似助词的性质，不重读，有时发音轻微，"些"读[çi¹]的情况较多。"这些"、"那些"也没有确定的近指或远指意义。

9.2.1.4　成都话还有一个特殊的代词"个"，是"这"、"那"的意思，但只能出现在少数表人的 NP 前面。如：

（1）个鬼娃娃调皮捣蛋得很！

（2）个杂种！你是哑巴吗？（《苦难》）

（3）个舅子！一定亏心事做多了，才吓得这么凶！（《沙汀选集》）

（4）我不跟你个瘟丧瘟神闹！（《沙汀选集》）

（5）你们想做啥？……操你个舅子！（《艾芜短篇小说选》）

（6）宋七娃个东西有这样一个婆娘，真不晓得是哪座祖坟埋对了龙脉。（《陈翔鹤选集》）

这个"个"前面不能加数词，所以不是"一个"之省；"个"前面虽然可加"这/那"，可是"这个/那个"没有省去"这/那"而留下"个"的规则。因而，这里的"个"不是"一个/这个/那个"里的量词"个"，但它确由量词"个"演变而来，是"这/那"的意思。如"个小儿视瞻异常"，有人称为代词[1]。上述用法中"个"的前面可以有人称代词，如（4），可以有名词，如（6），就是"你这瘟丧"、"宋七娃这东西"的意思。（3）的"个舅子"，在同一文章另一处与"这舅子"语义相同。但"个"使用范围狭窄，它后面的 NP 多为詈语词，"个 NP"常用于责骂、调侃、粗俗的话语中，但似乎保留了古代口语的余韵。成都人还自称"个老子"，有人写为"格老子"，看来是"个"的用法的扩大，但并没有"这/那"的意思。

9.2.2　指代地点、处所的代词

主要有：

---

① 参看曹广顺：《近代汉语助词》，语文出版社，1995 年。又见张相：《诗词曲语辞汇释》上（中华书局，1963 年）："个，指点辞，犹这也。"

近指：这儿、这儿跟前、这里。

远指：那儿、那儿跟前、那里。

其语音形式为：

这儿	[tsər⁴] / [tsər¹]
这儿跟前	[tsər¹] [kən¹ tɕʻian²]
	[tsər¹] [kən¹ ian²]
	[tsər¹] [kan¹]
	[tsər¹] [kan³]
这里	[tse⁴ ni¹]
那儿	[nər⁴] / [nər¹]
那儿跟前	[nər¹] [kən¹ tɕʻian²]
	[nər¹] [kən¹ ian²]
	[nər¹] [kan¹]
	[nər¹] [kan³]
那里	[na⁴ ni³]

可以看出，"这"、"那"在非儿化音节里读本字调，在儿化音节里读变调（阴平）。"跟前"本来是一个词，可是在这儿经过音变，或是"跟"、"前"二字产生合音，或是合音后声调变化，或是"前"的声母弱失，总之已不是独立的词。它和"这儿"、"那儿"黏合紧密，听起来好像"这儿甘△"、"这儿感△"、"那儿甘△"、"那儿感△"，成为跟"这儿"、"那儿"同义的代词。

"这里"、"那里"是带有书面色彩的词。口语中最常用的是"这儿"、"那儿"；"这儿跟前"、"那儿跟前"口语色彩更浓，多在市井百姓中使用。另一值得注意的地方是："这儿"、"那儿"、"这儿跟前"、"那儿跟前"后面还可以加"些"[ɕi¹]，说成"这儿些"、"那儿跟前些"之类。不过，这个"些"不同于表示名词真性复数的"些"，有时有一点儿表连类复数的意思。

成都还有一些表示地点、处所的说法，大都是"pron. +L"或"pron.+M+N"结构的短语，如"这头"、"这边"、"这半边"、"那个地头地方"等，跟普通话用法差不多。

9.2.2.1 成都话的地点指代词有一特殊用法，即可表示时间。"这儿"、"这儿跟前"有"现在"、"眼下"的意思，不严格限于说话的时候，也可指"最近"、"不久前"、"不久后"；"那儿"、"那儿跟前"也可以指"以前"、

"那时"，泛指过去的某个时候。如：

（1）那儿才过了端阳，这儿又要过中秋了。

（2）感冒那儿跟前才好了几天，这儿跟前又发了。

（3）小于这儿要结婚了，你晓得啵？

普通话"这儿"、"那儿"也可表时间，如"打这儿开始……"。成都话表时间的"这儿"、"那儿"则直接作状语，前面不用介词"从"、"在"、"到"等，否则指代地点。"跟前"本有地点和时间的意思，如"大树跟前"、"春节跟前"，所以"这儿跟前"、"那儿跟前"表示时间也是顺理成章的。

9.2.3 指示时间的代词

近指	远指
这阵（子）［tse⁴ tsən⁴（tsʅ³）］ 这下儿［tse⁴ xər¹］	那阵（子）［na⁴ tsən⁴（tsʅ³）］ 那下儿［na⁴ xər¹］／［ne⁴ xər¹］／［nai⁴ xər¹］

也可以说"这个时候"、"那个时候"，但这是短语。

"这下儿"、"那下儿"的意思与普通话的"这会儿"、"那会儿"相同。有人写为"这哈儿"、"那哈儿"。成都话"下"可读［ɕia⁴］（"下山"、"楼下"），也可读［xa⁴］（"看一下"）。读［xa⁴］的"下"是跟时间有关的"下"，如"看一下"的"一下"表示动量，成都话不儿化，读去声；但"看一下儿"的"下儿"表时量，儿化，读阴平。"这下儿"、"那下儿"就是这个"下儿"①。

成都话"这阵"、"那阵"比"这下儿"、"那下儿"使用频繁，都可以表示某个时点或某段时间，可以单用，也可以带修饰语。如：

（1）这阵几点钟了？

（2）都这阵了，你才来哇？

---

① 参看范继淹：《重庆方言表动量的"下儿"和表时量的"下儿"》，载《中国语文》1965 年第 6 期；《重庆方言"下"字的分化》，载《方言》1979 年第 2 期。成都话与重庆话的"下"用法基本一致，语音变化形式也大同小异。

（3）昨黑了_{昨天晚上}十点钟那阵停了电。

（4）刚解放那阵，成都还有城墙。

例（1）、（2）、（3）指某个时点，（4）指某个时段。跟北京话"这会儿"一样，成都话也可以说：

（5）这阵的年轻人比我们那阵要_{玩儿}的名堂多。

这里的"这阵"、"那阵"泛指时段，等于说"现在"和"以前"。

9.2.4 表示性质、状态、程度、数量、方式等多种意义的指示代词有以下几组：

一、近指   远指

这么 ［tse⁴mo¹］   那么 ［na⁴mo¹］

     ［tse⁴mən¹］   ［na⁴mən¹］

     ［tsən⁴mən¹］   ［nə⁴mən¹］

     ［tsoŋ⁴mo¹］   ［nən⁴mən¹］

     ［tsoŋ⁴mən¹］   ［noŋ⁴mo¹］

                                              ［noŋ⁴mən¹］

"这"、"那"、"么"都有一些音变形式。"这"、"那"读［tsoŋ⁴］、［noŋ⁴］时，记音字可暂写为"纵△"和"弄△"。"么"有写为"们"的①。

二、近指   远指

纵△个（起）［tsoŋ⁴ko¹（tɕ'i³）］   弄△个（起）［noŋ⁴ko¹（tɕ'i³）］

这里的"纵△个"、"弄△个"本来是"这个"、"那个"，可是为了不跟§9.2.1.1的"这个"、"那个"混淆，所以写了表音字。这里的"个"，我们认为原也是名量词"个"，本调是去声，在"咋个"、"啷个"里也读去声，但在"这"、"那"后面读阴平。但是在书面语里，"纵△个"、"弄△个"这种写法极少见到，一般都写为"这么"、"那么"或"这们"、"那们"。

---

① 有人也写为"门"。并注为［mən³¹⁻⁵⁵］。参看崔荣昌编写：《成都话音档》，上海教育出版社，1997年。第32页："这门久了。"第33页："那门多。"按，"这门"的"门"只读阴平，没有阳平的原调。

三、近指　　　　　　　　　　　　　　　远指

这（个）样子〔tse⁴（ko¹）iaŋ⁴tsʅ³〕　那（个）样子〔na⁴（ko¹）iaŋ⁴tsʅ³〕

这三组代词主要用于动词或形容词前面，也可用于数量词前，主要功能是谓词性的，但各组的使用范围不全一致。

第一组主要用于指示、区别，不大用于称代，所以一般作修饰语，不单用作主语，很少作谓语。例如，可以说"这么贵｜那么写｜这么一回事｜那么一点儿"，但不说"这么要不要得｜不要那么"。如果作谓语，前后必须有先行词语或后续词语，如："讨论得差不多了，就这么嘛！""你叫小王那么嘛：开个介绍信。"这里的"这么"是"这么办"的意思。

第二组既可用作修饰语，也可单用作主语、谓语，兼有指别和称代作用。例如，可以说"纵△个贵｜弄△个写｜弄△个一回事｜纵△个一点儿"，也可以说："纵△个要不要得？｜你不要弄△个嘛。"

第三组也兼有指别和称代作用，单用的范围比第二组大。例如，可以说"这样子远｜那样子做｜这样子一回事"，也可以说："这样子要不要得？｜不要那样子。"第三组还可以作宾语、补语，如"脏成这样子｜写成那样子｜醉得这样子｜病得那样子"。这种用法，第一、第二两组都没有。

"纵△个"、"弄△个"后面可以带"起"，跟北京话说"这么着"、"那么着"差不多。"这样子"、"那样子"也可以说成"这样"、"那样"，但是成都话习惯加"子"。"这个样子"、"那个样子"的用法跟不加"个"时一样，可是有了"个"更像短语。

9.3　疑问代词

问事物、人物	哪 哪个、啥子人 啥子、样啥、是啥
问地点	哪儿、哪里、哪儿跟前、哪边、啥地方
问时间	好久、哪阵、啥时候
问方式等	咋、咋个、啷个、咋（个）样（子）、啷个样子

续表

问原因	做啥子、为啥子
问数量	好、多、几

9.3.1 "哪"[na³]

"哪"在成都话里不单用作主语、宾语，总是跟别的语素或词结合。例如，不说"这些书，哪是你的？哪是他的？ ｜你走到哪，他就跟到哪"，而说"哪本"、"哪儿"等。

成都话的"哪"只在两种条件下单用。一是问地点处所的"哪儿"、"哪里"可以说成"哪"，但只限于在状语位置。如：

（1）哪买的萝卜？

（2）男子汉哪来的这么多眼泪水？

二是用在反问句中，"哪"有"怎么"的意思，也可以用"哪儿"替换。如：

（3）一瓶水哪这么贵？

（4）哪晓得他是个两面派！

9.3.2 "哪个"[na³ko⁴]、"啥子人"[sa⁴tsʅ³zən²]

这都是询问人的代词，相当于普通话的"谁"。

9.3.2.1 成都话实际上有两个"哪个"。"哪个₁"是§9.3.1的"哪"与量词"个"合成的指量词组，"个"可以换别的量词，"个"前面可以加数词，可以问人，也可问物，表示选择疑问。"哪个₂"是一个表示一般性问人的代词，"个"不能换别的量词。成都话里问人常用"哪个₂"，不用"谁"，如："你是哪个？ ｜哪个来了？ ｜哪个打来的电话？"这都没有选择疑问的意思。"哪位"、"哪一位"也问人，但这是和"哪个₁"同类的结构。

"哪个₂"充当修饰语时只能作领属性定语，"哪个₂的娃儿"就是"谁的孩子"，必须带"的"；"哪个₁"也可作领属性定语，如："·（这是）哪个₁（茶杯）的盖盖?""哪个₁（人）的娃儿孩子?""哪个₁"还可作表示选择疑问的定语，如："哪个₁盖盖?""哪个₁娃儿?"此时不能带"的"。

但是，"哪个₂"和"哪个₁"毕竟有渊源关系，意义紧密联系，在话语里有时有歧义。例如："这么多歌星，你喜欢哪（一）个？"这是选择疑问。又如："哪个是还珠格格？"这个"哪个"是表示选择问（"哪一个"）还是一般问（"谁"），就要视语言环境而定了。

9.3.2.2 "啥子人"即"什么人"。有时也说"啥人"$[sa^4 zən^2]$。其结构跟"啥子笔"、"啥子意思"相同，但是我们也可以不把它看作一个偏正短语而看作一个代词，因为它有专义，中间也不能为别的词语隔开。

"啥子人"跟"哪个₂"不同。"哪个₂"只要求回答何人，"啥子人"的询问重点是人的某些特点，如身份、职业等，要求回答"什么样的人"。如：

（1）啥子人才可以报名考研究生？

（2）啥子人的房子这么豪华？

（3）她是你的啥子人？

（4）这是一个啥子人？怪头怪脑的样子。

其中例（3）、（4），"啥子人"可有修饰语，"哪个₂"就不能。"啥子人"本无单数、多数的区别，但有意指多数时，也可以在前面或后面带"些"$[ɕie^1]$或$[ɕi^1]$。如："他们是些（量词）啥子人？｜他们是啥子人些（助词)？"甚至前后都带"些"，如："他们是些啥子人些？""哪个₂"就没有这种用法。"啥子人些"也可以表示"某一类"，不一定指多数，可以说："你晓不晓得他是个啥子人些？"由此看来，"啥子人"和一般指人代词的语法特征不同，它可以有修饰语，可以带助词"些"，还有偏正短语的痕迹。

9.3.3 询问事物的代词

除了"哪+量词"外，最常见的是"啥"$[sa^4]$、"啥子"$[sa^4 tsʅ^3]$。

"啥"、"啥子"相当于"什么"，在成都话里使用频率很高，可单用，也常与名词组成固定短语，如"啥子人"、"啥子地方"、"啥子时候"等。与有的方言多用"啥"不同，成都话多用"啥子"。

9.3.3.1 "啥子"可以单用作主语、宾语，作主语不限于"是"字句，使用范围比普通话的"什么"大。例如：

（1）啥子叫"网吧"？啥子叫"硅谷"？

（2）啥子这么香？

（3）啥子没得眼睛？啥子没得脚？

（4）啥子把你气倒_{着zhǎo}了？

这类句子里的"啥子"，在普通话里要说"什么东西"、"什么事"之类。

"啥子"作定语也有两种情况，一是不带"的"，问中心语所表事物的性质；一是带"的"，问领属关系。普通话的"什么"不单独作领属性定语，不能带"的"。如：

（5）啥子药才医得好他的病？

（6）他们是些啥子学生？

（7）啥子的眼睛有核桃那么大？

——牛的眼睛。

（8）这是啥子的米米_{籽儿}？

——橘子的米米。

例（7）、（8）两句，普通话要说"什么动物的……"、"什么东西的……"之类。（7）、（8）固然也可用"啥子眼睛"、"啥子米米"来提问，但是回答就不一定是领属性的，也可以回答"画的眼睛"、"假眼睛"、"买的米米"之类。§9.3.2.2介绍过"啥子人"是问人的性质、身份等，然而没有"啥子的人"的说法，如问领属关系，须说"啥子单位的人"、"啥子父母的子女"之类。

"啥子"不但可以受"（一）些"修饰，如"你买了（一）些啥子｜你说些啥子话哦"，而且还可以后加"些"，这是普通话的"什么"所没有的，如"啥子些都不想吃｜他把啥子些都送给人家了｜我不晓得他在想啥子些"。这个"些"也表示"等等"、"一类"的意思。"啥子些"可以在句首、句中、句尾。"啥子"前后也可以同时加"些"，如："你在写些啥子些？是小说吗话剧？｜你天天早饭吃些啥子些？"这种用法，一般在市井居民中较常见。

9.3.3.2　"啥"和"啥子"意义相同，用法大致相同。"啥"在成都话里有黏着性，"啥子"可单用作主语、宾语，可以单独成句；"啥"一般不能，特别不用在句尾，"见啥买啥，买啥吃啥"是惯用格式，字数受限，是例外。如果句尾另有语气词，"啥"也可靠近句尾，如："你在写啥哦?"成都话"啥"多用作定语，如"啥事｜啥时候｜啥道理｜啥名堂｜有啥用"。这些短语也可单独成句。

"啥"前面可加"（一）些"，如："你搞些啥名堂?｜你说些啥哦?"但"啥"后面不带"些"。"你屋头有啥些?"不是地道的成都话。

9.3.3.3 "啥子"常用于表示反问语气，形式多样。如：

一、"V/A＋啥子"

（9）慌啥子?

（10）你晓得啥子?

（11）还在吵啥子?

（12）好啥子? 一点也不好!

（13）精灵啥子? 笨得很!

以上的结构还可以重复一下 V 或 A。如：

（14）慌啥子慌?

（15）好啥子好?

二、"V＋啥子＋O"

（16）你在搞啥子名堂?

（17）这跟我有啥子相干?

（18）问他一下要啥子紧?（在复合词里嵌入"啥子"）

（19）人家说他谦虚，他谦啥子虚哦?（在复合词里嵌入"啥子"）

三、"啥子＋NP/VP/AP"

（20）啥子叔叔哦? 认都认不倒根本不认识。

（21）啥子选代表，随便推一个就是了。

（22）啥子好吃不好吃? 吃得饱就行了。

一般而言，同是反问句，"好啥子?"和"啥子好?"语气不一样。"好啥子?"是对所说的事实、情理表示部分的否定，是比较委婉的否定；"啥子好?"表示完全的否定。但是，在具体的语境里，这种区别也不是绝对的。例如回答别人致谢时，既可说"啥子谢哦!"，也可说"谢啥子哦!"，都是"不用谢"的意思。

"啥子"单独成句，表示反问或惊疑语气时，可以有语气词。如："啥子嘛〔ma²〕? 啥子喃〔næ¹〕? ｜啥子哦〔o²〕? ｜啥子唵〔æ¹〕?"后两例会产生合音，分别读〔sa⁴tso²〕和〔sa⁴tsæ¹〕。

9.3.3.4 "啥子"和普通话"什么"一样，也常表示虚指。如：

（23）卖瓜子又不犯啥子法。

（24）啥子"奔驰"，啥子"林肯"，啥子"法拉利"，我都分不清。

"啥子"加"的"用在表列举的词语之后，表示"等等"、"这一类"的意思。如：

（25）买些蔬菜、水果啥子的。

这种用法，"啥子"还可重叠，如："买些蔬菜、水果啥子啥子的。"

"啥子"也常表示任指，可以用于主语、宾语、定语位置上。如：

（26）屋头啥子都没得。

（27）碰到啥子买啥子。

（28）啥子地方戏我都爱看。

表任指的"啥子"还有两个词形"样啥"和"是啥"，意思都是"无论啥子"。如：

（29）屋头样啥都没得。

（30）样啥人他都认得到认识。

（31）是啥都会做，而且做得巴适妥贴。

（32）是啥东西都有卖的。

"样啥"、"是啥"前面不能再加"无论"、"随便"等词，而且只能用于"样啥……也/都……"这种句型里，这两个词可以单用作主语，如例（29）、（31）；也可作定语，如例（30）、（32）。成都话中"样啥"比"是啥"用得普遍些。

9.3.4 问处所、地点的代词

哪儿［nar³］/［nər³］

哪里［na³ni³］

哪儿跟前［nər³kən¹tɕ'ian²］/［nər³kən¹ian²］/［nər³kan³］

哪边［na³pian¹］

啥（子）地方［sa⁴（tsɿ³）ti⁴faŋ¹］

"啥子"、"哪"可以跟某些名词或方位词自由组成问处所的短语，如"啥子地头"、"哪个地方"、"啥子高上"、"啥子旁边"、"啥子下头"、"哪上头"、"哪底下"等。所以，"啥（子）地方"严格地说是短语，而"哪儿跟前"已凝固为代词。

"哪儿"、"哪儿跟前"是成都话中地道的口语词，"哪儿"使用最普遍，"哪儿跟前"在市井百姓中流行，尤其以合音形式为最，读若"哪儿感△"。"哪里"的书面色彩较浓。成都话偶有"哪点儿"［na³tiər³］、"哪下儿"［na³xər²］、"哪塌"［na³t'a²］的说法，都是问处所、地方的代词，但都是其他方言传来的。

9.3.4.1 "哪儿"、"哪儿跟前"跟普通话"哪儿"用法一样，都可表示疑问、虚指、任指，也可以表示反问语气。以"哪儿"为例：

（1）眼镜放到哪儿在？

（2）这个人我在哪儿见过，面熟得很。

（3）哪儿有茶馆就走哪儿去。

（4）我究竟哪儿做拐_错了？

（5）我哪儿晓得你今天要来？

例（1）、（2）、（3）分别表示疑问、虚指、任指，（4）、（5）表示反问。其中，（1）、（2）、（3）、（4）都跟"地点、处所"义有关，所以，"哪儿"也可以换为"哪里"、"啥子地方"、"哪个地方";但（5）的"哪儿"是"怎么"的意思，成都话只能换为"咋个"或"啷个"（见§9.3.6）。值得注意的是，"哪儿跟前"既可用于（1）、（2）、（3）、（4），也可用于（5），说明它的意义已不限于问处所、地点。这种有抽象意义的用法，一般都只用 [nər³kan³] 这种合音形式，而不用 [nər³kən¹tɕiɛn²]。

"哪儿"还见于一些惯用语，如：

（6）你唱歌唱得很好。

——哪儿哦！唱得不好。

（7）你对我帮助太大了。

——你说到哪儿去了。

（6）也是一种反问，（7）也是一种虚指，都表示委婉的否定。这里都可以换成合音形式的"哪儿跟前"[nər³kan³]，都不能换成"哪个地方"或"啥子地方"。

（8）师傅，（多）谢了。

——哪里哪里，不谢。

这个句子只能用"哪里"，不能用"哪儿"、"哪儿跟前"。

9.3.4.2 "哪儿"、"哪儿跟前"[nər³kan³] 后面可以加"些"[ɕi¹]，并不表示真正的复数，既可问某一处，也可问某几处；可用于疑问、虚指、任指、反问，但只限于有"处所"义的用法。如（1）、（2）、（3）、（4）的"哪儿"都可以带"些"；而（5）、（6）的"哪儿"不能带"些"；（7）的"哪儿"虽有"处所"义，但是整句话是一种惯用语，一般也不加"些"。"哪里"不可能带"些"。"哪儿"、"哪儿跟前"是否带"些"有随意性，是口语色彩很浓的说法。

9.3.5 询问时间的代词

时点 好久₁ [xau³tɕiəu³]

多久₁ [to¹tɕiəu³]

哪阵 [na³tsən⁴]

哪下儿 $[\text{na}^3 \text{xər}^1]$

时段　好久$_2$ $[\text{xau}^3 \text{tɕiəu}^3]$

多久$_2$ $[\text{to}^1 \text{tɕiəu}^3]$

问时点也可用短语"啥（子）时候"、"啥（子）时间"、"哪个时候"、"哪个时间"；问时段也可用短语"好长时间"、"多长时间"。此外，"哪"、"几"、"多少"与表时间的自主量词或量名结构可以自由组成各种短语，也用于问时点或时段，如："哪年？""哪个月？""几点钟？""多少天？"这与普通话大体一致。

9.3.5.1　"好久"使用最广，既可问时点，也可问时段，语音形式都一样。为分析方便起见，我们分别写为"好久$_1$"和"好久$_2$"。如：

（1）好久$_1$是国庆节？

——十月一日。

（2）你的生日是好久$_1$？

——二月八日。

（3）你要等齐$_{到}$好久$_1$才下班？

——六点。

（4）你说的是好久$_1$的事？

——前天。

（5）老袁过世了。——好久$_1$？

——昨天早上。

（6）你女儿好久$_1$考大学？

——今年七月。

（7）我胃痛。——有好久$_2$了？

——十多天了。

（8）打一件毛衣要$_{需要}$好久$_2$？

——半个月。

（9）8路汽车好久₂来一趟？

——十分钟。

"好久₁"与"好久₂"的句法功能不一样，有些方面可形成互补。第一，"好久₁"可以作判断句的主语、宾语，如（1）、（2），"好久₂"不能。第二，"好久₂"可以作"有"、"需要"等动词的宾语，表示持续的时间，如（7）、（8），而"好久₁"不能；反之，"好久₁"可作表截止义的 Vp. 的宾语，如（3），而"好久₂"不能。第三，都可作状语，但"好久₁"问动作行为发生的时间，如（6）；"好久₂"则问动作行为间隔的时间，如（9）。第四，都可以单独成句，但"好久₂"须加"了"，如（7）"有好久₂了"也可以说"好久₂了"，而"好久₁"不能加"了"，如（5）。如果把"好久₁"跟"好久₂"合起来，作为同一个代词处理，那么，可以看出，它的使用范围超过普通话的"哪会儿"、"多会儿"，后者只问时点，问时段要用短语如"多长时间"等。

"多久₁"、"多久₂"的用法跟"好久₁"、"好久₂"大体相同，只是"多久₁"较少作判断句的主语和宾语，如（1）、（2）一般都说"好久₁"，（3）—（9）的"好久"都可换为"多久"。

"哪阵"问时点，用法与"好久₁"同，如（3）—（6）的"好久₁"都可换为"哪阵"。但（1）、（2）作主、宾语更常用"好久₁"。"哪下儿"的用法和"哪阵"一样，也问时点，但使用较少。

以上代词也可用于虚指、任指、反问，其中，"好久"使用最普遍。例如：

（10）你好久₁有空来要嘛！

（11）好久₁上的学，好久₁参的军，他都说得很清楚。

（12）好久₁有了房子好久₁就结婚。

（13）茶馆不限时间，你坐好久₂都要得。

（14）我好久₁哄骗过你？

（15）你到底要哭好久₂？还不闭嘴哇？

（10）、（11）是虚指用法，（12）、（13）是任指用法，（14）、（15）是反问用法。其中，"好久₂"多用作时量补语。以上各句也可用"多久"替换；另外，也可用"哪阵"、"哪下儿"替换各句中的"好久₁"。

9.3.5.2　以上的"好久"和"多久"是表示疑问义的副词"好"、"多"和"久"结合而凝成的代词。此外，成都话还有一个"好久₃"和"多久₃"，则是程度副词"好"、"多"与"久"合成的短语，没有疑问意义，只是"很久"的意思。由于它们有时会与疑问代词"好久"、"多久"相混，所以附带说说。以"好久₃"为例：

（16）好久₃都没有来了。

（17）他们都走了好久₃了。

（18）你说的是好久₃以前的事了。

（19）胃痛都好久₃了。

（20）要不了好久₃雨就要停。

这些句子都不表疑问，"好久₃"都可用"很久"或"很长时间"替换。"好久₃"也用于反问句，如：

（21）你咋个好久₃都不给我打电话？

（22）这个商店开张哪儿有好久₃？明明没得好久₃，才一个多月。

这种句子里表反问语气的另有疑问词，如"咋个₍怎么₎"、"哪儿"，而不是"好久₃"；这里的"好久₃"也只能换为"很久"或"很长时间"，而不能换为"啥（子）时候"或"多长时间"。

9.3.5.3　用"哪"、"几"、"多少"组成的、问时间的短语，也可以用于虚指、任指、反问，这跟普通话相同。如："我想哪天去看画展。｜你几点钟来我们就几点钟开始。｜你究竟哪天才有空？我看你总是不得空！"成都话中这类短语还有一种虚指用法，可以引申指过去或未来很久的时间，并不表示疑问。如：

（23）你说的是哪年子的事了。

（24）那封信哪天就寄起走了，怕都收到了。

（25）长衫子哪年哪月就不兴穿了。

（26）要想这座房子修起，不晓得要等到哪百年了。

这种用法，可以根据需要说"哪辈子"、"哪个世纪"、"哪个朝代"之类，也可以说"啥子时候"、"哪个时候"、"哪阵"，都强调时间久长。

9.3.6 询问动作行为的方式、状态的代词

咋个〔tsa² ko⁴〕 咋〔tsa²〕 唧个〔naŋ³ ko⁴〕

咋（个）样（子）〔tsa²（ko⁴）iaŋ⁴（tsʅ³）〕

唧个样（子）〔naŋ³ ko⁴ iaŋ⁴（tsʅ³）〕/〔noŋ³ ko⁴ iaŋ⁴（tsʅ³）〕

这组代词也可以问程度、原因。在语法功能上，这是一组谓词性、副词性的代词。大致跟普通话"怎么"、"怎（么）样"相当。

9.3.6.1 "咋个"和"唧个"完全可以互换，但成都话中"咋个"更常用，"唧个"更多用于其他方言区，如重庆话等。以下例子中，可以看到"咋个"常做状语、补语，也可做谓语，也可单独成句。

一、问方式：

（1）衣服咋个干洗？回锅肉咋个炒？

（2）老乡，往青龙场咋个走？

（3）咋个才把石头搬得起来？

问方式时，"咋个"不用于否定句。虽可说"衣服咋个不干洗？"，但这不是问方式，而是问原因。

二、问状态：

（4）事情进行得咋个了？

（5）你咋个搞起的_{你发生了什么事}？

（6）娃娃咋个了？他惊叫唤地哭。

（7）去又咋个？不去又咋个？

（8）你不干了还是咋个？

问状态时，"咋个"的称代作用很明显，可以单独作谓语，如例（6）、（7）；例（8）是选择问句，"咋个"代表另一未说明的选择项，常用于句末。"咋个"也可单独成句，如："咋个的？""咋个了？"句子中也可以没有语气词，如："咋个？你不同意嗦？"

三、问程度：

（9）你说东北天气冷，咋个冷（法）？

（10）这种桃子咋个卖（法）？（问价格）

（11）他喜欢钓鱼，咋个喜欢（法）？（问喜欢的程度）

"咋个＋Adj（＋法）"问程度；"咋个＋V（＋法）"可以问程度，也可以问方式。如例（1）也可说："衣服咋个干洗法？"例（10）、（11）问程度，也可问方式，究竟问什么常视语境而定。以上的"法"也可以不说。

四、问原因：

（12）咋个你一个人嗬？他们咋个不来？

（13）你咋个把这个事搞忘了？

（14）这种车咋个这么贵？

问原因时，"咋个"可用于肯定句，也可用于否定句，如例（12）。"咋个"可在主语前，也可在主语后。

9.3.6.2　"咋"与"咋个"一样，可以表示多种意义，但用法有些区别。"咋"常用于它所修饰的词语前，如："咋办？｜咋要得？｜咋卖法｜天上咋有这么多飞虫？""咋"单独作谓语或单独成句时，后面一定要有语气词，如："你咋了？｜咋的？｜咋嗬？"总之，"咋"绝不能单独出现在句末，如（7）就不能说"去又咋？不去又咋？"

成都话中，"啷个"不能只说"啷"。别的方言点可以这么说。

9.3.6.3　"咋个"、"啷个"、"咋"后面都可以加"起"［tɕʻi³］。"起"本是一个助词，可附在形容词或静态动词后面，其性质和普通话的"着"相近。"咋个起｜啷个起｜咋起"跟普通话的"怎么着"相近，主要用于问状态，如例（4）、（5）、（6）的"咋个"也可换成"咋个起/啷个起/咋起"；但也可用于问方式、程度、原因，如："桃子咋个起卖？｜你咋个起走了？"是否带"起"有随意性，有时似乎是起着增加音节的作用。

9.3.6.4 "咋个样子"、"啷个样子"也可省略为"咋个样"、"啷个样"、"咋样"，主要用于问方式、状态和程度。以"咋个样子"为例：

（15）这个字咋个样子读？

（16）老师咋个样子教你们的？

（17）那种汽车咋个样子贵法？

（18）事情进行得咋个样子了？

这组代词不用于问原因。

"咋个样"、"啷个样"、"咋样"还可以用来问对方的意见。如：

（19）我们去看戏，咋个样？

（20）晚饭就吃担担面，你说啷个样？

值得注意的是，这种用法不能说"咋个样子"、"啷个样子"。

9.3.6.5 以"咋个"为代表的这组词，同样可用于虚指，如下面例（21）、（22）；用于任指，如下面例（23）、（24）；用于反问，如下面例（25）、（26）、（27）。

（21）不晓得咋个（起）的，这么早天就黑了。

（22）不要光说以前咋个咋个，凡事要看发展嘛。

（23）咋个说他都不听，犟得像牛。

（24）你咋个说，我就啷个做。

（25）你咋不早说？

（26）这啷个要得喃？

（27）你安心整我吗咋个？

有一种虚指用法，即"不+咋个/啷个/咋"修饰形容词或某些动词或某些动词短语，表示"不很……"、"不太……"，说明一种不确定的程度。如：

（28）眼睛不咋个舒服。

（29）这本书我不咋个喜欢。

（30）不喃个爱吃甜的。

（31）有些人不咋锻炼身体。

"不咋个"也可以单说。如：

（32）这个人咋个样？

　　——不咋个，马马虎虎。

（33）这个菜味道要得不？

　　——不咋个，将就_{凑合}。

（34）你咋个（起）了？

　　——不咋个/没有咋个。

例（32）、（33）的"不咋个"是"不怎么样"的意思，后面可以补出别的词，如"不咋个出色"之类；（34）的"不咋个/没有咋个"是"没什么"、"没发生什么事"的意思，后面不能补出别的词语。（32）、（33）的"不咋个"，也有人说"不哪样"，如："这个人不哪样（行）。""不哪样"并不是地道的成都话。

9.3.7　问原因、目的的代词

做啥（子）［tsu⁴ sa⁴（tsʅ³）］/［tsua⁴（tsʅ³）］

为啥（子）［uei⁴ sa⁴（tsʅ³）］

9.3.7.1

"做啥子"也可以是述宾短语，是"做何事"、"做何物"的意思。如："买那么多衣料来做啥子？""——做大衣。""做啥子都没得精神。""你昨天做了啥子？"

代词"做啥子"用于问原因，也可问目的。如：

（1）你做啥子去医院？

（2）做啥子你们要拆这间房子？

（3）你去医院做啥子？

（4）你们拆房子做啥子？

"做啥子"问原因时，在 VP 前，可在主语前，也可在主语后，如例（1）、（2）；问目的时，在 VP 后，如例（3）、（4）。不过，也不排除"做啥子"位于 VP 后面时也可问原因，如"你做啥子骂人家？"和"你骂人家做啥子？"意思相同。问目的时，代词"做啥子"跟述宾词组没什么不同，有比较具体的"做何事"、"做何物"的意思。

"做啥子"在口语里常合音为 $[\text{tsua}^4 \text{ts}\eta^3]$，"做"和"啥"跨切分而合为 $[\text{tsua}^4]$。作为述宾短语时，不用合音形式居多，因为"啥子"是语义重点，发音不含糊；作为代词时，则常用合音形式。

9.3.7.2 "为啥子"主要问原因，而且常表示追问究竟，这跟"做啥子"和"咋个"（§9.3.6）问一般原因有所不同。如：

（5）为啥子成都很少下雪？

（6）热水器为啥子打不燃火？

（7）茉莉花为啥子那么香？

"为啥子"作为代词时，只用于 VP 或 AP 前面；如用于 VP 或 AP 后面，则是述宾短语，而且常常作为谓语的主要部分，"为"的前后可以有别的词语。如：

（8）你们把车开得那么快，是为（了）啥子？

"为啥子"偏重于问实际的原因，"做啥子"则不一定，表达范围较宽。成都话里"做啥子"比"为啥子"使用普遍得多。

"做啥子"、"为啥子"的"子"也可以不说，这种情况多出现在句子前面部分，句末多用"做啥子"、"为啥子"。成都人说话的语气强烈时，重音可落在"啥"上；如这两个代词在句末，重音也可落在"子"上，如："你这么捣乱做啥子？"

9.3.7.3 "做啥子"、"为啥子"也用于虚指用法，如下面例（9）、（10）；用于任指用法，如下面例（11）、（12）；用于反问用法，如下面例（13）、（14）、（15）。

（9）不晓得电视机做啥子光扯拐_{老出毛病}。

（10）昨天说好了的，不晓得今天为啥黄_{落空}了。

（11）我哥做啥学外语，我也做啥学外语，我两个都想留学。

（12）不管你为啥子不来，你都该请个假。

（13）你做啥发那么大的火_气？

（14）你那么客气做啥子？

（15）你不同意，为啥子不早点说？

9.3.8　问程度、数量的词还有"好"、"多"、"几"，它们同时也有非疑问用法。一般语法书把"好"、"多"列为副词，把"几"列为数词。这里根据表询问的这一语义特点，且把它们列为疑问代词。

为了方便起见，把表疑问的"好"、"多"写为"好₁"、"多₁"，而把不表疑问、只表程度的"好"、"多"写为"好₂"、"多₂"。

9.3.8.1　除了§9.3.6.1的"咋个"可问程度外，成都话中最常见的问程度的副词性代词是"好₁"［xau³］，其次是"多₁"［to¹］，二者都可加在VP或AP（含V或Adj）之前。如：

（1）你娃娃好₁大？

（2）好₁重的包里？

（3）你猜她好₁会拉小提琴？

"好₁"的后面不妨接着另一个"好"（词或语素），如：

（4）你说他足球踢得好，究竟好₁好？

（5）那个电影有好₁好看？

以上各例的"好₁"也可以换为"多₁"，但是"多₁"带有书面语色彩，成都话更常用"好₁"。

"好₂"是表示"程度高"的副词，相当于普通话的"很"、"真"，常带感叹语气。因与"好₁"有关，这里附带说说。如：

（6）头发好₂长哦_啊！铰得了_{该剪了}。

(7) 你好₂会说话！我们都说不赢你。

(8) 那个电影好₂好看哦啊！

因此，"好长"、"好能干"、"好会说话"、"好想去"之类是多义短语，当其出现于疑问句，是"好₁……"；当其出现于感叹句，是"好₂……"。

"多₂"也是表示"程度高"的副词，也相当于"很"；成都话的"多₂"没有"好₂"那样的感叹语气，所以（6）、（8）的"好₂"如换为"多₂"，句末的语气词也就不同了。地道的成都话不说"头发多₂长哦"、"那个电影多₂好看哦"而说"头发多₂长的"、"那个电影多₂好看的"，使（6）、（8）的感叹语气变为陈述语气。

但是，不管怎样，"多长"、"多好看"、"多会说话"之类，也是多义短语，只有表疑问时才是"多₁"。

9.3.8.2　"好₁"、"多₁"也有虚指用法，如下面例（9）；任指用法，如下面例（10）；反问用法，如下面例（11）。

(9) 不清楚这条马路有好₁宽。

(10) 不管好₁远我都要去。或：多₁远我都要去。

"多₁……"前面的连词"不管/无论"可省，但"好₁……"前面的连词"不管/无论"不能省，如（10）不说"好₁远我都要去。"

(11) 你好₁了不起？或：你有多₁了不起？

"多₁……"前面常有"有"；"好₁……"则不一定。

9.3.8.3　由"好₁"组成的疑问代词除了"好久"（§9.3.5.1）外，还有"好多"，用于问数量。如：

(12) 来了好多人？

(13) 壶里有好多水？

(14) 文章有好多万字？

(15) 买了好多斤？

(16) 跑了好多趟？

（17）你考了好多名？

"好多"可直接修饰名词、数词（限于"千"、"万"、"亿"）、量词，例（17）实际上是问序数，也可以说："第好多……?"以上用例的"好多"也可换为"多少"，成都话更常用"好多"。不过，问号码时常用"多少"，如："你的电话号码是多少？｜身份证号码多少？"

"好多"、"多少"也都可用于虚指、任指、反问。以"好多"为例：

（18）不晓得你妈为你花了好多钱，操了好多心。

（19）你咋个不懂得节约，有好多用好多？

（20）我又不是小伙子，我吃得倒_{吃得了}好多？做得倒_{做得了}好多？

9.3.8.4　成都话也用"几"［tɕi³］询问数目，如："几个？｜几千？｜几分厚？｜几斤重？"这与普通话用法一致。

同是问数目的代词，"好多"可以单独作主语、宾语、谓语，而"几"却受到限制。例如："好多才够？｜买好多？｜报一下数，桌子好多？椅子好多?""几"不能这么用。只有问日期时，"几"可以单独作谓语或宾语，是"几号"或"初几"的省略，如："今天几？｜昨天是几？"

"几"的虚指、任指、反问用法，成都话中也常见。如：

（21）不晓得来几个人。

（22）来几个人就端几把椅子来。

（23）这才几步远？你就走不动了？

四川有些地方的语言里，"几"可修饰形容词，表示"程度高"。如李劼人《死水微澜》："说起曾师母……几高，几大，不很胖，白白胖胖的，硬跟洋婆子一样。""几高"、"几大"的意思跟"好高"、"好大"差不多。但这可能是成都以外的方言，本地未听到这种说法。不过，这个例子说明："几"和"好"、"多"一样，兼有询问数量、程度和表示"程度高"的两种意思和用法。又，"几"作为程度副词，也见于湖北大冶方言①。

---

① 参看汪国胜：《大冶方言语法研究》，湖北教育出版社，1999年。

介 词

11.0　成都话的介词跟普通话的介词有不少是相同的，如"把"、"对"、"从"、"为"、"比"等，但成都话的介词也有不同于普通话之处。第一，另有一些特有的介词，如"着_被"、"帮_{替、为}"等；第二，有些介词，用法或使用范围跟普通话的同类介词有差异，如"在"；第三，成都话的有些介词另有同义词，如表示比较，成都话说"比"，也说"赶"。

汉语的介词大都是由动词演变而来，每个介词虚化的程度也不一样，有的还带有动词的某些语法特征，有的是动、介两用。所以，介词的界定或多或少还有不确定性。但是，介词跟动词最主要的区别就是不能单用。介词与它的支配成分（即它的宾语）组成的介词短语也不能单用。有了这一基本条件，就不至于把动词和介词的区别抹煞掉。另一个问题是：介词能否带"着"、"了"，如果其后有"着"、"了"，是介词还是动词？成都话的介词有一个特点，即不少成员都可以带"倒"［tau³］、"倒起"［tau³ tɕ³］，相当于普通话的体貌助词"着"，如"帮倒"、"跟倒"、"同倒"、"伙倒"、"向倒"、"对倒"、"朝倒"、"照倒"、"指倒"、"按倒"、"顺倒"等，范围较普通话为广。介词能否带"了"、"着"是一个有争议的问题。朱德熙认为有些词兼属动词和介词，作为动词，可带"了"、"着"、"过"，介词则不能，所以，"你跟着谁说话"不成立①。赵元任也说介词没有体貌，但又说用或不用体貌词尾是个程度问题，承认有少数介词可带"了"、"着"②。还有一些语言学家认为汉语中有的介词可带"了"、"着"，但"了"、"着"不是真正的时态助词，只是为了"凑音节"，而介词加"着"是"强调式"，不加"着"是"单一式"③。成都话的一些介词带"倒"、"倒起"也并不表示真正的体貌，带或不带也没有规定性，但值得注意的是，口语里就存在带"倒"的现象，下文将随文介绍。此外，有些介词也可以有正反重叠，范围比普通话宽，如："你

---

① 参看朱德熙：《语法讲义》，商务印书馆，1982 年。
② 参看赵元任：《汉语口语语法》，吕叔湘译，商务印书馆，1979 年。
③ 参看徐丹：《评价〈介词问题及汉语的解决方法〉》，《中国语文》1990 年第 6 期。

把不把箱子带起走？｜他着没着小偷摸包包?"由此可见，成都话的介词，总的来说，还保留着较多动词的形式特征。

本章只重点介绍成都话中几组有特点的介词：

一、表被动的介词：着，拿给，给，叫；

二、表给予的介词：给，帮；

三、引进对象的介词：找，问，按倒，指倒；

四、表容许、听任的介词：等；

五、表方位的介词：在，倒，走；

六、表比较的介词：赶。

11.1 表被动的介词

成都话的被动句不用"被"、"让"等引进动作行为施事的介词，有时用"给"［ke¹］/［kən¹］或"叫"，最常用的介词是"着"［tsau²］，其次是"拿给"［na²ke¹］/［na²kən¹］。如：

11.1.1 "着"

11.1.1.1 "……＋VP"

（1）包包提包着扒手扒了。

（2）地上着你踩脏了。

（3）一件简单的事，着你弄得这么复杂。

（4）窗子着耗子咬了一个洞。

（5）她着一个小伙子骗了一大笔钱。

（6）衣服着风给我刮起跑了。

（7）那娃娃着毒品把他害惨了。

"着"的用法正跟普通话的"被"、"叫"、"让"相当，在以上例句里的作用都是引出施事。句子的主语都是句中动词的受事，只有例（7）的主语是与事，受事是"把"的宾语"他"。这些句子的VP，也跟普通话"被"字句一样，往往是动词短语：或是述补短语，如（2）、（3）；或是述宾短语，如（4）、（5）。至于（6）、（7）两句，述补短语前还另有"给+与事"、"把+受事"充任的状语。如果 VP 只有一个动词，通常应有一个语气词，如（1）。但是，"着……"后面也可以是单个动词，而且不限于双音节，这一点跟"被"有所不同。如：

（8）哪个背后不着人说？

（9）东西在这儿不怕着人偷。

（10）秦桧这起_类人就是着千人恨，万人踏。

VP 如果是述宾词组，宾语的范围比"被"字句宽，在意念上不限于是主语自身的一部分，如（5）。

成都话的"着"［tsau²］是一个身兼数职的常用词，还保留了动词的用法。如"着风"、"着凉"、"着火"、"着魔"、"着迷"、"着了冤枉｜买东西着了五百元｜着了一顿骂｜肩膀上着了一下"，这些"着"或在复合词里作为语素，或者带宾语、补语，其本义是"遭受"、"受"、"挨"。"着"还可单用，如："着了！——着啥子着？哪儿着了？"这里的"着"的意思是"遭到不好的事了"、"糟了"。"着"在近代汉语里就有"遭受"、"受"、"挨"的用法。如：

（11）你是王法罪人，凤凰命我责问。明日早起过案，必是更着一顿。（《敦煌变文集·燕子赋》）

（12）一度着蛇咬，怕见断井索。（《五灯会元·龙翔士珪禅师》）

（13）我的心性也不弱，不要着了我圈套。（《快嘴李翠莲记》）

由此可见，成都话的动词"着"是沿袭了近代汉语"着"的用法，而成都话的介词"着"显然也是从动词"着"演变而来，词义发展的轨迹跟介词"被"由表"遭受"义的动词"被"演变而来正相似。只不过"被"在现代汉语里已不单独作动词，而"着"在成都话里还保留了动词用法。

11.1.1.2 "着+VP"

介词"着"后面的施事词语也可以不出现，这种用法跟普通话的"被+VP"一样。如："自行车着偷了｜恶狗着赶起跑了｜买东西怕着敲竹杠。"

这种用法的"着"可以析为助词，如一般语法书把"被打了"的"被"析为助词一样；另一种分析法是把它仍作为介词，只是省略了宾语（如§11.0引朱德熙《语法讲义》即持此观点；上引徐丹文也认为仍是介词，叫做"无标记的施事介词"）。其实，既然成都话的"着"也是动词，那么，把"着＋VP"析为带谓词性宾语的述宾短语，在理论上就并非不合理。不过，这跟"被＋VP"的分析太不一致，在方言语法相互比较时不方便，所以不这样分析为好。

11.1.1.3 "着"表示被动态，只用于遭受不愉快、不情愿的事。这一点比"被"严格得多。"被"也可用于主观愿望的结果，如："他被复旦大学录取了"，是"他"希望的事；如果用"着"，意味着"他"不愿被复旦录取，也可能有另一层意思，即此事对复旦以外的学校来说是遗憾的事。又如："好处（指有利的事）都着他一个人占完了"，对"他"而言，这是好事，但对别人而言，却是不情愿之事。

11.1.1.3 成都话"着"在"着眼、着力、着陆、拿着、看着"等词语里及单念时的文读音是 $[tso^2]$，而有以上所述的介词和动词的用法时读 $[tsau^2]$，所以书面上常习惯写为"遭" $[tsau^1]$。"着"是中古入声药韵澄母字，今读阳平；"遭"是平声豪韵精母字，今读阴平。虽然声调不同，但因为"遭"也有"挨、受（不幸之事）"的意义，因此成了"着"的训读字。其实，如上所述，"着"才是本字。"遭"在"遭受"、"遭难"、"遭殃"里读本调，但作为"着"的训读字时，仍读阳平。现在的书面语如报刊上，写"遭"的多，写"着"的少，看来有"遭"代替"着"的趋势。如李劼人的作品，也常常混用。举《死水微澜》中数例如下：

（14）（刘三金）心想顾天成既不是一个甚么大粮户，着众人弄了手脚，输了那么多，又着轰走，难免不想报复。

（15）两个女人的绣花鞋，玉手钏，镀金簪子，都着勒脱_{将下}走了。

（16）街面……自然是遭叽咕车_{独轮手推车}的独轮碾出了很多的深槽。

（17）你们倒好，但我又害怕遭绿帽子压死。

用于动词时，也用"遭"代替"着"：

(18) 而一般的论调却是："该遭的！难道不晓得这几夜东大街多烦?"

11.1.2 "拿给"

11.1.2.1 "拿给……＋VP"

"拿给"的"给"，口语读 $[ke^1]$，也读 $[kən^1]$。因此，有人也写为"拿跟"，如下面例 (3)。

(1) 不要拿给人家笑，检点点儿。

(2) 打猎的偶然到过几次，却因猎获物落进荆棘，不易寻找，而且还拿给刺藤划破了裤子，便也不再感兴趣了。(《艾芜短篇小说选》)

(3) 他是矮汉子伙计，拿跟矮汉子喊做老幺。(《艾芜短篇小说选》)

(4) 她要他脱下身上的衬衣，免得背上那一片布拿给席子擦烂。(《艾芜短篇小说选》)

(5) 有一天半夜后，石青嫂子突然拿给狗的凶猛声弄醒。(《艾芜短篇小说选》)

(6) 毛衣拿给蛀虫把袖子咬得洞洞眼眼的。

"拿给……"后面的 VP 和"着"后面的 VP 一样，大致也都是述宾短语或述补短语，也可以是"把"字短语，如 (6)；但也不排除只有一个动词的情况，如 (1)。

"拿给"和"着"都是引进施事、表示句子被动态的介词，但二者最大的不同之处在于："拿给"后面必须有施事词语，"着"可以没有。另外，"拿给"表示的被动义对于受事来说，或对于说话人来说，也有遭受不愉快、不情愿的事的意味，但不如"着"字句意味严重。如"苹果拿给娃儿些吃了│旧房子拿给施工队拆了"，句子中不一定含有不愉快的意思，但如用"着"，则带有遗憾的意味。因此，"拿给"有时带有中性色彩，甚至还可以说"自行车拿给小王骑坏了，后来又拿给老王修好了"。不过，"拿给"不用于有明显的积极意义的句子里，如不能说"他拿给重点大学录取了。│他拿给群众选为先进工作者。"

11.1.2.2 "拿给"本是一个述补短语，表示"给予……"，成都话现在仍常说，意思是"拿+给……"，也可以就是"给……"。如："取出文件，拿给老王｜那封信你拿给他没有？｜把药拿给病人吃。"表被动的介词就是由此而来，和北京话的"给"由动词演化为表被动的介词一样。由于"拿给"动、介两用，"苹果拿给娃儿些吃了"、"惠兰的照片拿给他看了一下"就有歧义：一是主动给"娃儿"吃了，主动给"他"看了；一是被"娃儿"吃了，被"他"看了。这要在具体语境里才容易区别。

11.1.3 表被动的"叫"和"给"

成都话表被动义时，不说"被"和"让"，但也用"叫"和"给"，这跟北方的一些方言一样。"叫"和"给"也是中性色彩的介词，既可用于不利、不快之事，也可用于积极方面。如：

（1）老伴儿叫她朋友约去转_进公园去了。

（2）大家都叫他两个逗笑了。

（3）字典叫同学借起走了。

（4）我正要说话，叫你打岔，想不起来了。

（5）豆芽给你炒咸了。

（6）虎少爷给水冲起走了。（巴金《憩园》）

比较起来，成都话"给"作被动义的介词的情况比"叫"少，可能是因为"给"还有其他的功能。如果一个介词负担过重，容易造成歧义。

11.1.4 综上所述，成都话表被动义的介词主要是"着"和"拿给"，"着"由表"遭受"义的动词变来，"拿给"由表"给予"义的动词短语变来。据研究，汉语表被动的标记词有两个来源，一是表"给予"义的动词，一是表"接受"义的动词，各地方言多有实例；而且在汉语北方方言和南方方言中呈现不同的情况，或偏重由表"给予"义的动词变来，或偏重由表

"接受"义的动词变来，有的方言中的这类介词，两种来源都有①。成都话的"着"和"拿给"就说明两种来源都有。高名凯在 20 世纪 40 年代就曾指出，由表示"给予"义转为表示受动义是汉语的一般现象，如"让、给"，还说四川话的"拿跟"（即"拿给"）也属这一类②。高名凯还指出"著"、"被"又是一类，本有"遭受"义。不过，高名凯当时可能不熟悉"著"（即"着"）仍活跃于四川话中，所以不曾提及。

11.2 表给予的介词

"给"［ke¹］/［kən¹］、"帮"都是表示"给予"义的介词，引出与事，即动作行为的接受者。

11.2.1 "给……＋VP"

成都话的"给"和普通话的"给"一样，既可作动词，也可作介词。作介词时，它既可表示被动义（§11.1.3），也可表示"给予"义，或引进受益者，如"给我来杯茶｜给病人检查"；或引进受损者，如"把药给病人吃拐_错了｜把地址给他写掉_漏了"。"给"也可用于祈使句，如："给我赔起！｜给我走开！"这些和普通话的用法大致相同。下面说说成都话的"给"与普通话不同的地方：

第一，成都话"给"的后面必须有表与事的词语，即介词的宾语。普通话的"给"可以没有宾语，而是直接放在 VP 前，如"房间给收拾好了｜杯子叫我给打碎了"，成都话没有这种用法。这一点跟"着"不同，成都话有"着＋VP"（§11.1.1.2），但没有"给＋VP"。

第二，成都话有"给给＋N"的说法。成都话跟普通话一样，"V＋给＋N"时的 V 是含有"给予"的语义成分的动词类，如"送"、"卖"、"还"、"交"、"让"、"分"、"输"、"发"、"介绍"、"推荐……"③，例如"卖给你｜

---

① 参看徐丹：《北京话中的语法标记词"给"》，《方言》1992 年第 1 期。
② 参看高名凯：《汉语语法论》，商务印书馆，1948 年出版，1986 年印本。
③ 参看朱德熙：《与动词"给"相关的句法问题》，载《现代汉语语法研究》，商务印书馆，1980 年。

介绍给别人"。但是,当动词是"给"时,普通话没有"给给你"的说法,而说"给你",这是因为两个接连出现的"给"字为避免重复而融合为一个"给"了(见上引朱文)。可是,成都话可以说"给给 N",如:"这是他的东西,你给给他嘛!"不过,动词"给"只读 [ke¹];介词"给"可读 [ke¹],也可读 [kən¹];"给给"可读 [ke¹ke¹] 或 [ke¹kən¹],不能读 [kən¹ kən¹]。

第三,成都话的介词"给"在有的句型中不能省略,如下面的一式;在有的句型中可以省,如下面的二式。

一、"V+给+N₁+N₂"

这种句型里的 V 如果是含"给予"的语义成分的动词,普通话和成都话都可以不用介词"给",例如"送给你一支笔"也可以说"送你一支笔"。但当 V 是兼有"给予"和"取得"的语义成分的动词时,有没有介词"给"会影响动作的方向,如"借给你一支笔"是外向("给予"),"借你一支笔"是内向("取得")。有的方言表示外向也可以不用介词"给","借给你一支笔"也可以说"借你一支笔"。但成都话不然,表示外向动作时,必须有"给"。

二、"V+给+N₁+VP"

这个句型与一式相似而实际上不同。一式是双宾结构。二式是兼语结构,如"借给你用 | 送给你欣赏"。二式的 V 不限于有"给予"、"取得"等语义成分的动词。"V+给+N"不单说,后面必有 VP。例如:

(1)你舍不得穿,我买给你穿。

(2)魔术咋个耍?你耍给我看。

(3)你不信我的秤嗦?我称给你看嘛!

(4)你病得糊里胡涂地,怎么晓得呢?我摆_讲给你听。(《死水微澜》)

(5)几个军官立刻高兴地喊道:"好呀,打_{指打花鼓}给我们听听。"(《艾芜短篇小说选》)

这类句子,如果句义清楚,N 是"给"的与事也很明确(一般都是人称代词或表人名词），"给"可省去不说。如：

> （6）这本书我借你看几天。＝借给你看几天。
>
> （7）那张照片拿我看下嘛。＝拿给我看下嘛。
>
> （8）他在那儿住，我指你看。＝指给你看。

11.2.2 "帮……＋VP"

"帮"只引进受益者，与普通话的"替"、"为"相近，有时也可换为"给"，但使用范围比"给"小。如：

> （1）这些人没得教养，我都帮他们不好意思。
>
> （2）你学习不努力，我都帮你着急。
>
> （3）他着了冤枉，应该帮他说句公道话。
>
> （4）你帮我考虑一下，下一步咋个办？
>
> （5）我帮你把头发剪短点儿。

"帮"是由动词"帮（助）"而来，意义已抽象化。特别是当 VP 是表示心理活动的词语时，"帮"的"帮助"义消失殆尽，如例（1）、（2）、（4）。

成都话的动词"帮"仍是常用词，后面可带"了"、"倒着"、"过"，这时有实际的体貌义，"帮＋N"也可以单说。有的"帮＋N₁＋VP"有歧义，如"小王帮我修水龙头｜你拿不动，我来帮你拿"。这里的"帮"可以是动词，也可以是介词，具体要根据语境来区别，也可以根据"帮＋N"能否单说来判断。如上面的句子换为"你拿不动，我来帮你｜我不会修水龙头，小王来帮我"，其中的"帮"便是动词；例（1）至（5）各句里的"帮＋N"就不能单用，不能挪换位置，"帮"便是介词。

介词"帮"有时也带"倒着"，如例（3）、（4）的"帮＋N"可说"帮倒他"、"帮倒我"，但是不表示体貌义，"倒"主要起增加音节的作用，并无强制性，不是非加不可。动词"帮"带"倒"时，有体貌义，如："我在打扫卫生，小王帮倒我在。"

11.3 引进动作行为对象的介词

成都话这类介词有"对"、"向"、"跟"、"朝"、"望"、"照"等，但口语中还有特别的"找"、"问"，其次是"按倒"、"指倒"。

11.3.1 "找……＋VP"

"找"既是常用动词，也是介词，引进动作的对象、目标。具体说来，根据动词的语义指向不同，"找"的宾语有三种小类。

一、"找"的宾语是被索取者：

（1）我找他借把椅子。

（2）你没钱用了，找你妈妈要。

（3）老李找老王打听一件事。

例（1）里，"借椅子"的是"我"；例（2）中，"要钱"的是"你"；例（3）中，"打听一件事"的是"老李"。"我"、"你"、"老李"都是施事。"找"的宾语（"他"、"你妈妈"、"老王"）是施事所要求、索取的对象。这类句子的"找"可以用"向"或"跟"替换。但成都话的口语多说"找"，也可以说"跟"，少说"向"。

二、"找"的宾语是给予者：

（4）我找他借给我一把椅子。

（5）他把玻璃打烂了，你去找他赔起。

（6）老李找老王介绍一个师傅。

例（4）里"借给椅子"的是"他"；例（5）中"赔（玻璃）"的是"他"；例（6）中"介绍师傅"的是"老王"。这些句子中的"找"不能用"向"或"跟"替换，而能用动词"请"或"要"替换。这种句子也可以看作兼语句，因为"找"意义虚化，所以我们也把它析为介词。

三、"找"的宾语是参与者：

（7）你咋个光找人家争辩？

（8）我要找钟文林说清楚。

（9）村长找群众摆谈摆谈。

例（7）中，"找"的宾语"人家"是"争辩"行为的参与者，全句的主语"你"也是"争辩"的参与者。例（9）的"村长"和"群众"都是"摆谈"的参与者。例（8）可以有三个意思，一是"我"和"钟文林"都是"说"的参与者，即这里的第三式；二是"我"是"说"这一行为的"给予者"，即施事，全句可换为"我要向钟文林说清楚"，即第一式；三是"我要请钟文林说清楚"，是第二式。

11.3.2　"问……＋VP"

"问"作为介词，只引进动作行为的被索取者，即相当于"找"的第一式。如：

（1）问服务员要双筷子。

（2）办公室要进人，问上面要一个指标。

（3）没得米了，问李婆婆借一碗。

"问……"后面的动词很有限，主要是"要、借、讨"等。§11.3.1的例（4）的动词也是"借"，但表示的是给予义"借给"。§11.3.1的例（1）、（2）、（3）的"找"可以换为"问"；例（4）－（9）的"找"则不能。"问"相当于"向"、"跟"。

"问"的这种用法也可在古代汉语里寻到书证。如：

（4）咱讨五百钱还（给也）你，问你买得。（指郭威向一汉子买剑，《五代史平话·周史平话》）

（5）员外道："我是他公公，怎么好说他？也罢，待我问他讨茶吃，且看怎的。"（《快嘴李翠莲记》）

11.3.3　"按倒……＋VP"

"按"也是动词，如"按铃"。"倒着"在动词后是体貌助词，或是结果补语。介词"按倒"的"倒"是构词成分，不可少。"按倒"引出动作行为针对的对象。如：

（1）你咋个光按倒我批评，不批评人家？

（2）不要按倒这个问题尽_{老是}想，想些别的事嘛。

（3）做广告嘛，当然只按倒商品的优点宣传啊！

（4）半夜吃桃子，按倒炮［pʻaˡ］的_{软而熟}的捏。（俗语，喻欺软怕硬。）

"按倒"跟"拿"、"对"比较相近。如例（1）中的"按倒"大致可以换为"拿"；"你别拿我开玩笑"的"拿"也可换为"按倒"。"按倒"前面也常有"光"、"尽"、"只"等副词，但是"按倒"蕴含有只针对或着重一方而排除一方的意味，而"拿"、"对"无此意味。（1）、（2）两句把正反两方都说了出来，即"批评我"和"不批评人家"、"别只想这个问题"和"想些别的事"；（3）、（4）两句，只说一方面，但蕴涵着另一方面，只是未明说，例（3）蕴涵"不宣传商品的缺点"，例（4）蕴涵"不捏生而硬的"。有时，"按倒"没有"只针对或着重一方而排除一方"的意思。如：

（5）她天天按倒电脑敲，饭都不晓得吃。

（6）你不要按倒辣椒吃，谨防_{小心}上火。

（7）按倒电扇吹，会吹来病倒。

这种"按倒……＋VP"有"只顾对着/……拿……VP"的意思。

"按倒"后面的宾语可以不说，直接加在 VP 前面，也有"只顾 VP"、"只是 VP"的意思，如例（5）的"天天按倒敲"。不少"×倒"式介词都可以这样直接加在 VP 前面，如"顺倒大路走"—"顺倒走"、"对倒人家发气"—"对倒发气"、"照倒讲稿念"—"照倒念"、"同倒大家一起走"—"同倒走"。当然，也可以把这种不带宾语的"×倒"看作动词，但从宽泛的角度看，也不妨看作省去宾语的介词。

11.3.4 "指倒……＋VP"

与"按倒"义近，引出针对的对象，但更强调直接性、紧逼性。口语也说"钉倒"［tinˡtauˀ³］。如：

（1）吴良借李大爷的钱不还，李大爷指倒他还账。

（2）把文竹搬到阴凉处去，不要叫太阳指倒它晒，不然就晒死了。

（3）你硬要指倒计算机专业考，万一考不起喃？

"指倒"也是动词，如："跟人家说话不要指倒人家的脸。""指倒"作介词已没有实义，也不能单用。"指倒"也可以直接加在 VP 前面。如：

（4）你不给我，我就指倒要。

（5）太阳天天指倒晒，热死人了。

这个"指倒"应如何分析？可参看 §11.3.3 对"按倒"的分析。

11.4　表容许、听任的介词"等"

"等"作为介词表示容许、听任的意思，与"让"同义。一般语法书把表示听任的"让"处理为不单独作谓语的动词，把"让＋N_1＋VP"分析为兼语结构，只把引进施事的"让"处理为介词。成都话的"等"和"让"用法相近，构成"等……＋VP"，这里作为介词处理。

（1）他都一岁半了，你不要喂他，等他自己吃。

（2）莫忙，你等我歇一下，慢慢来跟你说。

（3）好！……你等我死了算了！（《死水微澜》）

（4）等我听一听看。（《艾芜短篇小说选》）

（5）地里的草没人扯，等它疯长，都有人高了。

（6）你也不打把伞，等雨淋成这个样子！

"等"的宾语，是 VP 的施事；"等……"前面可以有主语，也可以没有，如例（4）、（5）。值得注意的是，"等＋N"有时可以单说，但是 N 只限于"他"，如："不要管他，等他！""他"可指人，也可指事（"它"），意思是"等他去让他（它）去！"因此，这种用法不足以推翻"等＋N"不能单用的性质。

"等"在下面的句子里是"到、等到"的意思，不表示"听任"，也不是成都话特有的。

（7）等他背了时_{倒了霉}就晓得好歹了。

（8）等你晓得，天都亮了_{指"你"竟不晓得。}

（9）你等他回来再说。

《现代汉语规范字典》把这个"等"处理为介词。

表示"听任"的"等"在近代汉语中不少见。如：

（10）李员外便叫妈妈将钞来赏赐先生和媒妈妈，并车马一干人。只见妈妈拿出钞来，翠莲接过手便道："等我分！"（《快嘴李翠莲记》）

（11）我不要半星热血红尘洒，都只在八尺旗枪素练悬，等他四下里皆瞧见。（《窦娥冤》）

（12）伯爵道："我便看你每都不去，等我去罢。"（《金瓶梅词话》）

（13）等我打他一下。（《红楼梦》）

但是，现代北京话已不用这个"等"，它倒在成都话里保存了下来。"让"除了表示"听任"、"容许"的意思外，还有"致使"、"支使"的意思，成都话的"等"无此意思。下面的句子里的"让"不能换作"等"，如："谁让你来的？｜老师让我告诉你。"这里的"让"，成都话说"喊"或"叫"，是支使的意思。"让"还可用在表示愿望的句子里，如："让我们共同努力，完成任务。"这是书面语句式，口语不能说"等"，也不说"让"，一般就说"我们一起努力嘛"之类。

11.5　表位置、方向的介词

成都话与普通话有若干相同的指示时间和空间的介词，如"从"、"在"、"到"、"往"、"朝"、"向"等。这里介绍几个有特点的指示空间的介词。

11.5.1　"在"的趋向、位移用法

成都话的"在"也是动、介两用，作介词时，"在＋N_L"（N_L表示处所、方位词语）跟普通话一样，既可表示事物存在的位置或动作行为发生的处所，如"在家里休息"，也可以表示事物移动的终点或动作移动的终点，用法与"到"相近，如"掉在地上"＝"掉到地上"。除此之外，成都话的

"在"还可以表示动作位移、趋向义，如："你在哪儿去?"这相当于普通话的"你到哪儿去?"而普通话无此用法，这是成都话"在"的一个特点。

"在"的趋向、位移用法，表现在介词短语跟某些动词的配合上，特别是"来"或"去"，以下分别介绍。

11.5.1.1　表趋向、位移的"在"所构成的几个格式

一、"在＋N_L＋来/去"

(1) 你在哪儿去?

——我在新南门去一下。

(2) 这儿坐不下，你在那边去嘛。

(3) 好久没有看倒_{看见}你了，你好久在这儿来的?

(4) 每回在花会去耍，你看都有人在跟他买麝香。(《成都通览》)

(5) 外头风大，怎么不在堂屋去坐呢? (《死水微澜》)

二、"V＋在＋N_L＋来/去"

(6) 话说在半边去了。(《西蜀方言》)

(7) 何老二披起衣服，坐在地铺上来。(《艾芜短篇小说选》)

(8) 她就是我们天回镇的盖面菜，认真说来，岂止是天回镇的盖面菜，恐怕拿在成都省来，也要赛过一些人哩。(《死水微澜》)

一、二两式，"在＋N_L"都跟"来/去"共现，成都话也可以说"到＋N_L"；一式里的"在"还可以说"走"或"过"，如"你走那边去嘛｜你过那边去嘛"。"到"、"走"、"过"都是表示趋向、位移的词，"在"跟它们同位置，可见也有同样的意义。普通话的"在＋N_L"不能与"来/去"同现，这是普通话"在"和"到"的重要区别，成都话的"在"却与"到"在这一点上交叉。

三、"V＋在＋N_L"

(9) 苏岳林没有回答，只是非常不快地把眼睛望在一边。(《艾芜短篇小说选》)

（10）眼泪就滚在眼睛边上了。（《艾芜短篇小说选》）

（11）据钟幺嫂说来，鸡是黄鼠狼咬死的，不过并未拖在他的林盘里，而拖在她的篱落边。（《死水微澜》）

（12）你抬前头，他抬后头，抬在半路，掉_换一叫化子抬起走。（《成都通览》）

（13）芒刺飞在眼睛里了。（《西蜀方言》）

（14）来在矮檐下，怎敢不低头。（《西蜀方言》）

据研究，能与"在＋N_L"或"到＋N_L"结合的动词约分几类：第一类是既能构成"V＋在＋N_L"，也能构成"V＋到＋N_L"的，如"放"、"写"、"挂"、"贴"、"跳"、"落"、"坐"、"掉"；第二类是只能构成"V＋在＋N_L"，不能构成"V＋到＋N_L"的，如"死"、"歇"、"留"；第三类是只能构成"V＋到＋N_L"，不能构成"V＋在＋N_L"的，如"跑"、"飞"、"逃"、"来"、"进"、"抬"、"搬"、"寄"，它们都有各自的语义特征①。以上例句中的动词，主要是第三类的，在普通话里都出现在"到＋N_L"前面。这些动词都有"趋向"或"线性位移"的意义，即在空间上由 a 点移动至 b 点。例（1）的"望"不表示实际的位移动作，可是也有眼光移动的意义。这些动词在普通话里大都出现在"V＋到＋N_L"里，但成都话里可与"在"结合。这也说明成都话的"在"本身也有表示位移、趋向的功能，指出动作行为移动的方向。

我们可以把一、二两式带"来/去"的形式称为"强式趋向、位移式"，把无"来/去"但动词有选择性的第三式称为"弱式趋向、位移式"。

11.5.1.2　北京话口语里动词后面的"在"和"到"因为用法有时交叉（"跳在地上"＝"跳到地上"），又都弱化为〔tə⁰〕，所以有〔tə⁰〕是"在"和"到"混合的结果一说（如赵元任、朱德熙、林焘等先生都持此观点）。

---

① 参看赵金铭：《现代汉语补语位置上的"在"和"到"及其弱化形式"·de"》，《中国语言学报》第 7 期，商务印书馆，1995 年；徐杰：《说"动词＋到＋处所词"》，《华中师范学院研究生学报》第 56 期，1984 年。

那么，成都话"V+在+N_L"里的"在"是否也和"到"有交叉混合的可能呢？这个"在"除了单用时读[tsai⁴]以外，位于动词前后都可读为[tai⁴]或[te⁴]，但也都可以明明白白地说成[tsai⁴]，声韵调都不含糊，与"到"[tau⁴]绝不相同。所以，上面各例的"在"并不是"到"的误写，说明"在"、"到"虽功能上有交叉，但仍是两个不同的词。

为了说明"在"本来也有趋向、位移义，还可在古代白话语料中找到用例，证明古已有之。如：

"在+N_L+来/去"

(15) 街上有人道，他在王婆茶坊里来，和武大娘子勾搭上了，每日只在那里行走。(《金瓶梅词话》)

(16) 前日在齐太尉家，昨日在黄翰林家，今日不知在那哪里去了。(《今古奇观》)

"V+在+N_L+来/去"

(17) 我先惹那老狗，他必然来打我，我先把篮儿丢在街心来，你却抢入。(《金瓶梅词话》)

(18) 你把刘太公女儿骗在哪里去了？(《征四寇》)

"V+在+N_L"(V指有趋向、位移语义成分的动词)

(19) 当下擒将，把在将军马前。(《敦煌变文集》)

(20) 我父母没眼睛，把我嫁在这里。(《古今小说》)

例(18)引自黎锦熙《释"把"》(黎锦熙：《汉语释词论文集》，科学出版社，1957年)。黎文中并注："'在'犹'到'也，谓'你骗其女到何处'也。"

一般语法著作认为"在纸上写"和"写在纸上"的"在"都是介词，而对"写在纸上"又有两种分析，一种认为"写在"是述补结构，一种认为"写"是述语，"在纸上"是补语。还有一种意见认为，"在纸上写"的"在"是介词，"写在纸上"的"在"是助词。本文把动词前后的"在"都作为介词处理，目的是分析它在成都话里的特殊用法：无论它在动词前或后，都可以表示趋向、位移意义。

11.5.2　"V＋倒＋N_L"

成都话还有一个跟"V＋在＋N_L"平行的结构"V＋倒＋N_L"。这个"V＋倒＋N_L"包括表示动态义即趋向义、位移义的"V＋在/到＋N_L"，也包括表示静态义即位置义、终点义的"V＋在＋N_L"，前者如§11.5.1.1的二、三两式例句（6）－（14），后者如"站在门口｜坐在椅子上休息｜花插在花瓶头了"都可以用"倒"换"在"。

"倒"［tau³］在这里只是一个记音字。书面上有写为"到"的。但是，"倒"包括介词"在"和"到"的功能，这个"倒"并不是"到"。这个"倒"与成都话的体貌助词"倒"（见"体貌"）、与作为结果补语或可能补语的"倒"都同音同形，但是，这个"倒"只出现在"V＋倒＋N_L"的框架里，是一个不能前置只能后置的词。

关于"倒"，有两个问题有待讨论：第一，"倒"是否为介词？第二，"倒"的来源是什么？

第一，介词与其宾语构成介词短语可在动词前，也可在动词后，但是"V＋倒＋N_L"的"倒"只能在 V 之后，没有"倒＋N_L＋V"的形式；另外，"V＋倒＋N_L"只能切分为"V 倒＋N_L"，不能切分为"V＋倒 N_L"。这跟介词"在"的性质不一样。这里把"倒"处理为介词，一是由于在特定的句法框架内它可以替换"在"或"到"，仿照对"在"、"到"的定性把它作为介词。有的论著直接把西南官话的这个"倒"称为"方位介词"①。当然，这是一种分析，如果把"V 在"和"V 倒"的"在"、"倒"处理为动词词缀或助词，就又当别论。二是与"倒"的来源有关。

第二，从历时方面看，"倒"跟古代汉语中"V＋著（着）＋N_L"的"着"在功能上有一脉相承的关系。论者认为，古汉语里表示"附着义"的

---

① 参看梅祖麟：《汉语方言里的虚词"着"字三种用法的来源》，《中国语言学报》第 3 期，商务印书馆，1989 年。

"著"常在动词和方位、处所词语之间，词义逐渐虚化，具有引出事物达到的处所的功能。如：

（1）王独在舆上，回转顾望，左右移时不至，然后令送着门外。（《世说新语》）

（2）有僧问："髻中珠谁人得？"师曰："不赏玩者得。"僧曰："安著何处？"师曰："待有所在，即说似汝。"（《祖堂集》）

（3）妇人乘醉，令推著山下。（《太平广记·广异记》）

有学者认为，这个"着"已由动词转为介词，并认为"'着'字做介词的用法，在唐以后延续了很长时间，甚至在现代汉语中，还能找到其残存的痕迹"①。从功能上看，古代的这个"着"与这里谈的"倒"、"在"一样，都是方位介词。

但是，"倒"是不是就是"著（着）"？众人对此也有不同意见。上引梅祖麟文认为"这个（四川话的）'倒'字很可能是'着'"，但缺乏直接的语音根据。有论著认为"着"字为古知组药韵入声字，从声、韵、调方面都找不出"着"是"倒"的本字的证明，认为"倒"的本字是"到"②。也有人认为，"着"字在上古端知两系不分，分化后，"着"字有两读，不少方言不同程度地保留了古音，以［t］辅音开头。不过这也是一种假设③。虽然这些都未成定论，但是从功能的角度看，可以找出"著（着）"、"在"、"倒"的共同之处，有助于考察它们发展的线索和彼此的关系。

11.5.3 "走……＋VP"

"走"表示起点，表示经过的路线、场所，只用于口语。

"走"也是常用动词，除与普通话的"走"意义、用法一致外，在成都

---

① 诸例及论点均引自刘坚、江蓝生、白维国、曹广顺《近代汉语虚词研究》，语文出版社，1992 年，第 95—97 页；又参看徐丹：《汉字语里的"在"与"著（着）"》，《中国语文》1992 年第 6 期。

② 参看李蓝：《贵州大方话中的"到"和"起"》，《中国语文》1998 年第 2 期。

③ 参看徐丹：《从北朝鲜京话"V 着"与西北方言"V 的"的平行现象看"的"的来源》，《方言》1995 年第 4 期。

话里还有"到、去"的意思。如："三轮车，走不走盐市口？｜走哪个方向？"作为介词，成都话"走"还有"从"的意思，也可以说"从"，但"走"的使用范围比"从"小。

（1）你走哪儿回来的？

——我走街上回来的。

（2）走这儿开始，一个个地进去检查视力。

（3）你走这行抄起，一直抄到第二页。

（4）小偷走墙上爬进来的。

（5）风是走窗子缝缝吹进来的。

（6）从成都到日本，可以走上海坐飞机去，也可以走香港去。

（1）、（2）、（3）表示动作行为的起点，（4）、（5）、（6）表示经过的路线，都是指空间，可以用于指示场地，可用于较小的地方，如例（3）、（5）。

但是，"从东到西"、"自北京至广州"这样的格式，"从/自"不能说"走"。"从"还可表示时间的起点或事物的范围，如"从去年起｜从大人到娃娃"，成都话都不说"走"。

"你走哪儿来？""走"也是"从"的意思。"你走哪儿去？""走"却是"到"的意思，成都话也说"你在哪儿去？"（见 11.5.1）"走"引出起点还是终点，也要视语境而定。

11.6 表比较的介词"赶"

表示比较的介词，成都话也说"比"，口语也说"赶"，后者在市井百姓尤其老成都人中见用。介词"赶"构成"赶……＋AP/VP"。如：

（1）那个地方鸡蛋赶小菜还相因。

（2）今年子雨水赶去年子少。

（3）这些模特儿一个赶一个漂亮。

（4）这娃一双脚板儿赶啥子都跑得快。

（5）我去赶你去合适些。

（6）栽花赶栽菜赚的钱多，淘的神也多。

"赶"的前后两项可以是体词性词语，如例（1）－（4），也可以是谓语性词语，如（5）、（6）。

但是，"比"可用于否定式，"赶"不能，如不说"小菜不赶鸡蛋相因"。成都话比较句的否定式一般说"今年子雨水没得〔$mo^2 te^1$〕去年子多"，也可说"今年子雨水不比去年子多"。二者意思不同，前者指"今年雨水比去年少"，后者指"今年雨水和去年差不多一样"。

半拷贝结构

15.0　语素、词、词的组合都可以叠用，粗略地说，词的叠用可以属于词法（形态学）范围，也可属于句法范围。前者如"讨论讨论"、"干干净净"，整个结构在同一层次，句法功能跟一个未重叠的词相同；后者如"去不去"、"写信写完了"，叠用的成分可以在同一层次，但一般是跨层次的，这是句法范围内的叠用。"拷贝"（copying）是词（以及短语）在句法范围内叠用的一种形象化称呼。

15.1　成都话半拷贝结构的类型

成都话的拷贝结构很活跃，常用性、形式复杂性、功能多样性都超过普通话，特别是"半拷贝结构"很有特色。"半拷贝结构"指双音词叠用时只重叠一个音节，是不完全的拷贝现象。此种结构其他方言也有，但多见于是非问句。半拷贝结构是全拷贝结构中的双音词通过省略派生而来，如由"知道不知道"派生出"知不知道"。但是，并非一切全拷贝结构都有半拷贝形式。成都话的半拷贝结构类型比较多，跟相应的全拷贝结构并存，口语中甚至更为常用。

需要说明的是：第一，成都话能全拷贝的词可以是动词、形容词、名词、量词甚至介词，但只有双音节的动词、形容词才有半拷贝形式。第二，可以半拷贝的词不受构词类型的限制。一般的述宾式、述补式离合词固然很自由，即使其他结构的合成词，以及构词理据不明的词甚至双音节单纯词，也可进入半拷贝结构。

文中 AB、CD 代表双音节词的两个音节。

15.1.1 "A 不/没 AB"

喜不喜欢？｜合不合作？｜贤不贤惠？｜相不相同？｜打没打听？｜介没介绍？

这种是非问的语义，成都话也可以用"AB 不？""AB 没有？"来表示，如："喜欢不？｜打听没有？｜相因不？"但如果表示强调、反诘的语气，成都话则常用拷贝结构："你看糟不糟糕？｜你说这个事麻不麻烦？｜我咋个晓得他喜不喜欢？"另外，拷贝结构处于句子内部位置尤其是句首位置时，比"AB 不/没有"结构更为自由，如"打没打听是他的事，我不管｜这不是价钱相不相因的问题，这是质量合不合格的问题"。这些拷贝形式都不便换为"AB 不/没有"。这种半拷贝形式在成都话里常用率很高，或许也是因为该结构对词的类化作用很强。所以，单纯词如"龌龊"、"邋遢"、"浪漫"、"幽默"，带前缀的生动式形容词如"焦咸"、"寡淡"、"稀脏"、"黢黑"等，第一个音节都可以叠用，可以占据一个词的句法位置。

15.1.2 "A 都 AB 了"

复都复习了｜采都采购了｜退都退步了｜要都要得了

这种结构有两种语义：一是强调已成事实，此时可以单独成句。如甲问："东西采购了没有？"乙答："采都采购了。"语气比"都采购了"更肯定。一是具有推论因果句的语义，隐含"既然已经实现了……"的意思，可以有也可以没有后续句。如："我晓都晓得了（你不必再说了。）｜他搞都搞忘了（还提这事做啥子？）"也可以跟"既然"同用，此时必须有后续句。

能进入这种结构的形容词比较受限制，必须具有发展变化的意义，本身可以表示"从……到……"的过程，并且大都是单音节的，如"天晚都晚了｜人老都老了"，不能说"天早都早了｜人小都小了"。双音形容词如"伟大"、"渺小"、"聪明"、"诚实"、"严肃"不能这样拷贝，因为词义一般不表示过程。但是，有些形容词可以，如"饭要都要得了（不要再煮了）｜退都退步了（没得办法了）｜老得糊都胡涂了"。

15.1.3　"A 都要 AB"

　　讨都要讨论｜清都要清理｜支都要支援｜搞都要搞忘

这种结构跟"A 都 AB 了"平行。"A 都 AB 了"强调已然，这种结构强调将然，表示说话人认为将要实现什么（AB 是自主动词），或认为客观上会实现什么（AB 可以是非自主动词）。如："不管咋个忙，复都要复习两遍｜哪怕再没得办法帮她的忙，安都要安慰她｜如果不复习，你记性再好，搞都要搞忘"。

　　这种拷贝结构，一般在无条件复句或假设兼让步复句中作为主句形式。它跟非拷贝形式"都要 AB"的不同之处在于：它更强调将然义，有时还隐含"至少都要……"的意思；这种拷贝结构可以脱离偏句单独说，照样隐含"不管……"、"哪怕……"的意思，而"都要 AB"无此功能。

　　AB 也可以是形容词，但语义完全不同。如"整都要整齐一点儿｜干都干净得多｜精都要精灵几分"。这种结构表示比较，AB 后面常有表程度、数量的词语。"都"可以换为"也"，"要"可以删去。拷贝形式使这种比较的语气得到强调。

15.1.4　"A 都不/没有 AB"

　　通都不通知｜赞都不赞成｜商都没商量｜过都没过问｜大都不大方｜安都不安逸

有些述补式复合词的拷贝形式是"A 都 A 不 B"：

　　认都认不得｜值都值不得｜完都完不成｜要都要不得｜见都见不得｜来都来不及

这种结构是"不 AB"或"A 不 B"（"要不得"）的强调格式，有"完全不 AB"、"根本不 AB"的意思。有时，语用义是说话人企求的事未实现因而有不满意的语气，如："这么要紧的事，咋个研都不研究？"但"我打都不打算买"｜"我们赞都不赞成"只单纯强调否定。

当 AB 为形容词时，表示"不满意"的语用义特别明显，"凉都不凉快"不单纯是"一点儿都不凉快"。一般说来，表示积极意义的形容词才能进入这种结构，表示消极意义的形容词不大可能，如不说"糟都不糟糕"、"难都不难看"，除非说话人希望"糟糕"、"难看"。

以上 §15.1.2、§15.1.3、§15.1.4、结构中的副词"都"也可以换为"也"，只是语气较"都"稍弱。

15.1.5　"A 就 AB"

修就修理｜浪就浪费｜发就发表｜简就简便｜麻就麻烦｜粗就粗糙

这种结构表示勉强同意或容忍，或表示不在乎。如"浪就浪费一点儿，以后注意节约就是了｜麻就麻烦，怕啥子"。

另外一种"A 就 AB"，则有强调、肯定造成事实的某原因而别无其他原因的语气，AB 后面一定有宾语或补语等成分。如"喜就喜欢这儿风景好｜讨就讨厌他爱扯谎撒谎｜浪就浪费在建筑材料上｜糟就糟糕在车票卖光了"。

这两种"A 就 AB"的 AB 只能是动词或形容词。表示容忍的全拷贝形式也可以容纳名词和其他短语，如"白开水就白开水｜不去就不去"。可是，这些都不能形成半拷贝结构，不能说"白就白开水｜不就不去"。即使拷贝部分比较长，也不能省略，如"粗茶淡饭就粗茶淡饭｜不叫我去就不叫我去"。

15.1.6　"A 是 AB"

认是认识｜可是可以｜表是表扬｜热是热闹｜要是要得｜清是清醒

这是表示让步的半拷贝结构，后面常有后续主句，但在一定语境中也可单说。如"学是学习，就是成绩不见得好｜坐飞机方是方便，舒是舒服，就是比坐火车贵得多｜相是相因，穿几天就烂了，还是划不来"。

"是"也可以换为"倒"或"倒是"。表让步的半拷贝形式还可以说"A 虽然 AB"，但必须有后续的主句。"A 是 AB"也有否定式"A 是不 AB"、"A 是没 AB"。如"房间讲是不讲究，但是很清爽｜准倒没准备，不过我有

点儿把握 | 糊倒是不糊涂，就是手脚不利索"。

名词性成分也能进入表让步的拷贝结构，但不能半拷贝。如"兄弟是兄弟，早就各顾各了 | 火锅倒是火锅，但是没有四川味道"。这里不能说"兄是兄弟…… | 火倒火锅……"。

还有一种表示对举的"AB 是 AB，CD 是 CD"，也没有半拷贝形式，不管 AB、CD 是动词、形容词、名词，都概莫能外。如"参观是参观，访问是访问（目的和方式都不同） | 勇敢是勇敢，鲁莽是鲁莽 | 闹钟是闹钟，手表是手表"。这些双音词都没有半拷贝形式。

15.1.7 "A 的 AB"、"C 的 CD"

（1）申的申请，登的登记，人多得很。

（2）叫的叫唤，抱的抱怨，闹麻了。

（3）焦的焦咸，抿ᵐⁱ的抿甜，怪难吃。

（4）泼的泼辣，斯的斯文，各人性情不同。

这也是表示对举的结构，表示"有的……，有的……"。"申的……"、"登的……"是"申请的"、"登记的"的省略。"A 的"、"C 的"里的 A、C 跟后面的 AB、CD 不是简单的拷贝关系，而是"的"字结构内部成分的省略。而"的"字结构是名词性的，这跟其他半拷贝只限动词、形容词情况不一致。

15.1.8 "A 也/又 AB，C 也/又 CD"

（5）道也道歉了，赔也赔偿了，该做的都做了。

（6）消也消费得起，享又享受得来。

（7）实又实在，耐又耐烦，他做事靠得住。

这种格式强调对举，两者同时具备。也可以有否定式：

（8）批也不批评，教也不教育。

（9）批也批评不得，表也表扬不得。

（10）能又不能干，勤又不勤快。

另一种表示对举的形式"说 AB 也/不 AB，说 CD 也不 CD"则不能有半拷贝式，如"说关心也关心，说照顾也照顾｜说认真不认真，说耐烦不耐烦"，就不能说成"说关也关心"、"说认不认真"之类。

15.1.9　"A 咋（个）AB?"

关咋（个）关心？｜讨咋（个）讨论？

否定式是"A 咋（个）不/没 AD?"

关咋（个）不关心？｜讨咋（个）没讨论？

"咋（个）"是"怎么"的意思。这种疑问句型主要用于强调反问语气，如果不拷贝 A，也可表示反问，如"咋个关心？""咋个不讨论？"，但语气不太强烈。否定式较肯定式常用，有"不用怀疑"的意思。形容词只适用否定式，不用肯定式，如"清咋不清楚？｜撇咋不撇脱_{干脆，方便}"，但不说"清咋清楚｜撇咋撇脱"。

这些格式一般是回应谈话对方时用，如对方说："你咋（个）不关心他？"听话人回答："他有啥事我们晓都不晓得，关咋（个）关心他？"或答："他困难多，我们关咋（个）不关心他？"

15.2　**半拷贝结构的特点**

以上所列各种格式都有全拷贝结构。另外还有一些全拷贝结构却没有半拷贝格式。通常文化水平较高的人，在比较正式的场合，使用半拷贝形式比较少。而老百姓在日常对话中不怎么留心字和词的界限，任句法结构的框框支配调动词语的能力，容易接受句法的类化。这就是半拷贝结构多见于日常口语的原因。

15.2.1　成都话各种半拷贝结构的共同点是：第一，在语义上，主要表示强调（强调已然、将然、否定、对举等），也有表示让步、认可或疑问的。第二，在结构上，A 都在 AB 之前，没有 AB 在 A 之前的形式；AB 前有副词，如语气副词（都、又、也、倒、倒是）、关联或类同副词（又、就、也）、否定副词（不、没）、时间副词（都）以及表示让步义的"是"和具有副词作用的疑问代词"咋个"。这类词（包括本文未列出的其他副词）对表示结构的基本语义至关重要，有的结构不用拷贝也成立，基本语义不变，但失去了强调的意味。在这方面，§15.1表疑问的"A 不 AB"、§15.1.5 表容忍、认可的"A 就 AB"、§15.1.7 表对举的"A 的 AB，C 的 CD"是例外。这几种结构如取消拷贝部分，或语义全变，或结构不成立。也就是说，这几种结构里的 A、C 不可或缺，而大部分半拷贝结构里的 A 似乎是半游离成分或游离成分。

15.2.2　以上所举例子，都局限于最短语段。实际上，这些格式都可以形成很多变化，A 前可以扩展，AB 的前面和后面尤其可以用各种修饰或补充成分扩展。例如：

> 可是可以→可是可以试一下
>
> 认是认识→认是跟他认识好多年了。
>
> 介都不介绍→介都不晓得咋个介绍这个人。
>
> 问都不问候→问都不去问候一声。
>
> 搞都搞忘了→搞都把他搞忘了。

A 的后面有时还可以有语气词或一个短而轻的停顿。如："讨喃都讨论了。｜修嘛就修理嘛。｜关，咋不关心？｜可，当然可以。"

扩展以后，A 跟 AB 的句法关系相隔可能更远，但整个结构仍是谓词性的，仍常作谓语，A 的前面常有主语。

15.3　小　结

成都话"半拷贝结构"形式之多，能在这些形式里重叠的词之广泛，说明成都话的双音节词（主要是复合词）的内部凝聚性在一定条件下比较松散，亦即所谓词的离合性跟普通话不同。普通话的离合词不多，大都属于述宾式、述补式复合词，成都话的离合词范围广得多，甚至包括一些双音节的单纯词。可见，成都话常常打破词的完整性，将双音词扩展为短语形式。这种倾向是成都话的一个特色。

张清源学术年表

1931 年

12 月 10 日诞生于四川阆中。父亲张鼎铭是出身寒门的著名数学家；母亲蒋永洁善良、坚忍。父母对她的一生影响很大。

1932 年至 1938 年秋

在成都。

一生中多次重病，备受疾病折磨。4 岁时即感染了猩红热，引发膝关节病变，医生主张截肢，因母亲极力反对方作罢，但左腿从此留下残迹。后来又因中耳炎损伤了听力。但她的心智成熟很早，坚强、乐观。她从小就知道自己的未来并非坦途，要有所成就必须加倍付出。

1938 年秋至 1947 年夏

父亲和母亲分别在成都等地和阆中老家。国难当头，抗战期间大学教师薪资大幅削减，父亲为全家生计，不得不同时在多家学校上课，并曾应聘远赴城固（陕西）、兰州，在南迁至此的大学任教。她早年的学习生活因而很不稳定，辗转在家乡和成都、城固等地的多个学校读完了小学和初中。

1947 年

是年夏天由阆中再次来到成都父亲处，考入华美女子中学读高中。从此，她的求学生活才稳定下来。

1950 年

考入四川大学中文系。川大中文系历史悠久，鸿儒云集，是我国中国语言文学教学与研究的重镇；在院系调整中，原华西大学等校的一些著名学者又调整到此，教师阵容更是蔚为大观。

学习期间，她得到多位教师的赏识，因成绩优异，毕业时被保送到北京大学中文系汉语专业四年制研究生班学习。

1954 年秋至 1959 年夏

在北京大学学习。

师从著名语言学家魏建功先生，此外还聆听了王力、高名凯、袁家骅、周祖谟、岑麒祥等先生的课程。其间因腿病复发，再次做了手术，手术后回到北大校医院睡石膏床调养，推迟毕业。在北大期间，她还结识了中文系、外文系的一些青年教师。

北大浓郁的学术氛围和严谨的学风、一代知识精英的为人治学、青年学者的执着追求，都深深地影响了她此后的人生道路。

1957 年

《从现代汉语外来语初步分析中得到的几点认识》，载于《语言学论丛》第一辑（北京大学中国语言文学系编，新知识出版社，1957 年）。后来该文又再刊于《词汇学论文汇编》（北京大学中文系《语言学论丛》编辑委员会编，商务印书馆，1989 年）。该文原是她的学年论文。

1959 年至 1966 年夏

1959 年夏天回到阔别 5 年的川大中文系工作。除为多个年级讲授基础课"现代汉语"外，还先后为高年级学生开设了"现代汉语语法问题研究"、"当前语文问题专题讲授"等选修课。她和许多学生的关系亦师亦友，深受学生爱戴。

1960 年晋升为讲师。

"文革"岁月

高校是"文革"的重灾区，教学和正常的学术活动完全停止，学术传统被彻底毁弃。其间，她曾随中文系师生去过川大的五七干校（富顺，1969）以及军垦农场（什邡，1970）劳动。

1975 年 5 月至 1983 年 6 月

参加国家重点项目《汉语大字典》编写工作，任编委。《汉语大字典》启动于文革末期，编写工作全面展开和完成则是在"四人帮"倒台以后。1986 年 10 月出版第一卷，1990 年 10 月全书八卷出齐。

1980 年 6 月晋升为副教授。

《谈义项的建立与分合》，发表于《词典研究丛刊》第 1 期（四川人民出版社，1980 年）。

《〈汉语大字典〉应该收列词素义》，发表于《词典研究丛刊》第 2 期（四川人民出版社，1981 年）。

20 世纪 70 年代末，除《汉语大字典》编写工作外，还担任中文系现代汉语专业硕士研究生教学工作，先后开出现代汉语语法、现代汉语词汇、语言理论以及应用语言学等方面的多门课程。

1983 年

《成都话中的语气助词"得（在、嘞)"》，载《汉语论丛》（《四川大学学报丛刊》第二十二辑，1983 年 8 月）。

1986 年

《成都口语的某些连续音变形式的语法分析——兼说汉语语素的语音形式》，未刊发。

1989 年

从 20 世纪 80 年代前期开始，应北京大学中文系语言学教研室之邀，参加《汉语方音字汇》有关成都方言部分的修订工作。《汉语方音字汇》第一版为北京大学中文系语言学教研室部分教师在 1958 至 1959 年间编纂，出版于 1962 年。1980 年开始修订、增补，新版（第二版）1989 年由文字改革出版社出版，重排本 2003 年由语文出版社出版。

1990 年

《现代汉语知识辞典》（主编，四川人民出版社，1990 年）出版。

《〈现代汉语〉词汇自学指要》，载《四川自考》（语言文学版）1990 年第 8 期。

是年 12 月晋升为教授。

1991 年

《成都话的动态助词"倒"和"起"》，载《中国语言学报》第四期（商务印书馆，1991 年）。

1992 年

《现代汉语常用词词典》（主编，四川人民出版社，1992 年）出版。

1993 年

调入四川大学海外教育学院。为提高我国汉语国际教学的水平，她在担负繁重教学工作的同时，还结合教学实际开始探讨汉语教学中的一些重要问题。

1994 年

《偏误分析与中介语研究的关系》，载《外国留学生工作研究》1994 年第 2 期。

《同义词词典》（主编，四川人民出版社，1994 年）出版。

1995 年

是年 1 月退休；退休后仍被学院返聘，继续从事教学科研工作。

《成都话动态助词"过"的 一个用法——"VO 过"》，载《中国语言学报》第六期（商务印书馆，1995 年）。

除前述《汉语方音字汇》外，还应邀参加了《汉语方言词汇》有关成都方言部分的修订工作。该书仍为北京大学中文系语言学教研室部分教师编纂。修订后的该书第二版 1995 年由语文出版社出版。

1996 年

《成都话里虚化的"得"》，载《汉语方言体貌论文集》（胡明扬主编、饶长溶副主编，江苏教育出版社，1996 年）。

《就〈中级汉语教程〉语言细节的处理谈教材编写的典范性》，未刊发。文中所论《中级汉语教程》是北京语言学院编写的教材，1987 年出版后被广泛采用。

1997 年

《论成都话"在"的趋向、位移用法——兼论普通话动词后"在"与"到"的性质》,载《中国语文》1997 年第 6 期。

1998 年

《成都话的"V 起来、V 起去"和"V 起 xy"》,载《方言》1998 年第 2 期。

2001 年

《成都方言语法研究》(张一舟、张清源、邓英树著,巴蜀书社,2001 年)出版。

2002 年

《同义词词典》修订本(张清源、田懋勤、余惠邦审订,四川人民出版社,2002 年)出版。

2003 年

应邀为中国社会科学院语言研究所刘丹青、唐正大主持的"现代汉语方言语法语料库调查"撰写了大量成都话语法资料。

2011 年

《汉语复合词语素分解释义法的得与失》,未刊发。

2012 年

《严以治学,宽以待人——怀念敬爱的甄尚灵先生》,载《汉语史研究集刊》第 15 辑(四川大学汉语史研究所、四川大学俗文化研究所编,巴蜀书社,2012 年)。《濯锦录——名宿与旧事中的百年川大》(四川大学出版社,2016 年)第二卷转载。

此后,她计划就成都方言语法中的一些问题做进一步的研究,但终因精力不济,只留下许多片断、散页,未能如愿成文。在《严以治学,宽以待人——怀念敬爱的甄尚灵先生》中,她分析了甄尚灵先生的学术成就,在文末写道:"甄老师对生命抱着随遇而安的态度,暮年而无暮气,时或回忆往事,但不感时伤怀;自知来日无多,但不虚度时间。"这也可视为她对自己晚年生活的描述。

2020 年

2 月 23 日因病去世。

后 记

几十年来，清源致力于语言学，主要是现代汉语的教学和研究工作。她治学严谨，又淡泊名利，不喜张扬，在学术园地中默默地辛勤耕耘。我当年的一位学生在一家知名出版社工作，曾提出为她出版一部论文集，作为她学术道路的总结，被她婉言谢绝了。她去世不久，我即着手收集、整理她的论著，希望能够出版。我知道这有违她生前的意愿，但思之再三，仍然这样做了。我把这视为对一位可敬的学者、我的人生侣伴的最好的纪念。在这个过程中，我也更深地理解了清源学术生涯的意义和价值。事情的进展比我期待的更为顺利，现在这部论文集即将在巴蜀书社付梓。这首先要感谢四川大学文学与新闻学院领导们的学术眼光和大力支持。我请清源的老同学、老同事向熹教授为论著作序，他虽年过九旬且在百忙中，仍欣然允诺。在序言中，他对清源的为人、治学，尤其教学与科研做了精准的分析和评价，令我深为感激。在收集、整理清源论著的过程中，我还得到了张一舟教授、田懋勤教授以及远在美国的陈厚诚、余维钦教授的多方面支持和帮助。清源的老同学、老朋友，暨南大学刘竟芙教授也很关心工作的进展，提供了重要的线索。在此，对他们以及巴蜀书社谨致深深的、诚挚的谢意。

龚翰熊

2022 年 4 月